武田所長

スモールビジネスの教科書【実践編】

Small Business Textbook for Practice

実業之日本社

スモールビジネスの教科書

【実践編】

武田所長

実業之日本社

スモールビジネスが
もたらしてくれるもの

□ 安定した高い収入

□ 充実したプライベート

□ 共通の価値観を持ち、時間・精神に余裕のある友人

□ 自分ならではの独自性の追求

□ 追求しがいのある目標

□ 付き合う人の選択権

本書における
スモールビジネスの定義

□ 年間に安定して３０００万円以上、
自由に使える金を２年以内に創出出来る

□ 事業価値の最大・最速成長よりも安定・着実を重視し、
関係者に対して利益をもたらす

□ 社員数30名以下・営業利益で年間３０００万円以上を目指す※

□ 自由度を重視しオーナーの生き方を制約しないよう
自己資本での運営を基本とする

※ 前著では売上による定義を採用していたが、売上はビジネスモデルによって全く異なるため定義から外した。一般論として例えば広告運用や卸売といった業種であれば売上が大きくなる一方、ソフトウェアなどであれば売上は低くても利益率は高いといった傾向がある。売上高で会社を評価するべきでなく、最終的にスモビジオーナーが使える金は利益により決定されるため、今回から利益による定義を採用した

はじめに

拙著『スモールビジネスの教科書』は大変ありがたいことにご好評を頂け、2023年9月現在で3万部以上の販売部数となった。

本を読んで刺激を受けてスモールビジネス（以降スモビジ）を立ち上げ、順調に推移しているという連絡も多数頂き、書籍出版の目的の一部を達成することが出来たと感じている。

一方で同書におけるスモビジの経営に関する知見は、私自身の経験や友人の運営中の事業が根拠のため、開示出来る範囲は限定的であった。

結果として具体的な事例まで踏み込みづらく、有名な事例を引用するにとどまってしまったことは執筆中にも歯がゆく感じていた。

また「一般的な経営理論や用語を知っていることを前提としている」「登場する用語が分かりづらかった」などのフィードバックも頂いた。

そのため本書『スモールビジネスの教科書【実践編】』では経営理論に慣れていな

い読者を主な対象と想定し、可能な限り一般的ではない用語を避け、**論理より具体例を主とし**、平易な文章で書くことを意識した。

ただし、これは私の性格に起因するところではあるが、端的なポイントだけでなく背景にある論理にも言及したくなってしまうため、そういったものを鬱陶（うっとう）しく感じる方は、見出しやチェックポイントだけ見て興味ある箇所から読み、さらに深掘りしたければ本文を丁寧に読んで頂ければと思う。

今回の『スモールビジネスの教科書【実践編】』においては自身のスモビジを詳細に開示してもよいという方々の協力のもと、**スモビジ成功に向けたエッセンスを具体的な事例付きで解説している。**

本書を読むことによりスモビジ成功の秘訣、裏を返せば失敗を避ける方法を学び、安定的・着実に稼ぐスモビジ経営に成功する人が1人でも増えることを願ってやまない。

本書の構成

本書はスモビジの立ち上げからビジネスの確立までに存在する重要な項目について事例付きで解説していく。

各項目に関して何を説明するのか、何故重要なのかという点をイントロダクションとして簡潔にまとめ、成功しているスモビジオーナー（スモビジを経営する人）がどのように取り組んだかという事例を掲載した後、筆者によるその章全体の解説へと進む流れとした。

見出しだけを見れば「そんなのは当たり前では？」と思うことが多いだろう。

しかし、これらを日々実践し続けるのは容易なことではないのだ。

だからこそ多くのビジネスが失敗しているとも言える。

既にスモビジに取り組んでいる人には**「自分は当然のことを当然のように実践出来ているのか。毎日全速力で進めているのか」**を振り返るために活用してみてほしい。

これからスモビジに取り組む人は、まずは基本に忠実に解説通りに実践してみて頂きたい。

基本に例外は付き物であるが、**本書に掲載されていることは、成功しているスモビジオーナーのほとんどから「重要である」と合意されたものである。**

まずは可能な限り基本通りに実践し、その後自分なりのやり方に合わせていくとよいだろう。

自分の活動を見つめやすいように各章の最後にはチェックポイントを記載した。

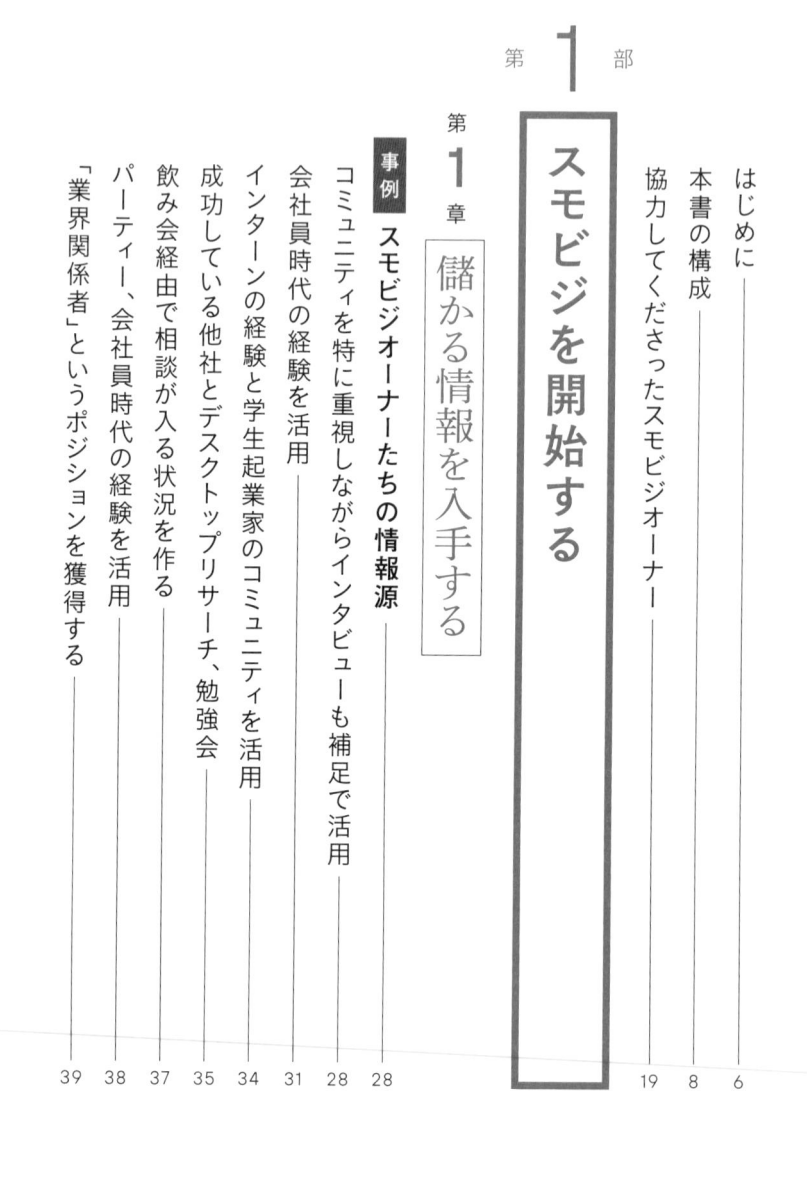

第2章 着手すべき事業を見極める

第3章 最初から売上が立つ事業とは何か？

第4章 参入初期の動き方

第2部 スモビジを軌道に乗せる

第1章 金払いのよい顧客を見つける

第5章 失敗を次に繋げる

全体サマリー

FAQ

協力してくださったスモビジオーナー

本書が対象としているスモビジオーナー

本書の執筆に際し協力を依頼したところ、多くのスモビジオーナーからご協力頂けることとなった。
基本的に社員数1～30名ほどの自己資本によるスモビジ経営を行い、黒字の安定経営状態にした経験を持つ方々を対象とした。

K氏

銀行、コンサルタントを経て独立し、アフィリエイトメディアを運営するA社設立。その後上場企業に3.5億円で売却。特にアフィリエイト事業に深い知見を持つスモビジオーナー。

M氏

インターンを経て大学在学中にWeb広告会社を創業。4期目で売上12億円に到達した広告に深い知見を持つスモビジオーナー。

A氏

大学在学中に英会話スクールを創業。現在は売上15億円を超える民泊運用代行、フォトウェディングなどを運営するスモビジオーナー。

Y氏

地方大学出身。大学生のときから事業の立ち上げ→失敗を繰り返していた。卒業後すぐに立ち上げた美容系商材のアフィリエイトサイトを億単位で売却することに成功。その美容商品・精力剤の通販やインスタメディアなど、様々な事業を一部撤退を含みつつ展開している。

J氏

研修系企業を経て人材コンサルとして大阪で独立。2名体制・売上数千万円弱で安定させた経験を持つスモビジオーナー。現在は九州で補助金コンサル事業を展開。

S氏

コンサルを経て経営コンサル・Web制作で独立。当初はYouTube広告の運用やキャスティングを行っていたが、徐々にVTuber事務所の運営事業へ移行しているスモビジオーナー。

E氏

消費財メーカー、コンサル、製薬会社を経てAI・データ分析企業を創業。様々なスモビジ経験を経て、ビッグビジネスへと成長させた元スモビジオーナー。

第1部

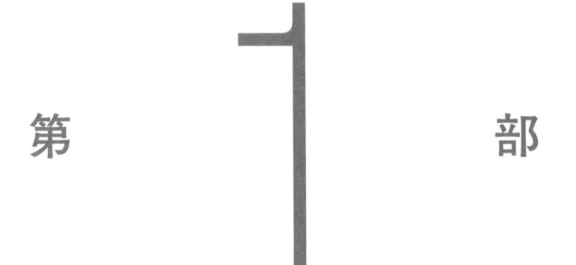

スモビジを開始する

第1章

儲かる情報を入手する

まず最初の項目であるが、スモビジの立ち上げにおいて極めて重要となる情報源から解説する。

成功している人がどのようにしてアイデアを思いついたのかは、外部から見ると分からないことが多いだろう。

さらに、昨今は多くの創業神話が生み出されている。

「電車に乗っていてある人の行動を見ていたら、ふと良いアイデアを思いついた」などのような話である。

これを私が神話と表現しているのは、その類のものは後づけで創作されているケースが多いからである。

「他社がそのアイデアで成功していたので、ビジネスモデルをコピーして後から追いかけた」というのは、イノベーターとして紹介されたい場合にはやや不都合なのだ。

しかし成功しているスモビジオーナーに聞いてみると「人々の行動を観察してウンウン唸っていたら思いついた」という事例はほとんどなく、「儲かっていると聞いたサービスを真似した」というのが実態であり、成功した事例の大半を占めている。

このようなことから成功する事業を発想するために決定的に重要なことは、他人よりも正確かつ早く儲かっているサービスや会社の情報を仕入れることである。

この情報抜きに、誰もが見られる一般的なメディアで入手出来る情報や人の行動の観察から得られたアイデアのみでビジネスを立ち上げて成功までもっていくことは、非常に難しいのだ。

ビジネスのアイデアは無から湧き出てくるものではない。

大量に儲かっている・儲かっていない情報を知り、そこから発想するものなのだ。

最初の一歩をどう踏み出せばいいのか分からない人は、悩む前にまず儲かっている事例の情報収集から始めよう。

コミュニティに潜入しなさい

ここで特に重要なのがコミュニティである。

情報の重要性を分かっているスモビジオーナーたちは、常に正確かつ早く、

儲かっているサービスや会社の情報を手に入れるためコミュニティを形成する。類似の事業をやっている者同士が集まって「何が儲かるか」を常に話し合っているのである。

ここで得る情報は大変貴重なものだ。

断定的な言い方になるが、私が知っている成功したスモビジオーナーでコミュニティを使い儲かる情報交換をしていない人は誰1人としていない。

自らを情報の交差点に位置づけられるようにするべきだ。

当然、美味しい情報を手に入れるためには何らかの重要な情報を提供する必要がある。

自分が知っている重要な情報を他のスモビジオーナーに積極的に提供しよう。

これらのコミュニティは何らかのプラットフォーム上で公開されていることはあまりない。

公式なものとして運営されていることは稀（まれ）である。

飲み会で作られたLINEグループであったり、X（Twitter）で繋がった人たちとのオフ会であったりが、いつの間にか情報交換コミュニティとしての体（たい）を成していくのである。

積極的に交流を図っていこう。

「メディアの会」「法人営業の会」などを自ら開催し、参加者には興味のある友人を呼んでもらうことでコミュニティを拡大していくことが出来る。

飲み会の主催者でありなさい！

情報が多くて速くて正確

何故コミュニティ内での情報が貴重かというと情報の多さ、速さ、正確性にある。

メディアで「あのビジネスが凄い」と言われ始めるのは、コミュニティ内での情報と比べ、目安として3～4年、遅延していることが多い。

その遥か以前にコミュニティ内部では儲かっている会社の詳細情報が流通しているのだ。

印象的であったのは仮想通貨の交換所であり、営業利益が数百億円ということが大いに話題になった時期があったが、やはりコミュニティ内ではそれよりもかなり前からその情報はやり取りされていた。

さらにメディアに紹介されているビジネスの成功ストーリーの多くは、そのメディア向けに加工されているため、儲かっている本当の理由について正確に把握することは難しいのだ。

例えばＷｅｂ広告、アフィリエイトがうまく売れているから成功しているだけなのに、会社としては「素晴らしい商品開発に3年かけた」「顧客との密なコミュニケーションを重視している」などのストーリーを語りたがる。

会社が語る成功要因に誤魔化されてはならないのだ。

そもそも儲かっている会社はわざわざメディアに自分が儲かっていることを積極的に語ろうとはしない。

貴重な情報を、手間をかけて教えてやる必要などないのだ。

よくＸＸ％成長！　ＸＸ会員数突破！　などの派手な情報が出ているが、これらは大半が盛られている。

これらの情報は採用や営業のために出しており、要はプロパガンダである。

正しい情報はＩＲ情報などに限定される。

そのＩＲ情報も儲かっている本当の理由は教えてくれない。

儲かっている理由を早く正確に知るには、やはり人から聞くしかないのだ。

事例

スモビジオーナーたちの情報源

コミュニティを特に重視しながらインタビューも補足で活用

Y氏

スモビジはいくつかの界隈に分かれており、代表的なものには「インスタグラムアフィリエイト界隈」「単品リピート界隈」「SEO界隈」「D2C界隈」「フランチャイズ界隈」などがある。

こういった界隈には各々にボスのような企業が存在する。

これらの企業は持っているノウハウを弟子に与え、一種の暖簾(のれん)分けのような形で一部シェアをボスが握りながら弟子が独立をしていくという動きもよくある。

このように正確かつ早く有効な情報を手に入れるためには、自分が狙っている界隈に入り込むことが重要だが、具体的にどうすればいいのかについては、Y氏の例が参考になる。

地方からX（Twitter）経由でコミュニティに参加

Y氏はかつて地方の大学生であり、そこは東京のように情報を入手しやすい環境ではなかったため、まずは東京のベンチャー界隈に入ることを目標として、X（Twitter）で様々な人間とコンタクトを取り始めた。

当然ではあるが、コンタクトを取る際にはギブ&テイクを意識する必要がある。**「教えてください」だけでは返信は来ないので、相手に対して自分が何を提供出来るかを明記しコンタクトを図ることが大切だ**（ちなみに私に対してY氏のX［Twitter］のDMはそのような形式で記述されていた）。

Y氏はこういった連絡をきっかけとし、東京のベンチャー界隈のコミュニティと接触を図り始めることが出来た。

このようなコミュニティへの入り方が分からなければ、公にメンバーを募集しているようなサロンやコミュニティにとりあえず入るのも1つの手だ。

費用も月額で合計数千円程度で済むので躊躇(ちゅうちょ)するような金額ではない。

Y氏は最近では株式投資関係のサロンに入ってみたという。

このようなオープンなコミュニティは玉石混淆ではあるのだが、**まずは一歩目の踏み出し方が分からなければ入ってもよいだろう。**

ここから知人を増やしていくことで徐々に、より質の高いコミュニティを形成することが出来る。

専門家へのインタビュー

情報収集にはインタビューも有効だ。

実名登録の専門家へのインタビューが出来るサービス「ビザスク」を使えば2万～3万円で業界の専門家に話を聞くことが出来る。

Y氏は現在、情報代としては安いと考え、新領域に参入を検討する際はこのようなインタビューを積極的に活用しているという。

その際のポイントとしては、自分が明確な仮説を立てられるほど知識がない場合、**「自分はこんなことがしたいのですが、○○さんならどうやりますか?」というようにオープンに聞き、話したいことを一通り話してもらった上で情報の取捨選択を**

するのがいいとY氏は言う。

その中でインタビューした1人は、Y氏が美容品事業に参入する際に工場の紹介までしてくれたそうだ。

ちなみに注意点であるが、いつまでも質問を絞り込まずアドバイスを求めるスタンスではいけない。

自分が考えるビジネスをできるだけ具体的に思い描き、それに対して「リスクは何か」「もっとうまくやる方法はないか」とアドバイスを聞くようにシフトしていくべきである。

会社員時代の経験を活用

コンサル時代の気付きがスモビジ起業の入り口に

K氏

K氏はコンサルタントとして企業に勤務していた時代に仮想通貨の交換所に関する調査を行っていた。

そのとき「サービスとしてはほぼ差がない事業なのに、何故これほどまで勝敗が分かれるのか」に興味を持ち、調べてみるとサービス自体ではなくアフィリエイト単価が大きく異なっていることに気付いたという。

そこから**「このアフィリエイトというものはサービスの成否に決定的な影響を及ぼすらしい、であればこれは儲かる事業なのではないか」**と考えたのがK氏の着眼点が良かったところである。

勤め人として業界内部にいれば、通常は見ることが出来ない情報を入手することが可能だ。

特にコンサルのようなビジネスの場合、多くの情報に触れられるためスモビジの着想になるような気付きを得やすい。

現在勤め人として働いている人も意識してスモビジのきっかけになるような情報を取れないかトライするとよいだろう。

同業者の動向を常にチェックする

着想を得たK氏はまず、単独でニッチなワードを狙ったアフィリエイトサイトの運営を始めた。

ここで小さな実績（「ロボアドバイザー　おすすめ」で1位。月商は50万円程度）を上げたことがきっかけで、アフィリエイターが集うコミュニティに呼ばれるようになり、儲かっているメディアに関する情報が入り続ける状況を作ることが出来たという。

また、K氏は取材を行い寄稿することを得意としているため、何らかの興味を持っているテーマがあった際にはメディアに寄稿していくことで質の高いコミュニティに入り込めるという強みを持っている。

仮想通貨に関してもこの方法でコミュニティに入り込んでいった。

このコミュニティでは、儲かっているメディアに関する記事のスクリーンショットや伝聞情報が共有され、当時、転職系インフルエンサーが運営していたある転職サイトが儲かっているといった収益に関する情報を知ることも出来た。

自分自身でも儲かっているメディアに関する情報収集は続けており、ダイヤモンド社が運営する『ZAi』というメディアが同社のドメインパワーを活用し検索順位を安定的に上げていることを発見していた。

転職という同業だけでなく、他のテーマでアフィリエイトに取り組んでいる企業からも常に学ぼうと意識していたのである。

M氏

インターンの経験と学生起業家のコミュニティを活用

学生起業の成功例のほとんどがインターンからの気付き

M氏は広告系の企業でインターンを経験しており、広告関連事業に関する情報は入手しやすい状況であった。

K氏の例では勤め人の立場を活用することについて書いたが、学生であればインターンの立場を活用しよう。

私も多くの学生起業家と話す機会があるが、成功例の大半は**「インターンを経験して会社は大したことをしてなくても儲かっていることを知った。周囲の学生と同じようなことをすれば自分でもやれる」**というパターンである。

キュレーションメディア（特定のテーマやジャンルに関して、インターネット上に存在する無数の記事から取捨選択して掲載することで価値を持たせた、いわゆるまとめサイトのこと）で学生起業家の成功が続いた時期があったが、そのほとんどがこのパターンであった。

特にキュレーションメディアは「安価で大量の労働力を供給出来るか」を重要視

するビジネスであり、この特性が学生という立場とフィットしたということだろう。

M氏は現在でも周囲にいる学生起業家出身者とは自然と交流し、週１以上は広告業以外にも様々なビジネスに取り組む起業家との交流を続けている。

学生起業家界隈である程度結果を出している人は少ない。

ビジネスで実績を出していけば自然と、様々な場に来ないかという声がかかりやすくなり、横の繋がりが出来ていくものなのだ。

実績を積み上げると同時にコミュニティを作り続けなさい！

A氏

成功している他社とデスクトップリサーチ、勉強会

他社を真似する

A氏の基本的な考えは、儲かっているビジネスを発見し、その中で良いものを真似すれば成功する、というものである。

そのため他社が何をやっているのかは常に調査しており、手がける民泊でも、事業運営がうまいと思う会社とは定期的に情報交換をしているという。

当然そういった企業は自社の競合でもあるが、清掃スタッフを紹介しあうなど、ある種の協業でもあるため良好な関係を保つことが出来た。

基本的には**「儲かっている会社がありそのコピーをすれば自社も儲かる。オペレーションが出来てきたら独自性を付与する」**というのがポイントだ。

デスクトップリサーチ（Ｗｅｂや書籍での調査）

A氏は現在、社員数を増やすというより1人あたりの営業利益を上げていくという方針を取っている。

そのための情報収集には、例えば『東洋経済』などの1人あたり営業利益ランキングを見て、注目している企業のＩＲ資料を確認し、真似出来る可能性がないかを探っている。

このような情報を見ていくと、やはり金融・不動産に1人あたりの利益が多い会社が集中していることが分かったという。

A氏が取り組んでいるビジネスと金融・不動産は相性もよく、コピー出来る新たなビジネスを探すべくより詳細な調査を進めている。

勉強会

A氏は外部に公開されている資料のみでは分からない情報について知りたい場合、積極的に勉強会に参加していたという。

例えば最近は、ファンド組成についての勉強会に顔を出し、様々な情報を教えてもらい非常に参考になったそうだ。

A氏自身ファンドを1つ組成し、苦労はしているがファンド組成の知識は応用の幅が広いため、よい経験になったと考えているという。

飲み会経由で相談が入る状況を作る

J氏

飲みの場から事業は生まれる

J氏は情報収集は基本的に飲みを通じて行っている。

相手は誰でもよいわけではなく、博識な人との付き合いを特に重視しているという。

顧客やビジネスパートナーと一緒に飲みに行くと仲良くなり、そうすれば**基本的に「何かを一緒にやりたい」というところから商談が始まるため、物事が進めやすくなる。**

また、J氏は様々な人を紹介したり過去の経験からアドバイスを出来たりもするので、無償で気軽に相談を受けられる態勢をとっている。

E氏

パーティー、会社員時代の経験を活用

パーティー

E氏は毎週ホームパーティーを開催し様々な人と知り合いになり、情報収集をしていた。

元コンサルであるが、リサーチをして参入を検討するということはあまりしていない。

会社員時代の経験

製薬メーカーに勤務していた際、E氏は医師向けに使われている患者情報管理システムの欠点を発見した。
これを改善するためのシステムを作ればよいのではないかという発想を得た。

S氏

「業界関係者」というポジションを獲得する

コミュニティに深く入り込もう

S氏は**コミュニティに深く入り込み、周囲に業界関係者として認知されることを**常に意識している。
そのためには飲みに行く機会を重ね、事業に取り組み続けることが重要だという。
S氏がそう考えるのには、今も続けるキャスティング事業での成功体験がある。
それは、インフルエンサーたちが集まる飲み会で「有名芸能人のTがゲーム実況をしたいらしい」と聞きつけ、Tにすぐコンタクトを取り、ゲーム実況系のプロモーションをやらないかと打診したところ、二つ返事で受けてもらうことが出来たというものだ。

このようにキャスティングはコミュニティの深部に入り込み、業界に精通している者として認知されることで初めて出来る事業である。

S氏はコンサル時代にデスクトップリサーチも多数行っていたが、エンタメ業界は非公開情報が多いこともあってか、エンタメ系の事業で役に立ったことはほとんどないという。

どのような事業であっても業界関係者として認識されることは大切である。

例えば、YouTuberのキャスティングのような広告案件は、フォロワー数などオープンになっている情報をもとに事業を始められるが、キャスティングはそうはいかないのだ。

キャスティングの経験を重ねるほど、タレントの性格といった関係者でしか知り得ない内部情報が分かってくるので、自分にしか出来ないイベントやタレントのマネジメントといった、業界のより深い場所で事業を展開出来るようになっていくのである。

解説

何が今儲かっているのか、それは何故儲かるのか

儲かる情報の集め方

繰り返しではあるが、ほぼ全てのスモビジオーナーは「何が儲かるのか」という情報を手に入れ続けることを重視している。

特に事業者同士で積極的に情報を交換するコミュニティへの参加に関しては、ほぼ全てのスモビジオーナーが重点を置いていることが分かるだろう。

自分に実績や立場が何もない場合、有用な情報がやり取りされる核心的なコミュニティに入ることは難しい。

コミュニティに対して有用な情報を持たない状態ではその中に入れはしないのだ。

事例からも見られた通り実績を積み重ねながら徐々にコミュニティの内側に入り込み、業界関係者にしか出来ないビジネスを目指していくのだ。

全く新しい業界でありツテもない場合は、最初は多少の金を払ってでもインタビューやサロン、塾などを利用して情報を得ることも1つの手段だろう。

発信活動を通じて立場を獲得したり、勤め人や学生である場合は勤務中に得られる情報やインターンでの経験を活用したりするとよいだろう。

また、常に「何が今儲かっているのか、それは何故儲かるのか」についての信頼度・鮮度が共に高い情報が手に入り続ける状況を作れるように意識することも重要だ。

各情報源を使いこなすためのポイントを簡単に記載しておく。

情報源 1　コミュニティ

自分が良質なコミュニティに入れる理由を作ろう。

ここで重要なのは**如何に自分がコミュニティの役に立つ情報を持ち込めるかとい**

う点にある。
そのためには小さくてもよいので実績を作り始めるとよいだろう。
例えば、K氏のように月商50万円規模のものでなくても構わない。もっと小さな実績や専門性の高いものでも構わないので、コミュニティに対して何かしら貢献出来る材料を持とう。
大きく収益化していなくてもコミュニティに入る道具として十分役に立つのだ。

情報源 2 デスクトップリサーチ

「何が今儲かっているか・何故儲かっているか」という核心的な情報をデスクトップリサーチで仕入れることは難しい。

しかし無料かつ網羅した情報を迅速に手に入れられることがデスクトップリサーチの利点である。

A氏のように収益性が高い会社の発見に活用するのもいいだろう。
自分が知らないビジネスの情報をＩＲ資料から確認するなどした後に、核心的な情報については人から聞くという複合的な使い方をするとよい。

情報源 3 インタビュー

何も知らない業界でスモビジを始めようとする場合、Y氏が活用していたような専門家へのインタビューは非常に有用である。

情報に対してある程度の金を払えるという人は、おおよそ1人2万〜3万円で聞くことが出来るため積極的に使うとよいだろう。

例えば6〜10名にインタビューして20万円かかったとしても、この程度の金額で重要な資源である時間を買うことが出来ると考えれば決して高くないのである。

情報源 4 勤務先

K氏、M氏、E氏はインターン・勤務先で儲かる事業の情報を掴んでいた。

会社自体がその業界の内部にあるため、一個人では得られない情報でも、インターンや社員ならば報酬をもらいながら入手出来るのである。

勤め人を経験した多くのスモビジオーナーは勤務先で気付いた内容を自分の事業に使っている。

ただ、なんとなく働いているだけでは、儲かる事業への気付きを得るのは難しいだろう。

Ｋ氏の例で見られたように**「どうすれば儲かるビジネスが出来るのだろうか」**という課題意識を持ちながら自分の日常業務から発見を得たい。

勤務先でどのようにすれば儲かるのかの着想を得なさい！

Check Point

- □ 事業領域をある程度絞って情報収集しなさい！
- □ 儲かる情報を継続的に入手し続けられるコミュニティに入り込みなさい！
- □ 入手している情報の鮮度・信頼性・量を高めていきなさい！

第2章

着手すべき事業を見極める

さて、第1章ではどのようにして儲かる情報を手に入れるのかを紹介してきたが、第2章では取り組むべき事業の見極め方について解説していこう。

良質なコミュニティに入り込めれば、儲かる情報を浴び続けることが出来る。基本的にはそこで得た儲かる方法の中で、自分に向いていて市場環境もよいと思ったものをコピーしていくことになる。

一方で全てをコピーする時間はない。

成功しているスモビジオーナーたちは、多くの情報の中からどのようにして自分が取り組むビジネスを見極めているのだろうか。

第2章ではまず、ここの見極め方を探っていく。

また注意点として、スモビジでは一撃必中という考え方は基本的にしないほうがよいだろう。

成功するものもあれば、そうでないものもある。

自分が持続的にスモビジオーナーであり続けるためには、ときに撤退も必要な行動となる。

熟練のスモビジオーナーであっても失敗は常に多数あるのだ。

「難しいかもしれない」と思いながら1年間も事業を継続しては駄目だ。

「売れないけどやりたい」というこだわりは大きな失敗を生む要因になり得るのだ。

では、どのようにして撤退を判断すればよいのか？

それもこの章で見ていこう。

特に、Y氏やA氏の事例を見てもらうと、精度ではなく手数の多さで勝負していることが分かると思う。

熟練のスモビジオーナーでも新規事業は外すものなのだ。

新規事業は基本的に多産多死。

事前の検討に力を入れるよりも高速で試行錯誤し、駄目なら撤退、いけそうであれば追加投資を続けていくというサイクルを如何に高速で回し続けられるかが重要なのだ。

特にこの「高速で」という観点には注意してほしい。

失敗している人や会社は基本的に「遅い」のだ。

「初心者でかつ遅い」は、成功から非常に遠い場所にいることを意味する。

速く動きなさい！

事例

参入事業の見極めと撤退基準

「儲かる」と聞けばとりあえず試す

自分の性格と合わせる

Y氏

Y氏は自分の性格を理解し、それに事業の特性を合わせることが重要だと考えている。

例えばY氏が過去に参入した精力剤通販事業は黒字化するまでに大きな先行投資が必要だったことに加え、売れれば売れるほど運転資金も多く必要とするものであった。

しかしY氏は大きく投資し長い赤字状態が続くことを辛いと感じてしまう性格の

ため、この事業は精神的に非常に辛いものになってしまったという。

人を雇うことを嫌う人が大量の人を雇用する必要がある事業、例えばアウトソーシングに取り組むのは厳しいし、周囲からかっこいいと思われないと辛い人が精力剤事業に取り組むのは厳しいなど、自分の性格は事業を運営していく上で決して無視出来ないものとして考えておいたほうがよいだろう。

一方で商材自体が好きかどうかというのは、ある程度やり続けていればどうにかなる。

Y氏自身は美容には全く興味がなかったが、美容アフィリエイトメディアで成功した。

扱う商材を選り好みしないというのは重要だ。

選り好みをすればするほど成功確率は下がっていく。

儲かるものには手をつける

基本的に参入する際には入念な検討をしているわけではなく、**儲かると言われたものに全部食いつくのがＹ氏のスタイルだ。**

このスタイルだからこそコミュニティの質が重要である。

コミュニティの質が悪い場合、そこで得られる「儲かる」という情報の信頼度は低い場合が多いからだ。

元々億単位で売却出来た美容アフィリエイトメディアは、友人に「キュレーションが儲かる。美容系アフィリエイト（その中でも特定ジャンルのもの）はあまり競合がいないからやれば」と言われて始めたものである。

精力剤に参入する際も深く考えていたわけではなく、女性に比べて男性は面倒臭がりであり、商品比較を何度も行うような人は少ないため、美容品よりも精力剤のほうがユーザーの継続率が高くなるという直感があっただけであった。

Y氏自身が男性であったことや周囲にいる男性も面倒臭がりの人が多かったということが、そのような判断に至った大きな要因であったとも振り返っている。

加えて、単品リピート通販などの広告費をかけてユーザーを獲得していく事業は、LTV・CPA※のバランスを考えるだけでしかないので、それを見ればよいと考えていたことも参入の後押しになったという。

※ LTVとはLife Time Value（顧客生涯価値）のことである。1人の顧客が初期購入してから離反するまでの合計売上を指す。CPAはCost Per Acquisition（顧客獲得単価）のことであり、1人の顧客を獲得するための費用である。詳細な説明は省くが基本的にLTV＞CPAが成立し続けないと商売は成立しない。

コンセプトの設定

ブランドコンセプトは注意深く選ぶ必要がある。

例えば、参入当初にある程度オーダーメイドの美容製品で結果を出したベンチャーがあるが、少しするとオーダーメイドの流行は終わり、現在は香りがよいという別のコンセプトで売っている。

この事例のように、バズワードの遷移は早く、バズっている会社があるからといって安易に飛びつくと痛い目を見るが、Y氏もこれと同じような経験をした。

炭酸を利用した美容商品が若者の間で流行っていた際に、これを高齢者向けに売り出せばいいと単純に考えて事業を開始したが全くうまくいかなかったのだ。

当然だがバズワードだからうまくいくのではなく、ユーザーにとっていいものを作らないとうまくいかないのである。

高齢層は肌の皮脂量が年齢と共に低下しているため、脂分を落としすぎない美容製品を求める。

だからこそクリーム系の商品が流行していた。

このような知識は今であればあるが、当時は分からなかったのだ（Y氏の個人情報保護の都合上、美容品の詳細に関する言及は避けている）。

若年層と高齢層のニーズは異なっているし、流行しているものが受ける層もあれば受けない層もあるというのは当然のことであるが、こういった失敗例は多い。

このように安易なバズワードのかけあわせは大変危険である。

A氏

儲かりそうなら手をつけ、3ヶ月以内に判断

損失額の上限は300万円

A氏は基本的に儲かりそうなものには全て手をつけて3ヶ月以内に黒字化出来ないのであれば撤退という考え方をしている。

見積もりを取ってシミュレーションを行い、最大の損失がおおよそ300万円以内に抑えられるのであれば参入する。

A氏から今までに撤退した事業の詳細情報を頂くことが出来た。

数としては大量に存在するが、以下に3つ、撤退した事業とその理由を紹介しよう。

1 タピオカバー：損失額300万円、工数10時間

そもそも飲食利益率が悪く、やる気、コミットがあまりなかった。

2 アートファンド：損失額300万円、工数100時間

ファンドを作って数億円は集まったが、売れている私募ファンドはみな節税商品化や年数を短くしていたことから、1枚あたりが巨額のアート作品は採算が見合わなかった。

また、アートは資産としてのポートフォリオで最下位なので、トップクラスの超富裕層しか興味を持たず、資産額10億円以下のプチ富裕層にはあまり刺さらなかった。

一方、超富裕層は自ら1枚1億円で購入するので、結論としては、やるのであれば1枚1枚をしっかり売ったほうがいいと気付いた。

そもそも何故フランスの巨大アートファンドでも500億円しか規模がないのか、しっかり考えるべきだったと反省しているという(フランスのアート市場が対GDP比10％以上ある一方で、日本のそれは3％)。

ただ、A氏は自分でファンドを作って営業もしていたので、スタートアップの資

金集めに近い経験やファンドを作った自信、投資家の考えなど、この事業から非常に多くの学びを得た。
　現在は不動産ファンドの設立に着手しており、この経験が生きているという。

3 コロナ離婚の防止の窓口：損失額0円、工数10時間

「コロナ離婚」というワードがバズったのを目撃し、1日でサービス（HP）を立ち上げ、弁護士事務所と連携した。
コロナ離婚とは、普段一緒にいない夫婦が長い時間を同じ空間で過ごすことで衝突が起こって離婚するというものであった。
サービスの内容はざっくり言うと、
①対象者が相談窓口に問い合わせ
②「ひとまずホテルで1ヶ月頭を冷やしませんか？」と提案
③それでも無理なら離婚提案
というものだった。
コロナ初期に話題になり、40以上のメディアに紹介されて400件以上の相談が寄せられたが、ほとんどが恋愛相談でありホテルに入居したのは7組のみだった。

ホテルの代用としたマンスリーマンションにこの7組を30日間入居させても、1日1万円として、合計で210万円の売上にしかならない。

当時1400室もの運営物件があったものの、恋愛相談と人件費・工数が割に合わず、1ヶ月で撤退した。

フォトウェディング事業に参入した理由

A氏は最近、インバウンド向けフォトウェディングツアー事業を開始した。

英語を話せる事業者が極めて少ないことや、日本におけるフォトウェディングは香港などの事業者がシェアを取っているのを発見したことなどが主な参入の理由だ。

この状況であれば、英語への対応が可能であることに加えてSNS集客が出来るというだけで参入するには十分ではないかと考えたのである。

類似事業に取り組んでいる上場会社をリサーチしてみたところ、その企業の業績は拡大しており、市場規模も自社にとっては十分だと思えたという。

A氏は、このように**市場規模が十分あり、競合が成長しており、自分たちにも参入の切り口があれば始めるようにしている。**

J氏

自分の強みと事業の普遍性

自分の強みが活かせるか

J氏は自分自身の強み＝優位性を活かせるか否かを重視している。

例えばJ氏の学歴・経歴は一目で目を引くようなものではないため、エリート戦略コンサルと同じようなことをしても優位にはなれない。

キラキラ経歴のエリートと直接競合しては第一印象から劣勢に立たされてしまうのだ。

その点、中小企業向け補助金コンサルであれば自分でも優位に立つことが出来るとJ氏は考えた。

エリートにとっては面白くないが、自分と同じような立ち回りをする人が少ないドメインを選ぶようにしているのである。

流行ではなく普遍的な課題かどうか

流行を追いかけていくと廃れることも早いため、J氏は常に普遍的な課題を狙っている。

例えば中小企業の資金繰りや人材採用は普遍的であり、この領域に対しては長期的に取り組んでいるという。

E氏

事前シミュレーションと希少資源の集約

収益性をシミュレーションしてみる

E氏は何らかの事業を検討する際にはシミュレーションするようにしている。サイト上で販売数を調べたり、ツールを活用しキーワードの検索数を調べることで、どのようなビジネスがどの程度儲かっているのかおおよその検討をつけることが出来る。

希少資源の集約が出来るか

E氏は、ビジネスとは基本的に「貴重なものを他社よりも安価に集積させること」が出来れば成功すると感じている。

２００６年頃はエンジニア人材を集積させるだけで儲けることが出来たし、現在ではまともなＰＭ※（プロジェクト・マネージャー）を集積させることが収益の源泉だと思っているという。

貴重な能力を持っていてもビジネスが苦手だという人はたくさんいる。

Ｅ氏の立ち位置としてはそういった人たちを集めてビジネスを作ることを意識している。

例えば最近ではエネルギーに関する素晴らしい知見を持っているがビジネスは苦手だという人と事業を作ろうとしている。

頭の良いアカデミックエリートは営業力がないというケースはよく見られるし、それならば自分はエリートを集めて営業をすればよいということになる。

※ＰＭは主にプロジェクトの進行管理をする人である。ＩＴやコンサルティングのプロジェクトは複雑であるため　このＰＭがうまく管理することが出来ないとプロジェクトは崩壊するのだが、それが出来る人間は希少なのだ。

S氏

やりたいこと×市場×タイミング

カテゴリ素人のスモビジ参入は黎明期を狙うのが基本

S氏は昔からタレントマネジメント事業に何らかの方法で参入したいと思っていた。

ただ、事業者としての明確な経験・ノウハウ・強みがないと、インフルエンサーたちに事務所に所属してもらえないので、キャスティング事業を通じて自社のノウハウが蓄積するタイミングを計っていた。

そして、２０１８年にVTuber事業に参入した。

ちょうどVTuberのブームが始まったタイミングであり、適正な時期と考えたのだ。

新たな変化が現れるときは競合もまだ弱い状態である。

素人が新規領域に参入するには、このように変化がある場所を狙うことが基本となる。

加えて、市場の成熟が進めば進むほど高いクオリティを求められてしまうため、参入障壁が高くなってしまう。

スモビジは黎明期に参入することが基本なのである。

S氏が参入した当時は、VTuberのキャラクターは1体あたり10万～20万円程度の制作コストで済んだ。

この市場には、2022年に上場を果たしたANYCOLOR※が先行しており、3Dキャラクターに比べて比較的低予算で制作出来る2Dキャラクターで成功を収め始めていた。

これを見てS氏は「3Dキャラクターでの参入は厳しいが、このくらいの投資規模であれば自社でも出来るのでは」と考えたのである。

2023年9月現在はその程度の金額では難しく、VTuber1キャラクターの制作には40万円以上は必要だろう。

※ANYCOLORはVTuber事務所「にじさんじ」を運営する企業。VTuber事務所としては初めて上場した。2023年4月期の売上高は253億円。

解説

常に新しいものに手をつけ、新しい波に乗り換えていく

手数を多くする

参入を検討する際に重視している点については、スモビジオーナーごとに様々なものが挙げられた。

一方で**それ以前に重要なことが「手数」である。**

端的に言えば「数多く、高速で」というのが新規参入に成功するポイントだ。

Y氏やA氏が代表的であるが、**基本的に儲かりそうなものには関心を持ち、特別な理由がなければ一旦手をつけてみる、**という動きを意識するとよいだろう。

検討に検討を重ね慎重にプランを作り上げても、検討段階ではそもそも入手出来る情報は限られているのだ。

この限られた情報を用いて高い確率で成功するのはそもそも非常に難しい。

手数を多くし、成功しそうなものを強めていく、駄目そうであればダメージが大きくなる前に撤退する、という動きを常にするべきであろう。

これはスモビジオーナーとしての生活を続けていくためには特に重要である。

スモビジの場合、１つの事業で長期間儲け続けることは難しい。

柔軟に環境に合わせ、新規事業を開発し続ける宿命にあるのだ。

常に新しいものに手をつけ、新しい波に乗り換えていくという動きが必要だろう。

事業着手の優先度を決める3つのポイント

さて、手数を多くとはいうものの優先度は設定する必要がある。

どのようにすれば限られた情報の中から筋がよい事業を見出すことが出来るのだろうか。

特に重要な点は、

①性格に合っているか

②個人の強みを使えるか

③市場環境が良いか

の３点である。

この観点からスモビジを評価し、参入の検討をするとよいだろう。

詳しく見ていこう。

1 性格に合っているか

これはＹ氏により強調された観点だ。

例えば人と話すことが苦手な人が、大量に人を管理するということから逃れられないＢＰＯ事業（事務手続きなど低単価のアウトソーシングを大量の人員を雇いながら受託する業務）に取り組むと非常に辛い思いをするだろう。

ここで注意するべきは、好きな商材をビジネスにしようと安直に考えてはならないという点だ。

ややこの方針に抵抗を感じる人もいると思うが、多くのスモビジオーナーは失敗する人の特徴として「特定の商材にこだわりすぎていること」を挙げている。

自分が好きであることとビジネスとして成功することには大きな隔たりがあるのだ。

例えば好きな人が多い領域とは趣味やボランティアとして成立している分野だ。スポーツ、音楽、教育、ヘルスケア、地域振興などの領域を考えると、多くの人が趣味にしていたりボランティアで取り組んでいたりすることが分かる。

ボランティアがいるということはすなわち、競合は経済合理性を無視した非常に強い相手になり得るということだ。

このように競合が無料で行っている領域で儲けようとするのはかなり難しい。

趣味となるものも同様である。

多くの人が趣味としてスポーツをしている。

金をもらってスポーツをしているのではない。

スポーツが好きな人はスポーツに関連するビジネスであればあまり儲からなくてもやってしまおうと考える。

こうすると価格相場は低い水準になり、全員儲かっていない状態になりやすい。

好きをビジネスにするのは十分に注意するべきである。

それでもやりたいということであれば本当に情熱的である必要がある。

その領域なら３６５日、昼夜を問わず働き続けられるくらいならば、突破口も見出せるだろう。

２　個人の強みを使えるか

Ｊ氏は自分自身の強みを冷静に評価し、勝てる領域で戦っていた。

特にスモビジは創業者自身が持つ競争力が会社の競争力に直結するため、自分自身が活躍出来るのかという個人の視点で見るとよいだろう。

私も新たな事業を展開する際には他の事業とのシナジーが効くものを当然選択しやすい。

個人が使える強みとは何だろうか。

主に「スキル」「ネットワーク」「知識」を起点に考えるとよいのではないか。

スキルは例えばＷｅｂマーケティング、生産管理、法人営業、開発能力など個人が持つものである。

ネットワークとはある業界にとにかく知人が多い、開発会社を多く知っているなどである。

知識とは「とにかくエネルギーには詳しい」などのように、特定の分野に関して人並み以上の知見を有しているといったことである。

ビジネスを続けていくと個人のスキル・ネットワーク・知識は会社としての能力に変わり、顧客基盤も蓄積されていく。

このようにスキル・ネットワーク・知識を活用し連続的にビジネスを立ち上げていくことで、持続的な経営をすることが出来る。

3 市場環境が良いか

どのように市場を見極めるか

私が参入時に重視しているのは、

- 長期的なトレンドか
- 現実的かどうか
- 大きなビジョンがあるか

という3点セットが揃っているかどうかである。

小刻みな参入を繰り返し、ヒット&アウェイで戦うというのは、ビジネスにおいては効率がよくないのだ。

長期的な取り組みを続けていくと常に役に立つ顧客基盤や能力を増強していける。

S氏が挙げていたが、このような観点を重視する人は今後成長が見込まれる産業の黎明期・成長期を意識して狙うとよい。

ほとんどのプレイヤーが手探り段階である黎明期においては、ANYCOLORのような成功例を如何に早く発見しコピーするかが重要となる。

市場予測の方法に関しては多くの著書があるため他を参照頂きたいが、**一時的な流行か否かを簡易に判断するには「熱狂的に使っている人がおり、今後その利用者の拡大が見込まれるか」を見るとよいだろう**（参照：Sam Altman "How to Succeed with a Startup" https://www.youtube.com/watch?v=0lJKucu6HJc&t=1s ）。

逆にメディアでは騒がれているが熱狂している利用者がいないものはかなり怪しい。

スモビジとして手をつけるものではないだろう。

スタートアップに限らず、スモビジの場合も多いのがバズワード系のビジネスである。

Y氏の美容品の失敗例を挙げたが、バズワードに乗ったビジネスを展開しようとする際には、特に注意が必要となる。

バズワードだから売れるわけではない。

バズワード関係に参入する際には何故その商品が利用者にとって従来製品より良いのか、という問いに対して明確に答えられるようになるべきであろう。

過去のAI、Web3、ビッグデータ、ブロックチェーン系のスタートアップがその後どのような運命を辿ったかを知れば、注意すべきであることがよく分かるだろう。

ちなみにA氏が触れており、大企業が新規事業を検討する際に必ず登場する指標である「市場規模」にも触れておこう。

市場規模とは、あるサービスの売上を全企業分、合計した数値である。

自分自身のサービスがあまりに革新的で、この市場規模自体を拡大させるという作用がない場合は、市場規模が売上の上限となる。

この市場規模の中で、ある企業が持っている売上の比率をシェアという。

かなり簡易に市場規模を推定する場合には、自分がやりたいビジネスと類似のビジネスに取り組んでいる企業の売上規模(当該サービスの売上)を真っ先に調査し推定する努力をするべきだ。

市場規模は、例えばその企業のシェアを25%と推定するならば、売上を4倍にすればよい。

スモビジの場合、大企業と異なり市場規模に敏感になりすぎる必要はないが、大きな市場には基本的に強い競合がいることに注意しよう。

一方で誤解してほしくないのだが、スモビジにとってマクロな環境分析の意味がないわけではない。

長期的に取り組めるということは持続性のためには重要なのだ。すぐに潰れるトレンドに身を預けることはスモビジのコンセプトである安定・着実から外れる。

どの企業や政府が具体的に何をするか予測することは難しいが、何かしらポジティブな要因が発生しやすい市場というのは、実はマクロ分析によりある程度特定することが出来る。

追い風がある場所に身を置くことが重要なのである。

成長市場かどうか

ビジネスの基本は成長の波に乗ることであって、自分で波を引き起こすことではない。

1つの会社が情勢を大きく変化させるなどと考えるべきではないのだ。

また、よくビジネスには運が重要だと言われる。

私自身も予想していなかった幸運により業績が一気に上昇した経験は何度もある。

しかしこういった機会を「運よく」掴むことが出来たのは、長期的に見ればこの市場は成長するだろうと見極め、その変化をしっかり待っていたからというケースがほとんどだ。

長期的に成長する市場においては自社の業績を向上させる政策や大企業の方針の変更が頻繁に起きるが、衰退する市場においては逆である。

よくスモビジオーナーは**「とりあえず張っている」**という言い方をする。

これは現状、具体的な動きを取っているわけではないがコミュニティで情報交換をするなどし、強烈な追い風が吹くことを待っているという意味である。

このように複数の市場に対して待ちを続けていると、追い風が吹いた際にその機会を獲得することが出来るのだ。

このように機会を虎視眈々（こしたんたん）と狙っているプレイヤーはたくさん存在する。

追い風があったとしても準備ゼロのプレイヤーがその機会を獲得することはかなり難しい。

意識して成長する市場を見極めてチャンスを待ち構えるとよいだろう。

一次情報で判断せよ

また、成長市場の見極めについてよくある罠としては、**メディアで「これが凄い」と言われているような二次情報をもとに判断することである。**

これらの情報の信頼度はかなり低いと思ったほうがよい。

5年前の予測記事をGoogleで検索してみると、如何に予測記事や意見というものに意味がないかを感じることが出来るだろう。

先にも指摘したようにメディアで凄いと言われている情報ではなく、実際に熱狂的に使っている人がおり(これは前作でも記載した、未熟な製品でもバーニングニーズを捉えているということである)、その利用者数が拡大しているかという一次情報を取りにいこう。

その上で興味を持ったら自分自身がその製品、サービスを購入して利用してみるとよいだろう。

これについては私も常に実践している。

具体的には、その市場に関する展示会に度々足を運ぶこともあるし、研究活動として新製品（VRゴーグル、ドローンなど）を買って使うこともある。

特に技術をビジネスに活かしたい人は利用者としての体感を常に得続けるとよいだろう。

簡易シミュレーション

信頼度の高い他社の数字を集めよう

A氏やE氏により挙げられたシミュレーションは難しい技術ではない。インタビュー記事、IR資料、コミュニティなどの情報を統合し、エクセルを用いてどの程度儲かるかシミュレーションしてみよう。

ここで注意すべきなのは**他社の数字を努力して仕入れることである。**

エクセルのシミュレーションはどのようなお花畑シミュレーションでも組めてしまうため、他社の数字がないものはあまり意味がない。

平均販売単価、1件にかかる営業・マーケティングコストなど、可能な限り内部情報を入手するようにしよう。

営業資料やLP（ランディングページ）も参考にはなるが、これらは宣伝であることがほとんどなため、数字は盛られている。「導入者数＊デモ利用含む」のようにして、実際の数値とは乖離していても見栄えのする数字を記載する傾向にあるため注意しよう。

「とても儲かっている」と言っている会社の実態が「実はそんなに儲かっていない」というのは珍しい話ではないのだ。

このようなシミュレーションはビジネスを検討する際に組むと同時に、常に頭の中で組めるようにしておくとよいだろう。

そのためには出来る限り多くの数値を頭に入れておく必要がある。

IR資料を見てみると驚くほど多くの数値、具体的な顧客名が開示されている。誰が・何に・何故・どの程度支払い・どのような効果を得ているのかという事例を、頭の中に百科事典のごとく蓄えると有用である。

シミュレーション結果と課題の検証

このシミュレーションを行ってみた結果、「ダメージは自分が許容出来る金額に抑えられる一方で、満足出来る程度の儲けが見込める」ということであれば手をつ

け始めるべきだろう。

スモビジの場合、ダメージを受けたとしても自分が許容出来る範囲にコントロールすることが重要である。

スタートアップと異なりハイリスクであっても限界までスピードを速めていくというやり方ではない（参照：『ブリッツスケーリング』リード・ホフマン／クリス・イェ著、滑川海彦／高橋信夫 訳、日経BP、2020年）。

スタートアップの戦略とは平たく言うとリスクを許容し、スピードを優先するというものである。

ほとんどが潰れたとしても1つ大成功すればよいのだ。

しかし、安定・着実に儲かる状態でありたいスモビジは異なる考え方が必要になる。

遅くとも1つ1つの課題を順番に検証していくとよいだろう。

例えばあまり知見がない領域で自社ブランドを立ち上げるということであれば、同時に次に挙げるような課題を検証していくことになる。

・CPA（顧客獲得コスト）がX円以下で集客出来るのか

・原価Ｙ円以下で製造出来るのか
・販売単価は年間Ｚ％上げることが出来るのか
・継続率はＷ％以上に保てるのか

全てが成立しなければ事業が持続不能ということであれば、非常にリスクが高い取り組み方となる。

課題の克服

課題の克服には時間と金が必要だ。

原価Ｙ円以下で製造するということであれば工場探し、交渉、継続的な原価低減に向けた取り組みなどに時間と金がかかる。

課題の克服は当然ではあるが無料ではないのだ。

ビジネスを検討しており、克服するべき課題が多数あったとしよう。

そのような困難なビジネスに取り組むには相応の時間、金の準備があることが前提になる。

これがない状態で事業に着手し途中で頓挫すると費やした金と時間は無駄になっ

てしまう。

スタートアップの場合はこれを外部からの資金調達により実現するが、自己資本経営を基本とするスモビジの場合は相当な準備期間を要することになる。

どうするべきなのだろうか。

それには複数の課題克服を同時に進めないことが重要だ。

例えばＣＰＡがＸ円以下で集客するという課題を克服したいなら、類似商品のマーケティングを受託し、その過程で学べばよい。

こうすれば課題の克服をしながら受託で稼ぐことも出来る。

私の所感であるが、課題の克服には当初想定の3倍の時間がかかると考えるのがほどよい目安である（私が楽天的すぎるのかもしれないが）。

多くの課題が立ちどころに解決されていくという期待は、ほとんどの場合裏切られることになる。

繰り返しであるが課題克服には金と時間が必要なのだ。

それを織り込んで計画を立案するとよいだろう。

既存事業との併存

ここで「現業が忙しいから新規事業には手をつけられない」と言ってはならない。

既に書いた通り、１事業の寿命は長くないのだ。

現業だけを優先し投資活動でもある新規事業に取り組まないスモビジオーナーは、長期的に見れば自分を追い込むことになってしまう。

既存事業で儲けながら余裕がある間に新規事業開発に取り組む。

常に両輪で取り組んでいくべきだ。

問題はある程度大きな組織になってきた場合だ。

１人でやっている間は、既存事業と新規事業のバランスを取りながら取り組むことは比較的やりやすい。

しかし、これが組織になると途端に難しくなる。

想像してみてほしい。

眼の前に儲かる事業があり、それに取り組めば給料が増えて社内での地位が上がる事業がある。

横には儲かるかどうかも分からないし、失敗すれば社内での地位が下がる事業がある。

合理的に考えて、会社員の立場であればあなたはどちらを選ぶだろうか。

これはオーナーが長期的な目線を持って保ち続ける必要がある組織課題なのだ。

スモビジの場合、この既存事業を重視しすぎるという問題は、スモビジオーナー個人の努力で克服するべきだ。

スモビジの立ち上げは基本1人。

それは社員が30名いても変わらないのだ。

新規事業を常にオーナーが1人で立ち上げ続ければ、会社はバランスを保てることになる。

このあたりの詳細については本書の本題から外れるため、興味のある人はぜひ『両利きの経営』（チャールズ・A・オライリー／マイケル・L・タッシュマン著、入山章栄 監訳、渡部典子 訳、東洋経済新報社、2019年）を参照頂きたい。

この本では絶え間ない事業の改善と新規事業の探索とのバランスを保ちながら、どう持続的な会社経営をするかが解説されている。

Check Point

- □ 手数多く・高速で儲かりそうな新規事業に取り組み続けなさい！
- □ 取り組む際には自分の性格・強み・市場環境を考慮しなさい！
- □ 参入検討の際に定量的な計算を行いなさい！

第3章

最初から売上が立つ事業とは何か？

スモビジオーナーは、独自性があるビジネスに到達する前に学習段階としてのスモビジを経ていることが多い。

経験が少ない人が机上の情報だけで独自性の高いビジネスプランを描いて参入し、事業を確立させていこうとしても、成功確率はかなり低い。まずはリスクが低いビジネスで参入し、業界に慣れる。そして徐々に独自性の高いビジネスに移行するのが基本である。一歩目から派手な独自性を追求すると、ほとんどが失敗に終わる。

既に新規事業の経験を勤務先・インターン先で積んでいる場合は、勤務先のビジネスをコピーすることでこの段階をスキップ出来る可能性はある。だが、創業前からあまりにも具体的にビジネスプランを固めることにはリスクが伴うと認識しておくとよいだろう。

そもそもビジネスはターゲットと商材がうまくハマるピンポイントでしか成立しづらいのだ。

このピンポイントが発見されることを特にスタートアップ用語ではプロダクト・マーケット・フィット（以下PMF）と呼び、スタートアップであればこのPMFを目指して調達した資金を使いながら走る。

この資金が尽きるとガソリン切れとなり、そこでスタートアップは基本的には終わることになるが、スモビジの場合は安定して稼げる事業を持ちながら、独自性があるビジネスの確立を目指す。

この安定した稼ぎを生み出すには、「大きくスケールしづらいが最初からある程度儲かる」ビジネスを持つとよいだろう。

基本的にはこの安定事業を通して顧客や商材のことを学びながら、次のステップを目指すという二段階で考えるとよい。

一歩目として最もやりやすいビジネスは受託（開発、コンサル、アウトソーシング）、仲介、営業代行、メディアのように、身一つで開始出来るビジネスである。

例えばアウトソーシングからスモビジの一歩目を踏み出すことを考えよう。

会社は常に安価で、信頼性が高い人を探している。

ここに「私なら安価で最後までやり切りますよ」と自分を売り込めばよいだけの話である。

勿論、事業の効率は悪いところから始まるが、最初から効率のよい事業を初心者が開始することは出来ない。

金をもらいながら修業する段階と考えよう。

事例

スモビジ参入事例と結果

K氏

ニッチ領域のアフィリエイト事業から参入

とにかく参入し実績を作る

独立した当初はスタートアップのようにJカーブを描く（最初に大きく投資するため赤字の状態が長く続くが、大きく成長した後に高い利益率を期待出来るような事業）ことに憧れを持っていたK氏であったが、このような事業を成功させる難易度が極めて高いことも理解していた。

例えば数百億円以上の時価総額が付くようなビジネスをしたいという何らかの理由がある場合は別であるが、そこまでの目的はK氏にはなかったため、まずは「数億円で事業を売却した」という実績を確実に作れる安定・確実なスモビジを目指したのだ。

さらに競争が激しい領域では勝てないだろうと考え、英語教育やプログラミングなど、転職のような領域に比べれば競争が緩やかな領域から参入した。

こうしてK氏は、アフィリエイト事業に参入し、結果的にその事業を上場企業に3・5億円で売却することに成功している。

また、K氏は自社で保有するアフィリエイトメディア以外にも他社のメディアに寄稿し、レベニューシェア（売上を分け合う）するビジネスモデルでもアフィリエイトを行っている。

この方法であればメディアの検索順位が上がるまでの時間をスキップすることが出来る。

レベニューシェアの比率が妥当であれば、よい協業スキームであろう。

M氏

ＴｉｋＴｏｋチャンネルの運用

インスタの成功例をＴｉｋＴｏｋで再現

インスタグラムのチャンネル運用が儲かっていることを２０１８年頃から知っていたM氏は、TikTokの流行が始まるタイミングで参入を決めたという。

インスタのチャンネル運用の成功例をTikTokでも再現出来ないかと考えたのだ。

自社で複数のTikTokチャンネルを運営し、フォロワー数を増やし、広告枠を販売するというビジネスモデルである。

チャンネルは基本的に代理店経由で販売した。

広告代理店は個人インフルエンサーのように連絡が突然途絶えたりせず、安定して仕事をしてくれるTikTokのチャンネル運用者を探していたため、代理店経由での販売が成功し事業は順調に成長した。

A氏

英語関連の事業から民泊へ

危ないと判断したら即時撤退を徹底

A氏は基本的に投資不要の販売代理やマーケティング代行、コンサル業で初期費用を稼ぎ、それを事業投資に回していくという方針でいる。

そのA氏が学生起業で最初に手をつけたビジネスは英語塾であった。

しかしこれは物件を借りて運営していたため、固定費があまりに高すぎて3ヶ月で撤退したという。

このビジネスに限らず危ないと思ったら基本的に即時撤退するのもA氏の特徴である。

次にA氏自身が帰国子女であったため帰国子女とのネットワークがあることを活用し、英語の宿題代行ビジネスを開始した。

1万円で獲得した宿題代行案件を5000円で流しマージンを得る、というものであった。

あるとき、友人が日本に遊びに来る際にAirbnbで民泊を利用しているという話を聞いたＡ氏は、民泊について早速調べてみた。

すると、月７万円の賃料の部屋であるにもかかわらず、運営側はかなり高い価格でビジネスが出来ているということに気付いた。

また２０１１年当時は規制も厳しくなく、１部屋１００万円以下で運営を開始することが出来たのも事業にとって追い風になったという。

民泊ＯＫな物件を探すことにはかなり苦労したと語るＡ氏だが、50件回って１件でも民泊ＯＫな物件を発見することが出来れば、十分割に合うと考えていたのである。

解説

最初は独自性よりも安定確実性

初めから売上が立つことをやる

ビジネスに不慣れな人が大きく投資を行い、それを回収していくという事業を成立させる難易度は極めて高い。最初のステップとしてはこのような事業は避け、投資不要で参入出来る事業から始めるべきであろう。

投資不要ということは基本的な構造として受託型の事業になることを意味する。典型的なものはA氏が取り組んでいたコンサルティング業である。広告業務でも受託してSNSのチャンネルや広告を運用するという事業がある。これらのビジネスは属人性が高く、自分自身の状態に売上が大きく左右されるため、長期で続けるには不向きとも言えるが学習段階の参入としてはよい方法であろう。

ここで参入時のビジネスに適しているものをいくつか説明しよう。

受託

法人からある事業の一部を切り出してもらい、それを受託して納品するというビジネスのことを指す。

典型的なものには開発、コンサルティング（技術、戦略、ＰＭＯ、マーケティング、営業など）、広告運用代行などがあり、この事業から着手する場合、必要なのは自分自身に売り物になる経歴があるかという点と営業力である。

最初は何もサービスがない。

何を売り込むのかと言えば自分ないし自分を中心としたチームなど、いずれにせよ「人材」を売り込むことになる。

その中で最も分かりやすい訴求メッセージは自分の経歴なのだ。

売りになる経歴を持っている場合、この参入方法は容易である。

優れた人材というのは常に供給不足なのだ。

売りになる人材がいる場合、人材・コンサル紹介屋にコンタクトしてみよう。

売上をすぐに立てることが出来る。

勿論この事業は時間の切り売りのため、ここでとどまるのはフリーランスであってスモビジではない。

学びながら時間の切り売りからの脱却を目指すのである。

そして脱却の道もいくつかある。

受託以外のビジネスを追求してもよいし、受託を極めるという道もある。

この受託というのはスタートアップの文脈だと下に見られることが多いが、高いスケーラビリティを狙わない受託は、スモビジにおいて儲かりやすいビジネスの1つとして評価出来る。

受託開発やコンサルを極め、徐々に組織化を進めれば、将来的にも十分に儲かるビジネスなのである。

この事業に関しては先行者となるベイカレント・コンサルティングやアクセンチュアなども多く存在している。

必ずしも受託からの脱却を目指すのではなく、**徐々にスモビジオーナー自身が時間の切り売りからの脱却を目指す**という意識がよいだろう。

メディア

K氏、M氏が取り組んだ方法がメディアである。

メディアの利点は、受託と異なり売りになる経歴や営業ネットワークがなくても始められることであるが、ここで最も重要になるのは、そのとき旬なメディア運営の知見および極端に言うと「根性」である。

旬なメディア運営の手法は環境によって全く異なり、あるときそれはキュレーションメディアであるし、あるときはインスタメディアであり、あるときは被リンク（自社サイトのリンクが他のサイトなどに貼られること）重視型メディアなのである。

2年前に旬だった方法を今行っても勝てるとは限らないだろう。

また「根性」であるが、これはメディアから着手したスモビジオーナーの事例を見て頂きたい。

受託と異なり売上と作業量が確実に連動するわけではないメディア業は、成果が出てくるまでに時間がかかる。

M氏のように毎日5投稿する、K氏のようにひたすら取材を行い1人で記事を書き続けるといった「根性」を発揮する体制が必要なのだ。

一週間で成果が出ないとめげてしまうような人にとっては、この参入方法は適していないだろう。

スモビジの参入において、成果が出るまでに時間がかかるメディア業は対象から外れそうに思えるが、K氏やM氏のようにある程度の時間および金銭的余裕、作業量を投下する覚悟と根性があるという場合においては有効な選択肢となり得る。

営業代行

自分の強みや武器が「営業」ならば、営業代行から参入するのも定番の方法である。売れる商材を発見し代理店として売るというモデルだ。

最初に選ぶ商材はマイナーなものより定番なもののほうが取り組みやすい。知られていない・実績のない商品を売ることは難易度が高いのだ。

このような代理店は、商材が爆発的に普及していく時代には大いに儲けやすく、過去には回線、携帯電話、決済システムなどの商材を扱うビジネスで成功者になった者も多い。

ここでは定番商材の代理店契約を獲得し、成果を出しながら有利な条件交渉を進めていく動きが重要だ。

また、顧客を継続的に取り続ける動きも必要になる。

スモビジの基本的な考えに「ビジネスは多産多死である」というものがあるが、これは営業代行においても認識しておくべき傾向である。

それを踏まえて様々な商材を扱いつつ、その中で最も成果を出しやすい商材を発見し、注力していくという流れにするとよいだろう。

営業というのはスモビジを安定させるための必須スキルである。

営業という言葉だけで嫌な気持ちになる人もいると思うが、大変重要な能力だ。もし営業力を鍛える機会があるなら積極的に取り組むべきである。

コピーから入れ

会社員ならそこで得られる知見を活用しよう

良質なコピーを実現するには先行者の知見を最大限吸収することが重要であるが、これを実現する効率的な方法がインターンや就職である。

短期間で成功している企業の多くは、社員たちが前職で得た知見や実績を持ち出すことによってその成功が実現されている（場合によっては顧客も持ち出しているが、大規模な場合これは揉める）。

そのような修業と独立を許容する会社も近年は現れている。企業側としても独立を試みるような野心的な人材を獲得したいし、自社のみでは全ての機会を獲得しきれないという問題もある。

それを補完してくれるのが、リスクがある領域にも突撃してくれるような気概があり、自社とも繋がりを持ち続けられる元社員というわけだ。

当然先行者よりも品質やオペレーションの効率は悪く、顧客基盤もないため利益率は低くなるが、売上ゼロという状態にはならないのが利点だ。

売上があれば学習を進めることが出来るし、逆に売上がないと学習の効果は低くなると考えるべきだろう。

実務を経験出来ないからである。

学習段階においては利益率を追求するよりも、売上を作りながら学習を進めるべきなのだ。

ここは事業を運営する過程の学習段階であり、把握するべきことを学ぶのが主な目的であるため、まずは先行者の少々劣化したコピーを作れればよいと考えよう。

A氏にしてもこのように他社が儲かっていることを発見しコピーするという流れを新規参入の基本としている。

独自性を出していくのはこの先にある。

K氏も被リンク中心のアフィリエイトというモデルに移行する前には、通常のアフィリエイト事業をするという長い学習期間を経ている。

新しいビジネスモデルの創出は非常に危険

注意点として述べておくが、ビジネスモデルを変えようとする試みは基本的にするべきではない。

元アップルのエバンジェリストであり投資家・ビジネスアドバイザーとしても活躍する米国のガイ・カワサキ氏も述べているように、**技術や販売においては新たな方法はあり得るが、ビジネスモデルというのは多くの人の試行錯誤の結果として現状があるため全く新しいものはほとんどない。**

これに変更を加えようという取り組みは非常にリスクが高い試みなのである（参照：*The Art of the Start 2.0*　ガイ・カワサキ著）。

これはビジネスモデル以外に関しても言えることであるが、競合が提供している

サービスは偶然の結果ではない。
競合・先行者は多くの苦労を経て顧客が受け入れるものを発見し、その結果として現在がある。
これは基本的に正しい。

この先行者に対し挑戦出来る可能性があるのは、環境が大きく変わった場合である。

代表的な例にはスマートフォンがある。

携帯電話市場にスマートフォンが登場することで、市場の構造自体が変化した。このようなケースの場合、たとえ先行者であっても着うたなどを提供していた会社のビジネスモデルは変革を余儀なくされた。

現在ではEV化、エネルギーシフト、半導体サプライチェーンの構築などのトレンドが見られる。

こういった大変革に初心者が賭けていくのは推奨しないが、かなりビジネスに慣れてきて時代の大波に乗る挑戦をしたい人は取り組んでもよいだろう。

変化を起こす際には余裕を持て

後述する「失敗時の対応」でも見るが、変化を起こすには時間と金を投資（売上が即時見込めない活動）する必要がある。

この変化というのは、原価率であったりビジネスモデル自体であったり様々だ。当然大きな変化にはより大きな時間と金を必要とする。

他社が変化していない場合、それが何故かといえばそこには投資が必要だからだ。短期的に見れば現状維持が最適だからそこに落ち着いているのである。

K氏は受託であるフリーランスコンサルから脱却し、投資が必要なメディアビジネスへ移行することが出来た。

これは貯蓄があり、それを投資に当てることが出来たからだ。

収益性が高いフリーランスコンサルティングを行える経歴であったため、2000万円の貯蓄を作ることが出来たのだ。

ただしこれはやや例外的であろう。

余裕がある状態を作るには貯蓄をする以外にも勤め人をしながら副業で立ち上げ

る、実家に戻り生活コストを極限まで下げた状態で立ち上げ段階に臨むなどの方法がある。

自分を追い込みすぎた状態だと即時現金がほしいという考えになってしまい、持続可能な事業に必要な投資フェーズをくぐり抜けることが難しくなるだろう。

M氏の場合はYouTube広告を主力とした会社を創業した。

しかしその直後にYouTubeショックと呼ばれる広告規制の強化が実施され、YouTube広告の出稿量が激減してしまったのだ。

このように意図しないケースのスタートになってしまうことがあるのは仕方がないが、事前調査を念入りに行い、出来る限り回避することが重要だ。

赤字段階が長く続くビジネスをするなら外部からの資金調達を必要とし、融資や株式で調達することになる。

株式での調達を前提とするスタートアップであれば、このような経営をしてもよいのだが、基本的に自己資本運用でプレッシャーの少ない状態での経営を目指すスモビジの場合は、積極的に取りたい選択肢ではないだろう。

Check Point

- □ 参入初期に金と時間がかかる事業から着手するのはやめなさい！
- □ 最初から儲かることをやりなさい！
- □ 変化を起こそうとするなら相応の時間と金を準備しなさい！

第4章

参入初期の動き方

さて、ここまではどのような情報源から着想を得るべきか、そこで手に入れた情報からどのように自分が取り組むべき事業を選定するかを説明してきた。

ここからは実際に参入しようとする際にどのような動きを取るべきかについて説明していこう。

独自性が高いサービスの生存率は極めて低い

繰り返しになるが、もしスモビジ経営が初めてということであれば、最初は独自性があるサービスを考えないほうがよいだろう。

参入時は「まずは修業として踏み出す」という考えのもと、可能な限りリスクが低い状態で始めることを推奨する。

初期投資を行い、時間をかけて開発した製品を発売、そして売上を得ていくという方法は完全な初心者には不向きなのだ。

製品が出来上がり、売れる妄想をしている間は楽しいものであるが、ほとんどの場合その妄想は妄想のままであり、発売してから苦悩が始まる。

ビジネスに熟練していればこの時期の乗り越え方には慣れているだろうが、初心者には辛い段階だろう。

このようなケースの顛末がどのようになるか知りたい場合は、３年前にリリースされた新サービスを検索してみるとよいだろう。

驚くほど、既に存在していないことに気付く。

会社自体がない場合もあるし、胆力がある経営者であれば全く異なる事業で拡大している場合もある。

自分自身が例外である保証は全くない。

新サービスとは基本的にそういうものなのだ。

新規性の高いサービスは失敗する運命にあると考えよう。

着実に売上が見込めるビジネスから始める

熟練していれば、ビジネスが最初から成功軌道には乗らないことや、ある程度、右往左往する期間を経た後に儲かり始めることを知っている。

そのための備えをしているからこそ、この辛い時期をくぐり抜けられるのだ。

資金力がない初心者が労働所得から貯蓄した１００万円を乾坤一擲（けんこんいってき）、新事業に賭け、無惨にも資金が減っていくのを見るというのは、精神的にも非常に辛いフェーズになってしまう可能性が高い。

１人ではなく、仲間と共に事業を開始する場合、このフェーズにおいては仲間が１人１人離れていったり、お互いにいがみ合ったりする、かなりハードな時期になる。

他人がやっていないことをやる（独自性があることをやる）のは大きなリスクがあるのだ。

他人との差分が大きければ大きいほど、売れれば利益の源泉にはなるのだが、売れない可能性も同時に高まっていく。

最初は比較的低い利益率であっても確実に売れるということを重視しよう。

事例

参入初期にどう動いたか

K氏

2000万円の貯蓄を作ってから初期投資を要するビジネスに参入

貯蓄がなさすぎると判断を間違えやすい

K氏はまず業務委託のコンサルティングや完全に1人でのアフィリエイトという、初期投資がほとんど必要ない事業から開始した。

アフィリエイトサイトの構築でもまずは自身で考え抜き、外注するタスクを細分化するところからスタートした。

非常に具体的な指示をデザイナーに発注することにより自分の思い通りのサイト

に近づけると同時に、単価を下げることにも成功したのである。

自分でよく分かっていないタスクを外注すると、外注先から上がってきたアウトプットが事業にとって価値があるものなのか否かの判断が出来ない「裸の王様」状態になってしまう可能性があることをＫ氏は懸念していた。

先に少し触れたがＫ氏は参入当初、業務委託のフリーランスコンサルティングを１年ほど継続し、生活コストを抑えながら２０００万円の貯金をした。

この２０００万円を、運転資金としての初期投資が必要である「被リンクを貯めるアフィリエイトサイト（詳細は後述する）」の資金とした。

貯蓄残高があまりに少ない段階で事業を行うと、精神的に緊張しすぎた状態に陥り、判断が鈍ってしまうとＫ氏は考えている。

２０００万円は多いほうだとは思うが、あまりに追い込まれた状況で減っていく残高を見ながら投資が必要な事業を行うと、短期的な売上を追求してしまう可能性も高く、事業の成功を妨げる場合もあるだろう。

M氏

YouTubeショックに対応し急遽ピボット

不可抗力は受け入れて止血

M氏は広告運用の会社を中核メンバー3名で立ち上げた。

しかし漫画広告が禁止される「YouTubeショック」と言われるタイミングと不運にも重なってしまい、広告運用をしようにも原稿が通らない状況にいきなり陥ってしまった。

人はいるが事業はないという完全に追い詰められた状態であった。

ここからM氏は、現在収益の柱になっているTikTokのチャンネル運用にピボットした。

この事業はTikTokが流行し始めるタイミングで、中核メンバー3名のうち1名を試験的なチャンネル運用者にアサインし、試行錯誤しながらチャンネルを成長させて収益化するための知見を獲得していった。

スモビジにおいては競争環境や規制の変化などで大ダメージを負うこともある。最近ではコロナ禍によるダメージを受けた業界も多いだろう。

この逆風を押し返すのはかなり厳しいため当該事業はダウンサイズし止血するほうが賢明だ。

良い兆しが見えない状況であれば、M氏のように他の機会を探すというプロセスが必要になる。

Y氏

参入初期は全ての業務を１人でこなす

金よりも時間を投資せよ

Y氏はスモビジの参入は基本的に全て「自分でやる」のが鉄則だと考えている。なぜなら最初から外注していると改善の指示を出すことも出来ないためである。外注に頼ることは、自分の時間を他に使えるという意味ではいいかもしれないが、例えば経理などを任せてしまうとお金の動きなども分からなくなるため、何人かで起業を検討している人は気をつけたほうがいいとY氏は言う。

また自分自身がわからない領域に対しては、改善の指示も出しづらくなってしまう。

Y氏は経理業務を全て自分で行なっているが、そうしないとPL（損益計算書。収益・費用・利益が記載されたもので、会社の経営状況を示す）の把握が大雑把になってしまうと感じているからだ。

S氏

発信活動でコネクション作り

発信する＆１人かチームかの判断

S氏は過去に趣味として日本のYouTuberを海外に紹介するFacebookページを運用していたことがあり、30万いいねを集めた経験があった。

この時の運用のモチベーションはS氏自身がオタクだったからであるという。

このFacebookページは単体では収益化出来なかったが、大手広告代理店との繋がりを作ることが出来た。

以降S氏は、広告代理店を通じて、キャスティング案件を受注出来るようになった。

何をすればよいのか分からなければ、とりあえず発信してみると次に繋がることもあるのだ。

1人でやるか・チームでやるか

Ｗｅｂ制作、メディアのようなある程度「枯れた」領域に関しては1人でも様々な知見を調査しながら進められるだろう。

このようなビジネスでも多くの創業メンバーを求めてしまうのは甘えかもしれない。

一方でVTuberは特に市場黎明期は何が勝ち筋かも分からず、多種多様な経験とスキルが求められており、いわば総合格闘技のようなビジネスである。

企画、キャラクター開発、マーケティングなどの専門家チームが必要である。

このようなビジネスは1人で始めることが実質的には難しいため、チームとして機能する体制が必要であった。

S氏がVTuber事業を開始する際にも様々な専門性を持ったチームで試行錯誤しながら進めていったという。

解説

自らの手を動かす

学習段階は自分でやって知見を貯めろ

まずやってはならないのは最初から外注を使って事業を作ろうとすることである。事業の立ち上げ時は金ではなく時間を投資し、知見を獲得する段階と考えるべきだろう（学習段階と呼ぶ）。

「パートナーと一緒にやる」というのも弱さの表れだ。

全ては1人が全力で動くことから始まるのだ。

そのパートナーの動きが遅かったらどうする？

自分も合わせてスピードを緩めるのか？

そうではない、1人で全てをやるという発想であれば、さっさと他のパートナーを探せば良い。

「１人でやり切る」という考えが事業の立ち上げ時は最重要だ。

この学習段階をスキップしようとするとかなり痛い目を見る。学習段階を経ずに、策定した計画通りのマーケティングを準備し、商品を開発し、営業人員を拡充し、いざ売り出しとなっても計画通り売れることは非常に稀である。結果的に、焦ると高い金を払うことになる場合が多い。

スモビジの場合は、ローリスク・低収益な学習段階→独自性を発揮し利益率を高めるというややリスクを伴う段階を行ったり来たりと繰り返していくことが大切だ。この方法で進めていくと安定・着実に事業を立ち上げていくことが出来るだろう。この学習段階は自分１人や長期間事業にコミット出来るチームに知見を貯めることを目的としてほしい。

早い段階で手離れを望むと目的である知見の獲得が出来ない。

手離れを望むのではなく可能な限り営業に行く、顧客と話す、管理画面を見る、競合の製品を見るなど、知見を自分（もしくはチーム）に集積させ続けるべきである。

この混乱した時期に見出したいものは「刺さる訴求メッセージ（裏返せば深刻な課題）」「サービス像」「価格」「注力セグメント」「オペレーション」などである。

以下、重要な項目について簡単に説明しよう。

訴求メッセージ

訴求メッセージは事業立ち上げ当初、あまり明確ではない。

それは1つのサービスを導入することによる効果は1つではないため、どのメッセージを打ち出していくべきかよく分からないからだ。

どれが最も刺さるメッセージなのかは、顧客の反応を見ながら定めるのだ。

これが後ほど営業資料やLPに記載されることになる。

サービスの内容や価格

サービス内容を具体的に定める必要がある。

提供サービスの範囲やそれぞれの価格を決めていくのだ。

どこまでは向こうに投げたくて逆にどこまでは自分で判断したいのか。

法人向けサービスで特に強く意識するべきだが、基本的に顧客は丸投げ出来たほうがうれしい。

複数のプランを立て、それぞれに合わせた価格体系を作ろう。

この段階の過ごし方については『Running Lean ―実践リーンスタートアップ』

（アッシュ・マウリャ著、角征典訳、オライリー・ジャパン、２０１２年）を参照頂くとよいだろう。

リーンキャンバスというフレームワークを活用し、どのようにシンプルなビジネスプランを描き、実行しながら最適化するかが示されている。

この中では顧客へのヒアリングの方法やＭＶＰ（Minimum Viable Product／必要最小限の商品。試作段階）の考え方が紹介されている。

さて、資金があったとしても具体的に何がアウトプットとしてあれば事業が成功するのか分からない状態では、資金の使い方が非常に悪くなってしまう。

この状態では資金が解決してくれることは驚くほど少ないのだ。

例えば貯金した資金３００万円を原資にスモビジを立ち上げるとしよう。

やりたいことはいくらでもある。

法人登記、税理士の費用、Ｗｅｂサイト構築、印鑑などで既に１００万円近く飛ぶ。

エンジニアに委託して１５０万円飛ぶ。

営業代理店の初期費用で20万円飛ぶ。

広告費でさらに飛ぶ……。

おや、もう既になくなってしまった！

売上はまだ全然ない！

何も意識しないとこうなる。

まずは自分で最初から最後までやり切り、自ら必要なタスクを具体化出来る状態になってから外注を活用するべきであろう。

何にいくら使い、どのようなオペレーションをすればいくら儲かるかということが分かるまでは基本的に1人で駆け抜けるものだ。

甘えて外注しようとすると逆に遠回りになる。

特に事業の立ち上げ段階において上流工程を外注で解決しようとするべきではないのだ。

立ち上げ時はなるべく学習段階をくぐり抜けるという覚悟を持った体制で臨むべきである。

この体制はK氏やY氏のようなアフィリエイトやD２Cであれば1人で出来るし、M氏やS氏のような事業であればチームで進めることになる。

リスクを極小化する場合はS氏のようにメディア運営だけから入るのも定石だ。

メディアを運営していれば取材アポを取れるし、取材を通じてネットワークが広がるため、S氏のキャスティング事業のように取引先と取引先の間を繋ぐような仲介ビジネスが出来たり、低単価ではあるが広告案件を取れたりと、その業界に対して参入していく切り口を得やすい。

参入の切り口が全く分からない場合は、メディアやビジネスマッチングから入ることを検討していくとS氏のようなシナリオを描くことが出来る。

学習段階で特にやるべき2つのこと

この学習段階においてするべきことはたくさんあるが、特に次の2点の把握を意識するとよいだろう。

①効率的に儲けられるセグメントの発見（例：TikTokチャンネルで収益率が高いのは美容なのか？　家電なのか？）

②各重要タスクの運用方法（例：TikTokチャンネルはどのようなコンテンツを投稿すれば

伸びるのか？　その作成はどうすればよいのか？）

スモビジの場合は根本的に新しいビジネスモデルを追求するわけではないので、売上ゼロということはあまり発生しない。

仮に売上ゼロのような状況であれば自分の方法を見直すべきだ。

しかし、M氏の例から見られたように、狙うセグメントによって収益率はまるで異なるものになる。

M氏が家電に注力し続けていたらどうだったろうか、K氏が英語塾専門のアフィリエイターだったらどうだったろうか、J氏が地方でなく東京で戦っていたらどうだったろうか。

これを発見し、特化、オペレーションを磨き込むというのがスモビジの基本的な動きとなる。

ただしこれらのことを把握していくのは容易ではない。

多数の試行錯誤をしながら発見されるものであるが、それがどのように行われたかの詳細については次章以降を参照頂きたい。

Check Point

- □ 事業立ち上げは１人でやり切りなさい！
- □ 参入時は「学習段階」と捉え、収益性の高いセグメントを発見しなさい！

第 2 部

スモビジを軌道に乗せる

第1章

金払いのよい顧客を見つける

学

習段階における重要な課題である注力セグメントの発見および特化を、どのように進めていくべきかをここでは解説しよう。

特化というのは難しく考える必要はない。

例えば最初は「美容特化」と考えてTikTokのチャンネル運用をしていたものを「60代以上向けスキンケア特化」としコンテンツをそこに集中させる、というように対象を定め、ひたすらその対象向けのコンテンツを制作し、サービスを提供し、営業・マーケティングを進めるだけだ。

スモビジは定番のビジネスモデルをあるセグメントに特化させることで競争力を得るのが基本だ。

この注力セグメントはスモビジの成否を左右する極めて重要な項目であると考えてほしい。

特化を進めず低利益率のビジネスモデルのまま拡大を試みるのであれば、大人数・低収入の組織を安定して稼働させることが成功への道であるが、これは非常に高い組織運営能力を求められることになる。

その組織運営能力に強い自信がない場合、特化により提供するサービス自体に競争力を求めるべきだろう。

金払いのよい顧客を見つけよう

意識することとしては、学習段階において「金払いのよい顧客を見つける」ことである。

この顧客に自分が行っているサービスを特化させていくことで取り組むべき次なるサービスが見えてくる。

様々な案件を実行することになると思うが、効率は顧客や案件により大きく異なってくる。

特にBtoBの場合、金払いのよい顧客とは「サービス提供者に金を払うことで自分たちがより儲かる顧客のこと」と認識しておくとよいだろう。

顧客自身が儲からないのにこちらに気前よく払ってくださいというのは成立しづらいが、払えば払うほどより儲かるのだから払ってくれ、は全く異なるメッセージになるのである。

この背景があるからこそ売上向上を訴求するサービスは強い。

逆に間接的な効果しか訴求出来なかったり、売上向上を実感してもらえなかったり、コストカットしか訴求出来なかったりするサービスは弱いのだ。「私らのサービスを導入すれば売上が上がりますよ」と訴求出来るサービスは「私らのサービスを導入すれば手間が削減出来ますよ」より強いのだ。

この特化するべき顧客層の発見がビジネスの成功には非常に大きな影響を及ぼす。

似たようなことをやっていたとしてもターゲットが異なれば全てが変わるのだ。

ここでは最初からターゲットを過去の経験から決めすぎないほうがよいだろう。

ビジネスに熟練してもここまでは予測出来ないものなのだ。

事例

注力セグメントの見つけ方

K氏

英語から転職へのターゲット転換

勝算を見込んでターゲットを変えていく

K氏はアフィリエイトに取り組み始めた当初、転職には大きな市場があると知りつつも、競争を避けるため比較的市場規模が小さな英語学習サービス比較サイトやプログラミング教室比較サイトから参入した。その結果、一部キーワードでは検索上位に来ることは出来たが売上は月商50万円程度にとどまってしまっていた。

しかし様々なトライを進める中で、激戦区と考えていた転職や仮想通貨などでも自分が発見した戦い方である、被リンク獲得型のメディア※ならば十分戦えることを発見し、ターゲットを転換していくこととなる。

検索順位を上げてもアフィリエイトで儲けるために重要となる高単価案件（送客による成果報酬が高額な案件）が少ない英語に対して、転職は粗利率が高く、高い成果報酬を正当化するための十分な収益性を持っていた。

基本的に収益性が高いビジネスを対象にすることがアフィリエイトの王道であるとK氏は改めて気付いたという。

※被リンクとはサイトに対してリンクが貼られることである。Googleの基本的な仕組みは「よいサイトからのリンクが貼られているサイトはよいサイトである」というものであるため、被リンクは検索順位を上げるために有効なのだ。

M氏

ギフトから美容へ　～リテールは金を出す～

注力するテーマ決めのための検証と反省

TikTokのチャンネル運用にも様々なテーマがある。

M氏は自身の経験から、市場があることが分かっている美容をテーマにしたチャンネル運用がよいのではないかとも思ったが、競争が激しいと考えて避けていた。

このように初期段階においては、どのようなテーマに取り組むべきか、M氏は悩んでいたのである。

そんな中で「ギフト」というタグが伸びていることを発見した。

TikTokにおけるギフト系チャンネルとは「誕生日プレゼントにおすすめのギフト10選」のような投稿をするチャンネルのことだ。

気になってギフト系の他のチャンネルを調べてみると、良質な情報が少ないことに気付き、ここに勝機があると踏んでギフト特化アカウントの運営を開始した。

TikTokのチャンネル運用事業に乗り出してからこのテーマの発見に至るまでの期間は、約2週間である。

この2週間の間にM氏がやったことは、1日5個、チャンネルを作成し、20もの動画を投稿することであった。

この検証を繰り返し、どのテーマに対しての反応がよいかを探っていった。

この地道な作業の中で発見して運用に乗り出したギフトアカウントは、半年でフォロワー数を20万人まで成長させることが出来たという。

しかし、この努力して成長させたギフトアカウントの月商は100万円程度にしかならず、限界を感じたM氏は、注力するジャンルを美容に変更した。

ここでM氏が改めて思ったのは、美容はギフトと比較し市場規模が大きく、高単価案件も多いということだった。

そこから現在もチャンネル運用の中心テーマは美容となっている。

このことからM氏は、可能性があるテーマに対しては検証期間でも一定程度粘り、品質を高めていく取り組みが必要だと感じている。

実際、前述の検証期間の際には、5投稿くらいして感触が良くないと諦めてしまっていたが、その程度だと美容などの競争が激しいテーマにおいては十分ではなかったということだろう。

クライアント属性への理解

広告としてマネタイズする際にはクライアント属性を知っておくことが重要である。

TikTokではD2Cは広告費を出しづらいが、小売り経由で売るメーカーは広告費を出す傾向があることをM氏は発見した。

これは一時期「TikTok売れ」というTikTokでバズった商品が売れるという成功

体験をメーカーが持っていたためである。

逆に言えばオンラインで売り切るようなＤ２Ｃの会社の場合、小売りでの「TikTok売れ」の恩恵を受けづらいため広告費が出にくいのではないかと考えられる。

Ｍ氏はこのようなクライアント属性を踏まえ、リテール（一般消費者向けの小売り）向けに提案活動をすることで高単価案件や純広告の獲得に成功した。

また、「ぬか喜び」にも注意する必要がある。

あるときＭ氏のもとに代理店からガジェット系のチャンネル運用の案件が偶然舞い込んだことがあった。

これをきっかけに専用のチャンネルを設立したＭ氏だったが、その後、フォロワー数を増やしながら運用していても獲得出来る案件は月額６万円程度と、ビジネスとして成立しなかったのである。

初期段階においては注力するべきテーマが発見出来ていなかったため、焦りもあってこのような機会に飛びついてしまったと反省しているという。

注力セグメントを探査する過程では、このような「ぬか喜び」は何度もある。

これはそういうものだと考え、本当に注力する価値のあるセグメントを見出していこう。

人気領域である「歌」での収益構造の確立

S氏

戦略的な判断を続ける競合が少ない領域で戦略的に振る舞う

S氏は元々自分がオタクだったので、今では「ガチ恋」と呼ばれる太い男性ファンをがっちりつけることが出来るVTuberを複数人作れば、収益性は安定すると考えていた。

事業開始当時は「ガチ恋」という言葉もなかったが、「なんとなくそういうものがあるだろう」という感覚はあった。

自分自身が詳しい領域だと、言葉が生まれる前の感覚を頼りに事業を始められるというメリットがある。

ただし、これは他の事務所も当然分かっていることである。

同じことを狙ってやっている限り、激しい競争にさらされ続けることは目に見えており、S氏は他とは違ったこと、王道路線から敢えて外れることをしていかなければならないと考えていた。

例えばVTuberの成功例に、ショート動画を武器にしてファンを増やしていった「あおぎり高校」というグループがある。

「あおぎり高校」は大手事務所ではなかなか扱えないVTuberの裏側・闇をコメディに昇華していたのだが、当時ここまで戦略的にショート動画を活用出来ていたVTuberはほとんどおらず、稀有な例であった。

自分たちで出来ることをやりつつ、他とは違うことをしないと大きな成長は期待出来ないと考えたS氏は、こういった成功事例も参考にしつつ、自社のVTuberは歌がうまかったので歌を武器に伸ばそうという結論に至った。

そのために人気の歌い手から話を聞いたり、選曲を工夫したり、コラボを仕掛けてみたり、あらゆる方法を試した。

このように歌で伸ばそうとひたすら試行錯誤を続ける過程で、良いものを低コストで作るノウハウを獲得することが出来た。

歌系VTuberは制作コストが高くなりやすく、一般的に事業を継続しづらいのだが、この点をクリア出来るようになったのは大きな進歩だった。

先にも挙げたが、この試行錯誤の中で発見した「選曲の工夫」はポイントであった。

流行の歌は注目度は高いものの、選曲する人も多いため、どうしてもYouTubeの動画一覧の中で埋もれてしまう。

このようなことを踏まえ、ニッチだが注目度も十分あり、VTuberの声質も活かせるよう、戦略的に選曲を行っていくことでVTuberの個性を引き出すことが出来ることを発見した。

エンタメ業界は全体的にみても、戦略的な判断を続ける会社は稀である。「エンタメが好きだから」という理由で仕事をしている人が多く、戦略的な合理性を常に考え収益を上げようという意識が希薄なのかもしれない。

S氏は元コンサルでもあり、オプションを洗い出して選択することに慣れていたので、競争が激しい歌という領域であっても生き残ることが出来た。

概してVTuberたちは、誰もが歌いたくなる流行歌を選んでしまいがちだが、例えば「古い曲だがタレントの声に合っている」「根強いファンがいる」といった理由で選曲を工夫していくと、「この曲と言えばこのVTuber」と言われるようなり、ニッチなポジションが得られるようになる。

解説

注力セグメントを発見・理解し特化する

バーニングニーズに刺せ

参入のためには前作で強調したバーニングニーズ（「〝これ〟さえ出来れば他はどうでもいい！」の〝これ〟の部分、欲望ともいう）に刺すことが重要である。

初期のサービスは後から振り返ると恥ずかしいほどに未成熟である。「こんなものをよく売りに出せるな」など、後続の者から見るとハリボテのような商品を市場に投入することから始めるのだ。

それでも売れることがある。

何故か。

それは顧客の「細かいところはどうでもいいからとにかくほしい！」という燃えるようなニーズ、バーニングニーズに刺さっているからである。

M氏の場合はTikTokという急上昇している媒体の、急上昇セグメントである美容というジャンルにおいて「まともに納品まで出来る」という信頼性を武器に切り込んだ。

その後サービスを磨き込んだという流れである。

ピンポイントの急上昇ニーズを捉えられたため、迅速に参入をすることが出来たのである。

こういった状況においては営業資料が未成熟、品質も安定していないなどの問題が多数あっても売れるものなのだ。

注力セグメントの探し方

注力セグメントは基本的に顧客の情報から考える

注力するべきセグメントとは比較的・効率的に儲かるセグメントのことである。何故このようなセグメントが発生するか疑問に思うのではないだろうか。儲かるセグメントがあれば他の事業者の積極的な参入が進み、他セグメントと収益性は類似水準に落ち着くはずである。

しかし、これは市場が効率的である場合の仮定であり、現実世界では全く状況は異なる。

事業者は儲かるセグメントを必ずしも合理的に選ぶわけではなく「分かりやすい」「かっこいい」「知人がいる」「難しそう」などの都合で選んでいる。「儲かるけどなんとなく面白そうじゃない」という市場は常に空いているのだ。

これは例えばアフィリエイト広告の運用においてK氏が「転職ものは競争が厳しすぎるから勝てないだろう」と考えたことや、M氏がTikTokのチャンネル運営で「美容で戦い抜くことは難しい」と考えたように、本来は儲かるセグメントにもかかわらず、限定された情報からの判断によって初期の注力先から外してしまったことからも分かる。

特に新たな市場において情報は行き渡っていないため、まさに手探り状態で進んでいく状況なのだ。

この全員手探りという状況から可能な限り早く抜け出し、如何に儲かるセグメントを発見出来るかが、動きが早い市場においては特に重要である。

M氏が手がけるTikTokのチャンネル運営のような動きの早い市場では、3ヶ月経てば環境が全く異なる状況になることも珍しくない。

さて、この注力セグメントの選定であるが、検討段階で当てることは相当難しい。

基本的に初期は**幅広いセグメントを探り、試行錯誤を繰り返しながら注力するセグメントを発見するしかない**と考えたほうがよい。

それに、注力セグメントを事前に予測可能であると考えることは、むしろ害のほうが大きい。

私自身も毎回、予想外のセグメントが実は儲かるという事態に直面している。

一方で、「ぬか喜び」現象にも注意してほしい。

この手探りフェーズを早く抜けたいと焦りすぎると、M氏がギフト系やガジェット系のチャンネル運営に乗り出してしまった事例のように、本来は儲かる市場ではないのだが、部分的な成果が上がったことで注力セグメントが発見されたと勘違いしてしまう現象が頻繁に起きる。

最初は少々の希望が見えたとしても判断には慎重になったほうがよい。

注力セグメントを自社の競争力から考える

VTuberのプロデュースにおいて、比較的難しい「歌」に敢えて特化したS氏の事例にも触れておこう。

理想は儲かりやすいセグメントで自社が知見を蓄え強くなるということである。しかし勿論、現実は理想通りにはいかないのだ。

市場の都合だけではなく自分や自社に所属するVTuberの得意領域という内部の都合がある。

これは3C（Customer＝市場・顧客、Company＝自社、Competitor＝競合の3つのCを取り、事業戦略やマーケティング戦略を考えるときによく「3C分析」などとして使われる）で言うところのCompanyである。

例えばコンサルティングで製薬関係が儲かる、資源が儲かると言われても、自分にその知見やネットワークがなければそこにすぐ行くことは出来ない。

自分１人であれば学習のために安価で自身をねじ込むということは出来るが、VTuberのような外部人材の場合、その手が使いづらい。

他人に十分な金銭の保証をせずに「新たなスキルを身につけろ、修業に行ってこい」とはなかなか指示しづらいだろう。

そのような場合は自社起点で考え、自分たちの得意領域で戦おうというのも当然経営判断としてはあり得るのだ。

「自分・自分たちの強み」はセグメントを選定するにあたり無視出来ない要素である。

前作でも繰り返し書いたことであるが、スモビジの強みは属人性を武器と考えることである。

スケーラブルなビジネスを目指すと属人性は悪とされる。

しかし、属人性とは「あなたにしか出来ない」ということであり、捉え方を変えれば競争力なのである。

あなた、もしくは自分たちにしか出来ないことがある。

その対象市場は理想的ではないが悪くはない。
これでよいではないか。
チェックポイントに全て二重丸が付くようなプランは現実的にはほぼないものだ。
このような場面は戦略を考えていれば常にある。
全て二重丸の青い鳥を追いかけてはならない。
自社が強くなれる市場を環境が理想的ではないからといって卑下する必要はない。
まずはそこに入ろう。
そして機会があれば、良い市場環境への移行を進めるとよいだろう。

気前のよい顧客の傾向

M氏は美容に特化したが、何故美容は金払いがよいのだろうか。
これは、美容リテールセグメントは「TikTok売れ」という成功体験を持っており、TikTokでバズれば自社が儲かると信じているからである。
K氏は転職に特化したが、これも自社に対して転職候補者が送客されれば自社はより儲けることが出来るので、高単価なアフィリエイトを払う意味が十分にあるからである。

１２４ページで書いたことの繰り返しになるが、ＢtoＢの場合は相手をより儲けさせることが重要であり、中でも特に売上をアップさせるような訴求が出来ているかを考えてみるとよいだろう。

ではコストカットはどうだろうか。

これは成果報酬型のように確実性が高い場合は訴求力が高い。

成果報酬型のコストカットサービスが強いのは当然である。

一方で、財務関係の指標に現れないコストカットの訴求力は格段に下がる。

コストカットというがそれで実際に社員数は減っているのか？

もしくは暇な時間が増えただけなのか？

ということを考えてみると、生産性向上を語っても全ての経営者に響くわけではないことが分かるだろう。

生産性向上と言われても経営者からしてみれば、財務指標に明確に現れる何かがあるわけではない以上、そのサービスを使う決め手には欠けるのだ。

販売数量や単価向上など明示出来る効果を生み出すべきである。

実際のところ、多くのサービスは「売上が増える（かもしれない）」という期待値で売っている。

当然、売上向上をうたうサービスを利用したところで必ず売上が増えるわけではないが、それでも広告や営業体制の拡充には常に積極的な投資がなされる。

「売上が増える」という訴求はあまりに強烈な誘惑になるのだ。

儲かっている顧客をさらに儲けさせることが出来る（かもしれない）サービスを作ろう。

サービスと体制の特化を進める

注力セグメントが発見されたらそこへの特化を進め、競争力を高める。

このとき、販売チャネルおよびサービスの両面で特化を進めていくことになるが、チャネルは別の章で解説するとして、ここでは初期的なサービスの特化について説明しよう。

例えばM氏の例を考えてみよう。

TikTokチャンネル運用×美容がよさそうだと考えたなら、TikTokチャンネルのコンテンツの量を増やし、クライアントが実施したいキャンペーンを柔軟に提案可能な状態にする。

それを支える体制として美容関連の新商品を調査するチームと美容系キャンペーンの知見を持つスタッフを常に配置するといった動きを取る。

他にもVTuber×歌に可能性を見出したS氏は、選曲を戦略的に行う知見を獲得し、再現性を持てる状態にして様々なコンセプトのVTuberを展開するという動きを取った。

特化をすると言っても大げさに考える必要はない。

「やたらとTikTok上で美容商品のキャンペーンに詳しい人が何名かいる」ということだけでも狙ったセグメントにおいて競争力を向上させることが出来るのだ。

注力セグメントにおいて競合との一騎打ちに勝てる状態を作ろうと考えると具体化しやすいだろう。

B to Bであれば注力セグメントにおけるコンペになった際に負けないためには何をするべきか、B to Cであれば類似コンセプトの商品と比較された際に負けないためには何をするべきか、ということである。

その負けない状態を保持し続けるために必要な体制が、作るべき会社組織になる。勝ち続ける状態を維持するためには、S氏のように他社と比較し優位にあり続けられる体制を作るとよいだろう。

S氏の例の場合「歌界隈において戦略的判断をし続けられる体制」が長期的な競争力をもたらしているということだ。

サービスの特化というと、何らかの業界特化機能を搭載する必要があるのではないか？と思うかもしれないがそうではない。

特化は「この業界にやたら詳しい」「このようなキャンペーン実績が大量にある」など、まずはこれでよいのだ。

コンサルティング会社や広告代理店など、サービス内容自体はそう変わらない企業が大量に存在するのは、それぞれが得意領域を持ち、その知見で差別化を図っているためフラグメントな構造（小さなシェアを持つプレイヤーが大量に分散して存在する）にあるからである。

何も業界特化機能を搭載している（勿論そういうところもあるだろうが）ことがマストではないのだ。

Check Point

- □ 幅広く探査しながら注力セグメントを発見しなさい！
- □ 何故その注力セグメントの金払いがよいか背景を把握しなさい！
- □ 注力セグメント向けのサービス競争力を高めるための特化をしなさい！

第2章

競合優位性を確立する

スモビジは「儲かっている会社のコピーから入り、注力セグメントを発見して特化を進めていくことで独自性を出し、長期的な競争力を体制で担保する」というのが基本的な戦略である。

初期は手軽なコンテンツ・知見で差別化を進めていくことになるが、将来的には体制やサービス自体が変化していくことになる。

この章では各スモビジオーナーがどのように持続的な差別化を実現しているのかという事例を紹介しながら、どう長期的に勝ち抜いていくのかを説明しよう。

事例

持続的な優位性の実現方法

K氏

転職×オーソリティ

変化の予兆を捉えた上で自分の強みを活かす

K氏がメディアに取り組み始めたのはWelq事件（DeNAが運営するヘルスケア向けメディアWelqが虚偽の内容を掲載していたことが大問題になった事件）の後であった。

このような出来事があるとGoogleは特にオーソリティ（SEOで使われる権威性の意味）を重視するようになると考えたK氏は、オーソリティを作るために重要なのは被リンクを多く獲得しているドメインであるという仮説のもと、他社が記事数などをKPI（重要業績評価指数）にしている中、被リンクの数をKPIにしたメディアを作ることで独自性を出すことにしたのである。

そして被リンクが重要であると信じて1年間は収益化を行わないで被リンクを蓄え、ドメインパワーをＫＰＩにしたメディア運営を行った。

収益化を行わないことは不安ではあったが、ahrefs（ＳＥＯに使われるドメインパワーの計測ツール）を通して日々上がり続けるドメインパワーを見ると、自分のやり方が間違っていないことを確認出来たという。

さらにデザインでも可能な限り洗練された見た目を目指し、アフィリエイトに見えないアフィリエイトサイトを構築した。

このようなデザインの重要性に気付く人は当時アフィリエイト業界には多くなかった。

アフィリエイト業界に多いのはＳＥＯオタクであり、Ｋ氏は自分自身がやや異なるバックグラウンドからこの業界に参入したという強みを活かせると考えていた。

一方で訴求方法を「リカレント教育」と記述するなど工夫したこともあったが、結局この取り組みは成功せず、「転職」と記述したほうが成果につながった。

流行の用語を使えばよいということではなかった。

A氏

自社都合および市場環境の変化に合わせて優位性を確立する

民泊運用代行のBtoBへ

民泊は100万円で1部屋出せた時代が変わり始め、そこまで特徴がない部屋だと徐々に埋まらないようになってきた。

A氏は自分たちの投資余力のみで事業として民泊を続けるには限界があると判断し、徐々に他の不動産会社が持っている物件を民泊で運用代行するというBtoBビジネスへの移行を進めていった。

現在では90%以上の売上が他社の運用代行となっている。

A氏は法人向けの営業が得意であったため、このビジネスモデルで売上をさらに拡大させることが出来たのだ。

これはA氏自身の能力に起因する勝ち方である。

大手が出せないところを攻める

民泊は規制が整備されていなかったため上場企業が手を出せず、最も強いプレイヤーは非上場の不動産大手であった。

A氏はこのような企業と組むことで強い立場を保つことに成功した。

規模の面でも大手企業は、不動産投資において1件10億円以下の案件には手を出しづらい。

A氏の会社はこういった案件に積極的に投資することで、最大手と直接競合しない立場で事業を進めていった。

市場環境に合わせた競合優位性

黎明期の民泊市場には怪しい人間が多く、誠実であり一定の学歴があるというだけで優位性を持つことが出来た。

また徐々に営業に強い企業の参入が進んでいったが、それでも営業は強いがオペレーションは弱いという会社が多かったため、オペレーションに強いだけで急成長を保つことも出来た。

現在はオペレーションにも強い会社が増えたため幅広いポートフォリオで差別化を図っている。

例えばツアー事業やフォト事業、マンスリーマンション事業などを行っており、民泊運用のみにとどまらない提案が可能となっている。

A氏の会社は民泊初期から事業を行っているため既に老舗としてのブランドも一定程度、持てている状態である。

「時代遅れ」を狙う

今では当たり前の手法も領域によっては武器になる

Y氏

Y氏が参入した当時の精力剤市場は、全体的にマーケティングがかなり遅れている傾向があった。

例えば商品3つを2万円でまとめ売りするといった、マーケティングとも呼べないようなことしかしていない企業が多く、利用者としては何を選んだらいいのかは勿論、購入すること自体が非常にしづらい状態だったのである。

このような状況だったため、Y氏は美容商品を売っていたときに行っていた通常のマーケティングを持ち込んだだけで優位性を獲得することが出来た（ただし2023年6月現在は精力剤業界のマーケティングは発展している）。

このように時代遅れの領域に、現在では当たり前になっている手法を持ち込むだけで優位性を獲得出来るのだ。

東京を避けて地方を狙う×総合対応

J氏

地域特化の方法

強い競合がいない地域を発見していくことでビジネスモデル自体に独自性がなくとも圧勝することが出来る。

J氏が補助金コンサルや人材コンサルを東京でやらず大阪や九州でやっているのは、そういった理由からである。

地方を攻める際のポイントとしては、事業を行う地域に拠点を置くのではなく、敢えて東京に置くということがある。

東京からコンサルが来るというだけで「凄いノウハウがありそうだ」と考えてもらうことが出来るのだ。

また、その地域自体に住んでしまうと、顧客から呼び出されたときにすぐ駆けつけなければならなかったり後輩扱いされたりするなど、下に見られてしまうリスクがある。

総合対応

人脈を活用し、顧客の困りごとに対して幅広く対応出来るようにすることで、差別化を図ることが出来る。

他社に話すことが面倒だから、全部自分に相談が来るという状態を如何に作れるかが重要である。

一方で、あまりに関係性が緊密すぎると追加サービスをタダで依頼されるリスクが生じる。

これには注意しなければならない。

J氏はこのリスクに対応するために、他の会社を紹介してバックマージンをもらう体制を整えていた。

E氏

町の中華料理屋を目指す

サービス内容の違いより近さと使いやすさ

E氏はサービスで差別化要因をあまり作らない。

それよりもアベイラビリティ（有用性・可用性。ここでは「近くにあり、いつでも利用出来る状態」を意味する）で差別化を図っている。

町の中華料理屋は大半が似たようなものであるが、何故、特定の中華料理屋に行くかと言えば立地のためである。

これはコンサルティング会社も同じであり、すぐに相談出来るという緊密な関係性があるということが他社との違いとして機能しているのだ。

そもそも世の中のサービスで特殊な技能・技術を買っているほうが少ないのではないか。

スモビジにおいてはなおさらである。

解説

持続可能な優位性を作るには

優位性の作り方

コンテンツ・知見の差別化というのは接戦である。
他社も儲かるセグメントに対しては良質なコンテンツの投入を試みる。
持続的に勝ち続けるにはより根本的な部分に踏み込むべきである。
ここでは持続的な優位性を事例からいくつかにまとめよう。

1 逆張りを狙う

K氏の事例は素晴らしいものである。
他社は基本的に記事数やPVなどをKPIに設定し、それを最大化する体制を作り上げる。

構築した体制は簡単に変えることは出来ない。

会社として追求するべきＫＰＩを変更するには人の能力やマインド、組織図自体を変えなければならないのだ。

この状況に対していち早く被リンクをＫＰＩとし、１年は収益化しないという思い切った戦略を取れたことがＫ氏の勝因と言えるだろう。

勿論この戦略にはリスクがある。

他社と異なるＫＰＩを追求するということは、つまり逆張り戦略である。

他社は信じていないものを自社は信じるということは、自社が誤っている可能性も十分あるのだ。

だからこそＫ氏自身も警戒しており、Googleの検索アルゴリズム１つでそのＷｅｂページの人気度の指標を測るページランクを注視していた。

リスクがある戦略を選ぶならば健全に恐れ、成果に繋がっているか否かは厳しい目で見る必要があるだろう。

このハイリスク戦略を追求した結果、１〜２年を無駄にしてしまったという話は決して珍しいものではないのだ。

私は大きな逆張りは推奨しない。

何故なら**「全員が儲からないと思っているがあなただけ儲かると思っているもの」というのはほとんど存在しない**からだ。

実在するのは「他社も気付き始めているが体制変更の速度が追いつかない」というものである。

K氏の場合は他社がもたつく中、その隙を1人で俊敏に走り抜けたからこそ成功したということになる。

狙うのはこのような隙でよいのだ。

実際に2023年現在においては、被リンクを積み重ねた強いドメインでメディアを運営するというのは多くの会社が追求しており、K氏自身も現在1人で同じ戦略を取っても成功しないだろうと語っている。

あまり逆張りの英雄を目指さないように注意しよう。

2　調達で差を生み出す

E氏の話は大いに示唆に富んでいる。

当人は差別化を意識しておらず、確かに提供しているサービスも他社と決定的に異なるわけではない。

それでもＥ氏の会社はその後、大きく成長し、ビッグビジネスになるに至った。何故だろうか。

これは開発・コンサルティング市場が基本的にフラグメント（誰も独占出来ずシェアが分散する市場のこと）であることに由来する。

例えば半導体製造装置のような少数のプレイヤーにシェアが集約してしまうコンソリデーテッド市場では、この戦い方は成立しないということだ。

半導体製造装置において「競合優位性は明確にない」ということでは参入すら出来ないだろう。

開発・コンサルティング市場では対象となるプロジェクトに関係した知見があり、提案出来るチームを抱えている状態が顧客にとって望ましいことである。

他社と決定的に違うものを顧客自身がそもそも求めていないのだ。

市場の需要は旺盛であり、顧客の要望に対して十分な品質のチームを常に提供可能な状態に保つことが出来れば、顧客からの案件獲得は可能である。

必要なのは顧客視点からの「他社と決定的に異なるという差別化」ではなく、「必要な人員を常に調達出来る状態」ということになる。

結果的にこの状態を作れるか否かというのが差別化となるのだ。

このような市場においては採用・パートナー獲得に注力するという考えになる。競争力の源泉を考える際には市場の性格を見極め、調達にも注目するとよいだろう。

企業の研究をしている人なら「あの会社のサービスは他社とあまり変わらないように見えるが、売上が大きいのは何故だろう」と疑問に思うシーンに多く出くわすのではないだろうか。

その答えはチャネル、ブランド、調達などにあるということだ。

3 時間差を狙う

Y氏が狙った精力剤は他の市場と比較しマーケティングが遅れているという状況であった。

この遅れを狙ったのがY氏の戦略である。

よい知見は必ず拡散するが、その拡散速度が速い市場もあれば遅い市場もある。

今回の場合はこれが功を奏した。

K氏と同じく、Y氏がとったこの手法もスモビジが持つ速力を活用した戦略である。

２０２３年現在においては既に大手企業が精力剤市場に参入しており、Y氏も当時の戦略では勝てないと考えている。

環境変化に対応するために大きな組織・会社が変化するのには時間がかかる。しかしスモビジであればすぐに出来る。

この速力が競争力であるということは常に意識したほうがよい。**変化が遅いスモビジというのは重要な競争力を失っているのだ。**

環境に対してすぐに適用し続けよう。

注意してほしいのは「他社はまだやっていない・自社がやれば勝てる」という発想は裏切られる場合も多いということである。

他社がやっていないのは知見がないからではなく、儲からないことを知っているからなのかもしれないと考えてみてほしい。

他社がやっていないことは「儲からない」というリスクがある可能性が高く、それでもやるという決断をするのであれば、撤退の準備を常にしながら進むべきである。

4 パートナーで差をつける

参入当初、A氏は民泊を自己資本で運営していた。

しかしこれでは展開スピードが遅くなってしまうと考え、不動産会社の民泊運用代行というBtoBビジネスへの移行を進めた。

これには法人向けの営業力・信頼醸成が必要になる。

A氏はこれが得意であったため、BtoBビジネスで頭一つ抜けることが出来た。

現在でもこのビジネスモデルでは老舗としての地位を保っている。

現在、法人向けの提案で頻繁にぶつかる主な競合は数社に絞られている。

一般的にBtoC事業を行っている場合、このような強い法人営業能力という競争力を獲得する機会はない。

法人営業チーム不在の会社が突然、法人営業チームを作るというような体制の転換は企業にとって容易ではないのだ。

ちなみにこのような転換が必要な際、スモビジであれば代表が動き方を変えることが最も早い。

例えば今までWebマーケティングに取り組んできた社員を法人営業に転換させ

ることは難しくとも、代表自身がやる気を出して法人営業に本気で取り組むということは、代表の心持ち次第の問題だ。
本気でやれば１日で出来てしまう。

5 競合が手薄な地域を狙う

競合の少ないエリアを狙うというのは単純な戦略ではあるが、有効性は未だに失われていない。
今回の例ではＪ氏の補助金や採用コンサルについて挙げたが、人材事業、広告代理店事業、受託開発事業でも地域特化戦略によって競争力を保っている会社は数多くある。
なんとなく自分が住んでいる地域で事業を行うのではなく、戦略的に地域を選ぶことで競争力を保てるか検討してはどうだろうか。

競争戦略に関する注意点

強みは顧客目線で考える

「自社の強みは技術です」というように、強みを技術に設定してしまうのは、技術に自信がある企業に頻発する症状である。

技術的な優位性はビジネスでの優位性と必ずしも一致しない。

例えば凄まじく高精細なテレビを作れる技術があったとする。

これは強みだが、果たして売れると言えるだろうか。

顧客から見ると確かに高精細であったほうが当然ありがたい。

しかしそれは自分が認知出来ないほどの高精細であれば価値にはならない。

高精細は飽和してしまうのだ。

虫眼鏡で見ないと分からない画質の違いは開発者にとっては差であるが、顧客にとっては大した差ではない。

テレビが高精細である代わりに価格が高かったり、音響を犠牲にしていたりすれば、優位性があるとは言えないだろう。

優位性は顧客目線で常に捉える必要があるのだ。

このような症状は社内だけで話し合っていると常に発生してしまう。技術のような特定のＫＰＩを設定し追求するというのは、あまり思考を要さないため楽なのだ。

ビジネスでは常に「どうすれば売れるのか」という問いに向き合おう。「どうすれば性能を伸ばすことが出来るのか」という問いはそれに付随する論点でしかない。

その性能を伸ばしたら顧客は買いますか？という問いを持とう。関発者目線で飽和点以上に性能を高めても、それは優位性ではなく単なる無駄なコストとなる。

競合との差だけを考えると、このような思考になってしまう。常に顧客への提供価値を中心に考えるとよいだろう。

競合との差は顧客が自社と他社製品を横並びにして比較し悩んでいる場合に考えるべきである。

類似品が既にあるケース

何かビジネスを考えたとする。

知人に話すと「似たようなものは既にある。違うことをしなければならないのではないか」という反論がある。

非常によく見る場面だが、この反論にはほぼ意味がない。

シェアを100％取っていてスイッチングが不能なサービスなど現実世界にはないのだ。

そして顧客に認知されていないサービスは実質的には存在しないのと同義である。

基本的に会社というのは隙だらけである。

自社にとっての優先度を見極めて、多くの事業機会は敢えて捨てているのだ。

大手企業となれば捨てる事業機会は膨大である。

これは前作にも書いたがスモビジは大手企業のゴミ拾いをするべきだ。

大手にとってはゴミでもスモビジにとっては宝である。

まず自分が考えたものとの類似品は必ずある。

なければ自分が考えたビジネス自体が妄想である可能性が高い。

むしろ類似品があることは良いことだ。類似品が成功している場合はもっと良い。この類似品を地域・注力セグメント・価格などをやや変えて市場に投入すれば成果が見込めるのだ。

競合から何を学ぶか

競合はそこから学ぶことがゼロなほど間抜けではない。様々な試行錯誤を経てどうすれば売れるのかを常に考え続けている。そうでなければ会社は存在しないのだ。

売れていない会社は反面教師にしたいところであるが、売れている会社からは多くの学びを得ることが出来る。

その会社はどのセグメントに注力しているのか、それは何故か、自社の特徴は何だと捉えているのか、何故顧客から選ばれているのか、これらを特に調査するとよいだろう。

このような重要情報は営業資料やネットに落ちている情報からのみでは分からないことが多いため、コミュニティ、顧客からのヒアリング、展示会に出向くなど考えられる全ての手段を使おう。

自社で実行してみなければ分からないことが多いのは事実としてあるが、実行には金と時間がかかる。

学習の方法としては大変お高いのだ。

可能な限り売れている競合から学び取るとよいだろう。

参入時のビジネスは基本的にコピーから入ると良いと述べたが、何か新たなビジネスをしようとする際には必ず自分と類似の発想(同じようなサービス、同じような課題解決を訴求)をしている企業を調査して学び取ろう。

Check Point

- □ 顧客目線から見た競合優位性を持ちなさい！
- □ 優位性を継続的に強めていきなさい！

第3章

売れる営業・販売チャネルを発見する

営業・販売チャネルは極めて重要だ。

企業の戦略を学ぶ際にはサービスや商品自体の競争力に目を向けられることが多く、営業・販売チャネルに関する研究が不足してしまうことはよくある。

敢えて極端に言うなら「サービスや商品」と「営業・販売チャネル」の重要性は同等程度と認識するくらいでよいだろう。

それほどに営業・販売チャネルというのは重要なのだ。

提供しているサービスは一般的なものでも急成長している会社をよく見るだろう。

そこではやはり営業・販売チャネルが要因となっている場合が多いのだ。

事例

代理店、コミュニティ、最新より王道

M氏

代理店と密接な関係を作ろう

代理店は既にクライアントから信頼されている

M氏は美容リテール系の案件獲得を、基本的に広告代理店経由で行っていた。

参入当初は代理店マージンを嫌い、自社でテレアポなどの営業をしていたこともあったが、自社の営業人件費よりも代理店マージンのほうが安かったことに気付き、代理店と密接に連携する方針に変更したという経緯だ。

代理店側にペイン（悩みの種）のヒアリングをした際、「インフルエンサーは基本的に連絡がつかなくなるなど社会人としての基本的な動きが出来ていない」と言うので、インフルエンサーの管理能力を高めていったところ、代理店から重宝されるようになったという。

結果的に自社営業よりも代理店経由のほうがクライアントに対しても信頼してもらえるため、高単価で販売することが可能であった。

代理店に対する協業アポイントは取りやすく、特段苦労することはなかった。

濃密なコミュニティを見つけ出し使いこなそう

A氏

飲み会とゴルフから突破口を見つけろ

不動産業界では高齢な経営者が大きな力を持っている。

A氏はそういった経営者が集まる場所を発見しては出向いていった。

飲み会やゴルフに参加し入り込むということが得意であったのだ。

私もこの濃密なコミュニティ攻略にはかなり力を入れている。

自分の顧客になる人が集まっている場は様々な業界団体であったり勉強会であったりと、何らかが存在するのだ(例えば「工場におけるIoT活用の集い」のような場)。

そういった場に入り込み（私は協賛金を支払っている）、講演をさせてもらうのである。そうするとかなり良質な顧客を獲得することが出来る。

コミュニティを発見して入り込み、各個、撃破を続けるとよいだろう。

Y氏

王道を使いこなそう

最新を追い続けるのは危険

最先端のチャネルは競合も使いこなし方を知らないため、美味しい時期が確かに存在する。

ただし瞬く間に参入が増え、美味しい時期がすぐに終わる場合も多い。利用者の使い方も定まっていないため、あっという間に計算がずれる傾向もある。

Y氏が精力剤の広告をFacebookやインスタグラムなどに出稿した際には、非常に広告単価のボラティリティ（価格変動）が大きかったというが、一方で、Yahoo!広告のようなある程度古いチャネルのほうが安定的な効果を発揮したという。

チャネルは一度乗りこなすことが出来れば継続的な成果を期待出来る。

当時Yahoo! 広告を使いこなしていた競合他社は安定して成長していったとY氏は語る。

新しいチャネルを乗りこなしている自分に酔ってしまうことにも注意する必要があると付言する。

誰しも「他の人は出来ていないがTikTokを使いこなせている自分」という状況に陶酔してしまうものであるが、このような欲を満たすには、新たなチャネルのノウハウを獲得し続ける必要があるので、早々に息切れする可能性が高い。

J氏

代理店を使いこなそう

紹介されやすい構造を作る

J氏の場合、代理店からの紹介で案件を獲得することが多いため、紹介されやすいサービスにすることを重視している。

例えば「補助金申請代行、通らなければ手付金全額返金」というように、1行で食いつくようなメッセージに仕立てることが重要である。

1行という説明のしやすさ、「通らなければ手付金全額返金」というインセンティブを打ち立てることが重要なのである。

代理店の主力商品が売れやすい仕組みにする

代理店が販売代行のマージンで稼げるようにする以外にも、その代理店の主力商品が売れるようにすると販売促進が出来る。

例えば代理店がＷｅｂ制作をしていた場合、顧客に対して「もし補助金が通ってＷｅｂ関連の制作が必要になったときには是非発注をくれ」と要望し、代理店の売上に貢献することで、次の発注に繋げることが出来る。

解説

最適な販売・営業チャネルの発見には労を惜しむな

売れやすいチャネルを探し当てろ

前作でも強調したが顧客セグメント・サービス・チャネルは１つのセットである。この３つがハマるチャネルを発見する必要がある。

ただ残念ながらこれも、注力セグメントと同じく事前に予測することはかなり難しい。

最初は幅広く試してみて最も効果的であったチャネルに再投資するということを繰り返すしかない。

美容リテール系の案件獲得について最初は自社営業でやっていたが、冷静にコストを見つめると代理店経由のほうが遥かに効率的であったというM氏の事例や、商品を売ることに関して一般的には最新の媒体を使ったほうがよいと言われているが、精力剤を売るにはTikTokやFacebook、インスタのような媒体よりもYahoo!広告のような一周回って古典的なチャネルのほうがよかったというY氏の事例など、チャネル選定については当初想定していなかったことがよく起きる。

めげずにトライを続けてほしい。

ポジティブなことを言うと、使えるチャネルというのはそもそも多数のオプションがあるわけではない。

代理店、展示会、オウンドメディア、Ｗｅｂ広告、ペイドメディアなどは無限にあるわけではないのだ。

であれば最初はあまり思い込みを持たず様々なチャネルを試してみよう。

チャネルを使いこなせ

効率的なチャネルが見つかったと思ったら、より自社の商品・サービスが効果的に売れるための取り組みを進めよう。

例えば代理店というチャネルを使いこなすために、自社の商品を1行で説明出来る状態にしておいたり、代理店の主力商材が売れるように工夫したりすることである。

また上手な使いこなし方というのは各チャネルごとに存在する。

Yahoo!広告でもTikTokでも展示会でも、うまく使いこなす方法というのはそれぞれにあるのだ。

場合によってはチャネルの使いこなしに慣れている人にアドバイスをもらうのもよいだろう。

主力チャネルの運用を完全に外注することは避けたいが、アドバイスをもらいながら自分で知見を獲得していくというプロセスにすることで、スピードアップが期待出来る。

注意点としてはＹ氏が述べるように**チャネルハッキング（そのチャネル内での商品やサービスの見せ方といった、商品やサービスのクオリティとは無関係の外側だけを整えることで売上を上げるような手法のこと）に自己陶酔しない**ことである。

特に通販などで競争力がない製品をチャネルハッキングのみで成長させ続けようとすると、頻繁にこの状況に陥る。

新しいチャネルの場合、他社が出稿する前なのでボーナスステージのように安く使える期間が確かにある。

しかしこれには終わりがあるのだ。

成熟していて安定したチャネルを使いこなすよう意識するとよいだろう。

初期のＭ氏のように代理店というチャネルを嫌う理由はよく分かる。

自社で営業のコントロールが出来ないし、長期的にマージンを払う必要もある。

自社の営業ではないので、顧客にも柔軟な提案がしづらいというのもある。

しかし顧客との接点を一から作る必要がある自社営業と、顧客と既に接点のある代理店であれば、どちらがより商品を売れるかといえば代理店だ。

顧客接点があるか否かは実に貴重なものなのだ。

特に法人顧客は知っている会社からサービスを買う傾向が強く、特にＩＴ・広告などでは顕著だ。

自社のサービスが説明しやすい状態にあり、代理店でも売れる状態にあるなら是非とも代理店を活用しよう。

代理店というのは必ずしも専業代理店である必要はない。

Ｊ氏のようにＷｅｂ制作会社を代理店として活用する方法もある。

不動産会社がＮＨＫやウォーターサーバーの会社と提携し代理販売をしている場合もある。

あらゆる企業が代理店になり得るのだ。

一方で自社の商材が説明しづらい高額無形商材である場合は注意しよう。

特にコンセプトが新しい場合は代理店経由で売るのは至難の業になる。

代理店の社員は様々な商材を抱えているため、わざわざ説明しづらい商品を売りたくはないのだ。

実績がまだ十分にない商品であることに加え、自社の顧客に購入リスクがある場合はなおさらである。

代理店を通じて売れるサービスについてはＪ氏の考えを参照して頂きたいが、まとめると以下のような点がポイントになる。

- １行で説明出来る
- 代理店の主力商材にシナジーがある
- 実績がある
- マージンが高い

ＩＴ系で急激に拡大しているサービスや主要コンサル会社が担いでいるサービスはコンサルサービスを付随して販売することが出来、驚くほど高いマージンをコンサル会社に支払っている。

こういった構造で拡大しているサービスも数多く存在する。

Check Point

- □ 自社にとって使いこなすべきチャネルを見つけなさい！
- □ そのチャネルを効率的に使いこなしなさい！

第4章

事業を改善し勝ち続ける

この章ではある程度ビジネスモデルが固まった後の、運用体制・日々の改善活動について解説しよう。

自社のビジネスがある程度確立してくると、次は組織化をしていくことになる。

スモビジの場合は関わる人が限られるのでスタートアップや大企業より組織課題に関する悩みは少ないが、ある程度は注意を払わなければならない。

ここまで到達している皆さんは個人事業としては成立するレベルになれたということだ。

この次は組織を作り上げ、改善し続ける半自動運転状態を目指していこう。

半自動と表現しているのは完全自動ではないことを強調したいためだ。

完全自動を目指していくと、属人性により安定成長してきたスモビジは一気に不安定化する。

完全に手離れをして不安な状態でいるよりも、ある程度主体的に関わり続けたほうが安心感も持てる上に、より大きなキャッシュフローを期待出来るだろう。

ここで注意してもらいたいのは儲からないビジネスをどれほど改善しても苦

しい状況はあまり変わらないということだ。

学習段階で儲かりそうだと分かり、狙うべきセグメントが明確になってから磨き込みをしていこう。

決定的に戦略が誤っていると、いくら細かい改善を続けたところで残念ながら時間の無駄にしかならないのだ。

「難しいかな」と思ったら勇気を持って別のビジネスに切り替えていこう。

別のビジネスに切り替えるためには別の事業アイデアが必要だ。

完全ゼロ状態であるアイデアに切り替えていくのは、かなりためらうだろう。だからこそ同時多発的に複数のアイデアを学習段階では試すべきなのだ。

基本的に新たなビジネスアイデアは機能しないほうが多い。

常に失敗に備え次の弾を込めておかないと、失敗すると分かっている道を突き進むことになる。

事例

スモビジオーナーたちが日々行っていること

自ら手を動かし、競合の成功要因を取り入れ続ける

K氏

外注は使うが最後まで1人でやり続ける

K氏は自身のメディアが成功し、売上が拡大した後も基本的には記事はずっと1人で書いていたという。

記事の作成に関してデザイナーやカメラマンなどに一部業務を外注することは

あっても、「第1部第4章 参入初期の動き方」でも書いたように、立ち上げ当初と同じくタスクを細分化し、発注するようにしていたのだ。

これはサイトを自分の思い通りに構築することと単価を下げることが狙いであった。

常に他社サイトの情報を収集・取り入れ続ける

サイトをリリースした当初はデザインが洗練されておらず、コンテンツも絞れてはいなかったが、K氏は徐々にそれぞれを微調整し、大きく売上を増やしていった。そして毎日のように成功している他社のサイトを閲覧してはその成功要因を探り、取り入れ続けたのである。

例えば当時、ある成功していた転職サイトの運営者がX（Twitter）をメディアへの流入用ではなく、取材獲得用で使っていると聞くと、自分でもX（Twitter）をそのような目的で使ってみるといったことをしていたという。

Y氏

相棒と共に進む

CEO×COOのタッグで成功確率を上げる

繰り返しだが、Y氏はスモビジ参入初期は全ての業務を自分1人でこなし、ノウハウを掴んできたら人に教えてやってもらう、というのが基本だと考えている。

ただY氏には信頼出来る相棒がいたため、自身がノウハウを掴んだ段階でその信頼出来る相棒に収益の一部を渡し、教えながら運営体制を安定させていった。

Y氏が知るある成功している会社は、創業者が必ず共同創業者と週に一度、ジムに行っているようだ。

小さなコミュニケーションのズレがいずれ埋められないほどのズレに拡大しないように、細かいコミュニケーション機会を作っていくとよいだろう。

Y氏以外にも相棒がいる会社は多い。

概して創業社長（CEO人材）というのは勢いで売っていくというのが得意であるが、地道なオペレーション改善や組織マネジメントには弱いことが多い。

一方でCOO人材はまだ完成されていない製品を勢いで売っていくような突破能

力は低いがオペレーション改善、組織マネジメントに強いことが多い。
この2つの人材が組み合わさると相補的な状態になり成功しやすい。
これは私の個人的な感覚であるが、売った後の苦労を考えすぎてしまうと勢いで売るということに躊躇してしまうのではないかと考えている。
CEO人材は売った後のことには相応に気を使いつつも、気を使いすぎて会社の可能性自体を閉ざすべきではないだろう。

改善も重要だがタイミングとポジショニングのほうが重要

Y氏が感じているのは改善を続けるのは確かに重要だが、注意しなくてはならないのは、事業の成否を決めるのはほとんどタイミングとポジショニングであるということだ。
インスタメディアで大いに儲かっていた人も、なんとなく参入し、なんとなく運用しているという状態だったが、当時のインスタメディア運用というポジショニングがあまりによかったために成功したとY氏は考えている。
儲からないポジションでいくら努力しても儲からない。
この状況にハマることには注意しなくてはならないのだ。

M氏

毎日新鮮さを保つ

同じことをして成功している競合から学び続ける

TikTokはアルゴリズムやトレンドの移り変わりが早いため、M氏はヒットしているチャンネルの調査を常にしているという。

特にコスメについては毎週発売される新作の調査をし続けている。TikTokにおいては情報の新鮮さが重要であり、発売して5時間後にはもうバズっているという現象がある。

M氏は自分たちが若手だからこそ、こういった新鮮さで勝負をすることが重要だと考えているというが、動きが早いマーケットで成功している人は総じて、競合情報を常に収集していることが多い。

一方で私の観測範囲では、競合調査を十分しないまま「どうすれば売れるのか」と悩んでいる人も一定数存在する。

TikTokほどではないにしてもそれなりに動きがあるマーケットに自分がいる場合、競合情報をつぶさに知っているだろうか？と自問してほしい。

どうすれば売れるのか、に対する簡単な答えは「同じようなことをしていて売れている会社の方法を調べればよい」である。

儲かっている競合から常に学び続けよう。

A氏

常に売れている商品・サービスを調査する

「どうすればもっと売れるか」を常に考える

民泊の場合、予約カレンダーを見ると他社の予約状況を調べることが出来る。

A氏はこの予約状況を調査しながら立地の重要性を確認し、その中でも希少価値が高い4人以上収容可能な物件を中心に展開を進めていった。

皆さんはA氏のように常に競合物件の予約状況を見続けているだろうか。

こういった業務は誰かに預けるべきではない。

スモビジオーナーたるもの一次情報の取得にこだわり、「どうすればもっと売れるのか」を考える癖を持ちたい。

戦略（誰に何をどのチャネルで売るのか）が誤っていなければ、ビジネスの成果は基本的に投入した時間に比例する。

この時間とはデスクに向かっていたりアポを取ったりしている時間に限定せず、歩いているとき、風呂に入っているときに「どうすればもっと売れるのか」と考えている時間も含む。

これを考え続け実行し通すのは最終的には代表の役目となる。

解説

スモビジは「信頼」と「日々の改善」の上に成り立つ

手離れを求めすぎるな

スモビジオーナーたるもの、ゆくゆくは純粋なオーナーとして自分は一切手を動かさないという状態に憧れるものである。

しかし、この状態に至ることは実際は非常に難しい。

何故ならスモビジの競争力はオーナー自身の知見や人脈に依っているからだ。

また環境変化に合わせて対応していくスピード感がないと途端に競争力を失ってしまう点も、自分が手を動かさずに済む状態になりづらい原因である。

スモビジにとってオーナー自身が素早い経営判断をしていく状態は安定のために必須なのだ。

信用を大事にしろ

スモビジの場合は複雑な組織論まで意識する必要はないと思うが、顧客向けにせよ内部向けにせよ「信用」が極めて重要である。

継続的に成功している多くのスモビジオーナーは常に共同で動く相棒を持っているケースが多い。

新たな事業を切り開いていくのはスモビジオーナー、オペレーションを安定させ体制を作っていくのは相棒、というような役割分担はよく見られる。

このような相棒がいるか否かで事業の展開スピードや成否は大きく左右される。

ビジネスに信用が大事であることは言うまでもないが、スモビジにおいてもそれは変わらないのだ。

日々競合の状況を見続けろ

努力しているのは当然あなただけではない。
競合も日々改善に取り組んでいる。
その中で競合が発見する新たな儲け方も多いだろう。
これをすぐに発見し吸収出来るようにしよう。
競合を見下すような意識は慢心であり注意したほうがよい。
特に組織になるとその傾向は顕著に現れるため、あなたが代表ならば社員に、競合には敬意を払い学び続けるよう主張するとよいだろう。
TikTok、サイト成功事例、民泊に関しては公開情報から他社の施策を知ることが出来るが、BtoBであっても競合の情報を仕入れて学ぶという状態であり続けるべきだ。
BtoBの場合は密接な関係を持てる顧客が多くなってくると、顧客が競合について教えてくれることも多い。
日々競合のニュースを見たり展示会に足を運んだりして学びを続けるとよいだろ

う。

展示会は情報の宝庫である。

通常Ｂ to Ｂサービスの情報を仕入れることはかなり手間を必要とするのだが、展示会には情報が溢れている。

実際にかなりの割合の顧客が情報収集目的で展示会に来ている。

よく分かっていなくても興味のある業界があれば、１つの趣味として展示会に足を運ぶとよいだろう。

協業をする場合にもスピーディーに話を進めることが出来る。

あるスモビジオーナーがニュージーランド産の固形シャンプーで成功していたが、この商材も展示会で発見したものであった。

また他のスモビジオーナーもベビーカー販売で成長しているが、よい協業の商談を展示会で成立させていた。

Check Point

- □ 日々競合の成功事例を入手し続けなさい！
- □ 毎日どうすればもっと売れるかを考え実行し続けなさい！
- □ 社内外からの信頼を積み上げ続けなさい！

第5章

失敗を次に繋げる

ビジネスは基本的に多産多死である。多く産んでその中のほとんどは早期に撤退するが一部が生存し、その生存したビジネスに対して集中投資をしていくということが基本である。

この状態を作るためにはいくつかの要素が必要となる。

まず質のよい情報源を持ち事業アイデアを量産する。

これは第1部第1章で解説したが、コミュニティに入り込むことが特に重要であった。

その後、参入するか否かを判断し、低リスクで参入する。

これが第1部の第2～3章で説明したことである。

このサイクルが出来ていると多数の参入と撤退を細かく繰り返すことが可能になる。

本章では撤退の際にどう行動するべきかを解説していこう。

なお、撤退基準については私もよく聞かれるが、自分が思い描いている姿が実現出来そうか否かは、情報収集が十分に出来ているのであれば、基本的には判断出来るはずである。

撤退判断が出来ないのは、情報収集不足か、目標を明確に描けていないかのどちらかである。

よく企業から出ている「Ｘ年以内の黒字化」などの情報は、多くの社員向けに分かりやすく簡略化したものであるため、参考程度にとどめておけばよい。難しいと思ったら撤退するのは早いほうがよいのだ。

無駄な粘りは傷を拡大するというリスクを生むことに注意するとよいだろう。

そうでないと「儲かりようのない事業に3年使ってしまったが、顧客基盤もそこで得た能力も他の事業に直接転用出来ない」という無惨な事態になりかねない。

しかしこういう事態は至るところで起きていることなのだ。

事例

事業の失敗と対応方法

キャリアコーチング事業失敗時の想定対応

K氏

失敗しても得るものがある

現在K氏は、次の事業としてキャリアコーチングに取り組もうと考えている。何故コーチングに取り組もうと考えたのかというと、内部情報で「先行している企業は儲かっているが大したことはしていない」ということを知ったからである。ベンチマークにしている先行する企業を退職した人に話を聞けば内情は分かる。コーチングにおいては、実際に売上を伸ばすためには相手に厳しいことを言って課題解決をしていくというアプローチではなく、とにかく親身になって傾聴することに重きをおいたほうが継続率が高いという。

顧客の求めていることは何も課題解決だけではないのだ。

仮にコーチング事業が成功しなかったとしても自分がインフルエンサー化するための発信力を残すことが出来るとK氏は考えている。

M氏

飲料ブランドの撤退

1トライのリスクは300万円が上限

M氏は以前、SNSのチャンネル運用にとどまらず、自社で飲料のブランドを持とうとしたことがある。

実際に制作に乗り出したのだが、自社で商品を制作し顧客向け施策を実施するという難易度に加え、その商材は新規性があるものであったため二重の難しさを抱えることになった。

あまりに解決するべき課題が多く、黒字化の目処が見えないまま、多額の損失を抱えての撤退となった。

今思えば同時に解決するべき課題が多数存在する状態で事業を開始するリスクは非常に高く、順番に解決していけるようなやり方をするべきであったと反省しているという。

例えば最初は類似商材の広告運用から参入し「初期顧客の獲得は出来る」という手応えを掴んでから自社商材の制作やリピーター向けの施策を実施していく、というようにするべきであったと考えている。

目安としては1トライで取れるリスクは300万円程度というのが現在の感覚である。

喩え話をするならば素振り（他社商材での広告運用）すらも出来ていないのに、試合（自社商材の制作と販売）に乗り出すのは、あまりに未熟であったと感じている。

A氏

3ヶ月で駄目なら撤退

失敗経験は他の事業で生きる

A氏の失敗事例については第1部第2章で詳細に記述した。

A氏の特徴としては、とにかく手数が多いことである。**3ヶ月程度で黒字化出来ないものは即時撤退している。**継続して黒字化の見込みが立たなかったタピオカバーも、参入から間をおかず即時撤退の判断をした。

対象の事業が１つ失敗したとしても、結果的に得られた経験を他の事業に転用出来ることが多い。

A氏は最近、アートファンドを立ち上げ苦労しているというが、たとえうまくいかなかったとしても、ファンドを立ち上げたという経験自体が次に繋がると語っている。

Y氏

失敗事例とダメージコントロール

コンセプトの失敗は即時撤退

かつてY氏は、10万人以上のフォロワーがいるインスタアカウントの運用で月約2000万円儲かっていた知人を見て、即座に数万人のフォロワーがいるインスタアカウントを買収した。

そのときは「自分もこれで儲かる」と思ったY氏だったが、全くそのようにはならなかった。

何故なら、Y氏が買収したのは「おしゃれ・シンプル」というコンセプトのアカウントであり、このアカウントをフォローしている層は、購入だけを目的に見ているわけではなかったからだったとY氏は分析している。

一方で知人の儲かっているそのアカウントは、例えば「スーパーのチラシのようなコンセプトのアカウント」であり、購買に直結するコンセプトであった。

こういった根本から間違えた際には改善では対処出来ないため、割り切って撤退したほうがよい。

メディア運用では根本的なコンセプトを間違えると、いくら改善してもどうにもならないのだ。

ダメージコントロール

Y氏は、とりあえず儲かると言われたものには突撃してみるという考えを持っている。

過去にはそれで痛い目も見ているが、そこからダメージコントロールの重要性を学んでいったという。

基準としては、破産しない範囲であれば挑戦を続けてよいと考えている。何故ならある程度割り切った考えでないと、そもそも参入機会を掴むことが出来ないからだ。

ただの地方大学生だった自分が始めた事業が億単位で売却出来たというのは、ある程度無鉄砲だからであった、とＹ氏は振り返っている。

解説

失敗との向き合い方

重大な課題を早期に検証しろ

M氏の飲料ブランド事業は本人が語る通りあまりにクリア出来ていない課題が多い事業であった。

1つの課題をクリアするには時間と金がかかる。

これを10個クリアしないと成立しないビジネスを立ち上げようとするならば、相応の時間と金がかかることを覚悟する必要がある。

スモビジの場合は稼ぎながら1つ1つクリアしていくという姿勢でいるとよいだろう。

ブランドの例で言えば、最初は他社の案件でブランド案件を運営する。

これで成果を出せるなら製造に乗り出してみるという流れである。

駄目な事業は割り切れ

会社の失敗として極めて多く見られるのが駄目な事業から撤退しないことである。

基本的に儲かる事業は最初から勢いよく売上が立つものである。

売上が勢いよく立たない事業を日々改善し続けても、相当な変革を起こさない限りよい状態にすることは難しい。

逆にコストはある程度なんとかなる。

オペレーション効率や調達は日々改善出来るものなのだ。

あまり初期段階で測定した数値だけを見てネガティブにならないほうがよいだろう。

とにかく売上が勢いよく立つか、これを見て判断するとよい。

失敗を次に活かそう

失敗をしないに越したことはないし、失敗を避けるための準備は当然するべきであるが、多産多死のスモビジにおいて、失敗を次にどう活かすかという意識を持つことは非常に重要だ。

K氏も今コーチングに取り組み始めているが、この事業が駄目でも知名度という資産は残るため、いずれにせよ勝つと考えている。

A氏もファンド立ち上げの過程で獲得出来た知見を活用出来ると考えている。

事業はそこから得られる収益のみで評価するのではなく、次に繋がる顧客基盤や知見も手に入るものとして評価するとよいだろう。

ビジネスをやっていれば転ぶことは珍しくない。

転び方が問題なのだ。

Check Point

- □ 自分が思い描いている姿が実現出来ないと判断した時点で即時撤退しなさい！
- □ 撤退するとしても次の事業に顧客基盤・知見を活用しなさい！

全体サマリー

様々な事例と共に各段階における
重要なポイントを整理して見てきた。
この章では全体サマリーとして
初心者に推奨する動き方をまとめていこう。

1 情報源

興味がある領域を定めたなら、儲かる情報が交換されているコミュニティに入ることをまず目指そう。

そのコミュニティに入るためには小さな実績を作ることがベストであるが、有料のコミュニティならば簡単に入ることが出来る。

2 参入の検討

ビジネスは多産多死であるため絞り込みすぎる必要はないが、筋のよいビジネスを見極めることが出来るとよいだろう。

そのためには自分の性格、自分の強み、市場環境を踏まえて検討するとよい。

「自分の性格を踏まえる」とは「自分が好きな商材を売る」とは異なる概念であることに注意してほしい。

3 参入時のビジネスモデル

儲かっている先行者を見つけ、そこから情報を仕入れてコピーしよう。

この段階の情報収集は金をかけてでもやるべきである。

儲かっている先行者の劣化版コピーが出来れば、まず参入することが出来る。

リスクが高いビジネスではなく確実に売上が立つビジネスから参入し、この段階は学習と捉えるとよいだろう。

4 セグメントの選び方

学習段階で金払いのよい顧客を見つけ、このセグメントに対して特化を進めよう。

検討段階でこのセグメントを予測することには限界があるため、試行錯誤が必要であると割り切って幅広く模索するとよいだろう。

5 独自性の出し方

スモビジの基本的な武器であるスピードと属人性を活かし、他社と差をつけていこう。

独自性といっても全く新しいビジネスモデルを追求する必要はない。

顧客目線で見て、比較した際にやや優位であればよいのだ。

6 チャネルの使いこなし方

チャネル・注力セグメント・サービスはセットである。

どれかが異なれば使うべきチャネルも使い方も変わってくる。

自社の戦略に合った最も効率的なチャネルを見出そう。

これも注力セグメントと同じく事前に予測することはかなり難しいため、試行錯誤が必要だと知っておこう。

特にＢ toＢビジネスを展開する場合は代理店の使いこなし方に慣れるとよいだろう。

7 失敗時の対応

ビジネスに失敗は付き物である。

新規事業に取り組み続ければ必ず多数の失敗を経験する。

事業を通じて得られるものはその事業単体から得られる収益のみではなく、顧客基盤と知見も同時に得られる。

これを次に活かしていくという動きを続けよう。

FAQ

本書の最後に、スモビジに関して
私がよく受ける質問について答えていこう。
あなたのスモビジの成功に役立つことを願っている。

Q1 1検討あたりにどの程度の時間をかけているのか？

私の場合、新たな事業に取り組む手順はおおよそ以下の通りである。

1 「あれが儲かる」という話を聞いたり顧客から「こういったことも出来ないか」というリクエストを受けたりしたら、事業に出来るかを過去の知見から考える。

2 事業の筋がよいかどうかは本文中に記載した観点から主に見ている。また、基本的に私は、単一事業で終わらせず、事業展開を長期的に連続させていきたいと考えているため、長期的な成長トレンドに乗り、次々に事業展開を進めていけそうかという観点を比較的重視する。ここまでで2時間程度である。

3 競合を調査し、営業資料を作り、仲の良い顧客に売ってみる。調査と資料作成で

10時間程度である。

4 私の場合、ある程度人脈があるため、ここで売れないということはあまりないが、効率的に儲かる・儲からないは事業によりかなり異なる。やってみると想像以上に手間がかかるし改善もかなり難しいという場合もあれば、驚くほどスムーズに事業が拡大していくケースもある。

5 ここで大波に乗っている状態だと次々と取引が拡大していくことをよく経験した。波に乗っていない事業は「石にパンチしているような状態」と表現しているが、苦労しても全然進まない。波に乗る事業は軽くパンチするだけでも驚くほどの突破が出来てしまう。このような突破に巡り合うことはそう多くなく、せいぜい年1~2回の幸運である。

6 このような突破口を見つけた際は幸運に感謝し、他の事業の優先度を下げ、時間を大量投下するのである。

このサイクルを1つ回すための時間は事業によって大幅に異なるが、2ヶ月程度であることが多い。

Q2 撤退の基準はあるのか？

第2部第5章のイントロダクションで書いたが「思い描いた姿が実現出来ない」と判断したタイミングである。

ここで注意がある。

事業の初期段階で実験的に無料でサービスを提供することがあると思うが、これをしてはならない。

ビジネスにおいて最も理論的に答えることが難しい問いは「いくら払ってくれるのか」である。

これを知らずしては何も判断出来ないのだ。

最初から有料で提供し、支払い意思を確認するべきである。

私の場合は大規模にしなければ儲からない事業は基本的に行わないため、スモールでも最初から儲かることを重視している。

一度売ってみると、おおよそのユニットエコノミクス（1販売からどのような構造で利益を得ることが出来るか）が分かるため、それを見て判断している。

撤退をする際は明確にサービスをクローズするというより、そちらに投下している人員や自分の時間を減らしていくという場合が多い。

Q 3 全ての観点から検討を実行するのは大変ではないか？

本書に書いたチェックポイントを全てやろうとすると最初は大変だと思うかもしれない。

しかし多くの成功しているスモビジオーナーは、自転車に乗るように先のチェックポイントを当然のようにこなしている。

毎回チェックポイントを確認して進めるというより、スモビジオーナーの基本動作として習慣化してほしい。

Q4 人脈は重要なのか？

スモビジにとって人との繋がりは極めて重要である。むしろ多くのスモビジは人脈に依存して維持しているというほうが適切なほどだ。人脈と言っても闇雲に人との繋がりを増やせばよいというわけではない。**良質な顧客および供給者と積み上げた信頼関係が人脈**と呼べるのである。

顧客との信頼関係があれば新サービスを始める際にも初期顧客になってもらえるし、サービスの改善に向けたアドバイスももらえる。

フリーランスを含めた供給者との信頼関係があれば、柔軟にプロジェクトに対応してもらえる。

このような関係を積み上げていくと持続的に成功するスモビジオーナーとなることが出来るだろう。

Q5 盛り上がる業界の見つけ方はあるか？

私の場合はマクロ分析が好きなので、これからどのような産業が伸びるかという調査分析は常に行っている。

半分は趣味なのだが様々な業界、国の歴史、市場動向の資料を読み、注目している国が発信するニュースをYouTubeやWebで見たりしていると「この業界がこれから盛り上がるのではないか」とあたりをつけられるようになる。

業界の興隆は個人の努力でどうにかなるものでもないので、成長する構造的な理由を見つけるとよいだろう。

私はこのような勉強をすることが趣味なので、ここまでやる必要はないとは思うのだが、自分が取り組んでいる領域が長期的に成長を続けるかどうかは問うたほうがよいだろう。

そうでないと3年経ったら蓄積した人脈、顧客基盤、知見がスクラップになってしまう可能性もある。

Q6 普段どのくらい仕事しているのか?

業務時間を誰かにモニタリングされるわけではないため固定はしていないが、休憩・食事時間を除き、おおよそ平日平均10時間程度、休日3時間程度である。

休日はバッファとして扱うこともあるため、締め切りがある場合は平日扱いになってしまうこともある。

ここで意識してもらいたいのは、成果と投下時間は如実に比例することである。選ぶビジネスにより時間が成果に変換される効率は全く異なるが、比例関係は明確にある。

だからこそ突破口が見つかった際には、まず時間を投下することを意思決定すべきなのだ。

逆に突破の気配がないビジネスに対してどれほど時間を投下しても非効率的でしかないことは変わらない。

儲かりそうなビジネスを探査・発見、コピーから参入し学習、独自性を発揮し、より大きな突破を図るという動作が基本である。

Q 7 自分の「やりたいこと」をどの程度重視するべきか？

ビジネスに儲けること以外の目標を増やすと、当然だが儲けることからは遠ざかる。

「やりたいことをやる」というのは目標を増やすことになるので、ビジネスを成功させる難易度は上がってしまう。

勿論やりたいことだからこそ熱意をもって取り組めるという点はあるが、その熱意を過大評価するべきではないだろう。

努力しても越えられない壁は多数あるのだ。

私自身も好きなテーマはあるが収益と比例関係にあるかというと全くそうではない。

そういうテーマに関しては純然たる趣味として割り切っているし、収益化していない好きなテーマは数多く存在している。

私自身ある程度ビジネスには慣れてきたと思うが、それでも好きなことを仕事にするというのは贅沢なことなのだ。

本文中に自分の性格を踏まえるべきであると記載したが、これは好きなことを商品にするのとは異なるのである。

好きなテーマに取り組み続けたとしても、儲からない辛い日々が続くようでは好きでいられるかは分からない。

特定のテーマにこだわってしまうことは失敗の要因になると認識しておくとよいだろう。

Q8 営業を外注してよいか？

まず初期は自分で売るべきである。

あなたが売れないものは誰にも売れないのだ。

代理店を使うのも自分が売ってからそれを効率的に拡大させるために使うものなのだ。

特に事業の立ち上げ段階・学習段階においては、貴重な顧客との対話機会を自ら放棄するなど禁物である。

初期段階の顧客との対話は宝だ。

これを外注しようなどと考えてはならない。

Q9 大企業・スタートアップの戦略と比較した違いは何か？

スモビジの根本的な特徴はスケールを目指さないことにある。

だからこそ激しい競争を避けることが可能であり、属人性を強みとすることが出来る。

さらに体制が小さいからこそ一般的な企業よりも遥かに俊敏に戦略を変えることが出来る。

競争を避ける市場選定・属人性およびスピードの活用がスモビジの力の源泉と考えるとよいだろう。

逆にこれらの要素を活用していないとなればスモビジの良さを捨ててしまうことになる。

Q10 スモビジオーナーのモチベーションは何なのか？

ある程度経済的に満たされてくると、収入を上げるという意味でのモチベーションで事業拡大を続けている人は珍しい。

効果的な支出というのは飽和するため、収入が上がったとしても支出が比例して上がり続けるのはある程度までである。

やはり事業の報酬は事業を通じて得られる経験、自分が出来ることの拡大、また人によっては闘争心が満たされることにある。

おわりに

本書では協力頂いたスモビジオーナーの具体的事例を交え、スモビジの成功に向けて重要と思われる内容について解説をしていった。

読み終えた今、どう感じているだろうか。

スモビジにこれから取り組もうとしている人であれば、意識するべき要素がかなり多いと感じたかもしれないが、これが実情である。

本書の内容については是非、スモビジを実行しながら取り組んでみてほしい。「十分学んでから」実行するのではなく、学習と実行を同時にしてほしいのだ。

スモビジの場合、よほど下手な戦略で始めない限り、成功を決めるのは「実行のスピード」である。

本書に記載されている基本に忠実であることを意識しながら、自分が出せる全速力でスモビジを実行してほしい。

本書が1つでも多くのスモビジ成功の役に立てば幸いである。

武田所長（たけだしょちょう）

大学卒業後、戦略系コンサルティングファームに入社。退職後20以上のビジネスを展開し、それぞれ売上年間数百万円～10億円。トレンディ・ハイリスクなベンチャービジネスではなく「安定・着実」に、「社員数30人以下・営業利益で年間3000万円以上」を目指すスモールビジネスを推奨。強い個人が活躍する時代を作るという狙いのもと、スモールビジネスに関する情報発信を行う。著書に『スモールビジネスの教科書』（小社刊）がある。

X（Twitter）：@takeda_money

スモールビジネスの教科書【実践編】

2023年11月15日　初版第1刷発行

著者　武田所長
発行者　岩野裕一

発行所　株式会社実業之日本社
〒107-0062　東京都港区南青山6-6-22　emergence 2
電話（編集）03-6809-0473
（販売）03-6809-0495
https://www.j-n.co.jp/

印刷・製本　大日本印刷株式会社

装丁・本文デザイン　三森健太（JUNGLE）
本文DTP　上玉利毅
校正　株式会社ぷれす
企画・プロデュース　事業家bot
編集　白戸翔（ニューコンテクスト）

ISBN978-4-408-65053-1（第二書籍）

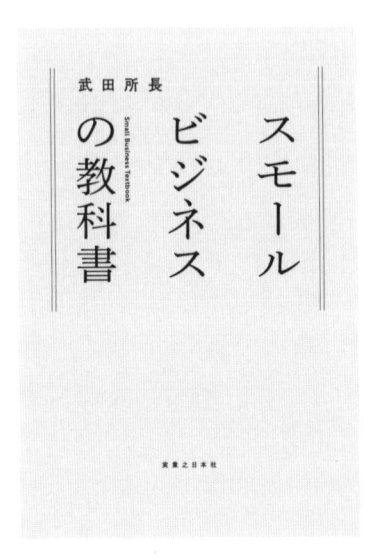

改訂新版

ハングル能力検定試験実戦問題集 3級

ウェブにも模擬試験と解説を掲載！

李昌圭 著

朝日出版社

本書HPのご案内

本書の購入者は、下記URLまたはQRコードから、
本書の音声（ストリーミング / ダウンロード形式）と、
「第８章　模擬試験」・「第10章　解説編」（PDF）をご確認いただけます。

http://text.asahipress.com/text-web/korean/shinhanken3/index.html

【音声（ストリーミング / ダウンロード形式）について】

本書「第７章　聞き取り問題」、「第８章　模擬試験」の聞き取り問題が吹き込まれています。

・トラック番号は、該当問題箇所に「🔊1」と表記しています。
※「第７章　聞き取り問題」は各ページごと、「第８章　模擬試験」は各大問ごとにトラック番号を表記しています。

・「第７章　聞き取り問題」では、各類型別問題（1～5）の冒頭にQRコード、
「第８章　模擬試験」では、第1回、第2回聞き取り問題の冒頭にQRコードをご用意しました。
こちらのQRコードからは、ストリーミング形式の音声のみご利用いただけます。

【第８章　模擬試験について】

上記サイト内、「第８章　模擬試験（PDF）」をクリックしていただくと、本書と同一内容の「模擬試験」を何度でも解いていただけます。

【第10章　解説編について】

上記サイト内、「第10章　解説編（PDF）」をクリックしていただくと、本書と同一内容の「解説」がご覧いただけます。

※上記内容は、予告なく変更する場合がございます。あらかじめご了承ください。

ハングル能力検定３級合格のために

まえがきにかえて

ハングル能力検定試験は、世界の学習者を対象とした韓国語能力試験（TOPIK）と違い、日本国内の学習者のみを対象とした試験です。したがって発音、文法、慣用句、漢字の読み、韓国語の日本語訳、日本語の韓国語訳の問題など、TOPIKにはない日本語話者の学習環境に特化された問題が多く出題されます。

本書は、このようなハングル能力検定試験の特性と内容が一目でわかるように、出題内容を類型別に詳細に分析して示し、効率的、かつ十分な試験準備ができるように構成しています。

❶ 出題内容を詳細に分析して類型別に整理してわかりやすく提示。

— 筆記の語彙、文法、発音、漢字、長文、訳文の問題、聞き取りのイラスト、応答文、文の内容理解問題など、問題の類型別に出題内容が体系的に覚えられます。

— 類型別の重要な学習事項は「合格資料」としてまとめて提示しています。

❷ 筆記と聞き取りの問題類型別に豊富な実戦問題を収録。

本書収録の６４０問（本試験の10回分以上相当）の豊富な問題を通してすべての出題形式の問題が実戦的に練習できます。

❸ 本試験への対応力を磨く聞き取り問題と音声を収録。

実戦的な問題と音声を通して、試験への対応力と聴解力が効率的に鍛えられます。

❹ 全練習問題にチェックボックス(□)を設定。

間違えた問題や不得意な問題は印をつけ、繰り返し練習ができます。

本書収録の様々な問題を解くことによって３級レベルの学習事項をより確実に理解し、活用できるようになるはずです。３級試験の対策用として、または学習成果の総合的な確認用として大いに活用してください。

みなさんのさらなる韓国語力の向上と３級の合格を願います。

著者

目　次

第 4 章　漢字問題

第 5 章　内容理解問題

第 6 章　訳文問題

第 7 章　聞き取り問題

第 8 章　模擬試験

第 9 章　聞き取り台本

第10章　解説編

合格資料

ハングル能力検定試験概要

1 試験概要

❶ **実施時期**：年 2 回、春季と秋季の年 2 回実施される。

春季	秋季
6月　第1日曜日	11月　第2日曜日

❷ **願書の入手方法**

・ハングル能力検定協会の HP でダウンロードできる。
　https://www.hangul.or.jp/
・受付期間中全国主要書店にて無料で願書が入手できる。
・ハングル検定協会に FAX または葉書で直接請求できる。

❸ **申し込みの方法**

・上記のハングル能力検定協会の HP で直接「オンライン申し込み」ができる。
・書店か郵便局で検定料を払い込んでから、払込証書と願書を同封して上記のハングル能力検定協会へ郵送する。
※ 受験に際しては「ハングル能力検定協会」の HP で最新の情報を確認して下さい。

❹ **試験時間**：3 級の聞き取り試験と筆記試験はすべて午前中に実施される。準 2 級と 4 級は午後に実施されるので、併願での受験が可能である。

区分	級	聞き取り試験	筆記試験
午前	3級	10：30～11：00	11：00～12：00
午後	準2級	14：00～14：30	14：30～15：30
	4級	14：00～14：30	14：30～15：30

❺ **試験形式**：3 級の聞き取りと筆記試験はすべてマークシート形式で実施される。

❻ **合格基準点**：聞き取り試験 40 点、筆記試験 60 点の 100 点満点中、60 点以上で合格となる。ただ、合計得点が合格点に達していても、聞き取りで 12 点、筆記で 24 点の必須得点 (最低点) を満たしていない場合は不合格となる。

❼ **合格発表**：検定日から約1か月後に、試験の点数と合否が記された成績通知票が郵送される。

2 3級の試験内容

❶ 聞き取り試験の構成

大問	問題類型	問題数	配点
1	イラスト問題	2問	2点
2	単語説明問題	6問	2点
3	応答文選択問題	4問	2点
4	内容一致選択問題（1）	4問	2点
5	内容一致選択問題（2）	4問	2点
	20問、40点満点、必須得点12点、30分	20問	40点

❷ 筆記試験の構成

大問	問題類型	問題数	配点
1	発音問題	3問	1点
2	空所補充問題（語句）	6問	1点
3	空所補充問題（文法）	5問	1点
4	語句の置き換え問題	4問	2点
5	共通語句問題	3問	1点
6	対話文の空所完成問題	4問	2点
7	漢字問題	3問	1点
8	文章の内容理解問題（1）	2問	2点
9	対話文の内容理解問題	2問	2点
10	文章の内容理解問題（2）	2問	2点
11	韓日訳問題	3問	2点
12	日韓訳問題	3問	2点
	40問、60点満点、必須得点24点、60分	40問	60点

❸ **3級の出題レベル**：3級は以下のようなレベルで出題・評価される。

3級	• 決まり文句以外の表現を用いてあいさつなどができ、丁寧な依頼や誘いはもちろん、指示･命令、依頼や誘いの受諾や拒否、許可の授受など様々な意図を大まかに表現することができる。 • 私的で身近な話題ばかりではなく、親しみのある社会的出来事についても話題にできる。 • 日記や手紙など比較的長い文やまとまりを持った文章を読んだり聞いたりして、その大意をつかむことができる。 • 単語の範囲にとどまらず、連語など組合せとして用いられる表現や、使用頻度の高い慣用句や慣用表現なども理解し、使用することができる。 •「筆記」60 点（必須得点 24 点）、「聞き取り」40 点（必須得点 12 点）の 100 点満点中、60 点以上得点で合格、マークシート使用。

試験時の注意事項

※ ハングル検定試験の問題冊子には以下のような注意事項が書いてあります。一読し、試験時の参考にしてください。

【試験前の注意事項】

1） 監督の指示があるまで、問題冊子を開いてはいけません。
2） 聞き取り試験中に筆記試験の問題部分を見ることは不正行為となるので、充分ご注意ください。
3） 問題冊子は試験終了後に持ち帰ってください。
マークシートを教室外に持ち出した場合、試験は無効となります。

【マークシート記入時の注意事項】

1） マークシートへの記入は「記入例」を参照し、**HB 以上の黒鉛筆、またはシャープペンシル**ではっきりとマークしてください。 **ボールペンやサインペンは使用できません。**訂正する場合は、消しゴムで丁寧に消してください。
2） 氏名、受験地、受験級、受験地コード、受験番号、生まれ月日は、もれのないよう正しくマークし、記入してください。
3） マークシートにメモをしてはいけません。メモをする場合は、この問題冊子にしてください。
4） マークシートを汚したり、折り曲げたりしないでください。

※ 試験の解答速報は、試験終了後、ハングル検定協会の公式ＨＰで公開されます。
https://www.hangul.or.jp/
※ 巻末にマークシートのサンプルがあります。

第1章

発音問題

問題類型		出題問題数	配点
1	発音問題	3	1

発音に関する問題

1 出題内容

発音に関する問題は、発音の変化を正しく理解しているかを問う問題が出題される。3級の出題対象になる発音の変化は、これまで5級と4級で出題された鼻音化、激音化、流音化、口蓋音化、濃音化に加え、新たに次のような音変化が出題対象に含まれる。

1 ㄹの鼻音化

정리 [정니] 整理　　종류 [종뉴] 種類　　정류장 [정뉴장] 停留場
능력 [능녁] 能力　　동료 [동뇨] 同僚　　독립 [동닙] 独立　など。

2 絶音化（単語間の連音化）

꽃 위 [꼬뒤] 花の上　　옷 위에 [오뒤에] 服の上に
첫인상 [처딘상] 第一印象　　못 와요 [모돠요] 来れません　など。

3 漢字語におけるㄹ終声直後の平音の濃音化

결석 [결썩] 欠席　　일정 [일쩡] 日程　　철저 [철쩌] 徹底　　실시 [실씨] 実施
발달 [발딸] 発達　　출장 [출짱] 出張　　일생 [일쌩] 一生　　일단 [일딴] 一旦
실수 [실쑤] 失敗　　솔직 [솔찍] 率直　　발생 [발쌩] 発生　など。

4 漢字語における例外的な濃音化

성격 [성껵] 性格　　사건 [사껀] 事件　　인기 [인끼] 人気　　만점 [만쩜] 満点
조건 [조껀] 条件　　평가 [평까] 評価　　내과 [내꽈] 内科　　외과 [외꽈] 外科
여권 [여꿘] 旅券　　문법 [문뻡] 文法　　문자 [문짜] 文字
가능성 [가능썽] 可能性　　무조건 [무조껀] 無条件　など。

5 合成語における濃音化

산길 [산낄] 山道　　발바닥 [발빠닥] 足の裏　　거스름돈 [거스름똔] 釣り銭
눈빛 [눈삧] 目つき　　손바닥 [손빠닥] 手のひら　　발가락 [발까락] 足の指
손등 [손뜽] 手の甲　　술자리 [술짜리] 酒席　　길거리 [길꺼리] 通り、路上
열쇠 [열쐬] 鍵　　용돈 [용똔] 小遣い　　밤중 [밤쭝] 夜中　など。

2 問題類型

問題類型 発音問題

発音問題は3問（配点1点）出題される。問題では、激音化、鼻音化、濃音化、流音化、口蓋音化、連音化、絶音化などの発音の変化が問われる。一つの発音の変化だけではなく、単語と単語、単語と語尾などの結合による複数の発音の変化が組み合わせになっている形で出題されることが多い。特に３級で新たに出題対象に追加された①ㄹの鼻音化、②絶音化、③漢字語におけるㄹ終声直後の平音の濃音化、④漢字語における例外的な濃音化、⑤合成語における濃音化などから多く出題される傾向があるので、これらの音変化はしっかり覚えておく必要がある。

例題 下線部を発音どおり表記したものを①～④の中から１つ選びなさい。

〈1 点 ×3 問〉

1）저기 <u>꽃 앞에</u> 가서 찍을까요?

① [꼬다페]　② [꼬차페]　③ [꼬타페]　④ [꼰난페]

2）정해진 <u>일정대로</u> 연말까지는 끝낼 생각이다.

① [일청때로]　② [일청대로]　③ [일쩡대로]　④ [일쩡때로]

3）하루 빨리 경제적으로 <u>독립해서</u> 살고 싶다.

① [돈니배서]　② [돈니패서]　③ [동니배서]　④ [동니패서]

正解 1）①　2）③　3）④

解説 1）あそこの<u>花の前に</u>行って撮りましょうか。

✎「絶音化」（23ページ参考）の知識を問う問題である。前の単語や接頭語のパッチムの後に母音「ㅏ、ㅓ、ㅗ、ㅜ、ㅟ」で始まる単語が続く場合、前のパッチムがそのまま連音せず、代表音に変わって連音される。「꽃 앞」はこれに該当する。ただし、助詞や語尾のように文法的な意味は持つが、語彙的な意味は持たないものの前では絶音化は起きないので注意しなければならない。

☞ 꽃+앞+에 → 꼳+앞+에 → [꼬+다+페]

2）決まった<u>日程通りに</u>年末までは終わらせるつもりだ。

✎ 3級から出題される「漢字語におけるㄹ終声直後の平音の濃音化」（16ページの3参考）の知識を問う問題である。漢字語でできた単語の中で、前の音節のㄹ終声（パッチム）の後にㄱ, ㄷ, ㅂ, ㅅ, ㅈで始まるものが続くと濃音化される。「일

정」はこれに該当する。

☞ 일+정+대로 → [일+쩡+대로]

3）一日も早く経済的に独立して暮らしたい。

✎「ㄱ+ㄹ → ㅇ+ㄴ」の鼻音化（19ページの3参考）を問う問題である。독립（独立），국력（国力），착륙（着陸），학력（学歴）などがこれに該当する。2文字目の終声「ㅂ」は次の音節に「ㅎ」がきて「패서」と激音化する。

☞ 독+립+해서 → [동+닙+해서] → [동+니+패서]

合格資料－1　激音化

平音「ㄱ,ㄷ,ㅂ,ㅈ」の前後に「ㅎ」が来ると、激音化して「ㅋ,ㅌ,ㅍ,ㅊ」で発音される。「ㄱ,ㄷ,ㅂ,ㅈ」の前後に「ㅎ」があれば激音化に注意しよう。

① ㄱ ＋ ㅎ ➡ ㅋ

국화［구콰］菊　　악화［아콰］悪化　　어떻게［어떠케］どのように

② ㅎ ＋ ㄱ ➡ ㅋ

놓고［노코］置いて　　넣고［너코］入れて　　좋고［조코］よくて

③ ㄷ（ㅅ，ㅊ）＋ ㅎ ➡ ㅌ

몇해［며태］何年　　옷 한벌［오탄벌］服一着　　못하다［모타다］できない

④ ㅎ ＋ ㄷ ➡ ㅌ

좋다［조타］いい　　놓다［노타］置く　　많다［만타］多い

⑤ ㅂ ＋ ㅎ ➡ ㅍ

입학［이팍］入学　　급히［그피］急に　　대답하다［대다파다］答える

⑥ ㅈ ＋ ㅎ ➡ ㅊ

맞히다［마치다］当てる　　앉히다［안치다］座らせる

⑦ ㅎ ＋ ㅈ ➡ ㅊ

많지요［만치요］多いです　　좋지요［조치요］いいですよ

合格資料－2　鼻音化

鼻音で発音されるものは「ㄴ,ㅁ,ㅇ」の3つである。この3つの鼻音「ㄴ,ㅁ,ㅇ」が終声か初声にあれば鼻音化に注意しよう。

1　鼻音化1

終声「ㄱ,ㄷ,ㅂ」の後に「ㄴ,ㅁ」が続くと、終声「ㄱ,ㄷ,ㅂ」は鼻音化して「ㅇ,ㄴ,ㅁ」に発音される。

① ㄱ（ㅋ,ㄲ）＋ㄴ ➡ ㅇ+ㄴ

작년［장년］昨年　국내［궁내］国内　학년［항년］学年

② ㄱ（ㅋ,ㄲ）＋ㅁ ➡ ㅇ＋ㅁ

학문［항문］学問　한국말［한궁말］韓国語　박물관［방물관］博物館

③ ㄷ（ㅌ,ㅅ,ㅆ,ㅈ,ㅊ）＋ㄴ ➡ ㄴ＋ㄴ

믿는다［민는다］信じる　끝나다［끈나다］終わる　벗는다［번는다］脱ぐ

있는［인는］ある　짖는다［진는다］吠える　몇 년［면년］何年

④ ㄷ（ㅌ,ㅅ,ㅈ,ㅊ）＋ㅁ ➡ ㄴ＋ㅁ

낱말［난말］単語　콧물［콘물］鼻水　맏며느리［만며느리］長男の嫁

빗물［빈물］雨水　몇 명［면명］何名　몇 마리［면마리］何匹

⑤ ㅂ（ㅍ）＋ㄴ ➡ ㅁ＋ㄴ

잡념［잠념］雑念　십년［심년］十年　입는［임는］着る

앞니［암니］前歯　앞날［암날］将来　재미없는［재미엄는］面白くない

⑥ ㅂ（ㅍ）＋ㅁ ➡ ㅁ＋ㅁ

입문［임문］入門　잡문［잠문］雑文　입맛［임맏］食欲

업무［엄무］業務　앞문［암문］表の門　앞면［암면］前面

2 鼻音化2

終声「ㅁ,ㅇ」の後に来る「ㄹ」は、鼻音化して「ㄴ」で発音される。

① ㅁ＋ㄹ ➡ ㅁ＋ㄴ

심리［심니］心理　음력［음녁］陰暦　음료수［음뇨수］飲み水

② ㅇ＋ㄹ ➡ ㅇ＋ㄴ

종류［종뉴］種類　장래［장내］将来　동료［동뇨］同僚

정리［정니］整理　능력［능녁］能力　정류장［정뉴장］停留場

3 鼻音化3

終声「ㄱ，ㅂ」の後に「ㄹ」が来ると「ㄹ」は「ㄴ」に鼻音化し、鼻音化した「ㄴ」に同化して終声「ㄱ，ㅂ」はそれぞれ鼻音「ㅇ，ㅁ」で発音される。

① ㄱ＋ㄹ ➡ ㄱ＋ㄴ ➡ ㅇ＋ㄴ

국립［궁닙］国立　독립［동닙］独立　식량［싱냥］食糧

② ㅂ＋ㄹ ➡ ㅂ＋ㄴ ➡ ㅁ＋ㄴ

법률［범뉼］法律　급료［금뇨］給料　협력［혐녁］協力

合格資料－3　濃音化

濃音で発音されるものは「ㄲ,ㄸ,ㅃ,ㅆ,ㅉ」の5つである。この5つの濃音に発音が変化するのは終声「ㄱ,ㄷ,ㅂ」や「ㄴ,ㄹ,ㅁ,ㅇ」の後に「ㄱ,ㄷ,ㅂ,ㅅ,ㅈ」が続く場合に起こる。一部例外もあるので用例に注意して覚えておこう。

1 濃音化1

終声「ㄱ,ㄷ,ㅂ」の後に続く「ㄱ,ㄷ,ㅂ,ㅅ,ㅈ」は、「ㄲ,ㄸ,ㅃ,ㅆ,ㅉ」で発音される。

① ㄱ ＋ ㄱ ➡ ㄱ ＋ ㄲ

학교 [학꾜] 学校　　약국 [약꾹] 薬局　　육교 [육꾜] 歩道橋

② ㄱ ＋ ㄷ ➡ ㄱ ＋ ㄸ

식당 [식땅] 食堂　　복도 [복또] 廊下　　적당 [적땅] 適当

③ ㄱ ＋ ㅂ ➡ ㄱ ＋ ㅃ

학비 [학삐] 学費　　국밥 [국빱] クッパ　　각본 [각뽄] 脚本

④ ㄱ ＋ ㅅ ➡ ㄱ ＋ ㅆ

학생 [학쌩] 学生　　약속 [약쏙] 約束　　책상 [책쌍] 机

⑤ ㄱ ＋ ㅈ ➡ ㄱ ＋ ㅉ

맥주 [맥쭈] ビール　　학자 [학짜] 学者　　걱정 [걱쩡] 心配

⑥ ㄷ（ㅌ,ㅅ,ㅈ,ㅊ）＋ ㄱ ➡ ㄷ ＋ ㄲ

듣고 [듣꼬] 聞いて　　묻고 [묻꼬] 訊いて　　웃기다 [욷끼다] 笑わす

찾고 [찯꼬] 探して　　쫓기다 [쫃끼다] 追われる

⑦ ㄷ（ㅌ,ㅅ,ㅈ,ㅊ）＋ ㄷ ➡ ㄷ ＋ ㄸ

듣다 [듣따] 聞く　　벗다 [벋따] 脱ぐ　　찾다 [찯따] 探す　　쫓다 [쫃따] 追う

⑧ ㄷ（ㅌ,ㅅ,ㅈ,ㅊ）＋ ㅂ ➡ ㄷ ＋ ㅃ ／ ㄷ（ㅌ,ㅅ,ㅈ,ㅊ）＋ ㅈ ➡ ㄷ ＋ ㅉ

어젯밤 [어젣빰] 昨夜　　다섯 번 [다섣뻔] 5回　　숫자 [숟짜] 数字

⑨ ㄷ（ㅅ,ㅈ,ㅊ）＋ ㅅ ➡ ㄷ ＋ ㅆ

횟수 [횓쑤] 回数　　벗습니다 [벋씁니다] 脱ぎます　　찾습니다 [찯씁니다] 探します

⑩ ㅂ,ㅍ ＋ ㄱ ➡ ㅂ ＋ ㄲ

입구 [입꾸] 入口　　합격 [합껵] 合格　　앞길 [압낄] 前途

⑪ ㅂ,ㅍ ＋ ㄷ ➡ ㅂ ＋ ㄸ

입대 [입때] 入隊　　잡담 [잡땀] 雑談　　앞뒤 [압뛰] 前後

⑫ ㅂ,ㅍ ＋ ㅂ ➡ ㅂ ＋ ㅃ

십 분 [십뿐] 十分　　집 밖 [집빡] 家の外　　옆방 [엽빵] 隣の部屋

⑬ ㅂ,ㅍ ＋ ㅅ ➡ ㅂ ＋ ㅆ

접시 [접씨] 皿　　엽서 [엽써] 葉書　　입술 [입쑬] 唇

⑭ ㅂ,ㅍ ＋ ㅈ ➡ ㅂ ＋ ㅉ

잡지 [잡찌] 雑誌　　답장 [답짱] 返事　　앞집 [압찝] 前の家

2 濃音化 2

用言の語幹の終声「ㄴ,ㅁ」の後に結合する「ㄱ,ㄷ,ㅅ,ㅈ」で始まる語尾は濃音化して「ㄲ,ㄸ,ㅆ,ㅉ」で発音される。

① ㄴ ＋ ㄱ,ㄷ,ㅅ,ㅈ ➡ ㄴ ＋ ㄲ,ㄸ,ㅆ,ㅉ

신다 [신따] 履く　　신고 [신꼬] 履いて　　신습니다 [신씀니다] 履きます

앉고 [안꼬] 座って　　앉지 말고 [안찌말고] 座らないで

② ㅁ ＋ ㄱ,ㄷ,ㅅ,ㅈ ➡ ㅁ ＋ ㄲ,ㄸ,ㅆ,ㅉ

남다 [남따] 残る　　남고 [남꼬] 残って　　남습니다 [남씀니다] 残ります

젊고 [점꼬] 若くて　　젊지 않다 [점찌안타] 若くない

3 濃音化 3

連体形語尾「-ㄹ/-을」の後に来る平音「ㄱ,ㄷ,ㅅ,ㅈ」は濃音化して「ㄲ,ㄸ,ㅆ,ㅉ」で発音される。

먹을 것 [머글껃] 食べるもの　　마실 것 [마실껃] 飲み物

갈 거예요 [갈꺼예요] 行くつもりです　　살 것이 [살꺼시] 買うものが

앉을 데가 [안즐떼가] 座るところが　　쓸 돈이 [쓸또니] 使うお金が

만날 사람 [만날싸람] 会う人　　읽을 수가 [일글쑤가] 読むことが

4 濃音化 4

여덟（八）、열（十）の後に来る平音「ㄱ,ㄷ,ㅅ,ㅈ」は濃音化して「ㄲ,ㄸ,ㅆ,ㅉ」で発音される。

여덟 개 [여덜깨] 8個　　여덟 장 [여덜짱] 8枚　　여덟 시 [여덜씨] 8時

열 사람 [열싸람] 10人　　열두 개 [열뚜개] 12個　　열세 장 [열쎄장] 13枚

5 濃音化 5

漢字語や合成語における濃音化は、以下の３級の語彙リストの範囲内でのみ扱われる。３級の発音問題では特にここで多く出されるのでしっかり覚えてもらいたい。

❶ 漢字語におけるㄹ終声直後の平音の濃音化

결석 [결썩] 欠席　　일정 [일쩡] 日程　　철저 [철쩌] 徹底　　실시 [실씨] 実施

발달 [발딸] 発達　　출장 [출짱] 出張　　일생 [일쌩] 一生　　일단 [일딴] 一旦

실수 [실쑤] 失敗　　술직 [술찍] 率直　　발생 [발쌩] 発生　　발전 [발쩐] 発展
결정 [결쩡] 決定　　출신 [출씬] 出身　　열심 [열씸] 熱心　　절대 [절때] 絶対

❷ 漢字語における例外的な濃音化

성격 [성껵] 性格　　사건 [사껀] 事件　　인기 [인끼] 人気　　만점 [만쩜] 満点
조건 [조껀] 条件　　평가 [평까] 評価　　내과 [내꽈] 内科　　외과 [외꽈] 外科
여권 [여꿘] 旅券　　문법 [문뻡] 文法　　문자 [문짜] 文字　　한자 [한짜] 漢字
가능성 [가능썽] 可能性　　무조건 [무조껀] 無条件

❸ 合成語における濃音化

산길 [산낄] 山道　　발바닥 [발빠닥] 足の裏　　거스름돈 [거스름똔] 釣り銭
눈빛 [눈삗] 目つき　　손바닥 [손빠닥] 手のひら　　발가락 [발까락] 足の指
손등 [손뜽] 手の甲　　술자리 [술짜리] 酒の席　　길거리 [길꺼리] 通り
열쇠 [열쐬] 鍵　　용돈 [용똔] 小遣い　　손수건 [손쑤건] ハンカチ
밤중 [밤쭝] 夜中　　글자 [글짜] 文字　　손가락 [손까락] 指
꿈속 [꿈쏙] 夢の中　　물고기 [물꼬기] 魚　　아침밥 [아침빱] 朝飯

注意 終声「ㄴ, ㄹ, ㅁ, ㅇ」の後に来る「ㄱ, ㄷ, ㅂ, ㅅ, ㅈ」はすべてが「ㄲ, ㄸ, ㅃ, ㅆ, ㅉ」に濃音化するわけではないので、例外的な規則や慣用的な発音に注意する必要がある。

친구 [친구] 友達　　준비 [준비] 準備　　간장 [간장] しょうゆ
얼굴 [얼굴] 顔　　돌다리 [돌다리] 石橋　　딸자식 [딸자식] 娘
감기 [감기] 風邪　　침대 [침대] 寝台　　담배 [담배] タバコ
공기 [공기] 空気　　공부 [공부] 勉強　　경제 [경제] 経済

合格資料－4　口蓋音化

終声「ㄷ, ㅌ」の後に「ㅣ」の母音が来ると、「ㄷ, ㅌ」は「ㅈ, ㅊ」で発音される。この音変化のことを口蓋音化という。

① ㄷ ＋이 ➡ 지

맏이 [마지] 長子　　해돋이 [해도지] 日の出　　곧이 [고지] 偽りなく
굳이 [구지] 敢えて　　미닫이 [미다지] 引き戸

② ㅌ ＋이 ➡ 치

같이 [가치] 一緒に　　끝이 [끄치] 終わりが　　햇볕이 [핻뼈치] 陽射しが
밭이 [바치] 畑が　　밑이 [미치] 下が　　바깥이 [바까치] 外が

③ (ㄷ + ㅎ) + 이 ➡ 치

닫히다 [다치다] 閉まる　　묻히다 [무치다] 埋まる　　걷히다 [거치다] 晴れる

合格資料－5　流音化

終声と次に続く初声の組合せが「ㄴ+ㄹ」か「ㄹ+ㄴ」の場合、「ㄴ」はどちらも「ㄹ」で発音されるが、この音変化を流音化という。

① ㄴ + ㄹ ➡ ㄹ + ㄹ

편리 [펼리] 便利　　연락 [열락] 連絡　　한류 [할류] 韓流

② ㄹ + ㄴ ➡ ㄹ + ㄹ

일년 [일련] 一年　　오늘날 [오늘랄] 今日　　십칠년 [십칠련] 十七年

合格資料－6　絶音化

合成語や単語と単語の間で、前の単語の終声の後に母音「ㅏ,ㅓ,ㅗ,ㅜ,ㅟ」で始まる単語が続くと、前の終声がそのまま連音しないで代表音に変わってから連音される。これを絶音化（絶音法則）という。

밭 아래 → 받 + 아래 [바다래] 畑の端　　맛없다 → 맏 + 업따 [마덥따] まずい
몇 인분 → 멷 + 인분 [며딘분] 何人前　　첫인상 → 첟 + 인상 [처딘상] 第一印象
맛있다 → 맏 + 읻따 [마딛따] 美味しい　　멋있다 → 먿 + 읻따 [머딛따] 素敵だ
몇 월 → 멷 + 월 [며뒬] 何月　　꽃 위 → 꼳 + 위 [꼬뒤] 花の上

注意1 「맛있다, 멋있다」は、現状では「마싣따, 머싣따」で発音されることが多いのでこの発音も標準発音として認められている。

注意2 否定の副詞「못」は、母音で始まる単語と結合する場合も、「못」の終声「ㅅ」そのままではなく、代表音[ㄷ]に変わって連音される。

못 옵니다	→ 몯 + 옵니다	→ [모돔니다]	来られません
못 와요	→ 몯 + 와요	→ [모돠요]	来られません
못 오르다	→ 몯 + 오르다	→ [모도르다]	のぼれない
못 올리다	→ 몯 + 올리다	→ [모돌리다]	上げられない
못 움직이다	→ 몯 + 움지기다	→ [모둠지기다]	動かせない
못 외우다	→ 몯 + 외우다	→ [모되우다]	暗記できない
못 알아듣다	→ 몯 + 아라듣따	→ [모다라듣따]	聞き取れない
못 알리다	→ 몯 + 알리다	→ [모달리다]	知らせられない
못 없애다	→ 몯 + 업쌔다	→ [모덥쌔다]	なくせない

合格資料－7　終声規則

終声の発音規則はすべての発音変化に関係する基本的なものである。3級の受験者に終声の発音要領が理解できない人はいないと思うが、念のため、もう一度終声の発音規則を確認しておこう。

❶ 終声規則1（1文字パッチム）

終声は「ㄱ,ㄴ,ㄷ,ㄹ,ㅁ,ㅂ,ㅇ」の7つの代表音で発音される。終声「ㄱ,ㄲ,ㅋ」は[ㄱ]で、「ㄷ,ㅌ,ㅅ,ㅆ,ㅈ,ㅊ,ㅎ」は[ㄷ]で、「ㅂ,ㅍ」は[ㅂ]で発音される。

① ㄱ , ㅋ , ㄲ ➡ ㄱ

약 [약] 薬　　부엌 [부억] 台所　　밖 [박] 外

② ㄷ , ㅌ , ㅅ , ㅆ , ㅈ , ㅉ ➡ ㄷ

듣다 [듣따] 聞く　　밭 [받] 畑　　옷 [옫] 服

있다 [읻따] ある　　낮 [낟] 昼　　꽃 [꼳] 花

③ ㅂ , ㅍ ➡ ㅂ

입 [입] 口　　숲 [숩] 森

❷ 終声規則2（2文字パッチム）

二文字パッチムは、二つの子音のうちどちらか1つだけが代表音として発音する。

앉다 [안따] 座る　　낡다 [낙따] 古い　　밝다 [박따] 明るい

여덟 [여덜] 八　　닮다 [담따] 似る　　옮기다 [옴기다] 移す

밟다 [밥따] 踏む　　없다 [업따] ない　　많다 [만타] 多い

끓다 [끌타] 沸く　　밝히다 [발키다] 明かす

合格資料－8　連音化

連音の発音規則はすべての発音変化に関係する基本的なものである。念のため、もう一度連音の仕組みを確認しておこう。

❶ 連音化1（1文字パッチム）

前の音節の終声の後に母音で始まる音節が続くと、前の音節の終声が次の音節の初声として発音される。

국어 [구거] 国語　　단어 [다너] 単語　　발육 [바륙] 発育
음악 [으막] 音楽　　입에 [이베] 口に　　옷이 [오시] 服が　　낮에 [나제] 昼に
벚꽃이 [벋꼬치] 桜が　　부엌에 [부어케] 台所に　　밭에 [바테] 畑に　　잎이 [이피] 葉が

注意1 「終声「ㅇ」は連音しない。

영어 [영어] 英語　　고양이 [고양이] 猫　　종이 [종이] 紙

注意2 終声「ㅎ」は母音音節の前では無音化するので連音しない。

좋아요 [조아요] いいです　　놓아요 [노아요] 置きます　　넣은 [너은] 入れた

❷ 連音化2（2文字パッチム）

二文字パッチムの後に母音で始まる音節が続くと、左側の子音は残り、右側の子音だけが次の音節の初声として連音される。

읽어요 [일거요] 読みます　　짧은 [짤븐] 短い
앉아서 [안자서] 座って　　흙이 [흘기] 土が
값은 [갑슨] 値段は　　밟아서 [발바서] 踏んで

注意1 「ㄶ・ㅀ」は右側の「ㅎ」が母音音節の前で発音されず無音化し、残りの左側の子音「ㄴ・ㄹ」が次の音節の初声として連音される。

많아요 [마나요] 多いです　　끓이다 [끄리다] 沸かす

注意2 「ㄲ・ㅆ」は二文字のように見えるが、合成子音字の一文字なのでそのまま連音される。

밖에 [바께] 外に　　있어요 [이써요] あります

発音問題

※ 下線部を発音どおり表記したものを①～④の中から１つ選びなさい。

1)——별빛이 몹시 밝은 밤이었다.

☐ ① [별비치]　② [별삐디]　③ [별삐지]　④ [별삐치]

2)——가수는 노래뿐만 아니라 인기 관리도 잘해야 한다.

☐ ① [인끼 관니]　② [인끼괄리]　③ [인기괄리]　④ [인기관니]

3)——혜수 씨는 감기가 들어서 오늘은 못 와요.

☐ ① [모솨요]　② [모타요]　③ [모돠요]　④ [모따요]

4)——출석률이 안 좋은 이유가 뭔지 알아보세요.

☐ ① [출썽뉴리]　② [출썰류리]　③ [출쩡뉴리]　④ [출썬뉴리]

5)——한 달에 한 번 직장 동료들과 같이 산에 오른다.

☐ ① [돌료]　② [동요]　③ [동뇨]　④ [돈뇨]

6)——사람을 첫인상만으로 판단하는 것은 좋지 않다.

☐ ① [처닌상]　② [처딘상]　③ [처신상]　④ [천닌상]

7)——부장님은 출장 중이라서 지금 안 계세요.

☐ ① [출짱쭝]　② [출창중]　③ [출창충]　④ [출짱중]

8)——요리 책대로 만들었는데도 맛없는 이유를 모르겠다.

☐ ① [마섭는]　② [마섬는]　③ [마덤는]　④ [마던는]

➡ 発音規則の詳細は18～25ページの合格資料を参照

9) ―다음 정류장에서 내리면 돼요.

☐ ① [전뉴장] ② [정뉴장] ③ [절류장] ④ [정류짱]

10) ―성격만 좋은 게 아니라 아주 활동적이어서 친구도 많다.

☐ ① [성껵만] ② [성켝만] ③ [성껑만] ④ [성켱만]

11) ―너무 오랜만에 만나서 처음엔 못 알아봤다.

☐ ① [모다라봗따] ② [몬나라봗따] ③ [모사라봐따] ④ [모타라봐따]

12) ―둘째 딸은 대학에서 심리학을 배웠어요.

☐ ① [신니하글] ② [싱니하글] ③ [실리하글] ④ [심니하글]

13) ―아이와 손가락을 걸고 약속을 했다.

☐ ① [손카라글] ② [손까라글] ③ [송가라글] ④ [송까라글]

14) ―고등학교 때는 3년 동안 한 번도 결석한 적이 없어요.

☐ ① [결써칸] ② [결서칸] ③ [결서깐] ④ [결써깐]

15) ―못 오게 될 때는 반드시 연락을 주세요.

☐ ① [모소게] ② [모토게] ③ [모도게] ④ [몬노게]

16) ―저기 꽃밭 앞에 가서 사진 한 장 찍을까요?

☐ ① [꼳빠나페] ②[꼳빠타페] ③ [꼳바차페] ④ [꼳빠다페]

17) ―시험이 어려워서 합격률이 아주 낮아요.

☐ ① [합껸뉴리] ② [합껵뉴리] ③ [합결류리] ④ [합켱유리]

➡ 【正答】は32ページへ、【解説】は290、291ページへ

発音問題

18) ― 달빛이 아주 밝고 조용한 밤이었어요.

☐ ① [달비치] ② [달삐티] ③ [달삐치] ④ [담삐디]

19) ― 아내는 내가 하겠다는 일이라면 무조건 찬성해 주었다.

☐ ① [무조껀] ② [무조컨] ③ [무쪼컨] ④ [무쪼껀]

20) ― 고기는 몇 인분 시킬까요?

☐ ① [며친분] ② [며신분] ③ [며딤분] ④ [며딘분]

21) ― 흙 먼지가 심해서 눈을 뜰 수가 없었다.

☐ ① [흘먼지] ② [흥먼지] ③ [흔먼지] ④ [흠먼지]

22) ― 종이가 여덟 장밖에 안 남았어요.

☐ ① [여덜짱] ② [여덥짱] ③ [여떨짱] ④ [여떱짱]

23) ― 한국어는 문법은 쉬운데 발음이 어려워요.

☐ ① [문버븐] ② [문뻐븐] ③ [문퍼븐] ④ [뭉버븐]

24) ― 버스는 앞문으로 타고 뒷문으로 내려요.

☐ ① [압무느로] ② [안무느로] ③ [암무느로] ④ [안문느로]

25) ― 갑자기 바깥이 시끄러워졌다.

☐ ① [바까디] ② [바까치] ③ [바까티] ④ [바까시]

26) ― 밤낮없이 일만 하다가 결국 쓰러지고 말았다.

☐ ① [밤난넙시] ② [밤나접시] ③ [밤나접씨] ④ [밤나덥씨]

➡ 【正答】は32ページへ、 【解説】は291、292ページへ

27) —이번엔 누가 미국 대통령이 될 것 같아요?

☐ ① [대톤영] ② [대통영] ③ [대통녕] ④ [대톤녕]

28) —불빛 하나 보이지 않는 어두운 거리였다.

☐ ① [불삐차나] ② [불피차나] ③ [불삐따나] ④ [불삐타나]

29) —종류가 다르니까 섞으면 안 돼요.

☐ ① [존뉴] ② [종뉴] ③ [종유] ④ [졸류]

30) —그 방법도 일단 생각해 보기로 했다.

☐ ① [일딴] ② [일탄] ③ [일탕] ④ [인딴]

31) —벌이 꽃 위에 앉아 있어요.

☐ ① [꼬취에] ② [꼬쥐에] ③ [꼬뒤에] ④ [꼬쉬에]

32) —빨리 경제적으로 독립해서 혼자 살고 싶어요.

☐ ① [돈니패서] ② [동니패서] ③ [돈니빼서] ④ [동리패서]

33) —발바닥이 아파서 걷기가 힘들어요.

☐ ① [발파다기] ② [발파타기] ③ [발빠따기] ④ [발빠다기]

34) —형은 환경을 전문으로 하는 법률가로 활동하고 있다.

☐ ① [법뉼가] ② [범뉼가] ③ [범률가] ④ [범률까]

35) —과학이 발달되어 없어지는 직업이 늘고 있다.

☐ ① [발탈데어] ② [발탈뒈어] ③ [발딸뒈어] ④ [발딸뙤어]

➡ 【正答】は32ページへ、 【解説】は292、293ページへ

発音問題

36)—365일 똑같은 일만 하는 이 재미없는 생활에서 벗어나고 싶다.

☐ ① [재미업쓴] ② [재미언는] ③ [재미업는] ④ [재미엄는]

37)—솔직히 말하면 너한테는 안 어울리는 것 같아.

☐ ① [솔찌기] ② [솔찌키] ③ [솔지기] ④ [솔지키]

38)—옷 위에 가방을 놓으면 안 돼요.

☐ ① [오뒤에] ② [오쉬에] ③ [온뉘에] ④ [온니에]

39)—심리적으로 몹시 불안한 것 같아요.

☐ ① [신니저그로] ② [실리쩌그로] ③ [심미쩌그로] ④ [심니저그로]

40)—그 말이 전공을 선택하는 데에 결정적인 역할을 했다.

☐ ① [결쩡쩌긴] ② [결쩡저긴] ③ [결정저긴] ④ [결정쩌긴]

41)—거의 못 알아들을 정도로 말이 빨라요.

☐ ① [모사라드를] ② [몬나라드를] ③ [모다라드를] ④ [몬따라드를]

42)—동생의 입학 선물로 옷 한 벌을 사 주었다.

☐ ① [오산벌] ② [오딴벌] ③ [오단벌] ④ [오탄벌]

43)—성공할 가능성은 전혀 없어 보였다.

☐ ① [가능서은] ② [가능썽은] ③ [가는썽은] ④ [가늠성은]

44)—음식이 맛없어서 거의 먹지 못했어요.

☐ ① [마섭써서] ② [마섭떠서] ③ [마덥써서] ④ [마덥떠서]

➡ 【正答】は32ページへ、 【解説】は293、294ページへ

45)—다리가 아파서 계단도 못 올라가요.

☐ ① [모돌라가요] ② [몬놀라가요] ③ [모솔라가요] ④ [모톨라가요]

46)—감기가 들어서 콧물이 나온다.

☐ ① [콤무리] ② [콘무리] ③ [콛무리] ④ [콩무리]

47)—나도 밤을 밝혀 책을 읽던 때가 있었다.

☐ ① [박켜] ② [발겨] ③ [발켜] ④ [박껴]

48)—이 동네에서 산 지 십칠 년이 지났다.

☐ ① [십친녀니] ② [십치려니] ③ [십칠녀니] ④ [십칠려니]

49)—꽃 위에 앉은 노란 나비를 잡았다.

☐ ① [꼬취에] ② [꼬튀에] ③ [꼬뒤에] ④ [꼰뉘에]

50)—이 동네에는 여러 가게가 있지만 꽃집만 없다.

☐ ① [꼳찜만] ② [꼬침만] ③ [꼳찐만] ④ [꼰진만]

51)—그 문제에 대한 해결 능력이 없는 것 같다.

☐ ① [해결릉려기] ② [해결능려기] ③ [해결릉녀기] ④ [해결능녀기]

52)—단어가 많고 시간도 부족해서 다 못 외웠어요.

☐ ① [모쇠워써요] ② [모뒈워써요] ③ [모되언써요] ④ [몬뇌언써요]

53)—티브이에 나온 어릴 때 친구를 첫눈에 알아보았다.

☐ ① [처두네] ② [천누네] ③ [첨누네] ④ [천누네]

➡ 【正答】は32ページへ、 【解説】は294ページへ

発音問題　正答

➡ 問題は26ページへ、解説は290ページへ

※ 全問正解になるまで繰り返し練習をしてください。

問題	正答	問題	正答	問題	正答	問題	正答
1	④	16	④	31	③	46	②
2	②	17	②	32	②	47	③
3	③	18	③	33	④	48	④
4	①	19	①	34	②	49	③
5	③	20	④	35	③	50	①
6	②	21	②	36	④	51	③
7	④	22	①	37	②	52	②
8	③	23	②	38	①	53	④
9	②	24	③	39	④		
10	③	25	②	40	②		
11	①	26	④	41	③		
12	④	27	③	42	④		
13	②	28	④	43	②		
14	①	29	②	44	③		
15	③	30	①	45	①		

第2章

語彙問題

問題類型		出題問題数	配点
1	語句の空所補充問題	6	1
2	語句の置き換え問題	4	2
3	共通語句補充問題	3	1

語彙に関する問題

1 出題内容

語彙に関する問題は、
①短文、または対話文を提示し、文中の空所に入れるのに適切な語句を選ぶ**空所補充問題**が6問（配点各1点）、②短文、または対話文を提示し、その文中の語句と置き換えが可能な表現を選ぶ**置き換え問題**が4問（配点各2点）、③二つの短文を提示し、文中の空所に共通して入る単語を選ぶ**共通語補充問題**が3問（配点各1点）出題される。
語彙関係の問題はすべて３級の出題範囲の語彙から出題される。３級出題範囲として提示されている単語、慣用句をしっかり覚えておく必要がある。

1 語句の空所補充問題

文の空所に入る単語を選ぶ問題である。空所に入る語句は、名詞、動詞、形容詞、副詞などが品詞別にそれぞれ1～2問ずつの割合で出題される。特に慣用句を用いた表現が多く出題される。

2 語句の置き換え問題

文を提示し、文中の下線部の部分と置き換えが可能な語句を選ぶ問題である。下線部の語句と同じ意味合いのものを選ぶものではあるが、当然文全体の意味と選択肢の語句の意味が理解できる語彙力がないと正しい選択肢は選べない。主に連語や慣用句などの慣用的な表現が多く出題される傾向にある。

3 共通語句補充問題

二つの文を提示し、二つの文の空所に共通の形で入る単語を選ぶ問題である。空所に入るものとしては、複数以上の異なる意味を持って用いられる多義語が出題されることが多いが、出題回によっては単に共通の単語が出題されることも多い。この問題への対応は、名詞や動詞など単語単体として覚えるのではなく、連語や慣用句として覚えるのが効果的である。

2 問題類型

問題類型 1　語句の空所補充問題

・ 1行の短文、または2～3行の対話文を提示し、文中の空所に入るのに適切な語句を選ぶ問題が6問（配点各1点）出題される。

・ 問題は1行の短文の問題が3問、2～3行の対話文の問題が3問の割合で構成されている。空所に入る語句としては、名詞と用言（動詞と形容詞）がそれぞれ2問程度、副詞と慣用句などがそれぞれ1問程度の割合で出題される。

・ 空所に入るのに適切なものを選ぶには選択肢の単語の意味だけでなく、文全体の内容が理解できる語彙力が求められる。特に空所前後の文脈に注意して選択肢の単語を確認しなければならない。資料で提示された3級出題範囲の語彙をしっかり覚えておくようにしよう。

例題　※（　　）の中に入れるのに適切なものを①～④の中から一つ選びなさい。
〈1点×6問〉

1）우리 형은（　　）회사에 근무해서 해외 출장을 자주 간다.
① 명함　② 밑줄　③ 무역　④ 무용

2）밭에 씨를（　　）가서 거기서 큰 뱀을 보았다.
① 볶으러　② 빼러　③ 뽑으러　④ 뿌리러

3）앞으로의 일에 대해서는（　　）생각해 본 적이 없다.
① 제발　② 별로　③ 이미　④ 마치

4）A：김 사장님 좀 뵈러 왔는데요.
B：지금（　　）중이시니까 이쪽에서 잠깐만 기다려 주세요.
① 체험　② 출장　③ 회의　④ 행사

5）A：여기（　　）? 아무래도 이 길이 아닌 것 같아.
B：그러네. 이 지도가 잘못됐나 봐. 어떡하지?
① 맞아　② 밟아　③ 젖어　④ 숨어

6) A: 왜요? 차가 고장 났어요?

B: 모르겠어요.

갑자기 차에서 이상한 소리가 (　　) 살펴보고 있어요.

① 떨려서　② 쏟아서　③ 섞어서　④ 나서

正解 1) ③　2) ④　3) ②　4) ③　5) ①　6) ④

解説 1) うちの兄は (　　) 会社に勤めているので海外出張によく行く。

① 名刺　② 下線　③ 貿易　④ 舞踊

2) 畑に種を (　　) 行ってそこで大きな蛇を見た。

① 炒めに　② 抜きに　③ 抜きに　④ 蒔きに

✎ 빼다は「抜く」のほかに、取り除く、除外する、引く、外すの意がある。

・십에서 이를 빼면 팔이다.　十から二を引くと八だ。

뽑다は「抜く」のほかに、選ぶ、伸ばす、差し引くなどの意がある。

・오늘 모임에서 대표를 뽑는다. 今日の集まりで代表を選ぶ。

3) 今後のことについては (　　) 考えたことがない。

① どうか　② あまり　③ すでに　④ まるで

✎ 별로: (否定の表現とともに用いられて) 別に、あまり、さほど、たいして

4) A: ちょっと金社長にお目にかかりに来たのですが。

B: 今 (　　) 中ですからこちらで少しお待ちください。

① 体験　② 出張　③ 会議　④ 行事

✎ 중: 動作が行われている最中、期間、範囲などを表わす。〜中、じゅう

회의 중 会議中、근무 중 勤務中、식사 중 食事中、방학 중 休み中、
학기 중 学期中、내일 중 明日中、오전 중 午前中、공기 중 空気中

5) A: ここ (　　)?　どうもこの道ではないような気がする。

B: そうだね。この地図が間違っているようだね。どうしよう?

① 合っているの　② 踏むの　③ 濡れるの　④ 隠れるの

✎ 맞다: 正しい、間違いない、合う、一致する、適合する

6) A: どうしたんですか。車が故障したんですか。

B: 分かりません。急に車から変な音が (　　) 調べているところです。

① 震えて　② こぼして　③ 交ぜて　④ して

✎ 소리가 나다: 音がする、소리를 내다: 音を出す

6問の中で1〜2問はこのような連語、慣用句が必ず出題される。

問題類型 2　語句の置き換え問題

・ 短文、または対話文を提示し、その文中の下線部の語句と置き換えができる語句を選ぶ問題が4問（配点各2点）出題される。問題は、1行の短文の問題が2問、2行の対話文の問題が2問の割合で構成されている。

・ 問題文全体の意味を把握したうえで、下線部の語句と選択肢の語句を突き合わせて、語句を置き換えても文の内容が変わらないかどうかを判断する。

・ 問題の置き換えの対象となる下線部の語句は、動詞か連語、慣用句、文法的な慣用表現を用いたものが多い。3級出題範囲の用言、連語、慣用表現などの中で似ている表現は整理して覚えておくようにしよう。

➡ 3級出題範囲の語彙、慣用句リストは合格資料9～15（41～59ページ）を参照

例題　※ 文の意味を変えずに、下線部の言葉と置き換えが可能なものを①～④の中から1つ選びなさい。 〈2点 ×4 問〉

1）둘 다 마음에 들어서 선택하기가 어려워요.
　① 기르기　② 지우기　③ 고르기　④ 바르기

2）그게 모자라면 내 것을 써도 괜찮아요.
　① 모르면　② 부족하면　③ 비치면　④ 부서지면

3）A：지난 번에 걱정하던 문제는 어떻게 됐어요?
　B：네, 잘 해결돼서 다 끝났어요.
　① 펼쳐서　② 피해서　③ 다뤄서　④ 풀려서

4）A：선생님, 검사 결과가 어떤가요?
　B：결과가 좋으니까 안심해도 돼요.
　① 마음을 놓아도　② 정신이 나가도
　③ 생각을 돌려도　④ 웃어 넘겨도

正解 1）③　2）②　3）④　4）①

解説 1）二つとも気に入って選ぶのが難しいです。
　① 育て　② 消し　③ 選び　④ 塗り

✎ 선택하다 = 고르다

・고르다はものを選ぶ場合に、뽑다は人を選ぶ場合に、지우다は跡を消す場合に、끄다は火を消す場合に用いられる。化粧品などを塗る場合に바르다、ペンキを塗る場合は主に칠하다が用いられる。

2) それが<u>足りなければ</u>私のものを使ってもいいですよ。

① 分からなければ　② 足りなければ　③ 映れば　④ 壊れれば

✎ 모자라다 = 부족하다

・모자라다は物が足りない、不足する意以外にも用いられる。

성의가 모자라다.　誠意が足りない。

상식이 모자라다.　常識が足りない。

3) A：先日心配していた問題はどうなりましたか。

B：はい、うまく<u>解決できて</u>全部終わりました。

① 広げて　② 避けて　③ 扱って　④ 解決できて

✎ 해결되다 = 풀리다

・풀리다：ⓐ結び目がほどける、ⓑ（誤解・疑いが）なくなる・晴れる、ⓒ（問題が）解ける・解決する、ⓓ（疲れ・怒りが）なくなる、ⓔ（寒さが）和らぐなどの意がある。

구두끈이 풀렸다.	靴ひもがほどけた。
좀처럼 오해가 안 풀린다.	なかなか誤解が解けない。
문제가 안 풀려서 답답하다.	問題が解けなくてもどかしい。
추위가 풀려서 따뜻하다.	寒さが和らいで暖かい。

4) A：先生、検査の結果はどうですか。

B：結果はいいので<u>安心しても</u>いいです。

① 安心しても　② 気が抜けても　③ 思い直しても　④ 笑ってごまかしても

✎ 안심하다 = 마음을 놓다

・3級出題範囲で마음（心・気持ち）が含まれている連語・慣用句は次のようなものがある。

마음에 걸리다	気にかかる	마음을 쓰다	気を遣う、気を配る
마음을 주다	心を許す	마음이 급하다	気が急く
마음이 가다	心を引かれる	마음을 먹다	決心する
마음이 좋다	人がいい	마음이 넓다	心が広い
마음이 무겁다	気が重い	마음에 들다	気に入る
마음이 통하다	心が通う	마음이 가볍다	気持ちが軽やかだ
마음이 아프다	心が痛む	마음에도 없는 소리	口先だけのこと

問題類型 3　共通語句補充問題

・ 短文を二つ提示し、文中の空所に共通して入る語句を選ぶ問題が3問（配点各1点）出題される。

・ これもやはり文の内容を理解したうえで空欄に入る語彙を選ぶもので、幅広い語彙力が問われる問題である。複数以上の異なる意味を持って用いられる多義語の動詞や、連語、または慣用句においての名詞などが主に出題される傾向がある。この問題に対応するには、3級出題範囲の語彙の中で、特に複数以上の意味を持って用いられる動詞、共通の名詞を中心に構成される連語・慣用句はまとめて覚えておくとよい。

➡ 3級出題範囲の語彙、慣用句リストは合格資料9～15（41～59ページ）を参照

例題 1　※2つの（　　）に入れることができるものを①～④の中から1つ選びなさい。〈1点 ×3問〉

1）・눈을 (　　) 어릴 때 고향의 모습을 떠올렸다.
　・집에 돌아오자마자 머리를 (　　) 우유를 한 잔 마셨다.
　① 뜨고　② 감고　③ 끄고　④ 풀고

2）・늘 이기던 팀에게 (　　)　말았다.
　・벚꽃이 바람에 날려 눈처럼 (　　)　있다.
　① 뽑고　② 섞고　③ 지고　④ 퍼지고

3）・그 말은 (　　) 가/이 아프도록 들었다.
　・할아버지는 (　　) 가/이 멀어서 큰 소리로 말해야 한다.
　① 입　② 목　③ 턱　④ 귀

正解　1）②　2）③　3）④

解説　1）・目を（閉じて）子供の頃の故郷の様子を思い浮かべた。
　・家に帰って来てすぐ髪を（洗って）牛乳を1杯飲んだ。
　① 開けて　② 閉じて・洗って　③ 消して　④ 解いて

✎ 감다：ⓐ（目を）閉じる、つぶる、ⓑ（髪を）洗う、ⓒ（糸・包帯などを）巻く
・눈을 감다 目を閉じる　머리를 감다 髪を洗う　붕대를 감다 包帯を巻く

2）・いつも勝っていたチームに（負けて）しまった。
　・桜が風に飛ばされて雪のように（散って）いる。
　① 抜いて　② 混ぜて　③ 負けて・散って　④ 広がって

✎ 지다：ⓐ負ける、敗れる、ⓑ（花・葉などが）散る、ⓒ（垢・しみが）落ちる、取れる、消える、ⓓ（太陽・月が）沈む、暮れる、ⓔ背負う、かつぐ

3)・その話は（耳）が痛いほど聞いた。
・祖父は（耳）が遠いので大声で言わなければならない。
① 口　② 首　③ あご　④ 耳
✎ 귀가 멀다　耳が遠い　귀에 들어가다　耳に入る
귀가 아프다　（やかましくて）耳が痛い、耳にたこができる

例題 2　※2つの（　　）に入れることができるものを①～④の中から1つ選びなさい。〈1点×3問〉

1）・햇빛에 피부를 너무 (　　) 것은 좋지 않다.
・말에 손님을 (　　) 게 내 담당이다.
① 만지는　② 감추는　③ 터지는　④ 태우는

2）・중요한 곳은 밑줄을 (　　) 표시를 한다.
・반찬이 싱거워서 간장을 (　　) 먹었다.
① 구워서　② 쳐서　③ 끓여서　④ 털어서

3）・(　　) 을/를 막지 말고 끝까지 들어 보세요.
・그런 (　　) 도 안 되는 소리는 하지 마세요.
① 혀　② 짐　③ 말　④ 틈

正解　1）④　2）②　3）③

解説　1）・日光で肌を過度に（焼く）のは良くない。
・馬にお客さんを（乗せる）のが私の担当だ。
① 触る　② 隠す　③ 裂ける　④ 焼く・乗せる
✎ 태우다：ⓐ 焼く、燃やす、ⓑ 焦がす、ⓒ 乗せる

2）・重要なところは下線を（引いて）表示をする。
・おかずの味が薄いので醤油を（かけて）食べた。
① 焼いて　② 引いて・かけて　③ 沸かして　④ はたいて
✎ 치다：ⓐ（太鼓を）打つ、ⓑ（線を）引く、ⓒ（塩を）かける、ⓓ（試験を）受ける、ⓔ（大声を）あげる

3）・（話）を遮らないで最後まで聞いてください。
・そんな（話）にならない（＝とんでもない）話はしないでください。
① 舌　② 荷物　③ 言葉・話　④ 隙間・暇

3級出題の語彙リスト

合格資料－9　3級出題の名詞リスト

□ 가	端、ほとり
□ 가격	価格
□ 가격표	値札
□ 가능성	可能性
□ 가루	粉
□ 가루약	粉薬
□ 가면	仮面
□ 가사	歌詞、家事
□ 가스	ガス
□ 가위	はさみ
□ 가이드	ガイド
□ 가정	家庭
□ 가치	価値
□ 각자	各自
□ 간장	醤油
□ 간판	看板
□ 감	柿
□ 감독	監督
□ 감동	感動
□ 감상	感想
□ 감자	ジャガイモ
□ 감정	感情
□ 강사	講師
□ 강의	講義
□ 강조	強調
□ 강좌	講座
□ 개별	個別
□ 개인	個人
□ 거리	距離
□ 거센소리	激音
□ 거스름돈	つり銭
□ 거절	拒絶
□ 거짓말	嘘
□ 건너편	向こう、向かい側
□ 검사	検査、点検
□ 결국	結局
□ 결론	結論
□ 결석	欠席
□ 경기	競技
□ 경영	経営
□ 경우	場合
□ 경쟁	競争
□ 경제	経済
□ 경찰	警察
□ 경치	景色
□ 경향	傾向
□ 경험	経験
□ 곁	そば、脇
□ 계란	卵、玉子
□ 계산대	レジカウンター
□ 계절	季節
□ 고구마	サツマイモ
□ 고려	考慮
□ 고모	おば（父の姉妹）
□ 고민	悩み
□ 고생	苦労
□ 고장	故障
□ 고통	苦痛
□ 곡	曲
□ 골목	路地、横町
□ 곰탕	コムタンスープ
□ 곳	所、場所、場
□ 공간	空間
□ 공기	空気
□ 공동	共同
□ 공무원	公務員
□ 공사	工事
□ 공업	工業
□ 공연	公演
□ 공장	工場
□ 공짜	タダ、無料
□ 공통	共通
□ 과	学科、～科
□ 과거	過去
□ 과목	科目
□ 과장	課長
□ 과정	課程、過程
□ 과제	課題
□ 과학	科学
□ 관계	関係
□ 관광	観光
□ 관련	関連
□ 관리	管理
□ 광고	広告
□ 교류	交流
□ 교시	～時限
□ 교육	教育
□ 교장	校長
□ 교재	教材
□ 교통	交通
□ 교포	同胞
□ 교회	教会
□ 구경	見物、観覧
□ 구급차	救急車
□ 구멍	穴
□ 구체적	具体的
□ 국가	国家
□ 국내	国内
□ 국물	汁
□ 국민	国民
□ 국수	そうめん、うどん
□ 국어	国語
□ 국외	国外
□ 국제	国際
□ 군	郡（行政区画）
□ 군대	軍隊
□ 군데	～箇所
□ 권리	権利

□ 귀걸이	イヤリング、ピアス
□ 귀국	帰国
□ 규모	規模
□ 규칙	規則
□ 그간	その間
□ 그녀	彼女
□ 그늘	日陰
□ 그동안	その間、その後
□ 그사이	その間
□ 그전	以前
□ 그쯤	そのくらい
□ 그해	その年
□ 극	劇
□ 근거	根拠
□ 근본	根本
□ 글쓰기	文章を書くこと
□ 글씨	文字
□ 금	金
□ 금주	今週
□ 금지	禁止
□ 기간	期間
□ 기계	機械
□ 기관	機関
□ 기념	記念
□ 기능	機能
□ 기대	期待
□ 기둥	柱
□ 기록	記録
□ 기름	油
□ 기본	基本
□ 기쁨	喜び
□ 기사	記事
□ 기술	技術
□ 기업	企業
□ 기온	気温
□ 기자	記者
□ 기준	基準
□ 기초	基礎
□ 기회	機会
□ 긴장	緊張
□ 길거리	通り、路上
□ 길이	長さ
□ 김	(～の) 機会
□ 깊이	深さ

□ 까마귀	烏
□ 껌	チューインガム
□ 꼬리	尻尾
□ 꿀	蜂蜜
□ 나머지	残り、余り
□ 나물	ナムル
□ 나흘	4日、4日間
□ 낙관	楽観
□ 날개	翼、羽
□ 남	他人
□ 내과	内科
□ 내달	来月
□ 내용	内容
□ 내주	来週
□ 내후년	再来年
□ 냄비	鍋
□ 냉장고	冷蔵庫
□ 너머	向こう側
□ 넥타이	ネクタイ
□ 노동	労働
□ 노인	老人
□ 노트북	ノートPC
□ 녹색	緑色
□ 녹음	録音
□ 놀이	遊び
□ 농담	冗談
□ 농업	農業
□ 농촌	農村
□ 높이	高さ
□ 눈꺼풀	まぶた
□ 눈빛	目つき、眼光
□ 눈치	勘、顔色
□ 느낌	感じ
□ 능력	能力
□ 단계	段階
□ 단순	単純
□ 단위	単位
□ 단체	団体
□ 단추	ボタン
□ 달러	ドル
□ 담임	担任
□ 답안	答案、答案用紙
□ 닷새	5日(間)
□ 당근	ニンジン

□ 당시	当時
□ 당신	あなた
□ 당연	当然
□ 당일	当日
□ 대 /− 대	代、～代
□ 대량	大量
□ 대명사	代名詞
□ 대부분	大部分
□ 대신	代わり、代理
□ 대중	大衆
□ 대책	対策
□ 대통령	大統領
□ 대표	代表
□ 대화	対話
□ 덕분	おかげ
□ 도로	道路
□ 도망	逃亡
□ 도중	途中
□ 독립	独立
□ 독학	独学
□ 돈까스	とんかつ
□ 동기	動機
□ 동네	町、町内
□ 동료	同僚
□ 동사	動詞
□ 동시	同時
□ 동안	間、期間
□ 동양	東洋
□ 동창	同窓
□ 된소리	濃音
□ 된장	味噌
□ 둘레	周り
□ 드라이브	ドライブ
□ 드라이어	ドライヤー
□ 등산	登山
□ 등장	登場
□ 따님	娘さん、お嬢さん
□ 딸기	イチゴ
□ 땅	土地、地面
□ 뜻밖	意外、予想外
□ 레몬	レモン
□ 레스토랑	レストラン
□ 로비	ロビー
□ 리	里(行政区画)

□ 리듬	リズム
□ 마늘	ニンニク
□ 마당	庭、広場
□ 마라톤	マラソン
□ 마루	板の間
□ 마을	村
□ 마이크	マイク
□ 막	幕、～幕
□ 막걸리	濁り酒
□ 막내	末っ子
□ 만	満、まる
□ 만점	満点
□ 만족	満足
□ 맏이	長子
□ 말	馬
□ 머리카락	髪の毛
□ 먼지	ちり、ほこり
□ 메뉴	メニュー
□ 메달	メダル
□ 메모	メモ
□ 메시지	メッセージ
□ 면	面
□ 면	面（行政区画）
□ 면세점	免税店
□ 명령	命令
□ 명사	名詞
□ 명함	名刺
□ 모델	モデル
□ 모래	砂
□ 모습	姿
□ 모음	母音
□ 모임	集まり、会合
□ 목걸이	ネックレス
□ 목숨	命
□ 목욕탕	風呂場、銭湯
□ 목표	目標
□ 무게	重さ
□ 무관심	無関心
□ 무기	武器
□ 무대	舞台
□ 무료	無料
□ 무리	無理
□ 무시	無視
□ 무역	貿易

□ 무용	舞踊
□ 무의미	無意味
□ 무책임	無責任
□ 문법	文法
□ 문자	文字、携帯メール
□ 문학	文学
□ 물가	物価
□ 물음	問い
□ 미남	美男
□ 미녀	美女
□ 미래	未来
□ 미만	未満
□ 미술	美術
□ 미용실	美容室
□ 미인	美人
□ 미팅	会合、会議、ミーティング、コンパ
□ 민족	民族
□ 믿음	信頼、信仰
□ 밑줄	下線
□ 바깥	外、屋外、表
□ 바나나	バナナ
□ 바닥	底、底面、床
□ 바보	馬鹿、間抜け
□ 바위	石
□ 박물관	博物館
□ 박사	博士
□ 박수	拍手
□ 반	班、クラス
□ 반대	反対
□ 반면	反面
□ 반응	反応
□ 받아쓰기	書き取り
□ 받침	下敷き、パッチム
□ 발가락	足の指
□ 발견	発見
□ 발달	発達
□ 발목	足首
□ 발바닥	足の裏
□ 발생	発生
□ 발톱	足の爪
□ 밤낮	昼夜、日夜
□ 밤새	夜の間
□ 밤중	夜中

□ 밥솥	釜
□ 방송	放送
□ 방식	方式
□ 방해	妨害、邪魔
□ 밭	畑
□ 배	梨
□ 배	倍、～倍
□ 배우	俳優
□ 뱀	ヘビ
□ 버릇	癖、礼儀作法
□ 벌	蜂
□ 벌레	虫
□ 범위	範囲
□ 법	法、法律、方法
□ 법률	法律
□ 변경	変更
□ 변화	変化
□ 보고	報告
□ 보도	報道
□ 보물	宝、宝物
□ 보험	保険
□ 보호	保護
□ 복도	廊下
□ 복사	複写、コピー
□ 복습	復習
□ 복잡	複雑、混雑
□ 본문	本文
□ 본질	本質
□ 볼일	用事
□ 봉지	紙袋、袋
□ 봉투	封筒、袋
□ 부담	負担、負い目
□ 부분	部分
□ 부사	副詞
□ 부인	婦人
□ 부정	否定
□ 부족	不足
□ 분명	明白（に）
□ 분야	分野
□ 분위기	雰囲気、ムード
□ 불가능	不可能
□ 불교	仏教
□ 불만	不満
□ 불빛	炎、明かり

□ 비교	比較
□ 비밀	秘密
□ 비스킷	ビスケット
□ 비옷	レインコート
□ 비용	費用
□ 비자	ビザ
□ 비타민	ビタミン
□ 비판	批判
□ 빛	光
□ 빨래	洗濯（物）
□ 뼈	骨
□ 뿌리	根
□ 사각형	四角形
□ 사거리	十字路
□ 사건	事件
□ 사고	事故
□ 사무	事務
□ 사물	もの事、事物
□ 사업	事業
□ 사용	使用
□ 사원	社員
□ 사인	サイン、署名
□ 사정	事情、わけ、懇願
□ 사증	ビザ、査証
□ 사촌	いとこ
□ 사흘	3日、3日間
□ 산수	算数
□ 산책	散策、散歩
□ 살	肉、肌
□ 삼각형	三角形
□ 삼계탕	サムゲタン
□ 삼촌	おじ
□ 상관	関係、関わり
□ 상대	相手
□ 상상	想像
□ 상자	箱、ケース
□ 상처	傷
□ 상태	状態
□ 상품	商品
□ 상황	状況
□ 새끼	（動物の）子供
□ 새벽	暁、未明
□ 생명	生命
□ 생신	お誕生日

□ 서비스	サービス
□ 서양	西洋
□ 서점	書店
□ 선	線
□ 선거	選挙
□ 선배	先輩
□ 선전	宣伝
□ 선택	選択
□ 성	性、姓
□ 성격	性格
□ 성공	成功
□ 성장	成長
□ 성적	成績
□ 성질	性質
□ 세계	世界
□ 세금	税金
□ 세기	世紀
□ 세대	世代
□ 세상	世の中、世間
□ 세월	歳月
□ 세탁	洗濯
□ 센터	センター
□ 소녀	少女
□ 소년	少年
□ 소문	うわさ
□ 소비	消費
□ 소스	ソース
□ 소식	消息、便り
□ 소주	焼酎
□ 속도	速度
□ 손녀	孫娘
□ 손등	手の甲
□ 손목	手首
□ 손바닥	手のひら
□ 손자	（男の）孫
□ 손톱	手の爪
□ 쇠	鉄、金物
□ 수단	手段
□ 수도	水道
□ 수박	スイカ
□ 수사	数詞
□ 수술	手術
□ 수염	ひげ
□ 수영	水泳

□ 수입	収入、輸入
□ 수준	水準
□ 수출	輸出
□ 수학	数学
□ 수험	受験
□ 숙박	宿泊
□ 숙소	宿
□ 순간	瞬間
□ 순위	順位
□ 술자리	酒席、酒の席
□ 술집	飲み屋
□ 숨	息、呼吸
□ 숲	森、林
□ 스케이트	スケート
□ 스키	スキー
□ 스타일	スタイル
□ 스파게티	スパゲッティ
□ 습관	習慣
□ 시	詩
□ 시골	田舎
□ 시기	時期、時
□ 시대	時代、時世
□ 시디롬	CD-ROM
□ 시민	市民
□ 시설	施設
□ 시시	cc（単位）
□ 시장	市長
□ 식	（～の）方法、方式
□ 식물	植物
□ 식초	食酢
□ 식탁	食卓
□ 신경	神経
□ 신형	新型
□ 신호	信号、合図
□ 실례	実例
□ 실수	失敗、失策
□ 실시	実施
□ 실천	実践
□ 실패	失敗
□ 실험	実験
□ 심리	心理
□ 심부름	お使い
□ 심장	心臓
□ 싸움	戦い、喧嘩

□ 쓰레기	ごみ
□ 씨	種
□ 씨름	シルム、相撲
□ 아기	赤ちゃん
□ 아나운서	アナウンサー
□ 아드님	息子さん
□ 아랫사람	目下の人
□ 아무데	どこ（でも）
□ 아무때（나）	いつ（でも）
□ 아무말	一言（も）
□ 아이스크림	アイスクリーム
□ 아픔	痛み
□ 악기	楽器
□ 안내	案内
□ 안심	安心
□ 안전	安全
□ 알	卵、実
□ 암기	暗記
□ 앞길	前の道、前途
□ 앞바다	沖、沖合
□ 애인	恋人
□ 앨범	アルバム
□ 약방	薬局、薬屋
□ 양	量
□ 양배추	キャベツ
□ 양파	タマネギ
□ 어려움	困難、難しさ
□ 어린애	幼児
□ 어미	語尾
□ 어학	語学
□ 어휘	語彙
□ 억	億
□ 언어	言語
□ 얼마간	いくらか、当分
□ 얼음	氷
□ 업무	業務
□ 엊그제	先おととい
□ 엘리베이터	エレベーター
□ 여관	旅館
□ 여권	旅券、パスポート
□ 여유	余裕、ゆとり
□ 역할	役割、役目
□ 연간	年間
□ 연구	研究

□ 연기	演技、煙、延期
□ 연대	年代
□ 연령	年齢、年
□ 연수	研修
□ 연습	演習
□ 연애	恋愛、恋
□ 연예인	芸能人
□ 연주	演奏
□ 연휴	連休
□ 열	熱
□ 열쇠	鍵
□ 영수증	領収証
□ 영역	領域
□ 예금	預金
□ 예매	前売り
□ 예보	予報
□ 예사소리	平音
□ 예산	予算
□ 예술	芸術
□ 예습	予習
□ 예약	予約
□ 오뎅	おでん
□ 오랫동안	長い間
□ 오징어	イカ
□ 온도	温度
□ 온천	温泉
□ 올림픽	オリンピック
□ 완전	完全
□ 왕	王
□ 왕복	往復
□ 외과	外科
□ 요구	要求
□ 요구르트	ヨーグルト
□ 요금	料金
□ 요새	近頃、最近
□ 욕실	浴室、風呂
□ 용기	勇気
□ 용돈	小遣い
□ 우동	うどん
□ 우리말	国語（韓国語）
□ 우체통	郵便ポスト
□ 우편	郵便
□ 운동장	運動場
□ 운전	運転

□ 울음	泣くこと、泣き
□ 움직임	動き
□ 웃음	笑い、笑み
□ 원숭이	サル
□ 원인	原因
□ 원장	院長
□ 위반	違反
□ 위원	委員
□ 위치	位置
□ 위험	危険
□ 윗사람	目上の人
□ 유럽	ヨーロッパ
□ 유리	ガラス
□ 유명	有名
□ 유원지	遊園地
□ 유자차	ゆず茶
□ 유지	維持
□ 유치원	幼稚園
□ 유행	流行、はやり
□ 은	銀
□ 음식점	飲食店
□ 읍	行政区画：邑
□ 의논	相談、話し合い
□ 의무	義務
□ 의문	疑問
□ 의식	意識
□ 의지	意志
□ 이곳저곳	あちこち
□ 이내	以内
□ 이념	理念
□ 이래	以来
□ 이모	おば（母の姉妹）
□ 이미지	イメージ
□ 이불	布団
□ 이사	引越し、移転
□ 이외	以外
□ 이웃	隣、近所
□ 이익	利益
□ 이쯤	このくらい
□ 인간	人間
□ 인구	人口
□ 인류	人類
□ 인물	人物、容姿
□ 인상	印象

□ 인생	人生、生涯
□ 인정	人情、情け
□ 일과	日課
□ 일기	天気
□ 일기	日記
□ 일반	一般
□ 일부	一部
□ 일생	一生
□ 일식	日本料理
□ 일용품	日用品
□ 일정	一定
□ 일체	一切、全部
□ 임금	賃金
□ 입문	入門
□ 입술	唇
□ 입원	入院
□ 잎	葉
□ 자격	資格
□ 자동	自動
□ 자료	資料
□ 자막	字幕
□ 자습	自習
□ 자식	子息、子供
□ 자신	自分、自身
□ 자신	自信
□ 자연	自然
□ 자유	自由
□ 자음	子音
□ 자체	自体
□ 작가	作家
□ 작곡	作曲
□ 작문	作文
□ 작사	作詞
□ 작업	作業
□ 작은딸	下の娘
□ 작은아들	下の息子
□ 작은아버지	父の弟
□ 작은어머니	父の弟の妻
□ 작품	作品
□ 잔돈	小銭、お釣り
□ 잠옷	寝巻き
□ 장갑	手袋
□ 장남	長男
□ 장녀	長女
□ 장면	場面
□ 장사	商売
□ 장소	場所
□ 재료	材料
□ 재미	楽しさ、面白さ
□ 재산	財産
□ 재작년	一昨年、おととし
□ 재판	裁判
□ 저금	貯金
□ 적극적	積極的
□ 전공	専攻
□ 전국	全国
□ 전기	電気
□ 전기	前期
□ 전날	前日、先日
□ 전문	専門
□ 전반	前半
□ 전부	全部、全て
□ 전원	電源
□ 전자	電子
□ 전쟁	戦争
□ 전체	全体、全部
□ 전통	伝統
□ 전후	前後
□ 절	お辞儀
□ 절	寺
□ 점원	店員
□ 정	情
□ 정류장	停留所
□ 정리	整理
□ 정보	情報
□ 정부	政府
□ 정신	精神、意識
□ 정치	政治
□ 정확	正確
□ 제공	提供
□ 제외	除外
□ 제품	製品
□ 조건	条件
□ 조사	助詞
□ 조사	調査
□ 조직	組織
□ 조카	甥、姪
□ 종교	宗教
□ 종류	種類
□ 종합	総合
□ 좌우	左右
□ 주간	週間
□ 주머니	ポケット
□ 주먹	こぶし、げんこつ
□ 주문	注文
□ 주민	住民
□ 주변	周辺
□ 주사	注射
□ 주위	周囲
□ 주의	主義
□ 주인	主人、持ち主
□ 주인공	主人公
□ 주장	主張
□ 주제	主題
□ 죽음	死
□ 줄	綱、列、線
□ 중간	中間
□ 중심	中心
□ 중앙	中央
□ 중지	中止
□ 쥐	ネズミ
□ 지구	地球
□ 지배	支配
□ 지불	支払い
□ 지붕	屋根
□ 지상	地上
□ 지시	指示
□ 지역	地域
□ 지우개	消しゴム
□ 지짐이	チヂミ
□ 지하	地下
□ 직원	職員
□ 직장	職場
□ 직접	直接
□ 진실	真実
□ 진지	お食事
□ 진행	進行
□ 질	質
□ 짐	荷物、負担
□ 집단	集団
□ 집사람	家内
□ 집안	身内、家の中

□ 집중 集中
□ 짝 対のものの片方
□ 짝사랑 片思い
□ 쪽 ページ
□ 찌개 チゲ、鍋料理
□ 차 差
□ 차비 交通費、車代
□ 차표 乗車券、切符
□ 참가 参加
□ 참기름 ゴマ油
□ 참석 出席、列席
□ 찻간 車内、車中
□ 찻집 喫茶店
□ 창 窓
□ 책가방 ランドセル、学生カバン
□ 책임 責任
□ 책장 本箱、本棚
□ 처녀 娘、乙女
□ 처리 処理
□ 처지 立場、状態
□ 첫날 初日
□ 첫사랑 初恋
□ 청년 青年、若者
□ 청소 清掃、掃除
□ 청소기 掃除機
□ 체육 体育
□ 체조 体操
□ 체험 体験
□ 초기 初期
□ 초대 招待
□ 초록색 緑色
□ 초밥 すし
□ 초콜릿 チョコレート
□ 최고 最高
□ 최근 最近
□ 최대 最大
□ 최소 最小
□ 최신 最新
□ 최악 最悪
□ 최저 最低
□ 최종 最終
□ 최초 最初
□ 최후 最後、最終
□ 추가 追加

□ 축제 祝祭、祭り
□ 출근 出勤
□ 출석 出席
□ 출입 出入り
□ 출장 出張
□ 춤 踊り
□ 충격 衝撃
□ 충전 充電
□ 취소 取り消し
□ 취직 就職
□ 치료 治療
□ 치약 歯みがき粉
□ 치즈 チーズ
□ 친척 親戚、親類
□ 침대 ベッド、寝台
□ 카드 カード
□ 카레 カレー
□ 컵 コップ
□ 케이크 ケーキ
□ 코스 コース
□ 코트 コート
□ 쿠키 クッキー
□ 크기 大きさ
□ 큰딸 長女
□ 큰물 大水、洪水
□ 큰비 大雨、豪雨
□ 큰소리 大声
□ 큰아들 長男
□ 큰아버지 父の長兄
□ 큰어머니 父の長兄の妻
□ 큰일 大変なこと
□ 키 鍵、手がかり
□ 탁구 卓球
□ 태권도 テコンドー
□ 태도 態度
□ 태양 太陽
□ 태풍 台風
□ 턱 あご
□ 털 毛
□ 테니스 テニス
□ 테마 テーマ
□ 테스트 テスト
□ 테이블 テーブル
□ 테이프 テープ

□ 탤런트 タレント
□ 토끼 ウサギ
□ 토론 討論
□ 통 筒
□ 통근 通勤
□ 통역 通訳
□ 통일 統一
□ 통화 通話
□ 퇴근 退勤、退社
□ 특기 特技
□ 특성 特性
□ 특징 特徴
□ 틈 すき間、ひび
□ 티셔츠 Tシャツ
□ 팀 チーム
□ 파도 波
□ 파마 パーマ
□ 파티 パーティー
□ 판단 判断
□ 판매 販売
□ 팬티 パンツ、パンティー
□ 편 味方、組
□ 평가 評価
□ 평균 平均
□ 평일 平日
□ 평화 平和
□ 포기 放棄
□ 포도 葡萄（ぶどう）
□ 포스터 ポスター
□ 포인트 ポイント
□ 포함 包含
□ 폭 幅、範囲
□ 표정 表情
□ 표현 表現
□ 풀 草
□ 풀 糊
□ 프라이팬 フライパン
□ 프로 プロ、プログラム、番組
□ 프로그램 プログラム、番組
□ 프로필 プロフィール
□ 프린터 プリンター
□ 피부 皮膚、肌
□ 피시 PC、パソコン
□ 피아노 ピアノ

□ 피해　被害
□ 하루하루　毎日、日に日に
□ 학급　学級、クラス
□ 학비　学費
□ 학습　学習
□ 학자　学者
□ 한　限り
□ 한동안　一時、しばらく
□ 한류　韓流
□ 한마디　一言
□ 한반도　朝鮮半島
□ 한숨　一息、ため息
□ 한식　韓国料理
□ 한잠　一眠り
□ 한참　しばらく
□ 한편　一方、味方
□ 합격　合格
□ 해결　解決
□ 햇빛　日の光
□ 행동　行動

□ 행복　幸福
□ 행사　行事、イベント
□ 혀　舌
□ 현금　現金
□ 현대　現代
□ 현상　現象
□ 현실　現実
□ 현재　現在
□ 형님　お兄さん
□ 형식　形式
□ 형용사　形容詞
□ 호랑이　虎
□ 호주머니　ポケット
□ 혼잣말　独り言
□ 화　怒り、憤り
□ 화장　化粧
□ 확인　確認
□ 환경　環境
□ 환영　歓迎
□ 환자　患者、病人

□ 환전　両替
□ 활동　活動
□ 회원　会員
□ 회장　会長
□ 효과　効果、効き目
□ 후기　後期
□ 후반　後半
□ 후배　後輩
□ 후보　候補
□ 후춧가루　胡椒
□ 훈련　訓練
□ 휴식　休息、休み
□ 휴일　休日、休み
□ 휴지　ちり紙、鼻紙
□ 휴지통　ゴミ箱
□ 흐름　流れ
□ 흙　土、泥
□ 흥미　興味
□ 희망　希望、望み

合格資料－10　３級出題の形式名詞リスト

□ 가지　～種、～種類
□ 개월　～ヵ月
□ 그루　樹木や鉛筆など：～本、～株
□ 년도　～年度
□ 대　タバコを吸う回数：～服
□ 대　～対
□ 대　車両や機械など：～台
□ 대로　①～とおり、～のままに
②～（し）次第、～（したら）すぐ
□ 등등　～等など
□ 리　距離の単位：～里
□ 리　「리가 없다」の形で：～はずがない
□ 리터　～リットル
□ 만큼　～ほど、～位
□ 무렵　～頃、～時分
□ 밀리미터　～ミリメートル（mm）
□ 박　～泊
□ 부　新聞・雑誌など：～部

□ 수　「-(으) ㄹ 수 있다/없다」の形で：
～ことができる/できない
□ 위　等級・順位など：～位
□ 인분　～人分
□ 인치　～インチ（inch）
□ 줄　「-(으) ㄹ 줄 알다/모르다」の形で：
～できる / ～できない
□ 차　～次
□ 채　～棟、～軒
□ 척　～隻
□ 측　～側、～の側
□ 켤레　～足（そく）
□ 톤　～トン（t）
□ 통　手紙・文書など：～通（つう）
□ 편　（乗り物などの）～便、（物を届ける）つて
□ 호　①順序：～号 ②家や区域を分ける：～号 ③絵画の大きさ：～号

合格資料－11　3級出題の動詞リスト

□ 가리키다	示す、指す
□ 간단하다	簡単だ
□ 갈아입다	着替える
□ 갈아타다	乗り換える
□ 감추다	隠す
□ 갔다오다	行ってくる
□ 개다	晴れる、(雨・雪が) 止む
□ 건너다	渡る、移る
□ 견디다	耐える
□ 고르다	選ぶ
□ 고치다	直す
□ 굽다	焼く
□ 권하다	勧める
□ 그러다	そうする
□ 그리하다	そのようにする
□ 그만두다	やめる
□ 그만하다	辞める
□ 그치다	やむ
□ 기르다	育てる、飼う、(髪を) 伸ばす
□ 깨다	壊す、割る
□ 깨어나다	覚める
□ 꺼내다	取り出す
□ 끌다	引きずる、引く
□ 끓다	沸く
□ 끓이다	①沸かす ②(スープを) 作る
□ 나뉘다	分けられる、わかれる
□ 나서다	①進み出る ②関与する
□ 날다	飛ぶ
□ 낳다	生む、産む
□ 내려놓다	降ろす
□ 내주다	①出してあげる ②渡す
□ 넘어지다	倒れる、転ぶ
□ 녹다	溶ける
□ 높이다	高める
□ 놓이다	置かれる
□ 놓치다	逃す、失う
□ 누르다	抑える、押す
□ 늘어나다	伸びる、長くなる、増える
□ 다가오다	近づいてくる
□ 다녀가다	立ち寄っていく
□ 다루다	扱う
□ 닫히다	閉まる
□ 달다	つける、垂らす
□ 닮다	似る
□ 담다	①入れる、盛る ②込める
□ 당하다	①やられる ②匹敵する
□ 닿다	触れる、届く
□ 대다	①当てる、触れる ②充てる、供給する ③(車を) 停める
□ 더하다	①ひどくなる ②加える
□ 던지다	投げる、投げかける
□ 덜다	減らす、少なくする、分ける
□ 덜하다	ひどくない、より程度が軽い
□ 덮다	覆う、(本を) 閉じる
□ 데리다	連れる
□ 돌리다	①回す、回転させる ②(方向を) 変える ③配る
□ 돌아보다	振り向いて見る
□ 돕다	助ける、手伝う
□ 들르다	立ち寄る
□ 들리다	聞かせる
□ 들어서다	入る、入り込む、踏み入る
□ 들이다	入れる、費やす
□ 따다	①もぎ取る、摘む ②獲得する ③引用する
□ 따르다	①ついていく、従う ②なつく
□ 때리다	殴る
□ 떠나가다	離れていく、去っていく
□ 떠들다	騒ぐ
□ 떠오르다	浮かぶ
□ 떨다	震える、震わす
□ 떨리다	震える、揺れる
□ 떼다	取る、離す
□ 뜨다	浮かぶ、昇る
□ 뜻하다	①志す ②意味する
□ 띄다	뜨이다の縮約形：(目に) つく
□ 마르다	①乾く ②痩せる
□ 막다	塞ぐ、遮る
□ 막히다	詰まる、塞がる
□ 만지다	触る
□ 말다	途中でやめる、中断する
□ 맞다	迎える

□ 맞다	①当たる ②受ける、遭う
□ 맞이하다	迎える
□ 맡기다	任せる
□ 맡다	引き受ける、預かる
□ 매다	結ぶ
□ 멈추다	とまる、止む
□ 면하다	面する
□ 모시다	仕える、お供する
□ 묵다	①泊まる ②古くなる
□ 물다	咬む、(口に) くわえる
□ 미루다	①延ばす ② (責任を) 負わす
□ 바뀌다	変えられる、替わる、変わる
□ 바라다	願う、望む
□ 바라보다	見渡す、眺める
□ 바르다	①貼る ②塗る
□ 받아들이다	受け入れる
□ 밝히다	明らかにする、明かす
□ 밟다	踏む
□ 밥하다	ご飯を作る
□ 벌다	(金を) 儲ける、稼ぐ
□ 벌리다	あける、広げる
□ 벗어나다	抜け出す
□ 변하다	変わる
□ 보아주다	①みてあげる ②世話をする ③大目に見る、見逃す
□ 볶다	炒める、煎る
□ 뵈다	お目にかかる
□ 부닥치다	ぶち当たる、ぶつかる
□ 부서지다	壊れる
□ 부치다	送る
□ 붓다	注ぐ
□ 비롯하다	～をはじめとする
□ 비비다	こする、揉む、混ぜる
□ 비우다	空にする、空ける
□ 비치다	①照る ②映る ③透ける
□ 비하다	比べる
□ 빠지다	①落ち入る ②はまる ③おぼれる ④熱中する ⑤抜ける
□ 빨다	洗濯する
□ 빼다	抜く、取り除く
□ 뽑다	①抜く ②選ぶ
□ 뿌리다	振りまく、まく
□ 사 먹다	外食する、(出来合いのものを) 買って食べる
□ 사귀다	付き合う、交わる
□ 사라지다	消える
□ 살리다	生かす
□ 살찌다	太る、肉が付く
□ 살피다	調べる、探る
□ 새우다	(夜を) 明かす
□ 서두르다	急ぐ、焦る
□ 섞다	混ぜる
□ 섞이다	混ざる、混じる
□ 세다	強い
□ 속하다	属する
□ 숨기다	隠す
□ 숨다	隠れる、潜む
□ 쉬다	呼吸する
□ 스치다	かすめる、よぎる
□ 시장하다	おなかがすく
□ 식다	冷める、ぬるくなる
□ 싣다	①載せる、積む ②掲載する
□ 심다	植える、植えつける
□ 싸다	①包む、包装する ② (弁当を) つくる
□ 쌓다	①積む、積み重ねる ②築く
□ 쌓이다	①積まれる ②積もる
□ 썩다	腐る
□ 쏟다	①こぼす ② (心を) 注ぐ
□ 쓰러지다	倒れる
□ 아끼다	①節約する ②大事にする
□ 안다	①抱く、抱える ②いだく
□ 알아보다	①調べる、探る ②見分ける
□ 앓다	①患う ② (胸を) 痛める
□ 앞서다	先に立つ
□ 얼다	①凍る ②凍える
□ 없애다	①なくす ②処分する
□ 여쭈다	申し上げる、伺う
□ 여쭙다	申し上げる、伺う
□ 옮기다	①移す ②訳す
□ 외치다	叫ぶ、わめく
□ 울리다	①鳴る ②泣かせる ③鳴らす
□ 움직이다	①動く ②動かす
□ 원하다	望む、願う
□ 위하다	大事にする、慈しむ
□ 이끌다	引く、導く
□ 이러다	こうする、こう言う
□ 이루다	成す、つくりあげる

□ 이르다	①着く ②（時間に）なる、至る ③及ぶ、わたる
□ 이야기되다	①話がつく、話がまとまる ②話される、話題になる
□ 익다	①実る、熟す、②煮える ③漬かる
□ 일으키다	①起こす ②興す
□ 자라나다	成長する、育つ
□ 자르다	①切る ②解雇する
□ 잘못되다	①間違う、誤る ②死ぬ
□ 잘살다	①豊かな生活をする ②無事に暮らす
□ 잠그다	①（鍵などを）かける ②締める
□ 잡히다	①捕まる、（獲物が）かかる ②（気持ちなどが）落ち着く ③（計画などが）決まる
□ 저러다	あのようにする、ああする
□ 적다	記入する、書き記す
□ 전하다	伝える、知らせる、広める
□ 젖다	浸る、ぬれる、染まる
□ 조심하다	用心する
□ 졸다	居眠りする
□ 주고받다	やり取りする
□ 죽이다	①殺す ②かっこいい、すごい
□ 줄다	減る
□ 줄이다	①減らす ②縮める
□ 쥐다	握る、つかむ
□ 즐기다	楽しむ
□ 지나가다	過ぎる、通り過ぎる
□ 지나치다	①度が過ぎる ②通り過ぎる
□ 지니다	①身に着ける、持つ ②（人格などを）備えている
□ 지다	①背負う ②受ける
□ 지다	①散る、落ちる ②沈む、暮れる
□ 지우다	なくす、消す、落とす
□ 지치다	疲れる、くたびれる
□ 지켜보다	見守る、世話する
□ 집다	①つまむ、はさむ ②拾う
□ 찌다	（肉が）つく、太る
□ 차다	①満ちる ②達する、及ぶ
□ 차다	（身に）つける、さげる
□ 차다	①蹴る ②舌を鳴らす
□ 차리다	①準備する、整える ②構える ③装う ④つくろう
□ 참다	こらえる、我慢する
□ 채우다	補う、満たす
□ 챙기다	①取りそろえる ②準備する
□ 철저하다	徹底している
□ 쳐다보다	①見上げる ②眺める
□ 추다	踊る、舞う
□ 취하다	酔う
□ 치다	（線を）引く、描く
□ 치다	かける、ふりかける、さす
□ 치다	（試験を）受ける、経験する
□ 치다	（大声を）上げる
□ 치르다	①支払う ②経験する、行う
□ 칠하다	塗る
□ 키우다	①大きくする ②育てる
□ 타다	①焼ける、燃える ②焦げる
□ 태어나다	生まれる
□ 태우다	①焼く、燃やす ②焦がす ③（心を）悩ます
□ 태우다	乗せる
□ 터지다	①突然起こる ②裂ける
□ 털다	①はたく ②打ち明ける
□ 파다	①掘る ②彫る ③掘り下げる
□ 팔리다	売れる
□ 퍼지다	広がる、行き渡る
□ 펼치다	広げる
□ 풀리다	①ほどける ②ほぐれる ③解ける ④和らぐ
□ 피하다	避ける
□ 합치다	合わせる、取り混ぜる
□ 해내다	やりとげる
□ 향하다	①向く ②向かう
□ 헤어지다	別れる、離れる
□ 흔들다	振る、揺らす
□ 흔들리다	揺れる、そよぐ、ぐらつく
□ 흘리다	①流す ②こぼす
□ 힘쓰다	①力を出す ②努力する ③手助けをする

合格資料－12　３級出題の形容詞リスト

□ 곱다	美しい、きれいだ
□ 굉장하다	すごい
□ 굵다	太い
□ 궁금하다	気がかりだ、気になる
□ 귀엽다	可愛い
□ 그렇다	そうだ、そのようだ
□ 급하다	急だ、急を要する
□ 까맣다	黒い
□ 깨끗하다	清潔だ、きれいだ
□ 낡다	古い
□ 낫다	ましだ、よい
□ 너무하다	あんまりだ、ひどい
□ 노랗다	黄色い
□ 놀랍다	①驚くべきだ ②目覚しい
□ 느리다	のろい、遅い
□ 늙다	老いる
□ 다름없다	違いがない、同じだ
□ 답답하다	重苦しい、もどかしい
□ 대단하다	甚だしい、すごい
□ 더럽다	汚い
□ 더하다	よりひどい、より程度が重い
□ 드물다	まれだ
□ 똑같다	全く同じだ
□ 뜨겁다	熱い
□ 맑다	晴れている、澄んでいる
□ 못되다	(たちが) 悪い
□ 못생기다	醜い
□ 무섭다	恐ろしい、怖い
□ 미안스럽다	すまない、恐れ入る
□ 밉다	憎い、醜い
□ 변함없다	変わりない
□ 부끄럽다	恥ずかしい
□ 부드럽다	柔らかい
□ 부럽다	うらやましい
□ 부지런하다	勤勉だ、まめだ
□ 불쌍하다	哀れだ
□ 불안하다	不安だ
□ 불편하다	①不便だ ②体調不良だ
□ 붉다	赤い
□ 빨갛다	赤い
□ 새롭다	新しい

□ 서투르다	下手だ
□ 섭섭하다	名残惜しい
□ 소중하다	大切だ、貴重だ、大事だ
□ 솔직하다	率直だ、正直だ
□ 수많다	数多い
□ 시끄럽다	騒々しい、うるさい
□ 시다	①すっぱい ②すっぱくなる
□ 시원하다	①涼しい、さわやかだ ② (言行が) はっきりしている ③ (味が) さっぱりしている
□ 심각하다	深刻だ
□ 심하다	ひどい、甚だしい、激しい
□ 싱겁다	① (味が) 薄い ②つまらない
□ 쓰다	苦い
□ 아깝다	もったいない、惜しい
□ 아쉽다	①物足りない ②心残りだ
□ 안되다	気の毒で残念だ
□ 알맞다	適当だ、合う、ふさわしい
□ 얇다	薄い
□ 얕다	①浅い ②浅はかだ
□ 어떠하다	どういうふうだ
□ 어떡하다	どうする
□ 어떻다	どうだ
□ 이러저러하다	かくかくしかじかである
□ 이러하다	このようだ
□ 이렇다	こうだ、このようだ
□ 이르다	早い
□ 이만하다	これぐらいだ、この程度だ
□ 자세하다	詳しい、細かい
□ 잘나다	秀でている、偉い
□ 잘생기다	ハンサムだ
□ 저렇다	ああだ
□ 적당하다	適当だ、ちょうどよい
□ 적절하다	適切だ
□ 조용하다	静かだ
□ 즐겁다	①楽しい ②うれしい
□ 짙다	①濃い ②深い
□ 차갑다	冷たい
□ 착하다	善良だ、おとなしい
□ 충분하다	十分だ、足りる
□ 친절하다	親切だ

□ 친하다	親しい
□ 커다랗다	非常に大きい
□ 특별하다	特別だ
□ 틀림없다	間違いない、確かだ
□ 파랗다	青い
□ 편리하다	便利だ、都合がいい
□ 푸르다	青い
□ 풍부하다	豊富だ、豊かだ
□ 피곤하다	疲れている、くたびれている
□ 하얗다	白い
□ 확실하다	確実だ
□ 훌륭하다	立派だ、素晴らしい
□ 흔하다	ありふれている
□ 힘차다	力強い、非常に元気だ

合格資料－13　3級出題の副詞リスト

□ 가까이	近く、近くに
□ 가끔씩	時折、時たま
□ 가득	いっぱい（に）
□ 가만	そっと
□ 가만히	じっと、おとなしく
□ 각각	各々
□ 게다가	その上
□ 결코	決して
□ 과연	やはり、さすが、果たして
□ 그다지	さほど、あまり
□ 그래도	それでも、でも
□ 그러니	だから
□ 그러다가	そうこうするうちに
□ 그러면서	それなのに、そうしながら
□ 그러므로	それゆえ
□ 그렇다면	それならば
□ 그리하여	そうして
□ 그리	さほど
□ 그리	①そちらへ ②そのように
□ 그만	①それ位で ②つい
□ 그만큼	その程度
□ 그야말로	まさに、それこそ
□ 그쯤	そのくらい、　その程度
□ 금방	①今しがた ②すぐに
□ 깜빡	うっかり
□ 깜짝	びっくり
□ 꼭	固く、ぎゅっと
□ 꽤	かなり、ずいぶん
□ 끝내	最後まで、ついに
□ 나란히	並んで
□ 날마다	毎日、日ごと
□ 너무나	あまりにも
□ 널리	広く
□ 다만	ただ、単に、但し
□ 달리	他に、別に
□ 당장	即刻、今のところ
□ 대개	大抵、おおよそ
□ 대체로	大体
□ 더구나	その上、しかも、さらに
□ 덜	①より少なく ②まだ～ない
□ 도대체	①一体全体 ②全然、全く
□ 도저히	とうてい
□ 되게	すごく、とても
□ 드디어	ついに、とうとう、いよいよ
□ 따라서	従って
□ 따로	別に、他に
□ 딱	きっぱりと、ぴたっと
□ 딱	①ぽっかり ②ぴったり、ちょうど ③じっと
□ 때로	時々、たまに
□ 또다시	再び、再度
□ 또한	また、同様に
□ 똑바로	まっすぐに、正しく
□ 뜻대로	思いのままに、思い通りに
□ 뜻밖에	意外に、思いがけなく
□ 마음대로	気ままに、勝手に
□ 마주	向き合って
□ 마치	まるで、あたかも、ちょうど
□ 마침	ちょうど、たまたま
□ 마침내	遂に
□ 막	たった今、まさに、ちょうど
□ 막	やたらに、むやみに
□ 만약	もしも、万一
□ 말없이	黙って
□ 말하자면	言わば
□ 멀리	遠く、遥かに

□ 몹시	とても、大変、ひどく
□ 무조건	無条件に
□ 문득	ふと、はっと
□ 물론	もちろん
□ 미리	あらかじめ、前もって
□ 및	および、また
□ 밤낮	いつも
□ 방금	たった今
□ 별로	別に、さほど
□ 보다	さらに、より
□ 비록	たとえ(〜でも)
□ 빠짐없이	漏れなく、抜かりなく
□ 새로	新たに
□ 스스로	自ら、自分で、自然と
□ 실은	実は
□ 아무래도	どうも、どうしても
□ 아무리	どんなに、いくら
□ 앞서	①先に ②先日、先だって
□ 약간	若干、いくらか
□ 어느새	いつのまにか
□ 어디까지나	あくまでも
□ 어딘지	なんとなく、どことなく、どこか
□ 어떻게든	どうにかして、なんとかして
□ 어떻든지	いずれにしても、ともかく
□ 어쨌든	とにかく、いずれにせよ
□ 언제든지	いつでも
□ 언젠가	いつか
□ 얼른	早く、すぐ、素早く
□ 얼마든지	いくらでも
□ 얼마만큼	どれくらい、どれほど
□ 여전히	依然として、相変わらず
□ 오래	長く、久しく
□ 오직	ただ、ひたすら、もっぱら
□ 오히려	むしろ、かえって
□ 왜냐하면	なぜならば、なぜかというと
□ 왠지	なぜだか
□ 원래	元来、そもそも、もともと
□ 이대로	①このまま ②このように
□ 이따가	のちほど、あとで
□ 이미	すでに、とうに
□ 이어서	続いて
□ 이쯤	このくらい、この程度
□ 이처럼	このように
□ 일단	いったん、ひとまず
□ 일부러	わざと、わざわざ
□ 일체	一切、全部
□ 자꾸만	しきりに、何度も
□ 전부	全部、全て
□ 점점	だんだん、徐々に、次第に
□ 점차	だんだん、徐々に、次第に
□ 제대로	まともに、きちんと
□ 제법	なかなか、かなり
□ 조금씩	少しずつ
□ 주로	主に、主として
□ 차라리	むしろ、いっそう、かえって
□ 특히	特に
□ 푹	じっくり、ぐっすり、ゆったり
□ 하나같이	一様に
□ 하루 종일	一日中
□ 하루하루	日ごとに、日に日に
□ 한꺼번에	一度に、一緒に
□ 한때	ひととき、一時
□ 한참	①しばらく ②はるかに
□ 한편	一方
□ 함부로	むやみに、やたらに
□ 항상	いつも、常に
□ 혹은	あるいは
□ 훨씬	ずっと、はるかに
□ 힘껏	思い切り、懸命に

合格資料－14　3級出題の数詞・連体詞・感嘆詞その他リスト

□ 첫째	一番目、第一
□ 한둘	一つか二つ
□ 넉	四〜、四つの〜
□ 단	ただ、たった
□ 딴	別の、他の
□ 맨	一番、最も
□ 아무런	どんな、いかなる
□ 옛	昔の、ずっと前の
□ 온	全〜、すべての
□ 이만	これぐらいの
□ 첫	初めての、最初の
□ 아니	やっ、あれ
□ 어머(나)	あっ、あらまあ
□ 응	うん
□ 천만에	とんでもない、いいえ

合格資料－15　３級出題の慣用句リスト

□ 가만 있다	手をこまねいている
□ 가면을 벗다	仮面を脱ぐ、正体を現す
□ 가면을 쓰다	仮面を被る、本心を隠す
□ 가슴이 답답하다	胸がつかえる、胸が苦しい
□ 가슴이 떨리다	胸が震える、興奮する
□ 가슴이 뜨겁다	情熱的だ、胸が熱い
□ 값이 나가다	高価だ、値段が高い
□ 거 / 그거 봐요	それみろ、ほら見ろ
□ 거리가 멀다	かけ離れている、縁遠い
□ 거리가 생기다	距離が生じる、疎遠になる
□ 거리가 있다	ほど遠い、縁遠い
□ 거리를 두다	距離を置く
□ 계산에 넣다	計算に入れる
□ 계산이 밝다	計算高い
□ 구멍이 나다	穴が開く
□ 구멍을 내다	穴を開ける
□ 국을 끓이다	スープを作る
□ 귀가 멀다	耳が遠い
□ 귀가 아프다	①耳が痛い ②聞き飽きる 耳にたこができる
□ 귀에 들어가다	耳に入る
□ 귀에 들어오다	耳に入る、小耳に挟む
□ 그건 그렇다	それはそうだ
□ 그래도 그렇지	そうだとしても
□ 그래서 그런지	そのせいか
□ 그러고 보니까	そう見てみると
□ 그러잖아도	そうでなくても
□ 그렇다고 해서	だからと言って
□ 그릇이 크다 / 작다	器、度量が大きい/小さい
□ 그림 같다	絵に描いたようだ
□ 급한 마음에	気持ちが焦って
□ 기준을 세우다	基準を立てる
□ 기준으로 삼다	基準にする
□ 기회를 놓치다	機会を逃す
□ 긴 말 할 것 없다	くどくど言うことはない
□ 길이 막히다	道が混む、渋滞する
□ 꽃을 피우다	① (話の) 花を咲かせる ② 盛んにする
□ 꿈만 같다	夢のようだ
□ 꿈을 꾸다	夢を見る、夢を追う
□ 나도 모르게	われ知らず、思わず
□ 날개를 펴다	翼を広げる、羽を伸ばす
□ 날아갈 것 같다	夢のようだ、天にも昇る心地だ、とても嬉しい
□ 날이 개다	晴れる
□ 남는 게 없다	利益がない、何も残らない
□ 남의 말을 하다	人の噂をする、陰口を叩く
□ 남의 손을 빌리다	人の手を借りる
□ 낮과 밤이따로 없다	昼夜を問わない、昼も夜も休まず
□ 낮이나 밤이나	昼夜を問わず
□ 내일모레다	もうすぐだ
□ 냄새가 나다	においがする、におう
□ 높이 사다	高く買う
□ 눈물 없이 못 보다	涙なしでは見られない
□ 눈앞에 보이다	目前に迫る
□ 눈에 넣어도 아프지 않다	目に入れても痛くない
□ 눈에 들다	①目に入る ②気に入る
□ 눈에 들어오다	目に入る、目に留まる
□ 눈에 띄다	目立つ、目に付く
□ 눈으로 말하다	目でものを言う
□ 눈을 감다	① (過失などを) 黙って見逃す ②死ぬ
□ 눈을 끌다	①目立つ ②人目を引く
□ 눈을 돌리다	目を向ける、目をやる
□ 눈을 딱 감다	目をつぶる
□ 눈을 딱 감고	思い切って〜する
□ 눈이 가다	目が向く、目が行く
□ 눈이 낮다	見る目がない
□ 눈이 높다	お高くとまる、プライドが高い、理想が高い
□ 눈이 빠지도록 기다리다	首を長くして待つ、今か今かと待ちわびる
□ 눈치가 보이다	人目が気になる
□ 눈치가 빠르다	勘がいい、気が利く
□ 눈치가 없다	勘が鈍い、気が利かない
□ 눈치를 보다	顔色をうかがう
□ 느낌이 좋다	脈がある、手ごたえがある
□ 다 되다	完成する、尽きる
□ 다 아는 사이	すべて知っている間柄
□ 다른 게 아니라	他でもなく、実は

□ 다름이 아니라	他でもなく、実は
□ 다름 아닌	他でもない、他ならぬ
□ 다리를 놓다	橋をかける、橋渡しをする
□ 단추를 채우다	ボタンをかける
□ 단추를 풀다	ボタンをはずす
□ 닭이 먼저인지 계란이 먼저인지	(しらを切って)よくわからないふりをする様
□ 대책이 없다 / 안 서다	どうすべきか全く分からない、なす術がない
□ 돈을 만들다	金を工面する
□ 되지도 않는 / 않을 소리	でたらめな話、できもしないこと
□ 두 번 다시	二度と
□ 둘도 없다	二つとない、またとない
□ 뒤를 돌아보다	振り向く、振り返る
□ 딱이다	ぴったりだ
□ 땀을 흘리다	汗を流す、汗水を流す
□ 때를 놓치다	チャンスを逃す、時機を逸する
□ 때와 장소를 가리다	時と場所をわきまえる
□ 마음을 놓다	安心する、油断する
□ 마음을 쓰다	気を遣う、気を配る
□ 마음을 주다	心を許す、打ち解ける
□ 마음이 가다	心が引かれる、心を寄せる
□ 마음이 급하다	気が急ぐ、気持ちが焦る
□ 막을 열다	幕を開ける、幕が開く
□ 막을 올리다	幕を開ける、幕が開く
□ 막이 내리다	幕が下りる、閉幕する
□ 막이 오르다	幕が開く、幕が上がる
□ 말도 못하다	言い表せないほど大変だ
□ 말도 안 나오다	呆れてものが言えない
□ 말도 안 되다	とんでもない話だ
□ 말도 안 되는 소리	とんでもない話
□ 말을 듣다	言うことを聞く
□ 말을 막다	言葉をさえぎる
□ 말을 아끼다	言葉を惜しむ、慎重に話す
□ 말이 되다	理屈に合う、話がつく
□ 말이 안 되다	話にならない
□ 말이 통하다	話が通じる、話が合う
□ 말할 것도 없다	言うまでもない
□ 머리가 무겁다	頭が重い、気が重い
□ 머리가 복잡하다	頭が混乱している
□ 머리를 쓰다	頭を使う、頭をひねる
□ 머리를 앓다	頭を悩ます、頭を抱える
□ 머리를 자르다	髪を切る

□ 머리를 흔들다	頭を横に振る
□ 머리에 들어오다	頭に入る、理解する
□ 먹어야 산다	食べなくては生きられない
□ 모르는 게 없다	何でも知っている
□ 목숨을 걸다	命をかける
□ 목숨을 끊다	命を絶つ、死ぬ
□ 목숨을 버리다	命を捨てる
□ 목숨을 잃다	命を失う、命を落とす
□ 목이 마르다	喉が渇く
□ 목이 빠지게 기다리다	首を長くして待つ、待ちわびる
□ 몰라서 그렇다	知らないだけだ
□ 몸이 열 개라도 모자라다	目が回るほど忙しい、息つく暇もない
□ 못 보겠다	見ていられない
□ 무대를 밟다	舞台を踏む、出演する
□ 무대를 옮기다	(活動の)舞台を移す
□ 무대에 오르다	舞台に上がる、舞台に立つ
□ 무대에 올리다	上演する、舞台に出す
□ 무슨 소리	何のこと、どういうこと
□ 문을 닫다	①(その日の営業を終え)閉店する ②店を畳む
□ 문을 열다	①(その日の営業を行うために)開店する ②開業する
□ 문자를 보내다	(携帯電話の)メールを送る
□ 뭐가 뭔지	何が何だか
□ 밑줄을 치다	下線を引く
□ 바꿔 말하면	言い換えれば
□ 바다보다도 깊고 하늘보다도 넓다	懐が深くて寛大だ
□ 바다와 같다	海のように広い
□ 박수를 치다	拍手をする
□ 발목을 잡다	足首をつかむ
□ 발을 빼다	手を引く、足を洗う
□ 밤낮없이	昼夜を問わず
□ 밤낮이 따로 없다	昼夜の区別が無い
□ 밤을 밝히다	夜を明かす、徹夜する
□ 밤을 새우다	夜を明かす、徹夜する
□ 밤이나 낮이나	昼夜を問わず、朝から晩まで
□ 밥맛이 없다	食欲がない
□ 밥을 사다	食事をおごる
□ 보는 눈이 없다	見る目がない
□ 보는 눈이 있다	見る目がある
□ 보통 일이 아니다	並大抵のことではない

□ 보통이 아니다	並々ならない、普通ではない
□ 비교도 되지 않다	比べ物にならない
□ 뿐(만) 아니라	～だけでなく
□ 사고가 나다	事故が起きる
□ 사고를 내다	事故を起こす
□ 사고를 당하다	事故にあう
□ 사람을 만들다	人を一人前にする
□ 사람이 되다	まっとうな人間になる
□ 사람이 좋다	人が良い、お人好しだ
□ 생각을 돌리다	思い直す、考え直す
□ 생각이 많다	悩みが多い
□ 생각이 없다	～したくない、分別が足りない
□ 생각이 짧다	分別がない、考えが甘い
□ 선을 넘다	一線を越える
□ 설 자리가 없다	立つ瀬がない、立場がない
□ 세상을 떠나다	世を去る、亡くなる
□ 속이 깊다	心が広い、懐が深い
□ 속이 좁다	度量が狭い
□ 손발을 맞추다	歩調を合わせる、足並みを揃える、息を合わせる
□ 손발이 맞다	歩調が合う、息があう
□ 손에 넣다	手に入れる、手にする
□ 손에 들어오다	手に入る、手にする
□ 손에 손을 잡다	仲良く協力する
□ 손을 끊다	手を切る、縁を切る
□ 손을 대다	①触る、手を当てる ②取り掛かる、着手する ③手を出す、手をつける
□ 손을 들다	(降参／賛成して)手を上げる
□ 손을 떼다	手を引く、足を洗う
□ 손을 멈추다	手を止める
□ 손을 빌리다	手を借りる
□ 손을 쓰다	手を回す、手を打つ
□ 손을 잡다	手を取る、力を合わせる
□ 손이 모자라다	手が足りない、手が回らない
□ 손이 빠르다	手早い、器用だ、手際よい
□ 손톱을 깎다	爪を切る
□ 술을 끊다	酒をやめる
□ 숟가락을 들다	食事する
□ 숨 쉴 새도 없다	息つく暇もない
□ 숨을 쉬다	息をする、息づく
□ 숨이 막히다	息が詰まる、息苦しい
□ 시간 가는 줄 모르다	時間が経つのもわからない、時が経つのを忘れる
□ 시간을 벌다	時間をかせぐ
□ 식은 땀을 흘리다	冷汗をかく
□ 신경을 쓰다	神経を使う、気にかける
□ 심장이 강하다	度胸がある
□ 심장이 약하다	度胸がない
□ 씻은 듯이	きれいさっぱり
□ 아는 게 힘이다	知は力なり
□ 아는 사람은 알다	知る人ぞ知る
□ 아닌 게 아니라	やっぱり、まさしく
□ 아닐 수 없다	そう言わざるをえない
□ 아무 것도 아니다	大したことではない
□ 아무말 없이	何も言わずに
□ 알고 보니	後になって見たら、後で分かったのだが
□ 알고 지내다	面識がある
□ 앞뒤가 안 맞다	つじつまが合わない
□ 앞만 보고 달리다	一生懸命生きる
□ 약속이나 한 것처럼	口裏をあわせたかのように
□ 양에 차다	満腹だ、満足が行く
□ 어깨가 가볍다	気が楽だ
□ 어깨가 가벼워지다	肩が軽くなる、肩の荷が下りる、気が楽になる
□ 어깨가 무겁다	肩の荷が重い、責任が重い
□ 어깨가 무거워지다	肩の荷が重くなる、責任が重くなる
□ 어려움을 이겨 내다	困難に打ち勝つ
□ 어깨를 나란히 하다	肩を並べる
□ 어제 오늘의 일이 아니다	日常茶飯事だ、しょっちゅうだ
□ 얼굴을 못 들다	顔を上げられない、面目が立たない
□ 얼마 만이다	久しぶりだ
□ 없는 게 없다	何でもある
□ 없던 일로 하다	無かったことにする
□ 없어서 못 팔다	品切れになる
□ 엊그제 같다	つい最近のことのようだ
□ 여러 말 할 것 없다	くどくど言うことはない
□ 연기가 나다	煙が出る
□ 열쇠를 쥐다	(問題解決などの)鍵を握る、手がかりを握る
□ 열에 아홉	十中八九、大方
□ 열을 내다	興奮する、かっとする

□ 열을 받다 むかつく、しゃくに障る
□ 열을 올리다 興奮する、熱を上げる
□ 열이 나다 ①(体の)熱が出る ②怒る、興奮する
□ 열이 식다 熱が冷める
□ 열이 오르다 怒る、興奮する
□ 우는소리를 하나 泣きごとを言う
□ 웃어 넘기다 笑って済ませる
□ 웃을 일이 아니다 笑い事ではない
□ 웃지도 울지도 못하다 とんでもないハプニングだ、微妙な立場だ
□ 의문을 풀다 疑問を晴らす
□ 이것도 저것도 아니다 何なのかはっきりしない、中途半端だ、どっちつかずだ
□ 이날 이때까지 今まで、今日に至るまで
□ 이래 봬도 こう見えても
□ 이름만 대면 알다 とても有名だ、名が通る
□ 이름을 남기다 名を残す
□ 이봐요 ねえちょっと
□ 이야기가 다르다 話が違う
□ 이에는 이, 눈에는 눈 目には目を、歯には歯を
□ 인사를 올리다 (目上の人に)ご挨拶をする
□ 인상이 깊다 印象深い
□ 일 년 열두 달 一年中
□ 일분일초 ごくわずかな時間
□ 입 밖에 내다 口に出す、口外する
□ 입에 대다 口にする、たしなむ
□ 입에도 못 대다 口もつけられない
□ 입을 딱 벌리다 口をあんぐりと開ける
□ 입을 막다 口を塞ぐ、口を封じる
□ 입을 맞추다 ①キスをする ②口裏を合わせる
□ 입을 모으다 口を揃える、異口同音に言う
□ 입을 열다 口を開く、話し始める
□ 입이 가볍다 口が軽い
□ 입이 딱 벌어지다 開いた口が塞がらない、呆気にとられる、あ然とする
□ 입이 무겁다 口が堅い、口が重い
□ 입이 벌어지다 口元がほころぶ
□ 입이 싸다 口が軽い
□ 있지도 않다 ありもしない
□ 자기도 모르게 われ知らず、思わず
□ 자리를 같이하다 席を共にする、同席する
□ 자리를 만들다 席を設ける、場を設ける
□ 잘 만났다 ちょうどよい時に会った
□ 잘 봐 주다 見逃す、大目に見る
□ 저금을 찾다 貯金をおろす
□ 전에 없이 いつになく、とりわけ
□ 정신을 잃다 気を失う、失神する
□ 정신을 차리다 ①意識を取り戻す、気が付く、我に返る ②気を確かに持つ、気を取り直す、気を引き締める
□ 정신을 팔다 他の事に気を取られる
□ 정신을 팔리다 ①他の事に気を取られる ②夢中になる
□ 정신이 나가다 ぼうっとする、気が抜ける、正気を失う
□ 정신이 들다 ①意識を取り戻す、気を取り戻す ②気が付く
□ 정신이 빠지다 ①間が抜ける ②ぼうっとする、ぼんやりする、正気を失う ③無我夢中になる、うつつを抜かす
□ 정신이 없다 ①気が気でない ②気が抜けている ③無我夢中だ ④気が急ぐ
□ 정신이 팔리다 気を取られる
□ 좋고 싫은 것이 확실하다 好き嫌いがはっきりしている
□ 주머니가 가볍다 財布が軽い
□ 주먹을 쥐다 こぶしを握る
□ 주사를 맞다 注射を打ってもらう
□ 줄을 서다 並ぶ、列を作る
□ 참는 데도 한계가 있다 仏の顔も三度まで、我慢にもほどがある
□ 책임을 지다 責任を負う
□ 출석을 부르다 出席を取る
□ 코가 높다 鼻が高い、鼻にかける、得意になる
□ 크고 작은 様々な
□ 큰소리를 치다 ①大声を張り上げる ②大口をたたく、見栄を切る、大言壮語する
□ 큰일을 치르다 大きなことを成し遂げる、大役を果たす

□ 큰일이 나다	①大変な事が起こる ②困ったことになる
□ 틈을 내다	(忙しい中から) 時間を割いて都合をつける
□ 틈을 타다	(機会、時間などを) 利用する、合間を縫う
□ 펜을 놓다	書き終える
□ 펜을 들다	書き始める
□ 편을 들다	味方する
□ 피부로 느끼다	肌で感じる、経験する
□ 하나같이	皆、いずれも
□ 하늘과 땅 차이	雲泥の差、天と地ほどの差
□ 하늘이 돕다	神に救われる
□ 하루가 다르다	変化が著しい
□ 하루가 새롭다	変化が著しい
□ 하면 된다	やればできる
□ 한 발 늦다	少し遅れる、一足遅れる
□ 한다면 한다	やれると言ったらやる
□ 한숨을 쉬다	ため息をつく
□ 해가 길다	日が長い、日脚が延びる
□ 해가 떨어지다	日が沈む、日が暮れる
□ 해가 뜨다	日が昇る
□ 해가 지다	日が沈む、日が暮れる
□ 해가 짧다	日が短い
□ 혀가 안 돌아가다	舌がよく回らない、舌がもつれる
□ 화가 나다	腹がたつ、むかつく
□ 화를 내다	腹を立てる、怒る
□ 힘을 기르다	力をつける、力を養う
□ 힘을 들이다	力を入れる、苦心する
□ 힘을 쓰다	①(肉体的に) 力を出す ②努力する、尽力する ③手助けする、助力する
□ 힘을 주다	力を入れる、強調する
□ 힘이 세다	力が強い、力強い

1 語句の空所補充問題

※（　　）の中に入れるのに適切なものを①～④の中から一つ選びなさい。

1) ―― 국물이 싱거워서 (　　)을 더 넣었다.

☐　① 소금　② 설탕　③ 기름　④ 마늘

2) ―― 아이의 미래에 (　　)을 가지지 않는 부모는 없다.

☐　① 기둥　② 낙관　③ 고민　④ 관심

3) ―― 어떻게 해야 좋을지 몰라서 (　　)만 쉬고 있다.

☐　① 한잠　② 한숨　③ 화장　④ 휴식

4) ―― 나한테 (　　) 쓰지 말고 자기 일이나 잘하세요.

☐　① 관심　② 습관　③ 신경　④ 기대

5) ―― 회사 일 때문에 (　　)이 없어서 오늘이 내 생일인 줄도 몰랐다.

☐　① 달력　② 정신　③ 체험　④ 휴일

6) ―― 양말에 (　　)이 난 줄도 모르고 신고 왔다.

☐　① 고장　② 구경　③ 감정　④ 구멍

7) ―― 상대방에게 좋은 (　　)을 줄 수 있도록 노력해야 한다.

☐　① 인생　② 인상　③ 일생　④ 인정

8) ―― 이 건물은 (　　)이 사각형인 것이 특징이다.

☐　① 기둥　② 마당　③ 과정　④ 공통

➡ 3級出題範囲の語彙、慣用句リストは合格資料9～15(41～59ページ)を参照

9) —밤이 되면 (　　)들의 울음 소리가 더 크게 들리는 것 같다.

☐ ① 벌 ② 토끼 ③ 벌레 ④ 뱀

10) —이 생선은 오래 돼서 그런지 (　　)가 난다.

☐ ① 막내 ② 사고 ③ 식초 ④ 냄새

11) —젊을 때는 여기저기 다니면서 많은 (　　)을 하는 것이 좋다.

☐ ① 실험 ② 경험 ③ 수험 ④ 보험

12) —어머니의 언니를 (　　)라고 해요.

☐ ① 이모 ② 고모 ③ 삼촌 ④ 아주머니

13) —야외에서 행사를 할 때는 미리 일기 (　　)를 확인해 두어야 한다.

☐ ① 변화 ② 예매 ③ 보도 ④ 예보

14) —그는 여기서는 모르는 사람이 없을 정도로 (　　)이 넓다.

☐ ① 어깨 ② 이마 ③ 발 ④ 팔

15) —그가 이 사건의 (　　)를 쥐고 있다.

☐ ① 열쇠 ② 좌우 ③ 주제 ④ 전부

16) —나의 (　　)의 목표는 의사로서 아픈 사람을 낫게 하는 것이다.

☐ ① 세월 ② 인생 ③ 인간 ④ 인상

17) —아기가 벌써 노래에 맞춰 (　　)를 치네요.

☐ ① 박사 ② 방해 ③ 바위 ④ 박수

➡ 【正答】は80ページへ、 【解説】は295、296ページへ

1 語句の空所補充問題

18)—무거운 짐은 집에서 공항으로 미리 (　　) 가는 게 편해요.

☐　① 옮기고　② 숨기고　③ 부치고　④ 맡기고

19)—아무런 이상이 없다는 말을 듣고 겨우 마음이 (　　).

☐　① 아팠다　② 급했다　③ 통했다　④ 놓였다

20)—무슨 일이든지 자신을 가지고 행동하는 네가 (　　).

☐　① 반갑다　② 부럽다　③ 부끄럽다　④ 답답하다

21)—대학에서는 강의의 내용을 정리해서 (　　) 훈련이 필요하다.

☐　① 심는　② 섞는　③ 적는　④ 집는

22)—그는 잠 잘 시간을 (　　) 공부를 계속했다.

☐　① 아끼면서　② 치르면서　③ 옮기면서　④ 누르면서

23)—그의 (　　) 말과 행동에 우리는 모두 실망했다.

☐　① 새로운　② 가벼운　③ 무거운　④ 훌륭한

24)—한 달 동안 쉬지 않고 일만 해서 몸과 마음이 모두 (　　).

☐　① 합쳤다　② 그쳤다　③ 놓쳤다　④지쳤다

25)—손이 (　　)니까 씻고 올게요.

☐　① 부드러우　② 서투르　③ 더러우　④ 차가우

26)—이 짧은 글이 작가의 마음을 잘 (　　) 있다.

☐　① 나타내고　② 쳐다보고　③ 돌아보고　④ 이끌고

➡ 【正答】は80ページへ、 【解説】は296、297ページへ

27) —꽃밭에 꽃씨를 (　　) 매일 물을 준다.

☐　① 꺼내고　② 뿌리고　③ 던지고　④ 흔들고

28) —우리 할머니는 이가 안 좋아서 (　　) 음식만 드신다.

☐　① 얇은　② 굵은　③ 싱거운　④ 부드러운

29) —길이 (　　) 것을 보니 교통 사고가 난 것 같다.

☐　① 막히는　② 멈추는　③ 변하는　④ 채우는

30) —사회 생활의 기본은 약속을 잘 (　　) 것이다.

☐　① 시키는　② 남기는　③ 숨기는　④ 지키는

31) —꿈을 이루기 위해서는 구체적인 계획을 (　　) 것이 필요하다.

☐　① 가꾸는　② 맞추는　③ 세우는　④ 고르는

32) —오늘 밭에 가서 마늘을 (　　).

☐　① 퍼졌다　② 심었다　③ 잠갔다　④ 뽑았다

33) —사무실이 좁아서 다른 곳으로 (　　) 합니다.

☐　① 옮겨야　② 맡겨야　③ 비벼야　④ 살펴야

34) —교육 분야의 예산을 더 이상 (　　) 안 된다.

☐　① 바르면　② 고치면　③ 낮추면　④ 줄이면

35) —밤 하늘에 (　　) 별을 보면서 이야기를 나눴다.

☐　① 뜨거운　② 빛나는　③ 새로운　④ 차가운

➡ 【正答】は80ページへ、【解説】は297ページへ

1 語句の空所補充問題

36)—이 의자는 아직 버리기에는 (　　) 것 같아요.

☐ ① 소중한　② 부러운　③ 아까운　④ 궁금한

37)—일이 끝나면 모두 컴퓨터를 (　　) 퇴근한다.

☐ ① 끄고　② 닫고　③ 끊고　④ 자르고

38)—옷이 불에 닿아서 조금 (　　).

☐ ① 다쳤다　② 탔다　③ 젖었다　④ 비웠다

39)—이번 겨울에 들어 처음으로 얼음이 (　　).

☐ ① 속했다　② 빠졌다　③ 떨렸다　④ 얼었다

40)—중요한 곳에는 밑줄을 (　　) 공부한다.

☐ ① 그리면서　② 누르면서　③ 치면서　④ 다루면서

41)—이 노래를 부르려고 가사를 열심히 (　　).

☐ ① 외쳤다　② 외웠다　③ 비쳤다　④ 꺼냈다

42)—돈을 많이 (　　) 마음 편하게 살고 싶다.

☐ ① 벌어서　② 쏟아서　③ 밟아서　④ 심어서

43)—고장이 났던 버스가 조금씩 (　　) 시작했다.

☐ ① 눕기　② 움직이기　③ 줄이기　④ 터지기

44)—이불을 터니까 먼지가 (　　) 기침이 났어요.

☐ ① 나서　② 익어서　③ 부서져서　④ 맡아서

➡ 【正答】は80ページへ、　【解説】は297、298ページへ

45)—약을 먹었는데 (　　) 머리가 더 아픈 것 같다.

☐　① 마침내　② 문득　③ 오히려　④ 제대로

46)—차 앞에 갑자기 자전거가 나타나서 (　　) 놀랐다.

☐　① 깜빡　② 훨씬　③ 마치　④ 깜짝

47)—바쁠 텐데 (　　) 전화를 해서 죄송합니다.

☐　① 과연　② 자꾸　③ 방금　④ 당장

48)—미술관에 갔지만 시간이 모자라서 (　　) 보지 못했다.

☐　① 제대로　② 마침　③ 비록　④ 함부로

49)—더 이상 하고 싶지 않아서 (　　) 져 주었다.

☐　① 스스로　② 오직　③ 일부러　④ 다만

50)—검사가 끝나면 (　　) 진찰실로 가야 한다.

☐　① 점점　② 미리　③ 약간　④ 바로

51)—그 일은 (　　) 끝난 일이니까 다시 이야기할 필요가 없다.

☐　① 드디어　② 이미　③ 마침　④ 여전히

52)—허리를 다쳐서 몇 달 동안 (　　) 누워 있어야 한다.

☐　① 힘껏　② 그만　③ 가만히　④ 널리

53)—이렇게 늦는 것을 보니 (　　) 무슨 일이 생긴 것 같다.

☐　① 아무래도　② 결코　③ 똑바로　④ 차라리

➡ 【正答】は80ページへ、【解説】は298、299ページへ

1 語句の空所補充問題

54) ―( ) 게임만 했는데 합격할 리가 있겠어요?

☐ ① 한편 ② 한때 ③ 대체로 ④ 밤낮

55) ―밖에서 집에 돌아오면 ( ) 손을 씻어야 한다.

☐ ① 뜻대로 ② 마침내 ③ 반드시 ④ 뜻밖에

56) ―화가 나서 ( ) 참을 수가 없었다.

☐ ① 그야말로 ② 물론 ③ 도대체 ④ 도저히

57) ―발표 준비를 ( ) 하지 못해서 걱정이다.

☐ ① 제대로 ② 더구나 ③ 드디어 ④ 게다가

58) ―더 늦기 전에 ( ) 출발하도록 합시다.

☐ ① 따로 ② 얼른 ③ 점차 ④ 마침

59) ―지금 전철 안이니까 ( ) 내려서 전화할게요.

☐ ① 만약 ② 막 ③ 이따가 ④ 깜짝

60) ―( ) 이렇게 먼 데까지 와 주셔서 감사합니다.

☐ ① 여전히 ② 실은 ③ 뜻밖에 ④ 일부러

61) ―( ) 몸이 약한 아이라서 더 걱정이에요.

☐ ① 혹은 ② 원래 ③ 과연 ④ 제법

62) ―( ) 바보 같은 소리를 하니까 화가 나요.

☐ ① 자꾸만 ② 널리 ③ 드디어 ④ 어느새

➡ 【正答】は80ページへ、 【解説】は299ページへ

63) — A：내일부터 달리기를 하려고 하는데 같이 할래요?
B：난 운동하고는 (　　)가 먼 사람이니까 혼자 해요.

☐ ① 도로　② 길이　③ 거리　④ 여유

64) — A：뭐 해? 문 좀 빨리 열어.
B：조금만 기다려. 어두워서 (　　)가 어디 있는지 못 찾겠어.

☐ ① 열쇠　② 차표　③ 목걸이　④ 봉투

65) — A：이 나물 좀 싱거운 것 같아요.
B：그럼 (　　)를/을 좀 더 칩시다.

☐ ① 고춧가루　② 후추　③ 기름　④ 간장

66) — A：보고서 작성은 다 끝났어요?
B：참고할 (　　)가 전혀 없어서 포기했어요.

☐ ① 자체　② 자료　③ 자유　④ 지시

67) — A：(　　) 했어요?
B：아뇨. 오면 같이 하려고 아직 안 했어요.

☐ ① 주장　② 중지　③ 주문　④ 제공

68) — A：갑자기 바람이 세졌네요.
B：(　　)이 다가오고 있으니까 밤엔 더 심해질 거예요.

☐ ① 한숨　② 구름　③ 태양　④ 태풍

➡ 【正答】は80ページへ、 【解説】は299、300ページへ

69) — A：부인과 직장이 같은데 같이 안 가세요?
B：저는 과가 달라서 (　　) 시간이 좀 늦어요.

☐ ① 최종　② 출근　③ 출석　④ 출입

70) — A：불교에 (　　)을 가지게 된 것은 언제부터예요?
B：종교에 대한 책을 읽기 시작한 대학교 때부터입니다.

☐ ① 관심　② 관광　③ 기관　④ 관련

71) — A：민수 씨가 요즘 말도 없고 얼굴이 어둡네요.
B：아마 집에 무슨 (　　)이 있나 봐요.

☐ ① 불만　② 고생　③ 사건　④ 사정

72) — A：외국에 여행을 가고 싶은데 영어를 (　　)도 못해요.
B：간단한 말은 번역기를 이용하면 되니까 걱정 안 해도 돼요.

☐ ① 한숨　② 한마디　③ 일반　④ 일부

73) — A：이번에 옮긴 직장은 어때?
B：부장에서부터 평사원까지 (　　)이 잘 맞아서 일하기가 편해.

☐ ① 발목　② 감독　③ 손발　④ 손등

74) — A：한국 역사를 연구하게 된 (　　)는 뭐예요?
B：중국 역사를 공부하다 보니까 한국 역사에도 관심이 생겼어요.

☐ ① 동기　② 관계　③ 광고　④ 단계

➡ 【正答】は80ページへ、【解説】は300ページへ

75) — A：답안은 다 썼어요?
B：아뇨. 아무리 생각해도 안 (　　) 문제가 있었어요.

☐　① 풀리는　② 잡히는　③ 나뉘는　④ 펼치는

76) — A：물이 (　　).
B：그럼 불을 꺼 주세요.

☐　① 떨려요　② 젖어요　③ 섞여요　④ 끓어요

77) — A：그 배우는 춤은 (　　)지만 노래는 정말 잘해요.
B：노래를 한번 들어보고 싶네요.

☐　① 굉장하　② 서투르　③ 불쌍하　④ 섭섭하

78) — A：시합이 어떻게 됐는지 (　　).
B：우리 팀이 2대 0으로 졌어요.

☐　① 아쉬워요　② 답답해요　③ 불편해요　④ 궁금해요

79) — A：무슨 요리를 하고 있어요?
B：지금 갈비를 (　　) 있어요.

☐　① 때리고　② 굽고　③ 태우고　④ 싸고

80) — A：어제 우리 딸이 아이를 (　　).
B：축하해요. 드디어 할머니가 되셨군요.

☐　① 놓았어요　② 쌓았어요　③ 낳았어요　④ 앓았어요

➡ 【正答】は80ページへ、【解説】は300、301ページへ

1 語句の空所補充問題

81) — A : 항상 이렇게 늦게 오니?
B : 네, 일이 많아서 집에 일찍 오는 일이 (　　).

☐ ① 부러워요　② 급해요　③ 느려요　④ 드물어요

82) — A : 왜 점심을 안 먹어요?
B : 요즘 몸무게를 (　　) 점심은 안 먹기로 했어요.

☐ ① 줄이려고　② 잡으려고　③ 누르려고　④ 고치려고

83) — A : 직접 무대에 서서 해보니까 기분이 어때요?
B : 굉장히 (　　).

☐ ① 벌려요　② 풀려요　③ 떨려요　④ 돌려요

84) — A : 달리기를 잘하시나 봐요.
B : (　　) 내가 우리 동아리에서 제일 빨라요.

☐ ① 두 번 다시　② 급한 마음에　③ 전에 없이　④ 이래 봬도

85) — A : 오늘 일 끝나고 한 잔 하러 갈까요?
B : 미안해요. 난 술은 입에도 (　　).

☐ ① 못 차요　② 못 대요　③ 못 빼요　④ 못 따요

86) — A : 민수 씨가 입원했다고요? 무슨 일이 있었어요?
B : 네, 어제 교통 사고를 (　　) 것 같아요.

☐ ① 다룬　② 닿은　③ 당한　④ 잠근

➡ 【正答】は80ページへ、【解説】は301ページへ

87)—A：유미 씨가 갑자기 (　　) 쓰러져서 병원에 실려 갔대요.
B：나도 그 얘기 들었어요. 걱정이네요.

☐ ① 숨을 쉬고 ② 열이 식어 ③ 입을 모아 ④ 정신을 잃고

88)—A：요즘 어떻게 지내요?
B：일이 바빠서 (　　) 새도 없이 지내고 있어요.

☐ ① 농담을 할 ② 숨 쉴 ③ 신경 쓸 ④ 열을 낼

89)—A：밤에 손톱을 (　　) 안 된다는 말이 있어요.
B：나도 어렸을 때 그런 말을 들었어요.

☐ ① 자르면 ② 끊으면 ③ 깎으면 ④ 떼면

90)—A：오늘 참가 예정자는 다 모였어요?
B：아까 출석을 (　　) 봤는데 한 사람 빼고 다 모였어요.

☐ ① 불러 ② 눌러 ③ 외쳐 ④ 집어

91)—A：벌써 어두워졌네요.
B：그러네요. 요즘 해가 (　　) 게 빨라졌어요.

☐ ① 차는 ② 지는 ③ 뜨는 ④ 닿는

92)—A：민수 씨가 아직 도착 안 했어요?
B：(　　) 빠지게 기다리고 있는데 아무 연락도 없네요.

☐ ① 턱이 ② 귀가 ③ 코가 ④ 목이

➡ 【正答】は80ページへ、【解説】は302ページへ

2 語句の置き換え問題

※ 文の意味を変えずに、下線部の言葉と置き換えが可能なものを
①～④の中から１つ選びなさい。

1)——출발이 원래 <u>예정</u>보다 하루 늦어졌다.

☐ ① 결정 ② 계획 ③ 예약 ④ 통근

2)——5년에 한 번 대통령을 <u>뽑는</u> 선거가 실시된다.

☐ ① 바라보는 ② 수입하는 ③ 선택하는 ④ 실천하는

3)——그는 딸이 무사히 도착했다는 소식을 듣고 <u>얼굴 빛</u>이 밝아졌다.

☐ ① 햇빛 ② 기쁨 ③ 기분 ④ 표정

4)——내가 한 말을 <u>알아들었는지</u> 모르겠다.

☐ ① 알아봤는지 ② 이해했는지 ③ 번역했는지 ④ 받아들였는지

5)——그날은 어떻게든 <u>틈을 내서</u> 가도록 할게요.

☐ ① 소문을 내서 ② 소리를 내서 ③ 시간을 내서 ④ 사고를 내서

6)——벌써 5대0이니까 우리 팀이 이긴 것이나 <u>마찬가지다</u>.

☐ ① 답답하다 ② 다름없다 ③ 궁금하다 ④ 변함없다

7)——이 일이 잘 <u>해결되면</u> 온천에라도 가서 좀 쉬고 싶어요.

☐ ① 합치면 ② 펴지면 ③ 풀리면 ④ 견디면

8)——매달 비용을 <u>제외하고</u> 이익이 천 만 원쯤 남는다.

☐ ① 빨고 ② 뽑고 ③ 빠지고 ④ 빼고

➡ ３級出題範囲の語彙、慣用句リストは合格資料9～15(41～59ページ)を参照

9) —최근 경제 상황이 좋아지면서 취업률이 점차 높아지고 있다.

☐ ① 점점 ② 약간 ③ 마침 ④ 훨씬

10) —상태가 좋지 않으니까 지금 당장 입원하는 게 좋겠습니다.

☐ ① 비록 ② 미리 ③ 끝내 ④ 바로

11) —시장한 것도 잊고 하루 종일 그림을 그렸다.

☐ ① 목이 마른 ② 귀가 먼 ③ 배가 고픈 ④ 밤을 새운

12) —그는 자신이 말한 대로 하면 반드시 성공할 것이라고 했다.

☐ ① 틀림없이 ② 다름없이 ③ 눈치 없이 ④ 밤낮없이

13) —지금까지 성공하려고 노력해 왔는데 여기서 포기할 수는 없다.

☐ ① 권해 ② 채워 ③ 힘써 ④ 합쳐

14) —그녀의 표정을 보니 뭔가 안 좋은 일이 있는 것이 틀림없다.

☐ ① 다름없다 ② 분명하다 ③ 대단하다 ④ 불안하다

15) —A：왜 이렇게 늦었어?
B：오랜만에 만난 친구와 그냥 헤어지기가 섭섭해서 식사를 하고 왔어요.

☐ ① 무서워서 ② 드물어서 ③ 불쌍해서 ④ 아쉬워서

16) —A：내가 무슨 화장품을 쓰는지 알고 싶어요?
B：네, 피부가 너무 좋아 보여서요.

☐ ① 몰라요 ② 궁금해요 ③ 여쭤요 ④ 밝혀요

➡ 【正答】は81ページへ、 【解説】は303、304ページへ

2 語句の置き換え問題

17) — A：요즘에도 회사 사람들하고 술을 많이 먹어?
B：아냐. 지금은 그런 분위기가 거의 사라졌어.

☐ ① 그만뒀어　② 떠나갔어　③ 없어졌어　④ 지나갔어

18) — A：지난번 음악회는 어땠어?
B：아이들이 모두 훌륭한 연주를 해서 즐거웠어.

☐ ① 그림 같이　② 하나같이　③ 크고 작은　④ 둘도 없이

19) — A：김 선생님이 돌아가셨다는 소식을 들었어.
B：갑자기 무슨 일이야? 지난 주에 만나서 얘기를 했는데.

☐ ① 눈을 뜨셨다　② 세상을 떠났다　③ 손을 떼셨다　④ 목숨을 거셨다

20) — A：옛날과 다름없이 농담을 잘하는구나.
B：너도 변한 게 하나도 없구나.

☐ ① 사람이 됐구나　② 건강하구나　③ 뜻밖이구나　④ 여전하구나

21) — A：그 영화는 인기가 있으니까 예매해 놓는 게 좋을 거야.
B：그렇구나. 지금 당장 해야겠다.

☐ ① 손에 넣는　② 서두르는　③ 미리 사 두는　④ 줄을 서는

22) — A：지난 번에 넘어져서 생긴 상처는 괜찮아요?
B：네. 약을 발랐더니 씻은 듯이 나았어요.

☐ ① 깨끗하게　② 부드럽게　③ 적절하게　④ 굉장하게

➡ 【正答】は81ページへ、【解説】は304、305ページへ

23)―자기 생각을 잘 정리해서 말하는 습관을 기르는 것이 좋다.

☐ ① 일반 ② 의문 ③ 의견 ④ 의식

24)―A：일이 잘 끝나서 정말 기뻐요.

B：수고했어요. 오늘은 내가 다 살 테니 뭐든지 시켜서 드세요.

☐ ① 마음대로 ② 주문해서 ③ 마음 놓고 ④ 입을 맞춰서

25)―A：저녁에 뭐 할 거예요?

B：도서관에 가서 오늘 배운 것을 다시 공부하려고 해요.

☐ ① 연습하려고 ② 예습하려고 ③ 복습하려고 ④ 자습하려고

26)―A：요즘 물건이 너무 안 팔려서 고민이야.

B：장사가 안 되기는 우리 가게도 마찬가지야.

☐ ① 다름없어 ② 대책이 없어 ③ 변함없어 ④ 틀림없어

27)―A：퇴근 안 해요?

B：내일부터 출장이라서 필요한 것을 챙기고 있어요.

☐ ① 연구하고 ② 준비하고 ③ 지시하고 ④ 실시하고

➡ 【正答】は81ページへ、【解説】は305ページへ

3 共通語句補充問題

※ 2つの（　　　）に入れることができるものを①～④の中から
　1つ選びなさい。

1)── ・교통 사고를 (　　) 크게 다쳤어요.
　　・틈을 (　　) 한 번 가 보려고 해요.

☐　① 당해서　② 내서　③ 놓쳐서　④ 벌려서

2)── ・다음 달에 직장을 (　　)기로 했어요.
　　・이 문장은 영어로 (　　)기가 힘드네요.

☐　① 옮기　② 빼　③ 변하　④ 비우

3)── ・그곳에서 (　　) 시간은 내 인생에서 가장 소중한 시간이었다.
　　・그분은 작년까지 대표팀 감독을 (　　) 분이다.

☐　① 지켜본　② 사귄　③ 지낸　④ 기른

4)── ・그는 정치에서 완전히 (　　)을 뺀 것 같다.
　　・그 친구는 (　　)이 넓어서 아는 사람들이 굉장히 많다.

☐　① 얼굴　② 발　③ 턱　④ 손

5)── ・주스를 병에 (　　) 가방에 넣었다.
　　・진실한 마음을 (　　) 감사의 편지를 써 보냈다.

☐　① 섞어　② 쏟아　③ 채워　④ 담아

➡ 3級出題範囲の語彙、慣用句リストは合格資料9～15(41～59ページ)を参照

6)—— · 날씨가 좋으니까 빨래가 잘 (　　) 좋아요.
· 요즘 몸이 (　　) 몸무게가 많이 줄었어요.

☐　① 말라서　② 살쪄서　③ 빠져서　④ 변해서

7)—— · 이상한 소문이 (　　) 모두들 궁금하게 생각했다.
· 손에 상처가 (　　) 약을 발랐다.

☐　① 들려서　② 생겨서　③ 나서　④ 퍼져서

8)—— · 집에서 고양이 두 마리를 (　　) 있다.
· 학교를 졸업하면 머리를 길게 (　　) 싶다.

☐　① 데리고　② 기르고　③ 자르고　④ 키우고

9)—— · 나는 술은 (　　)에도 못 대요.
· 너무 놀라 (　　)을 딱 벌렸다.

☐　① 입술　② 턱　③ 팔　④ 입

10)—— · 내가 존경하던 과장님이 회사를 (　　).
· 그녀가 어느 날 말없이 내 곁을 (　　).

☐　① 그만뒀다　② 피했다　③ 떠났다　④ 헤어졌다

11)—— · 벌써 꽃이 (　　) 잎이 나기 시작했다.
· 해가 (　　) 주위가 점점 어두워지기 시작했다.

☐　① 차고　② 지고　③ 줄고　④ 쥐고

➡ 【正答】は81ページへ、【解説】は306、307ページへ

3 共通語句補充問題

12)— · 이를 (　　) 와서 오늘은 술을 못 마신다.
· 나를 (　　)는 이 일을 할 사람이 없다.

☐ ① 고르고　② 닦고　③ 빼고　④ 뽑고

13)— · 지난 번 시험에서 전 과목 만점을 (　　).
· 지난 주에 서울에서 부친 짐을 오늘 (　　).

☐ ① 받았다　② 잡았다　③ 맞았다　④ 얻었다

14)— · 새벽에 밖이 너무 시끄러워서 잠이 (　　).
· 그릇을 씻다가 바닥에 떨어뜨려서 (　　).

☐ ① 갰다　② 떴다　③ 쏟았다　④ 깼다

15)— · 돈을 많이 벌겠다는 꿈을 (　　) 서울로 갔다.
· 아이가 인형을 꼭 (　　) 잠이 들었다.

☐ ① 보고　② 안고　③ 잡고　④ 꾸고

16)— · 나는 발로 축구공을 힘껏 (　　).
· 더 이상 넣을 데가 없을 만큼 냉장고가 가득 (　　).

☐ ① 졌다　② 쳤다　③ 찼다　④ 쌌다

17)— · 직장이 내가 사는 곳과 멀리 (　　) 불편하다.
· 프린터의 종이가 (　　) 급히 사 왔다.

☐ ① 떠나가서　② 벗어나서　③ 터져서　④ 떨어져서

➡ 【正答】は81ページへ、【解説】は307、308ページへ

18)── · 언니가 지금 (　　) 공항에 도착했다.
· 그렇게 돈을 (　　) 쓰면 안 된다.

☐ ① 방금　② 딱　③ 함부로　④ 막

19)── · 피부를 너무 (　　) 것은 좋지 않다.
· 그렇게 비행기를 (　　) 걸 보니 다른 뜻이 있는 것 같다.

☐ ① 태우는　② 타는　③ 싣는　④ 떠오르는

20)── · 불안해서 일이 (　　)에 잡히지 않는다.
· 이번 선거에서 떨어지면 정치에서 (　　)을 떼겠다.

☐ ① 발　② 손　③ 눈　④ 턱

21)── · 사람들이 모두 (　　)을 쓰고 있어 누가 누군지 알 수 없다.
· 그녀가 (　　)을 벗고 화장도 지운 얼굴로 나타났다.

☐ ① 잠옷　② 비밀　③ 장갑　④ 가면

22)── · 넥타이가 (　　) 다시 고쳐 맸다.
· 자꾸만 구두끈이 (　　) 다른 구두로 바꿔 신었다.

☐ ① 물어서　② 줄어서　③ 풀려서　④ 끓어서

23)── · 그녀는 갑자기 (　　)을 잃고 쓰러졌다.
· 바다에 (　　)을 팔면서 운전을 하다가 사고를 냈다.

☐ ① 의식　② 정신　③ 긴장　④ 감정

➡ 【正答】は81ページへ、 【解説】は308ページへ

1 語句の空所補充問題　正答

➡ 問題は60ページへ、解説は295ページへ

※ 全問正解になるまで繰り返し練習をしてください。

問題	正答	問題	正答	問題	正答	問題	正答
1	①	26	①	51	②	76	④
2	④	27	②	52	③	77	②
3	②	28	④	53	①	78	④
4	③	29	①	54	④	79	②
5	②	30	④	55	③	80	③
6	④	31	③	56	④	81	④
7	②	32	②	57	①	82	①
8	①	33	①	58	②	83	③
9	③	34	④	59	③	84	④
10	④	35	②	60	④	85	②
11	②	36	③	61	②	86	③
12	①	37	①	62	①	87	④
13	④	38	②	63	③	88	②
14	③	39	④	64	①	89	③
15	①	40	③	65	④	90	①
16	②	41	②	66	②	91	②
17	④	42	①	67	③	92	④
18	③	43	②	68	④		
19	④	44	①	69	②		
20	②	45	③	70	①		
21	③	46	④	71	④		
22	①	47	②	72	②		
23	②	48	①	73	③		
24	④	49	③	74	①		
25	③	50	④	75	①		

2 語句の置き換え問題 / 3 共通語句補充問題　正答

➡ 語句の置き換え問題は72ページへ、解説は303ページへ、
共通語句問題は76ページへ、解説は306ページへ

※ 全問正解になるまで繰り返し練習をしてください。

2 語句の置き換え問題				3 共通語句補充問題			
問題	正答	問題	正答	問題	正答	問題	正答
1	②	15	④	1	②	15	②
2	③	16	②	2	①	16	③
3	④	17	③	3	③	17	④
4	②	18	②	4	②	18	④
5	③	19	②	5	④	19	①
6	②	20	④	6	①	20	②
7	③	21	③	7	③	21	④
8	④	22	①	8	②	22	③
9	①	23	③	9	④	23	②
10	④	24	②	10	③		
11	③	25	③	11	②		
12	①	26	①	12	③		
13	③	27	②	13	①		
14	②			14	④		

第3章

文法問題

問題類型		出題問題数	配点
1	文法問題	5	1

文法に関する問題

1 出題内容

文法に関する問題は、短文、または対話文を提示し、文中の（　　）に入れるのに適する助詞、または語尾、慣用表現などの文法的事項と結合した語句はどれかを選ぶ形式で出題される。

問題で取り上げる助詞、語尾、慣用表現などの文法事項はすべてハングル検定3級の出題範囲のものが出題対象となる。出題範囲の3級レベルの文法事項が正しく理解できているかが試される問題構成になっている。

➡ 3級出題範囲の助詞リスト 87～90ページ
3級出題範囲の語尾リスト 91～97ページ
3級出題範囲の連結形慣用表現リスト 98～113ページ

2 問題類型

問題類型　文法問題

- 1行の短文、または2行の対話文を提示し、文中の（　　）に入れるのに適する文法事項と結合した語句を選ぶ問題が5問（配点各1点）出題される。
- 問題は1行の短文の問題が3問、2行の対話文の問題が2問の割合で構成される。空所に入る文法事項としては、助詞が1問、語尾が2問、慣用表現が2問程度の割合で出題される。
- 正答を選ぶ際は文の内容、特に空所の前後の内容と文脈に注意して、空所に適した機能を持った文法事項と結合した語句を選ばなければならない。単に文法事項の知識だけでなく、文全体の内容が理解できる語彙力が求められる問題である。

例題 ※（　　）の中に入れるのに適切なものを①～④の中から一つ選びなさい。

〈1点×5問〉

1）한국인이 즐겨 먹는 떡은 쌀（　　）만든다.

① 에서　② 로서　③ 에다　④ 로써

2）휴대전화를（　　）자전거를 타면 안 돼요.

① 보는데　② 보면서　③ 보거나　④ 보려고

3）대학을 졸업하면 2년쯤 유학을（　　）.

① 가기도 한다　② 간 적이 있다

③ 갈까 한다　④ 갔어야 한다

4）A：이 카메라를 샀는데 사용법이 간단하지 않네요.

B：그건 좀（　　）쓰다 보면 익숙해질 거예요.

① 어려운 반면에　② 어려워서 그런지

③ 어려울 것 없지만　④ 어렵기는 하지만

5）A：여름 방학에는 뭐 할 거래요?

B：친구들과 같이 미국에 어학 연수를（　　）.

① 갈까 해요　② 갈 모양이에요

③ 간 것 같아요　④ 갈까 말까 해요

正解 1）④　2）②　3）③　4）④　5）②

解説 1）韓国人が好んで食べている餅は米（で）作る。

① から　② として　③ に　④ で

✎ ① 에서：場所を表わす「で」、出発点を表わす「から」の二つの機能がある。

② 로서：資格や身分などの意を表わす。

③ 에다：助詞の「에」の強調形。

④ 로써：道具や手段、材料などの意を表わす。

文法事項の穴埋め問題5問中、1問はこのような助詞の問題が出題される。

2）携帯電話を（見ながら）自転車に乗ってはいけません。

① 見るのに　② 見ながら　③ 見たり　④ 見ようと

✎ ① －는데：状況説明を表わす。

② －（으）면서：動作の同時進行、状態の併存を表わす。

③ –거나：並列を表わす。
④ –（으）려고：意図を表わす。
文法事項の穴埋め問題5問中、1問はこのような語尾の問題が出題される。

3）大学を卒業したら2年ぐらい留学に（行こうかと思っている）。
① 行ったりする ② 行ったことがある ③ 行こうかと思う ④ 行くべきだった
✎ ① –기도 하다（～したりする）：一部肯定や例示
② –（으）ㄴ 적이 있다（～したことがある）：経験
③ –（으）ㄹ까 하다（～しようかと思う）：意図
④ –았/었어야 하다（～するべきだった）：後悔・不満の意を表わす。
文法事項の穴埋め問題5問中、2問はこの3）と5）の問題のような終結形慣用表現の問題が出題される。

4）A: このカメラを買ったんだけど、使い方が簡単ではないですね。
B: それはちょっと（難しいのは難しいけど）そのうち慣れてきますよ。
① 難しい反面 ② 難しいからか ③ 難しいことはないが ④ 難しいのは難しいが
✎ ① –（으）ㄴ 반면에（～反面）：対立・相反
② 아서/어서 그런지（～からなのか）：理由・原因
③ –（으）ㄹ 것 없다（～するに及ばない）：不要
④ –기는 하다（～することはする）：一部肯定の意を表わす。
文法事項の穴埋め問題5問中、1問はこのような連結形慣用表現の問題が出題される。また5問構成中、4）と5）は対話文形式で出題される。

5）A: 夏休みには何をすると言っていますか。
B: 友達と一緒にアメリカに語学研修に（行くようです）。
① 行こうかと思います　② 行くようです
③ 行ったようです　④ 行くか行くまいか迷っています
✎ ① –（으）ㄹ까 하다（～しようかと思う）：意図
② –（으）ㄹ 모양이다（～しそうだ）：推測
③ –（으）ㄴ 것 같다（～したようだ）：推測
④ –（으）ㄹ까 말까 하다（～しようかしまいか）：迷いの気持ちを表わす。
文法事項の穴埋め問題5問中、2問はこの5）と3）の問題のような終結形慣用表現の問題が出題される。

3級出題の文法事項リスト

合格資料－16　3級出題の助詞リスト

	助詞		意味/用例
1	게	対象（「에게」の縮約形）	～に
		主に人代名詞「내」,「네」,「제」の後で「내게」,「네게」,「제게」の形で用いられる。	
	・내게 좋은 생각이 있다. ・원인이 네게 있는 것 같다.		私にいい考えがある。 原因は君にあるようだ。
2	게서	起点・出所の対象（「에게서」の縮約形）	～から
		主に人代名詞「내」,「네」,「제」の後で「내게서」,「네게서」,「제게서」の形で用いられる。	
	・조카는 내게서 책을 빌려갔다. ・그거 네게서 들은 말이야. ・제게서 한국어를 배운 학생입니다.		甥は私から本を借りて行った。 それは君から聞いた話だよ。 私から韓国語を学んだ学生です。
3	대로	①同様	～（の）とおり、～のまま
	・계획대로 잘 진행되고 있다. ・생각대로는 잘 안 되는 것 같다.		計画通りにうまく進んでいる。 思い通りにはうまく行かないようだ。
		②区分・区別	～なりに、～で別々に
	・나는 나대로 해 보겠어요. ・큰 것은 큰 것대로 모아라. ・여름옷은 여름옷대로 따로 보관한다.		私は私なりにやってみます。 大きい物は大きい物で集めなさい。 夏服は夏服で別々に保管する。
4	마다	①その都度、それぞれすべて	～（の）度に、～毎に
	・사람마다 성격이 다르다. ・방학 때마다 한국에 여행을 간다.		人それぞれ性格が異なる。 休みの度に韓国に旅行に行く。
		②間隔	～おきに
	・오 분마다 지하철이 온다. ・두 달마다 시험을 본다.		五分おきに地下鉄が来る。 ２ヶ月ごとに試験を受ける。
5	만큼	定義	～くらい、～ほど
	・사진만큼 예쁘지 않은 것 같다. ・엄마만큼 고생한 사람도 없다.		写真ほどきれいではないようだ。 母ほど苦労した人もいない。
6	말고	①否定	～で（は）なくて
	・밥말고 라면을 먹고 싶다. ・이것말고 다른 것은 없어요?		ご飯ではなくラーメンが食べたい。 これではなく他のものはありませんか。
	말고는	②以外・除外	～以外は、～（の）ほかは
	・그것말고 할 수 있는 것은 없다. ・이 일은 너말고는 할 사람이 없다.		それ以外にできることはない。 これは君以外はやる人がいない。

	말고도	③範囲の追加	**～で（は）なくても、～以外にも**
	·민수말고도 할 수 있는 사람이 많다. ·공부말고도 배울 점이 많다.		ミンス以外にもできる人は多い。 勉強以外にも学べるところが多い。
7	**뿐**	限定	**～のみ、～だけ**
	·가진 것은 이것뿐이다. ※慣用表現：뿐（만）아니라 ·영어뿐만 아니라 중국어도 잘한다.		持っているものはこれだけだ。 ※～だけでなく、のみならず 英語だけではなく中国語も上手だ。
8	**에게다（가）**	対象強調（에게+다가）	**～に**
	·이 일을 누구에게다 부탁할까요? ·언니에게다 맡기면 돼요.		この仕事を誰に頼みましょうか。 姉に任せればいいです。
9	**한테다（가）**	対象強調（한테+다가）	**～に**
	·고양이한테다 먹이를 주었다. ·아이한테다가 말하면 안 돼요.		猫にえさをやった。 子供に話してはいけません。
10	**에다（가）**	①場所・対象の強調（에+다가）	**～に**
	·짐은 여기에다가 놓을까요? ·벽에다 그림을 걸었어요.		荷物はここに置きましょうか。 壁に絵をかけました。
		②追加、並列	**～に、～に加えて**
	·오늘은 양복에다가 넥타이까지 맸다. ·맥주에다가 소주까지 마셨어요.		今日は背広にネクタイまで締めた。 ビールに焼酒まで飲みました。
		③道具・手段	**～で、～に**
	·빨래는 햇볕에다가 말려야 좋다. ·젖은 옷을 난로에다가 말렸다.		洗濯物は天日で乾かすといい。 濡れた服をストーブで乾かした。
11	**에서처럼**	比況・比喩（에서+처럼）	**～でのように【縮】-서처럼**
	·학교에서처럼 학원에서도 잠만 잔다. ·어젯밤 꿈에서처럼 됐으면 좋겠다.		学校でのように塾でも寝てばかりいる。 昨夜の夢のようになってほしいな。
12	**（으）로서**	地位・身分・資格	**～として、～にとって**
	·남편으로서는 부족한 점이 많아요. ·여기서 제일 높은 건물로서 유명하다.		夫としては足りない点が多いです。 ここで一番高い建物として有名だ。
13	**（으）로써**	①道具・手段、材料・原料	**～で、～でもって、～を使って**
	·라인으로써 연락을 주고 받아요. ·쌀로써 떡을 만들어 먹는다.		LINEで連絡を取り交わします。 米で餅を作って食べる。
		②時間の基準	**「終了など」～で、～では**
	·올해로써 10년이 되었다. ·이상으로써 제 발표를 끝내겠습니다.		今年で10年になった。 以上で私の発表を終わります。
		③根拠・理由（転成語尾「（으）ㅁ」について）	**～によって**
	·함께 있음으로써 행복한 하루. ·주의하지 않음으로써 발생하는 사고.		一緒にいることによって幸せな一日。 注意しないことによって発生する事故。

14	(이)나 ①	①次善の選択、例示	～でも
	·영화나 보러 갈까요? ·주말엔 집에서 책이나 읽겠어요.		映画でも見に行きましょうか。 週末は家で本でも読みます。
		②強調	～も
	·눈이 삼 미터나 쌓였어요. ·삶은 달걀을 다섯 개나 먹었어요.		雪が3メートルも積もりました。 ゆで卵を5個も食べました。
		③数量·程度	～くらい、～ほど
	·몇 개나 필요하세요? ·몇 시나 되었을까요?		何個ぐらい必要ですか。 何時ぐらいになったんでしょう。
		④包含、同様	～も～も、～でも～でも
	·너나 나나 운이 없기는 마찬가지다. ·이건 어디서나 볼 수 있는 것이다.		君も僕も運がないのは同じだ。 これはどこででも見られるものだ。
		⑤比較	～と同じだ
	·전화로 얘기했으니 만난 거나 다름없다. ·성적이 좋으니까 합격한 거나 마찬가지다.		電話で話をしたから会ったのと同じだ。 成績がいいから合格したのと同じだ。
15	(이) 나 ②	並列選択	～や、～か
	·담배나 술은 끊는 게 좋아요. ·봉지는 종이나 비닐로 만들어요. ·빵이나 김밥을 살까 해요.		タバコや酒はやめたほうがいいです。 袋は紙やビニールで作ります。 パンやのり巻きを買おうかと思います。
16	(이) 든지	①すべての選択の許容 （不定称に付いて）	～でも
	·필요하면 언제든지 전화하세요. ·나는 뭐든지 잘 먹어요.		必要ならばいつでも電話してください。 私は何でもよく食べます。
		②並列選択 「-든지 -든지（간에）」の形で	～でも～でも、～なり～なり、～か～か
	·남자든지 여자든지 성실해야 된다. ·아들이든지 딸이든지 상관없어요.		男でも女でもまじめな人ならいいです。 息子でも娘でも構いません。
17	(이) 든	①すべての選択の許容 「(이) 든지」の縮約）	～でも
	·언제든 놀러 오세요. ·누구든 참가할 수 있다.		いつでも遊びに来てください。 誰でも参加することができる。
		②並列選択 「-든지 -든지（간에）」の形で	～でも～でも、～なり～なり、～か～か
	·오늘이든 내일이든 상관없다. ·사과든 배든 과일은 다 좋아한다.		今日でも明日でも構わない。 りんごでも梨でも果物は全部好きだ。
18	(이) 라고	①不満·軽視の対象	～だと、～というものが
	·그런 걸 그림이라고 그리고 있어? ·공부라고는 한 적이 없다.		そんなのを絵だと思って描いている? 勉強というものはやったことがない。

		②原因・理由	～だからといって、～といえども、～だとて
	·부자라고 다 행복한 것은 아니다. ·선생님이라고 다 아는 건 아니다.		金持ちだからといってみんな幸せなわけではない。 先生だからといって全部分かるわけではない。
		③強調 (－(이) 라고는, －(이) 라곤の形で)	～なんて、～は
	·회사에 여자라고는 나밖에 없어요. ·비라고는 한 방울도 내리지 않았다.		会社に女子は私しかいません。 雨は一滴も降らなかった。
19	(이) 라야 (만)	①必須条件の指定	～であってはじめて、～でなければ…しない
	·이 일은 그 사람이라야 할 수 있다. ·금메달이라야만 값진 것은 아니다.		このことは彼でなければできない。 金メダルでなければ価値がないわけではない。
		②些細・些末	～といっても
	·재산이라야 집 한 채가 전부다. ·공원이라야 나무가 몇 그루 있을 뿐이다.		財産といっても家一軒がすべてだ。 公園といっても木が何株かあるだけだ。
20	(이) 란	対象の定義、説明、強調	～とは、～と言うものは
	·진정한 친구란 어려울 때 도와주는 사람이다. ·그의 중대한 결심이란 무엇일까?		本当の友達とは困ったときに助けてくれる人だ。 彼の重大な決心とは何だろう。
21	(이) 랑	①並列	～とか、～や
	·떡이랑 과일이랑 많이 먹었다.		餅とか果物とかたくさん食べた。
		②相手・対象	～と
	·형이랑 많이 닮았군요. ·나는 민수랑 동갑이에요.		お兄さんとよく似ていますね。 私はミンスと同い年です。
22	(이) 면	条件、同格・例示	～なら
	·지금이 여름이면 바다라도 갔을 거예요. ·노래면 노래, 연기면 연기 못 하는 게 없다.		今が夏なら海にでも行ったと思います。 歌なら歌で演技なら演技で何でもよくできる。
23	(이) 서	人数の強調、主語を表す。	「혼자+서, 둘+이서などの形で」～人で
	·혼자서 할 수 있겠어요? ·우리 둘이서 이걸 만들었어요.		一人でできますか。 私たち2人でこれを作りました。
24	(이) 야	強調	～(だけ) は、～こそ、～てやっと、～てはじめて
	·돈이야 벌면 되지요. ·저녁 때야 겨우 도착할 수 있었다. ·이런 일쯤이야 나라도 할 수 있겠다.		お金は稼げばいいです。 夕方にやっと到着することができた。 こんなことぐらいは私でもできる。
25	(이) 야말로	強調・確認	～こそまさに、～ぞ
	·그거야말로 내가 찾던 물건이다. ·청소년이야말로 내일의 주인공이다. ·지금이야말로 실천에 옮길 때이다.		それこそ私が探していたものだ。 青少年こそ明日の主人公だ。 今こそ実践に移すときだ。
26	(이) 자	並立・兼備・兼業	～であると同時に、～でもあり
	·그는 사상가이자 정치가이다. ·그는 시인이자 소설가이다.		彼は思想家であると同時に政治家だ。 彼は詩人であると同時に小説家だ。

合格資料－17　３級出題の連結語尾リスト

※ 結合関係表示：V（動詞）、A（形容詞）、N（名詞）

語尾			意味・用例
1	A-（으）ㄴ데 V-는데	前置き、状況の説明	～するのに、～するが、～するけれど
	·비가 오는데 좀 쉴까요? ·공부는 잘하는데 운동은 못한다. ·날씨가 좋은데 공원에 갈까?		雨が降っているからちょっと休みますか。 勉強はできるが運動はできない。 いい天気だから公園に行こうか。
2	V-는지 A-（으）ㄴ지 VA-（으）ㄹ지	疑問・疑い、推測	～するか、～するかどうか、～するのか ～（する/である）か、～（する/である）のか
	·어디에 갔는지 아무도 모른다. ·뭘 하고 있는지 물어 봐라. ·성과를 얻을 수 있을지 걱정된다.		どこへ行ったのか誰も知らない。 何をしているのか聞いてみなさい。 成果が得られるかどうか心配だ。
3	V-느냐고 A-（으）냐고 N-（이）냐고	疑問の伝聞・引用	～（する/な）のかと ※V/A+냐고の形でも用いられる。
	·어디 가느냐고 물어 봤어? ·배가 아프냐고 물어도 대답이 없다. ·어떻게 하면 좋으냐고 의논해 왔다. ·무슨 일이냐고 전화가 왔다.		どこに行くのかと聞いてみた? お腹が痛いのかと聞いても返事がない。 どうすれば良いかと相談して来た。 何のことかと電話があった。
4	A-（으）냐면 V-느냐면	質問仮定	～（な）のかと言うと、～するのかと言うと ※V/A+냐면の形でも用いられる。
	·뭐가 바쁘냐면, 그냥 웃는다. ·알겠느냐면 알겠다고 한다.		何が忙しいのかと言われるとただ笑う。 分かったのかと聞くと分かったと言う。
5	VA-（으）니 VA-（으）니까	①原因・根拠、前置き、 ②説明	①～（する/だ）から、～（する/な）ので ②～すると、～したら
	·좀 뜨거우니 식혔다가 먹자. ·그가 결혼한다고 하니 놀랍다. ·약속을 했으니까 만나야 한다. ·교실에 가 보니 아무도 없었다.		少し熱いから冷ましてから食べよう。 彼が結婚するというから驚きだ。 約束をしたから会わなければならない。 教室に行ってみたら誰もいなかった。
6	V-（ㄴ/는）다고 A-다고 N-（이）라고	伝聞・引用	～すると、～（だ）と
	·민수는 내일 간다고 하던데요. ·이번에는 열심히 하겠다고 약속했다. ·그곳 날씨는 아주 덥다고 한다. ·이건 백합이라고 하는 꽃이야.		ミンスは明日行くと言っていましたよ。 今度は一生懸命すると約束した。 あそこの天気は非常に暑いという。 これはユリという花だよ。
7	V-（으）라고	命令の伝聞	～しろと
	·밥 먹은 후에 이를 닦으라고 했다. ·의사가 담배를 끊으라고 충고했다.		食事をした後は歯を磨くようにと言った。 医者にタバコをやめるようにと忠告された。

No.	表現	意味	日本語訳
8	V-자고	提案・勧誘の伝聞	～しようと
	·밥 먹으러 가자고 하더라. ·단풍 구경을 가자고 한다.		ご飯を食べに行こうと言っていたよ。 紅葉狩りに行こうという。
9	V- (으) ㅁ	名詞化語尾	～(する/である) こと
	·겨울이 가고 봄이 왔음을 느꼈다. ·그긴 시실이 아님이 밝혀졌다. ·교통이 발달함에 따라….		冬が去り、春が訪れたことを感じた。 それは事実でないことが明らかになった。 交通が発達するにしたがって…。
10	V- (으) 며	並列、動作・状態の同時進行	～(する/だ) し、～(し/であり) ながら
	·나는 그를 믿으며 그도 나를 믿는다. ·그가 땀을 닦으며 말했다. ·영화를 보며 눈물을 흘렸다.		私は彼を信じるし、彼も私を信じている。 彼が汗を拭きながら話した。 映画を見ながら涙を流した。
11	V- (으) 면서 N- (이) 면서	動作・状態の同時進行、対立・逆接	～(し/であり) ながら、～(する/である) のに
	·신문을 보면서 밥을 먹는다. ·모르면서 아는 척한다. ·돈이 있으면서 없다고 한다.		新聞を見ながらご飯を食べる。 知らないのに知っている振りをする。 お金があるのにないと言う。
12	V- (ㄴ/는) 다면 A-다면 N- (이) 라면	仮定条件	～するならば、～(だ) と言うなら ～したなら、～だったなら
	·중국에 간다면 무엇을 보고 싶어? ·열심히 공부했다면 합격할 거야. ·네가 부탁하는 거라면 들어주지.		中国へ行くとしたら何が見たい? 一生懸命に勉強したなら合格すると思う。 君が頼むことなら聞いてあげよう。
13	V-자면	意図の仮定条件	～しようとすれば、～しようとするなら、 ～しようと思えば、～すると
	·오늘 끝내자면 서둘러야겠다. ·그걸 사자면 돈이 부족하다.		今日終わらせようとすれば急ぐべきだ。 それを買おうとするとお金が足りない。
14	VA- (았/었) 으면	過去状況の条件、願望	～(した/だった) ならば ～するなら
	·한번 결정했으면 끝까지 해 봐. ·조금만 더 기다렸으면 만났을 텐데. ·감기가 빨리 나았으면 좋겠다.		一度決めたならば最後までやってみて。 もう少し待っていたなら会えたのに。 風邪が早く治ったらいいなあ。
15	VA-다 (가)	転換・中断、原因、交互の反復	～しかけて、～途中で、 ～たり、～ていたが、～ていて
	·비가 오다가 그쳤다. ·못을 박다가 손을 다쳤다. ·놀기만 하다가 낙제했다. ·날씨가 덥다가 춥다가 한다.		雨が降っていたが、止んだ。 釘を打ち込んでいる途中手を怪我した。 遊んでばかりいて落第した。 暑かったり寒かったりする。
16	V- (았/었) 다 (가)	完了後転換、原因、背景	①～してから ②～だったが、～かったが
	·창문을 열었다가 추워서 다시 닫았다. ·편지를 썼다가 찢어 버렸다.		窓を開けたが、寒いのでまた閉めた。 手紙を書いたが、破いてしまった。

17	VA-다가는 VA- (았/었) 다가는	転換、条件・原因	～しかけては、～してから、～しては、～したら
	·공부를 좀 하다가는 잠이 들었다. ·그렇게 떠들다가는 혼난다. ·이대로 두었다간 단추가 떨어지겠다.		勉強を少しやっては寝てしまった。 そんなに騒いだら叱られるよ。 このままにしておいたらボタンが取れる。
18	VA-다가도 VA- (았/었) 다가도	状態・行為の容易な転換、背景	～ていても、～ても、～ (で) も、～ (て/であって) も、～ (た/だった) としても
	·울다가도 엄마만 보면 울음을 그친다. ·낮에는 따뜻하다가도 밤에는 춥다. ·헤어졌다가도 금방 다시 만나곤 한다.		泣いていてもママを見ると泣き止む。 昼は暖かくても夜は寒い。 別れてもすぐまた会ったりする。
19	VA-아야/어야 N- (이) 라야	必須条件	～てこそ、～てはじめて、～であって初めて、～であってこそ
	·사람은 먹어야 산다. ·건강해야 일도 잘할 수 있다. ·간호사는 여자라야 될 수 있어요?		人は食べなければ生きられない。 健康であってこそ仕事もうまくできる。 看護師は女性でなければなれませんか。
20	VA-아야만/어야만 N- (이) 라야만	必須条件	「-아야/어야/라야」の強調形 ～て初めて、～てこそ、～であってこそ
	·꾸준히 노력해야만 성공할 수 있다. ·안경을 써야만 칠판 글씨가 보인다. ·눈이 좋은 사람이라야만 보일 것이다.		たゆまず努力しなければ成功できない。 眼鏡をかけて初めて黒板の字が見える。 目のいい人でなければ見えないだろう。
21	VA-거나	並列	～とか、～たり、～だったり、～ようが
	·청소를 하거나 빨래를 하거나…. ·책을 읽거나 친구를 만나요. ·너무 좁거나 어둡거나 하면 옮기자.		掃除をしたり洗濯をしたり…。 本を読むか友達に会います。 あまり狭かったり暗かったりしたら移そう。
22	VA-건	無関係	～しようが、～であろうが「-거나」の縮約形
	·내가 뭘 먹건 신경 쓰지 마. ·누가 보건 말건 질서를 지켜야 한다. ·아이건 어른이건 다 좋아한다.		私が何を食べようが気にしないで。 誰が見ようが見まいが秩序を守るべきだ。 子供であろうが大人であろうが皆好きだ。
23	VA-게	程度、目的、使役	～するように、～く、～に、～ほど
	·누구나 다 보게 크게 썼다. ·차가 지나가게 비켜섰다. ·목이 터지게 외쳤다. ·부모를 기쁘게 해 주려고 노력했다.		誰でも見られるように大きく書いた。 車が通るようによけた。 のどが破れるほど叫んだ。 親を喜ばせようと努力した。
24	V-기	名詞化語尾	「用言を名詞化したり名詞節をつくる」 ～であること、～すること
	·내일 일찍 모이기로 했다. ·읽고 쓰기를 반복했다. ·김치 만들기는 어렵지 않다.		明日早く集まることにした。 読んで書くことを繰り返した。 キムチを作ることは難しくない。
25	VA-던 VA- (았/었) 던	過去回想、過去持続・反復、中断・未完、完結など	～た～、～だった～、～かった～、～していた～
	·언니가 결혼하던 날도 눈이 내렸다. ·추적추적 내리던 비가 멈췄다. ·가장 인상 깊었던 여행이었다. ·작년에 갔던 그 바다에 또 가고 싶다.		姉が結婚した日も雪が降った。 しとしと降っていた雨が止んだ。 一番印象深かった旅行だった。 去年行ったその海にまた行きたい。

26	V-도록	目的、限界・程度・結果、使役・命令	~ように、~ほど、~まで
	·나무가 잘 자라도록 비료를 주었다. ·한 달이 넘도록 아무 연락도 없다. ·내일까지는 끝내도록 해.		木がよく育つように肥料を与えた。 1ヶ月が過ぎるまで何の連絡もない。 明日までは終わらせるようにしなさい。
27	VA-든지	選択、無関係	~か、~とか、~ようが、~だろうが
	·졸리면 자든지 세수를 하든시 해. ·직접 가든지 전화를 걸든지 해라. ·싸우든지 화해하든지 맘대로 해라.		眠たければ寝るか顔を洗うかしなさい。 直接行くか電話をかけるかしなさい。 喧嘩しようが和解しようが勝手にしろ。
	VA-든	選択、無関係「-든지の縮約形」	~か、~とか、~ようが、~だろうが
	·우선 밥을 먹든 술을 마시든 하자. ·싫든 좋든 할 수밖에 없다. ·누구를 만나든지 신경 안 써요.		まずご飯を食べるか酒を飲むかしよう。 嫌だろうが好きだろうがやるしかない。 誰に会おうが気にしません。
28	V-듯 (이)	例示・例え	(あたかも) ~ (する/である) かのように
	·얼굴이 다르듯이 생각도 다르다. ·땀이 비 오듯이 흘러내렸다.		顔が違うように考え方も違う。 汗が雨のように流れ落ちる。
29	V-자마자	同時・連発	~するやいなや、~するとすぐ
	·집에 오자마자 손을 씻었다. ·그녀는 나를 보자마자 눈물을 흘렸다.		家に帰ってくるやいなや手を洗った。 彼女は私を見るやいなや涙を流した。
30	VA-자	同時・連発、結果、原因・きっかけ	~するやいなや、~と同時に、~とすぐ、~するなり、~て、~たら
	·그가 들어서자 모두 입을 다물었다. ·상자를 열자 오래된 사진이 나왔다. ·날이 덥자 선풍기가 잘 팔리고 있다.		彼が入っていくとみんな口をつぐんだ。 箱を開けたら古い写真が出てきた。 暑くなると同時に扇風機がよく売れている。

合格資料－18 ３級出題の終結語尾リスト

※ 結合関係表示：V（動詞）、A（形容詞）、N（名詞）

	語　尾		意味・用例
1	A-(으)ㄴ가(요)? V-는가(요)?	疑問	～か?、～（な）のか? ～するか?、～するのか?
	·누가 먼저 오는가요? ·무슨 일이 있었는가요? ·열매가 얼마나 큰가요?		誰が先に来ますか。 何かありましたか。 実はどのくらい大きいですか。
2	A-(으)ㄴ데(요)(?) V-는데(요)(?) VA-(았/었) 는데(?)	状況伝達、疑問、感嘆	～けど(?)、～が、～だよ、～するよ、 ～するなあ、～だなあ
	·비가 많이 오는데요. ·언제 끝나는데요? ·달이 참 밝은데요.		雨がたくさん降ってますね。 いつ終わるんですか。 月が本当に明るいですね。
3	A-(으)ㄴ지(요)? V-는지(요)? VA-(으)ㄹ지(요)?	疑問	～する/なのだろうか? ～（する）だろうか?
	·사진을 찍어도 되는지요? ·여기에 앉아도 괜찮은지요? ·어느 게 더 좋을지요?		写真を撮ってもいいでしょうか。 ここに座ってもいいでしょうか。 どれがもっといいでしょうか。
4	V-(으)ㄹ래(요)(?)	意志・意志の確認	～する(?)、～ます、～ますか
	·엄마하고 같이 갈래요. ·내일 몇 시에 올래요?		ママと一緒に行きます。 明日何時に来ますか。
5	VA-(으)ㅁ	広告文の叙述終止形	～する、～す
	·출입을 금함 ·본교 학생임을 증명함		出入りを禁ず 本校の学生であることを証明す
6	A-(으)냐고요(?) V-느냐고요(?) VA-냐고요(?) N-(이)냐고요(?)	相手の質問の確認、相手への質問の反復・返答の催促	～のかって?、～（する/な）のかって? ～のかと聞いているんだよ
	·어디 가느냐고요? ·무슨 말이냐고? ·어떻게 하면 좋으냐고요? ·감기가 들었냐고?		どこに行くのかですって？ どんな話なのかですって？ どうすれば良いのかですって？ 風邪を引いたのかって？
7	V-ㄴ다고(요)(?) V-는다고(요)(?) A-다고(요)(?) N-(이)라고(요)(?)	伝聞確認、主張・説明	～するんだって(?)、～するんだって(?) ～（だ）って(?)、～だって(?) ～んですよ

第3章 文法

	·삼월인데 눈이 온다고요? ·방이 어둡다고요? ·난 오늘 바쁘다고요. ·저분은 유명한 시인이라고요.		3月なのに雪が降るんですって？ 部屋が暗いんですって？ 私は今日忙しいんですよ。 あの方は有名な詩人なんですよ。
8	**V-자고 (요) (?)**	提案・勧誘の伝聞確認、提案の強調	**〜しようって (?)、〜しようよ**
	·밥 먹으러 가자고? ·계속 기다리자고요? ·시끄러우니까 조용히 하자고요.		ご飯を食べに行こうって？ ずっと待とうということですか。 うるさいから静かにしましょうよ。
9	**V- (으) 라고 (요)(?)**	命令の伝聞確認、自分の発言の反復・強調	**〜しろって (?)、〜しろってば**
	·한 시에 오라고? ·먼저 가라고요? ·추우니까 창문을 닫으라고요.		1時に来いということですか。 先に行けということですか。 寒いから窓を閉めてください。
10	**V-ㄴ답니다** **V-는답니다** **A-답니다** **N- (이) 랍니다**	伝聞	**〜するそうです** **〜するそうです** **〜 (だ) そうです** **〜だそうです**
	·다음 달에 출장을 간답니다. ·요즘 아주 바쁘답니다. ·이 김치는 유미 씨가 만든 거랍니다.		来月に出張に行くそうです。 最近とても忙しいそうです。 このキムチはユミさんが作ったそうです。
11	**V-ㄴ답니까 ?** **V-는답니까 ?** **A-답니까?** **N- (이) 랍니까?**	伝聞の確認	**〜すると言うのですか?** **〜すると言うのですか?** **〜 (だ) と言うのですか?** **〜だと言うのですか?**
	·몇 시에 문을 닫는답니까? ·요즘도 바쁘답니까? ·생일이 언제랍니까?		何時に閉めると言うんですか。 最近も忙しいそうですか。 誕生日はいつだと言っていますか。
12	**V-ㄴ대 (요) (?)** **V-는대 (요) (?)** **A-대 (요) (?)** **N- (이) 래 (요) (?)**	伝聞、伝聞の確認	**〜するんだって (?)** **〜 (な) んだって (?)** **〜なんだって (?)**
	·비가 많이 온대요. ·사람들한테 인기가 많대요. ·이것이 무궁화 꽃이래요. ·시험이 언제래요?		雨がたくさん降っているそうです。 人々に人気が高いそうです。 これがムクゲの花だそうです。 試験はいつだと言っていますか。
13	**V- (으) 십시다**	勧誘・提案	**〜しましょう**
	·내일 떠나십시다. ·그렇게 하십시다.		明日発ちましょう。 そうしましょう。
14	**V- (아/어) 야겠-** **V- (이) 라야겠-**	強い意志・必要の表明	**〜せねば、〜であらねば、〜しなければ、〜でなければ、〜であらねば**

	·준비를 서둘러야겠어요. ·올해는 담배를 끊어야겠어요. ·더 큰 것이라야겠어요.		準備を急がなければなりません。 今年は喫煙をやめるつもりです。 もっと大きいものでなければなりません。
15	**VA- (아/어) 야지 (요)** **N- (이) 라야지 (요)**	**決心・意志、必要**	**～（しなければ / でなければ）ならない** **～でなければならない、～べきだ** **【縮】- (아 / 어) 야죠 【縮】- 이라야죠**
	·딸인 제가 도와야지요. ·오늘은 일찍 자야지요. ·죄를 지으면 벌을 받아야지요.		娘である私が助けなければなりません。 今日は早く寝なければなりません。 罪を犯したら罰を受けるべきです。
16	**VA- (았/었) 었-**	**過去完了・過去状態・過去回想**	**～した、～だった**
	·동생은 초등학교 때 키가 작았었다. ·중학교 때까지 서울에 살았었다. ·결혼식 날 아침에는 눈이 왔었다.		弟は小学校の時、背が低かった。 中学校の時までソウルに住んでいた。 結婚式の日の朝は雪が降っていた。
17	**V-ㄴ다** **V-는다** **A-다**	**現在の事実・状態・習慣**	**～する、～だ、～である**
	·어제부터 비가 온다. ·하루에 한 끼밖에 안 먹는다. ·바람이 아직 쌀쌀하다.		昨日から雨が降っている。 一日に一食しか食べない。 風がまだ肌寒い。
18	**VA-나 (요) ?**	**疑問**	**～（する）か、～（する/な）のか**
	·이 음식은 어떻게 먹나요? ·발표 준비는 다 했나요?		この料理はどのように食べますか。 発表の準備は全部できましたか。
19	**A-군 (요)** **V-는군 (요)** **N- (이) 군 (요)**	**①驚き・感嘆** **②事実の確認**	**～（だ）なあ、～（だ）ね** **～するなあ、～するね**
	·전혀 말이 통하지 않는군요. ·물이 따스하군요. ·그것 참 좋은 소식이군요. ·민수가 돌아왔군요. ※「군」は「-구나」の縮約形。 ·날씨가 참 좋구나/좋군. ·눈이 오는구나/오는군.		全然言葉が通じないんですね。 水が温かいですね。 それはとてもいいニュースですね。 ミンスが帰って来ましたね。 本当にいい天気だね。 雪が降っているね。

合格資料－19　３級出題の連結形慣用表現リスト

※ 結合関係表示：V（動詞）、A（形容詞）、N（名詞）

	慣用表現		意味・用例
1	VA-(으)ㄴ 걸 보면 V-는 걸 보면 VA-던 걸 보면 VA-(았/었) 던 걸 보면	根拠推測	①「形容詞・指定詞」～であるのを見ると、～であることからして ②「動詞」～したのを見ると、～したことからして
	·연락이 없는 걸 보면 안 올 모양이다. ·지금부터 이렇게 더운 걸 보면…. ·얼음이 얼었던 걸 보면 추웠나 보다.		連絡がないのを見ると来ないようだ。 今からこんなに暑いのを見ると…。 氷が凍ったのを見ると寒かったようだ。
2	VA-(으)ㄴ 경우 (에) V-는 경우 (에)	条件、状況	①～である場合（に）、～した場合（に） ②～（する/している）場合（に）
	·그렇지 않은 경우도 많다. ·말을 안 듣는 경우에는 야단을 친다.		そうでない場合も多い。 話を聞かない場合には叱る。
3	VA-(으)ㄴ 나머지 VA-던 나머지	結果	～あまり、～したあげく、～した結果、～のあまり
	·충격을 받은 나머지 쓰러지고 말았다. ·너무 기쁜 나머지 눈물을 흘렸다. ·그 일로 슬퍼하던 나머지 병이 났다.		衝撃を受けた結果倒れてしまった。 嬉しさのあまり涙を流した。 その事で悲しんだあげく病気になった。
4	V-는 대로 V-(으)ㄴ 대로	同様、即時・直後、その都度	～とおり、～たらすぐ、～たびに、～まま
	·모두 내가 명령하는 대로 움직였다. ·미국에 도착하는 대로 연락할게요. ·틈 있는 대로 정리했다.		みんな私が命令するとおり動いた。 アメリカに到着したらすぐ連絡します。 時間あるたびに整理した。
5	V-는 대신에 VA-ㄴ/은 대신 (에)	代用、代償	～代わりに、～である代わりに
	·영화를 보는 대신 공원에 가자. ·돈이 없는 대신 시간은 많다.		映画を見る代わりに公園に行こう。 お金がない代わりに時間は多い。
6	V-는 덕분 (에) VA-(으)ㄴ 덕분 (에) N-덕분에	恩恵	～おかげで、～であるおかげ
	·염려해 주는 덕분에 잘 지내고 있다. ·비가 온 덕분에 시원해졌다. ·선생님 덕분에 합격할 수 있었어요.		心配してくれるおかげで元気に過ごしている。 雨が降ったおかげで涼しくなった。 先生のおかげで合格できました。
7	V-는 동시에 VA-(으)ㄴ 동시에	同時、並立	～と同時に、～であると同時に
	·경험을 쌓는 동시에 돈도 벌 수 있다. ·권리인 동시에 의무인 것도 있다.		経験を積むと同時にお金も稼げる。 権利であると同時に義務であることもある。
8	V-는 듯이 VA-(으)ㄴ 듯이 V-(으)ㄹ 듯이	例示・例え、推測	～かのように、～のように、しそうな感じで

	·그는 뭐든지 아는 듯이 말한다. ·모두 즐거운 듯이 웃고 있다. ·곧 비라도 내릴 듯이 하늘이 어둡다.		彼は何でも知っているかのように話す。 みんな楽しそうに笑っている。 すぐ雨でも降りそうな感じで空が暗い。
9	**V-는 반면 (에) VA-ㄴ/은 반면 (에)**	対立・相反	**〜反面、〜一方**
	·공부는 못하는 반면에 춤은 잘 춘다. ·마당이 넓은 반면 집은 좁다.		勉強はできない反面、踊りは上手だ。 庭が広い反面、家は狭い。
10	**V- (으) ㄴ 이래 (로)**	その後・以来	**〜して以来**
	·작품이 발표된 이래로 유명해졌다. ·일을 배운 이래 처음 있는 일이었다.		作品が発表されて以来有名になった。 仕事を学んで以来初めてのことだった。
11	**V- (으) ㄴ 지**	時間の経過	**〜てから、〜て以降、〜て以来**
	·담배를 끊은 지 한 달이 되었다. ·결혼한 지 3년이 지났다.		タバコをやめてから一か月が経った。 結婚してから3年が過ぎた。
12	**V-는 한편**	同時、並列	**〜一方、〜かたわら**
	·일을 하는 한편 책도 열심히 읽었다. ·칭찬하는 한편 야단도 친다.		仕事をする一方、本も熱心に読んだ。 ほめる一方、叱ったりもする。
13	**A- (으) ㄴ데도 V-는데도 N-인데도**	逆接の状況の説明 （意外・不服）	**〜だが、〜のに、〜ても**
	·날씨가 좋은데도 방에 틀어박혀 있다. ·많이 먹는데도 살이 안 찐다. ·밤인데도 검은 안경을 쓰고 있다.		いい天気なのに部屋にこもっている。 たくさん食べているのに太らない。 夜なのに黒いメガネをかけている。
14	**VA- (으) ㄹ 거라고는**	対象・推測の強調	**〜（する/だ）とは、〜といったら 〜（する/だ）なんて**
	·먹을 거라고는 빵밖에 없다. ·유학을 갈 거라곤 상상도 못했다.		食べるものといったらパンしかない。 留学に行くなんて想像もできなかった。
15	**V- (으) ㄹ 것①**	名詞代用	**〜（する/である）こと、〜（する/である）もの 例：마실 것, 먹을 것, 입을 것**
	·오늘은 살 것이 없다. ·금요일쯤 되면 먹을 것이 없다. ·입을 것이 없어 아침마다 고민한다.		今日は買うものがない。 金曜日頃になると食べるものがない。 着るものがなくて毎朝悩む。
16	**V- (으) ㄹ 것②**	命令・指示形終結	**「動詞・있다」〜すること、 〜するように、〜すべし**
	·담배를 끊을 것. ·쓰레기를 버리지 말 것.		タバコをやめること。 ごみを捨てないこと。
17	**V- (으) ㄹ 것 없이 N+할 것 없이**	否定、無区別	**〜しないで、〜せずに**
	·어렵게 생각할 것 없이 해 보자. ·어른 아이 할 것 없이 모두 기뻐했다.		難しく考えずにやってみよう。 大人こどもの区別なくみんな喜んだ。

18	V-(으)ㄹ 것이 아니라 V-(으)ㄹ 게 아니라	否定強調	～(する)のではなく、～(する)わけではなく
	·살 것이 아니라 만들어 봅시다. ·우리가 갈 것이 아니라 기다립시다.		買うのではなく作ってみましょう。 私たちが行くのではなく待ちましょう。
19	VA-(으)ㄹ 때마다	いつも、毎回	～(する/である)度に
	·밥을 할 때마다 실패했다. ·친구에게 갈 때마다 책을 빌렸다.		ご飯を炊く度に失敗した。 友だちを訪ねる度に本を借りた。
20	V-(으)ㄹ 만큼	程度	①～(する)ほど、～(する)くらい ②「同じ用言を繰り返して」～するだけ～する、十分に～する
	·밤을 새워도 다 못 할 만큼 많다. ·성적이 놀랄 만큼 향상됐다. ·참을 만큼 참았다고 생각해요.		徹夜しても全部できないほど多い。 成績が驚くほど向上した。 耐えるだけ耐えたと思います。
21	V-(으)ㄹ 뿐	限定	～だけで、～のみで
	·그저 웃고만 있을 뿐 말이 없다. ·값만 비쌀 뿐 품질이 안 좋다.		ただ笑っているだけで黙っている。 値段ばかり高くて品質はよくない。
22	VA-(으)ㄹ 뿐(만) 아니라	無限定・包含	～だけでなく、～ばかりか、～のみならず
	·맛이 있을 뿐만 아니라 값도 싸다. ·돈도 없을 뿐만 아니라 시간도 없다.		美味しいだけでなく値段も安い。 お金もないばかりか時間もない。
23	V-(으)ㄹ 수 있는 대로	実現可能な最大限	～できるかぎり、～できる分だけ
	·될 수 있는 대로 빨리 와. ·모을 수 있는 대로 모아 봅시다.		できるだけ早く来てね。 集められるだけ集めてみましょう。
24	V-(으)ㄹ 적(에)	過去のある時、状態のとき	～(する/である)時(に) ～(する/である)頃(に)
	·어릴 적에 갔던 기억이 있다. ·눈이 올 적에는 눈사람을 만들곤 했다.		子供の頃に行った覚えがある。 雪が降る時は雪だるまを作ったりした。
25	VA-(으)ㄹ 테니(까)	意志・推測の根拠	～つもりだから、～から、だろうから
	·내일 갈 테니까 기다려라. ·오늘 늦을 테니까 기다리지 마세요.		明日行くから待っていなさい。 今日遅くなるから待たないでください。
26	-(으)ㄹ 텐데	推測	～はずなのに、～はずだから、～(する)だろうに、～するのに
	·바쁠 텐데 와 줘서 고맙다. ·할 일이 많을 텐데 괜찮아요?		忙しいはずなのに来てくれてありがとう。 やることが多いだろうに大丈夫ですか。
27	V-(으)ㄹ까 말까	判断の迷い・躊躇、程度	～ようか～まいか、～しようかどうしようか、～そこそこの
	·회식에 참석할까 말까 고민 중이다. ·유학을 갈까 말까 망설이고 있다. ·겨우 5센티가 될까 말까 한 물고기		会食に出席しようかどうしようか悩んでいる。 留学に行こうか行くまいか迷っている。 わずか5センチになるかならないかの魚

28	N-에 따라 (서) VA-ㅁ/음에 따라 (서)	基準、根拠・場合	~によって
	・좌석에 따라서 요금이 다르다. ・시간의 흐름에 따라 사랑도 변한다.		座席によって料金が異なる。 時間の流れによって愛も変わる。
29	N-(으) 로 말하면	確認、強調	~でいうならば
	・야구로 말하면 우리 학교가 최고예요. ・시계로 말하면 이게 제일 좋다.		野球でいうならばうちの学校が一番だ。 時計といえばこれがいちばんよい。
30	N-(으) 로 보아서 N-(으) 로 봐서	判断・評価の根拠	~から考えて、~からして、~から見て、 ~から判断して
	・나이로 보아서 학생은 아닌 것 같다. ・겉으로 봐서는 얌전해 보인다. ・글씨로 봐서 어린아이인 것 같다.		年齢から考えて学生ではないようだ。 外見では大人しそうだ。 字から判断して子供のようだ。
31	N-(으) 로 해서	理由・原因	~によって、~のせいで
	・이 일로 해서 회사가 힘들어졌다. ・과로로 해서 쓰러지고 말았다.		このことによって会社が苦しくなった。 過労のせいで倒れてしまった。
32	VA-(으) 면 -(으) ㄴ 대로	相応	~だったら~なりに、 ~したら~した (分) だけ
	・키가 크면 큰 대로 고민이 있다. ・돈이 많으면 많은 대로 걱정도 많다.		背が高ければ高いなりに悩みがある。 お金が多ければ多いなりに心配事も多い。
33	V-(으) 면서까지 -지 않아도	極端・無理の否定	~してまで~しなくとも
	・돈을 빌리면서까지 사지 않아도…. ・밤을 새우면서까지 하지 않아도….		お金を借りてまでして買わなくても…。 徹夜までしてしなくても…。
34	VA-(으) 나 VA-(으) 나	包含、同様	~も~も、~でも~でも
	・비가 오나 안 오나 낚시를 하러 간다. ・기온이 올라가나 내려가나…. ・하나 마나 똑같다.		雨が降っても降らなくても釣りに行く。 気温が上がっても下がっても…。 してもしなくても同じだ。
35	VA-(이) 든지 -(이) 든지 (간에) V-든지 말든지 (간에)	無関係・無関与	~でも~でも、~か~か (に関わらず) ~ようが~ようが、~ようが~まいが
	・선생이든지 학생이든지 간에…. ・죽든지 살든지 간에 한번 해 보자. ※縮約形は「V-든 말든」 ・가든 말든 마음대로 해라.		先生か学生かに関わらず…。 死のうが生きようが一度やってみよう。 行こうが行くまいが勝手にしなさい。
36	-(이) 라고는	強調	~なんて、~は 【縮】-(이)라곤
	・그에게 친구라고는 나밖에 없다. ・상식이라곤 전혀 없는 사람이다.		彼に友達は私しかいない。 常識なんてまったくない人だ。
37	-(이) 나/(이) 라도 -(으) ㄴ 것처럼/듯 (이)	仮定・例え	~でも~したかのように、 ~であるかのように
	・사장이나 되는 것처럼 지시를 했다. ・불이라도 난 것처럼 소란스럽다.		社長であるかのように指示をした。 火事でも起こったかのように騒がしい。

38	**- (아/어) 보아야** **VA-아/어 봐야**	仮定・条件の強調	**～てみたところで、～してみてはじめて、～してみなければ**
	·고생을 해 봐야 부모 마음을 안다. ·말해 봐야 소용이 없어.		苦労をしてはじめて親心が分かる。 話してみたところで無駄だ。
39	**VA- (아/어) 서 그런지**	理由・原因の推測	**～ (する/である) からなのか、～ (する/である) せいか**
	·너무 더워서 그런지 밥맛이 없다. ·바람이 불어서 그런지 먼지가 많다.		暑過ぎるせいか食欲がない。 風が吹いたからなのかほこりっぽい。
40	**VA-거나 -거나**	並列	**～ (する) か～ (する) か、～したり～したり、～ても～ても**
	·청소를 하거나 빨래를 하거나 한다. ·성적이 좋거나 나쁘거나 상관 없다.		掃除をしたり洗濯をしたりする。 成績が良くても悪くても関係ない。
41	**VA-거나 말거나** **VA-건 말건**	無関係	**～ようが～まいが、～しようと～しまいと、～であろうが、～でなかろうが**
	·가거나 말거나 마음대로 해라. ·참석하건 말건 네 자유다.		行こうが行くまいが勝手にしなさい。 出席しようがしまいが君の自由だ。
42	**A-고 - (으) ㄴ**	意味の強調	**「同じ形容詞を重ねて連体形で用いられ」非常に～ (な/い)**
	·높고 높은 가을 하늘 ·희고 흰 얼굴 ·넓고 넓은 바다		遥か高い秋の空 真っ白い顔 広い広い海
43	**V-고 - (으) ㄴ**	意味の強調	**「同じ動詞を重ねて連体形で用いられ」その動詞が表す動作が繰り返し行われたことを強調する**
	·생각하고 생각한 끝에 ·그동안 쌓이고 쌓인 이야기		考えに考えた末に その間積もりに積もった話
44	**VA-고 보니 (까)**	発見・気づきのきっかけ、理由	**～してみると、～してみたら、～したところ**
	·말을 듣고 보니 좀 이해가 되었다. ·사무실에 가 보니 아무도 없었다. ·바쁘고 보니 그럴 여유도 없다.		話を聞いてみたら少し理解ができた。 事務室に行ってみると誰もいなかった。 忙しいのでそんな余裕もない。
45	**V-고 보면**	発見・気づきの条件・結果	**～てみると、～してみると、～してみたら**
	·그의 말을 듣고 보면 납득이 간다. ·그도 알고 보면 참 착한 남자다. ·그러고 보면 세상 참 좁구나.		彼の話を聞いてみると納得がいく。 彼も実は本当に優しい男だ。 考えてみれば世の中は本当に狭いな。
46	**V-기 위해 (서)** **V-기 위하여** **V-기 위한** **N-을/를 (위해 (서)** **N-을/를 위하여**	目的・意図	**～するために、～するための、～のために**
	·한국말을 배우기 위해서 한국에 왔다. ·건강을 유지하기 위하여 운동을 한다. ·쓰레기를 줄이기 위한 연구를 했다.		韓国語を学ぶために韓国へ来た。 健康を維持するために運動をする。 ごみを減らすための研究をした。

47	VA-기에 따라 (서)	基準・条件	～しようによって、～如何によって
	·요금은 무게와 크기에 따라서 다르다. ·읽기에 따라 해석이 달라진다.		料金は重さと大きさによって異なる。 読みようによって解釈が違ってくる。
48	V-기에 앞서 (서)	事前の行為・条件	～のに先立って、～前に
	·결정을 내리기에 앞서 회의를 열었다. ·논문을 쓰기에 앞서 자료를 모았다.		決定を下すのに先立って会議を開いた。 論文を書く前に資料を集めた。
49	V-기에는	判断の基準	～する (の) には　【縮】-기엔
	·이 집은 가족이 살기에는 좀 좁다. ·아직 결론을 내리기에는 이르다.		この家は家族が住むには少し狭い。 まだ結論を下すには早い。
50	V-는 길 (에)	移動の途中	「가다, 오다などに付いて」～途中で、ついでに
	·출장 가는 길에 고향에 들렀다. ·회사 가는 길에 우연히 만났다.		出張に行く途中、故郷に立ち寄った。 会社に行く途中で偶然出会った。
51	V-는 김에 V- (으) ㄴ 김에	機会・きっかけ	～ついでに、～機会に、～折に ～するついでに
	·시장에 가는 김에 간장도 사 와. ·말이 나온 김에 대답을 듣고 싶다. ·마음을 먹은 김에 당장 하자.		市場に行くついでに醤油も買ってきて。 話が出たついでに返事を聞きたい。 決心がついたからすぐしよう。
52	V-는 대로 V- (으) ㄴ 대로 V- (으) ㄹ 대로	同様に、すぐ、その都度	①～するとおり、～するままに、～するように、～する分だけ ②～し次第、～したらすぐに、～たびに
	·아는 대로 설명하겠다. ·미국에 도착하는 대로 연락할게요. ·기회 있는 대로 메모를 한다.		知っているとおり説明しよう。 アメリカに到着したらすぐ連絡します。 機会ある度にメモをする。
53	V-는 도중 (에)	途中、機会	～する途中 (に/で) 、～している途中 (に/で)
	·집에 가는 도중에 백화점에 들렀다. ·이야기하는 도중에 자주 물을 마셨다.		家に帰る途中にデパートに立ち寄った。 話す途中に度々水を飲んだ。
54	V-는 동안 (에)	持続期間、間	～する間 (に) 、～している間 (に)
	·가게에서 기다리는 동안 잡지를 봤다. ·여행을 하는 동안 호텔에 묵었다.		店で待っている間、雑誌を読んだ。 旅行をする間、ホテルに泊まった。
55	V-는 한	条件	～ (する/している) 限り
	·가족이 있는 한 의지할 곳이 있다. ·이런 사람들이 있는 한 미래는 밝다.		家族がいる限り頼る所がある。 こういう人たちがいる限り未来は明るい。
56	A-다 해도 V-ㄴ다/는다 해도 N- (이) 라 해도	逆接の条件	～ (する) としても
	·가깝다 해도 차로 세 시간은 걸린다. ·좀 남는다고 해도 다음에 팔면 된다. ·여름이라 해도 강물은 아주 차갑다.		近いと言っても車で3時間はかかる。 少し残るとしても次に売ればいい。 夏と言っても川の水はとても冷たい。

57	VA-다가 보니까 VA-다가 보니 VA-다 보니	発見、原因、結果	～（する/している）うちに ～ので、～しているうちに
	·이야기하다 보니 갈 시간이 다 됐다. ·그의 말을 듣다 보니까 화가 났다. ·살기가 어렵다 보니 어쩔 수 없었다.		話しているうちに行く時間になった。 彼の話を聞いているうちに腹が立った。 生活が苦しいから仕方なかった。
58	V-다（가）보면 V-다 보면	継続・予想、原因・結果	～していれば、～していると、～していたところ、～ているうちに
	·먹다 보면 익숙해지기 마련이다. ·망설이다 보면 기회를 놓치기 쉽다. ·이 길로 가다 보면 학교가 나온다.		食べているうちに慣れるものだ。 ためらっていると機会を逃しやすい。 この道でずっと行くと学校が出てくる。
59	A-다（고） 해서 V-ㄴ다/는다（고）해서 N-（이）라）（고）해서	伝聞の理由・原因	～（する）からと言って、～（する）からって、～（する）と言うので
	·책만 읽는다고 해서 지식인은 아니다. ·단풍이 예쁘다고 해서 보러 갔다.		本ばかり読むからといって知識人ではない。 紅葉がきれいだというので見に行った。
60	N-도 N-（이）지만	逆接の肯定	「同じ体言を繰り返して」 ～も～だけど、～（のこと）もそうだが
	·돈도 돈이지만 우선 건강이 중요하다. ·엄마도 엄마지만 아빠가 더 걱정이다.		お金もそうだが、まず健康が大事だ。 母のこともそうだが、父がもっと心配だ。
61	N-도 아닌데	意外、不服	～でもないのに
	·봄도 아닌데 벚꽃이 피었다. ·내 잘못도 아닌데 야단을 맞았다.		春でもないのに桜が咲いた。 私のミスでもないのに叱られた。
62	VA-든지 VA-든지 （간에） VA-든 VA-든 （간에）	無区別	～しようが～しようが、～しようと～しようと
	·이기든지 지든지 최선을 다해야 한다. ·걷든지 뛰든지 맘대로 해라.		勝とうが負けようが最善を尽くすべきだ。 歩こうが走ろうが勝手にしなさい。
63	（마치）VA-（으）ㄴ 것처럼/ -는 처럼/ -던 것처럼	例示・例え、同様	（まるで）～したかのように、 ～であるかのように
	·사진을 찍어 놓은 것처럼 정교하다. ·아직도 망설이는 것처럼 보였다. ·아무 일도 없었던 것처럼 들어왔다.		写真を撮ったかのように精巧だ。 まだ迷っているかように見えた。 何事もなかったかのように入ってきた。
64	（마치）V-（으）ㄹ 것（처럼/같이）	例え・様態	（まるで）～するかのように、 （あたかも）～するかのように
	·돈을 갚을 것처럼 거짓말을 했다. ·하늘에 닿을 것처럼 높이 솟은 빌딩		あたかもお金を返すかのように嘘をついた。 天に届くかのように高くそびえるビル

65	N-만 V- (으) 면	最小限の条件、決まって	～さえ～すれば、～しさえすれば、 ～すれば必ず
	·그녀는 술만 먹으면 운다. ·내가 빨래만 하면 비가 온다.		彼女はお酒を飲むと決まって泣く。 私が洗濯すると決まって雨が降る。
66	N-만 V- (아/어) 도	最小限の条件	～だけ～しても、～ (する/した) だけでも
	·이젠 냄새만 맡아도 알 수 있다. ·한 잔만 마셔도 취할 것 같다.		もう臭いをかぐだけでも分かる。 一杯飲んだだけで酔いそうだ。
67	N-만 빼고	限定、除外	～を除いて、～以外は何でも
	·잠자는 시간만 빼고 공부만 한다. ·나는 월요일만 빼고 다 괜찮다.		寝る時間を除いて勉強ばかりする。 私は月曜日以外は全部大丈夫だ。
68	N-만 해도	限定	～だけでも、～だけみても、～だけしても
	·10년 전만 해도 상상도 못했을 거다. ·마을 축제는 상상만 해도 즐겁다.		10年前は想像もできなかっただろう。 村の祭りは想像するだけでも楽しい。
69	아무리 V- (아/어) 야	譲歩仮定、無関係	いくら～ (する/した/だ) としても、 いくら～ (した/だ) って
	·아무리 말해 봐야 소용이 없어. ·아무리 노력해야 소용이 없다.		いくら話してみたって無駄だよ。 いくら努力したって無駄だ。
70	N-에 관해 (서) N-에 관하여 N-에 관한	話題の対象	～に関して、～について、～に関する
	·골프에 관해서 아는 것이 없다. ·날씨에 관한 속담이 많다.		ゴルフについて知っていることがない。 天気に関することわざが多い。
71	-에 대해 (서) -에 대하여 -에 대한	対象	～について、～に対して ～についての、～に対しての
	·그 문제에 대해 의견을 듣고 싶다. ·아이 교육에 대한 생각이 다르다.		その問題について意見を聞きたい。 子供の教育に対する考え方が違う。
72	-에 비해 (서) -에 비하여 -에 비하면	基準、比較	～に比べて ～に比べると
	·나이에 비해서 참 젊어 보인다. ·이것은 가격에 비하면 품질이 좋다.		年に比べてとても若く見える。 これは価格に比べると品質が良い。
73	N-에 따라 (서) N-에 따른	(基準・条件・対象に) 依拠・比例	～に従って、～によって、～に伴い、 ～のとおりに、～につれて
	·각도에 따라 다르게 보인다. ·자기 결정에 따른 책임을 져야 한다.		角度によって違って見える。 自己決定に伴う責任を負うべきだ。

第3章 文法

No.	文型	意味	日本語
74	**N-에 따르면**	情報、判断の根拠	**～によれば、～によると**
	·연구 결과에 따르면 식생활은…. ·일기 예보에 따르면 내일부터….		研究結果によれば食生活は…。 天気予報によると明日から…。
75	**N-에 (게) 있어 (서)**	立場・視点	**～にとって、～において**
	·나에게 있어서 가족은 나의 전부이다. ·성능에 있어서 별 차이가 없다. ·상품 구매에 있어서 중요한 조건은…		私にとって家族は私のすべてだ。 性能において特に違いはない。 商品購買において重要な条件は…
76	**N-와/과 반대로**	反対・対比	**～と反対に、～とは逆に**
	·예상과는 반대로 시합에 지고 말았다. ·앞에서 말한 것과 반대로….		予想とは反対に試合に負けてしまった。 前で話したことと反対に…。
77	**N-은/는 N-대로**	区別	**「同じ体言を繰り返して」～は～なりに、～は～で**
	·산은 산대로 강은 강대로 좋다. ·너는 너대로 나는 나대로 하자.		山は山で川は川で好きだ。 君は君なりに私は私なりにしよう。
78	**N-은/는 물론 (이고)**	当然	**～はもちろん (のこと)**
	·아이는 물론 어른도 좋아할 것이다. ·노래는 물론이고 춤도 잘 춘다.		子供はもちろん大人も喜ぶだろう。 歌はもちろんダンスもうまい。
79	**N-을/를 비롯해 (서)** **N-을/를 비롯하여** **N-을/를 비롯한**	代表的な例、先頭・中心	**～をはじめとして** **～をはじめとした**
	·사장을 비롯해 모든 사원이 참석했다. ·한국을 비롯하여 각국에서 유행했다.		社長をはじめとして全社員が参加した。 韓国をはじめとして各国で流行った。
80	**N-을/를 위해 (서)** **N-을/를 위하여** **N-을/를 위한**	目的・目標、恩恵	**～のために** **～のための**
	·건강을 위하여 운동을 하자. ·관광객을 위한 휴게시설이 부족하다.		健康のために運動をしよう。 観光客のための休憩施設が足りない。
81	**N-을/를 통해 (서)** **N-을/를 통하여** **N-을/를 통한**	媒介・手段、過程・期間・範囲	**～を通じて、～を通して** **～を通じた、～を通した**
	·놀이를 통해 많은 것을 배운다. ·인터넷을 통한 구입이 급증하고 있다.		遊びを通して多くのことを学ぶ。 ネットを通じた購入が急増している。
82	**N-을/를 가지고**	対象、手段・道具・材料	**～のことで、～で、～を使って、～を持って**
	·이 정도 추위를 가지고 놀랐어요? ·사소한 문제를 가지고 화를 낸다. ·쌀을 가지고 국수나 빵을 만든다.		この程度の寒さで驚きましたか。 ちょっとした問題で怒る。 米で麺やパンを作る。

合格資料－20 ３級出題の終結形慣用表現リスト

※ 結合関係表示：V（動詞）、A（形容詞）、N（名詞）

	慣用表現		意味・用例
1	**V-는 것 같다** **VA-(으) ㄴ 것 같다** **VA-(으) ㄹ 것 같다**	推測	**～するようた、～する気がする、** **～（である）ようだ、～みたいだ、** **～したようだ、～した気がする** **～そうだ、～ようだ、～みたいだ**
	·비가 오는 것 같다. ·비가 온 것 같다. ·좀 짧은 것 같다. ·비가 올 것 같다. ·이 김치는 매울 것 같다.		雨が降っているようだ。 雨が降ったようだ。 少し短いようだ。 雨が降りそうだ。 このキムチは辛そうだ。
2	**V-는 모양이다** **VA-(으) ㄴ 모양이다** **VA-(으) ㄹ 모양이다**	推測	**～する/しているようだ、～らしい、～したようだ、ようだ、～そうだ**
	·비가 오는 모양이다. ·비가 온 모양이다. ·비가 올 모양이다. ·서울은 아주 추운 모양이다. ·내일은 아주 추울 모양이다.		雨が降っているようだ。 雨が降ったようだ。 雨が降りそうだ。 ソウルはとても寒いようだ。 明日はとても寒くなりそうだ。
3	**V-는가 보다** **AN-(으) ㄴ가 보다** **VA-(았/었/였) 던가 보다**	推測	**～（の）ようだ、～みたいだ** **～するようだ、～するみたいだ**
	·비가 오는가 보다. ·뭔가 좋은 일이 있는가 보다. ·오늘은 기분이 좋은가 보다. ·얼굴이 닮은 걸 보니 딸인가 보다. ·친구들이 왔던가 봐요.		雨が降っているようだ。 何かいいことがあるようだ。 今日は気分がいいようだ。 顔が似ているのをみると娘のようだ。 友だちが来ていたようです。
4	**VA-(으) ㄹ 것이다**	推測、意志	**①～（する）だろう、～（する）と思う** **②～するつもりだ**
	·지금쯤 도착했을 것이다. ·별로 춥지 않을 거예요. ·나는 끝까지 싸울 것이다.		今ごろ到着しただろう。 それほど寒くないでしょう。 私は最後まで闘うつもりだ。
5	**V-(으) ㄹ 건가요?**	計画・意志の確認・疑問	**～つもりですか、～のですか、～ますか**
	·누가 발표를 할 건가요? ·어떤 기준으로 뽑을 건가요?		誰が発表をするのですか。 どんな基準で選ぶつもりですか。
6	**V-는건가(요)?** **VA-(으) ㄴ건가(요)?**	事実・状況の確認	**～のですか、～たのですか**
	·이 소리는 어디서 나는 건가요? ·여드름은 왜 생기는 건가요? ·이 건물은 누가 지은 건가요?		この音はどこからするのですか。 にきびはなぜできるのですか。 この建物は誰が建てたのですか。

7	VA-(으) ㄹ 지 (도) 모르다 V-는지 (도) 모르다	推測・可能性	～であるかもしれない ～（する/している）かもしれない
	·밤에 비가 올지도 모른다. ·그를 만날 수 있을지도 모른다. ·밤에는 추울지도 모른다.		夜に雨が降るかもしれない。 彼に会えるかもしれない。 夜は寒いかもしれない。
8	VA-(으) ㄴ 것이다 V-는 것이다	説明・主張	～のだ、～である、～なのだ、 ～（な）ものである、～したのだ
	·담배는 건강에 해로운 것이다. ·질병은 예방과 치료가 필요한 것이다. ·좋은 책은 좋은 독자가 만드는 것이다.		タバコは健康に有害なものだ。 疾病は予防と治療が必要である。 良い本は良い読者が作るものだ。
9	V-(으) ㄴ 적이 있다/ 없다	時・経験	～したことがある/ない
	·아이에게 화낸 적이 있다. ·약속을 잊은 적이 있다.		子供に怒ったことがある。 約束を忘れたことがある。
10	VA-(으) ㄴ 편이다 V-는 편이다	傾向・部類	～な方だ、～ほうだ
	·아직은 여유가 좀 있는 편이다. ·그녀는 평균보다 키가 큰 편이다.		まだちょっと余裕があるほうだ。 彼女は平均より背が高いほうだ。
11	V-(으) ㄹ 것 없다	不要	～することはない、～するには及ばない、 ～するまでもない、～必要もない
	·그것은 조사할 것까지도 없다. ·거기까지 직접 갈 것까지도 없다.		それは調べるまでもない。 そこまで直接行くまでもない。
12	VA-(으) ㄹ 리 (가) 없다 VA-(으) ㄹ 리 (가) 있 (겠) 어 (요) ? VA-(았/었/였) 을 리 (가) 없다	理由・可能性の否定	（否定・反問の語を伴って） ～はずがない、～わけがない、 ～なんてあり得ない
	·그의 마음도 편할 리가 없다. ·그 사람이 올 리가 있겠어요? ·그가 그런 말을 했을 리가 없다.		彼の心も穏やかなわけがない。 彼が来るわけがありません。 彼がそんな話をしたなんてあり得ない。
13	V-(으) ㄹ 뻔했다	寸前の状態	～ところだった、～そうだった
	·하마터면 차에 치일 뻔했다. ·늦잠을 자서 지각할 뻔했다.		危うく車にひかれるところだった。 寝坊をして遅刻するところだった。
14	VA-(으) ㄹ 뿐이다 VA-았/었을 뿐이다	限定	～だけだ、～に過ぎない、～するまでだ ～（だった）だけだ
	·그는 말 없이 웃고만 있을 뿐이었다. ·나는 그저 지시에 따랐을 뿐이다.		彼は黙って笑っているだけだった。 私はただ指示に従っただけだ。
15	VA-(으) ㄹ 수 있다 VA-(으) ㄹ 수 없다	可能性・能力の有無	～ことができる、～ことができない ～可能性がある/ない、～し得る/得ない
	·이 계단은 올라갈 수 없어요. ·이 책 빌릴 수 있어요? ·이 자전거는 여기서 고칠 수 있다.		この階段は上がれません。 この本借りられますか。 この自転車はここで直すことができる。

16	V-는 수밖에 없다 VA- (으) ㄹ 수밖에 없다	選択の余地のない 状況	「動詞」～しかない、～ほかない、 ～のは避けられない、～以外あり得ない
	·열심히 노력하는 수밖에 없다. ·안 맞으면 헤어지는 수밖에 없다. ·돈이 없으니까 단념할 수밖에 없다.		一生懸命に努力するしかない。 合わなければ別れるしかない。 お金がないから諦めるしかない。
17	V- (으) ㄹ 줄 알다 V- (으) ㄹ 줄 모르다	方法・技能・能力	～ことができる、～ことができない
	·아직 자전거도 탈 줄 모른다. ·아직 세 살이지만 이름은 쓸 줄 안다.		まだ自転車も乗れない。 まだ三歳だけど、名前は書ける。
18	V- (으) ㄹ 틈도 없다	無余裕	～する暇もない
	·일이 바빠서 식사할 틈이 없다. ·다른 문제에 신경 쓸 틈도 없다.		仕事が忙しくて食事する暇もない。 他の問題に気を使う暇もない。
19	V- (으) ㄹ까 하다	意図	～しようかと思う
	·내년에 유학을 갈까 한다. ·내일부터는 운동을 시작할까 한다.		来年留学に行こうかと思う。 明日からは運動を始めようかと思う。
20	N- (으) 로 보다	判断	①～と思う/考える/見なす ②～から判断する
	·잘 끝낼 수 있을 것으로 본다. ·계획은 실현이 불가능한 것으로 본다. ·과반수가 넘으면 전체 의사로 본다.		うまく終わらせることができると思う。 計画は実現が不可能だと思う。 過半数を越えると全体の意思と見なす。
21	N- (이) 나 다름없다/같다 N- (이) 나 마찬가지다	同様、同然	～も同然だ、～も同様だ、～と同じだ
	·그분은 그에게는 부모나 마찬가지다. ·두 사람은 형제나 다름없는 사이다.		その方は彼にとって親も同然だ。 二人は兄弟同然の間柄だ。
22	V-는거나 다름없다 V-는거나 마찬가지다 / 같다 VA- (으) ㄴ거나 다름없다 VA- (으) ㄴ거나마찬가지다/ 같다	同様、同然	～も同然だ、 ～も同様だ、 ～と同じだ
	·그 시합은 이긴 거나 마찬가지다. ·그와는 헤어진 거나 다름없다. ·고모가 키워준 거나 다름이 없다.		その試合は勝ったも同然だ。 彼とは別れたのも同然だ。 おばが育ててくれたようなものだ。
23	V- (아/어) 내다	完遂・達成	～し出す、～し切る、～し抜く、～し終える、十分に～する
	·이 일은 꼭 내 힘으로 해 내겠다. ·우수한 전문가들을 길러 냈다.		このことは必ず私の力でやり抜く。 優秀な専門家たちを育て上げた。
24	V- (아/어) 놓다	結果持続	～しておく
	·옷을 다려 놓았다. ·더워서 창문을 열어 놓았다.		服にアイロンをかけておいた。 暑くて窓を開けておいた。

No.	表現	意味	日本語
25	V- (아/어) 두다	結果持続	~しておく
	·불을 켜 두고 잠이 들었다. ·보석은 금고에 보관해 두었다.		電気をつけたままで寝入った。 宝石は金庫に保管しておいた。
26	V- (아/어) 버리다	終結・完了	~てしまう
	·밥도 안 먹고 나가 버렸다. ·동생이 과자를 다 먹어 버렸다.		ご飯も食べないで出て行ってしまった。 妹がお菓子を全部食べてしまった。
27	VA- (아/어) 보이다	印象、推測	~しそうに見える、~して見せる
	·케이크가 정말 맛있어 보인다. ·엄마는 열 살은 젊어 보인다. ·손을 흔들어 보이며 버스에 올랐다.		ケーキが本当に美味しそうに見える。 母は10歳は若く見える。 手を振ってみせながらバスに乗った。
28	V- (아/어) 주었으면 하다 V- (아/어) 줬으면 하다	願望	~してくれたらと思う、~してもらいたい
	·빨리 말해 줬으면 해요. ·사랑한다는 것을 알아줬으면 한다. ·튼튼히 자라 주었으면 해요.		早く言ってくれたらと思います。 愛しているというのをわかってほしい。 元気に育ってくれたらと思います。
29	VA- (아/어) 서 그렇다	理由・根拠の説明	(する / である) のでそうなのだ、 ~ (する / である) からだ
	·다리가 아파서 그래요. ·목이 말라서 그래요.		足が痛いからです。 のどが渇いたからです。
30	A-아/어서 죽겠다	極限、程度・状態の強調	~て死にそうだ、~くてたまらない
	·일이 힘들어서 죽겠어요. ·배가 고파서 죽겠어요. ·오늘은 더워서 죽겠다.		仕事がものすごく大変です。 お腹がすいていて死にそうです。 今日は暑くてたまらない。
31	V-아/어서는 안되다	禁止・制限	~してはいけない
	·길에 쓰레기를 버려서는 안 된다. ·거짓말을 해서는 안 된다.		道にごみを捨ててはいけない。 嘘をついてはいけない。
32	VA-아/어야 VA- (으) ㄹ 수 있다 N- (이) 라야 VA- (으) ㄹ 수 있다	必須条件・可能	~てこそ~できる、~なければ~できない
	·스트레스가 적어야 건강할 수 있다. ·여섯 시가 되어야 퇴근할 수 있다. ·상대의 마음을 읽어야 이길 수 있다.		ストレスが少なくてこそ健康になれる。 6時にならなければ帰れない。 相手の心を読まなければ勝てない。
33	VA- (아/어) 야 VA-지 (요) N- (이) 라야 VA-지 (요)	必須条件	~してはじめて~する、~しなければ~しない
	·돈이 있어야 여행을 가지요. ·학생이라야 할인을 받을 수 있지요. ·배추로 만들어야 맛있지요.		お金がないから旅行に行けません。 学生でないと割引は受けられません。 白菜で作らないと美味しくないです。
34	VA-았/었어야 하다 VA-았/었어야 되다	後悔・反省・不満	~するべきだった、~すればよかった
	·두 시까지 도착했어야 했다. ·5시에 일어났어야 했다. ·비오는 날은 더 조심했어야 됐다.		2時までに到着すべきだった。 5時に起きればよかった。 雨の日はもっと注意すべきだった。

35	VA-아/어야만 하다 VA-아/어야만 되다	必要・義務・当然	～しなければならない、～するべきである
	·오늘 선생님을 만나야만 한다. ·본인이 직접 와야만 된다.		今日先生に会わなければならない。 本人が直接来なければならない。
36	A- (아/어) 지다	変化、受け身	～になる、～くなる、～ (ら) れる
	·오후에는 날씨가 좋아졌다. ·약을 먹었더니 괜찮아졌다. ·나는 그의 말이 믿어지지 않았다.		午後は天気がよくなった。 薬を飲んだらよくなった。 私は彼の話が信じられなかった。
37	VA-았/었으면 VA-았/었을 텐데 (요)	後悔・不満	～したら/すれば、～しただろうに
	·조금만 더 참았으면 됐을 텐데. ·이걸 먼저 했으면 좋았을 텐데.		もう少し我慢したらよかっただろうに。 これを先にしたら良かっただろうに。
38	VA- (으) 면 하다/싶다/좋겠다 VA-았/었으면 하다/싶다/좋겠다	願望	～たらいいのにと思う、～したいと思う
	·돈이 많았으면 좋겠다. ·두 시까지 와 주면 좋겠다. ·내일은 비가 안 왔으면 좋겠다.		お金がたくさんあったらいいのにと思う。 二時までに来てほしい。 明日は雨が降らなければいいのにと思う。
39	VA-게 되다	状態の変化	～するようになる、～することになる
	·다음 달에 결혼하게 되었다. ·아버지를 이해하게 되었다.		来月結婚することになった。 父を理解できるようになった。
40	V-게 하다	使役・許可	～させる、～にする
	·동생에게 청소를 하게 했다. ·세 시간 동안 쉬게 했다. ·아이들을 교실에서 나가게 했다.		弟に掃除をさせた。 三時間休ませた。 子供たちを教室から出るようにした。
41	V-고 V-고 (하다)	反復	～したり～したり (する)
	·친구 집에서 먹고 자고 한다. ·하루 종일 만들고 부수고 한다.		友達の家で食べたり寝たりしている。 一日中作ったり壊したりする。
42	V-고 다니다	手段、目的、結果持続	～して通う ～して回る、～して歩き回る
	·회사에는 전철을 타고 다닌다. ·나쁜 짓만 하고 다닌다. ·이 날씨에 셔츠 한 장만 입고 다닌다.		会社には電車に乗って通う。 悪いことばかりして回る。 こんな天気にシャツ一枚だけ着て出歩く。
43	V-기 시작하다	開始・始動	～し始める
	·비가 오기 시작했다. ·벚꽃이 피기 시작했다. ·날이 더워지기 시작했다.		雨が降り始めた。 桜が咲き始めた。 暑くなり始めた。
44	V-기 (가) 쉽다	可能性・傾向	～しやすい、～しがちだ
	·일을 서두르면 실수하기가 쉽다. ·운동이 부족하면 살이 찌기가 쉽다.		仕事を急ぐとミスをしやすい。 運動不足だと太りやすい。

45	V-기 (가) 어렵다	困難・傾向	～するのが難しい、～しにくい ～しがたい
	·모든 일을 완벽하게 하기는 어렵다. ·그 분야에서 성공하기는 어렵다. ·이 단어는 발음하기가 어렵다.		すべての事を完璧にこなすのは難しい。 その分野で成功するのは難しい。 この単語は発音するのが難しい。
46	V-기 (를) 바라다	期待・願望、要請	～する/であることを願う
	·시험에 합격하기를 바란다. ·전쟁이 빨리 끝나기를 바란다. ·모르는 것은 질문해 주기 바란다.		試験に合格することを願う。 戦争が早く終わることを願う。 分からないことは質問してほしい。
47	VA-기는 VA-다	強調、一部肯定	「同じ用言を繰り返して」～することは ～する、～するには～する、～ことは～だ
	·겨울에도 비가 오기는 온다. ·비싼 물건이 좋긴 좋은 모양이다.		冬にも雨が降るには降る。 高いものが良いのは良いようだ。
48	VA-기는 하다	一部肯定	～することは～する、～するには～する、 ～(な)ことは～だ
	·밥을 먹기는 하지만 식욕이 없다. ·춥기는 하지만 어제보다는 덜 춥다.		ご飯を食べはするが食欲がない。 寒いのは寒いけど、昨日よりは寒くない。
49	VA-기도 하다	一部肯定、強調	～することもある、～したりする、 ～でもある
	·가끔 문제가 생기기도 한다. ·어느 정도 규제가 필요하기도 하다. ·생선이 정말 싱싱하기도 하네.		たまに問題が起こったりする。 ある程度規制が必要でもある。 魚が本当に新鮮だね。
50	N-기로 하다	決定・約束	～することにする
	·다음 주에 모이기로 했다. ·다시는 담배를 피우지 않기로 했다.		来週集まることにした。 二度とタバコを吸わないことにした。
51	VA-나 보다 VA-았/었나 보다	推測	～するようだ、～したようだ
	·아무도 없나 봐요. ·공부를 열심히 하나 보다. ·비행기가 지금 도착했나 봐요.		誰もいないようです。 勉強を一生懸命やっているようだ。 飛行機がいま到着したようです。
52	V-는 길이다	移動の途中・機会	～（行く / 来る / 向かう / 帰る）ところ、 ～途中で
	·지금 공항에 가는 길이다. ·책을 사러 서점에 가는 길이다.		いま空港へ行く途中だ。 本を買いに書店へ行くところだ。
53	N-는/은 물론이다	当然・自明の事柄	～はもちろんだ
	·돈이 중요함은 물론이다. ·다 알고 있었던 것은 물론이다.		お金が大事なのはもちろんだ。 全部分かっていたことはもちろんだ。
54	V-다 남다	中断・残留	～し残る、～し残す
	·하다 남은 일 ·마시다 남은 술 ·피우다 남은 담배		やり残した仕事 飲み残したお酒 吸い残ったタバコ

55	VA-다 (가) VA-다 (가) 하다	反復発生	~したり~したりする
	·버스가 가다가 멈추다가 한다. ·모두 울다가 웃다가 했다. ·날씨가 덥다가 춥다가 하네요.		バスが進んだり止まったりする。 みんな泣いたり笑ったりした。 暑かったり寒かったりしますね。
56	V-다 (가) 말다	中断・中止	~していて (途中で) 止める、~しかけて止める、~していたが止める
	·일기를 쓰다가 말고 생각에 잠겼다. ·주머니에서 꺼내려다가 말았다. ·뭔가 말을 하려다가 말았다.		日記を書くのをやめて考え込んだ。 ポケットから取り出そうとしてやめた。 何か言おうとしてやめた。
57	V-다 (가) 그만두다	中断・中止	~していて (途中で) 止める、~しかけて止める、~していたが止める
	·작업을 하다가 그만두었다. ·먹을까 하다가 그만두었다.		作業を途中でやめた。 食べようかと思ったがやめた。
58	A-다고 그러다 V-ㄴ다고 그러다 V-는다고 그러다	伝聞確認、反問	~と言う、~だそうだ
	·내용이 아주 슬프다고 그래요. ·누가 먹는다고 그래요? ·갑자기 왜 운동을 한다고 그래요?		内容がとても悲しいそうです。 誰が食べるというんですか。 急に何で運動をするというんですか。
59	A-다고 보다 V-ㄴ다고 보다 V-는다고 보다	判断・見解	~と思う、見なす
	·간단히 설명할 수는 없다고 본다. ·폭넓은 독서가 필요하다고 본다. ·그 사건은 사실이 아니었다고 본다.		簡単に説明できないと思う。 幅広い読書が必要だと思う。 その事件は事実ではなかったと思う。
60	A-다고 하다 V-ㄴ다고 하다 V-는다고 하다	伝聞・引用	~だと言う、~だそうだ
	·내일은 시간이 없다고 한다. ·다음 주부터 장마가 시작된다고 한다. ·음식이 대개 짜다고 한다.		明日は時間がないそうだ。 来週から梅雨が始まるそうだ。 食べ物がたいてい塩辛いと言う。

文法問題

※（　　）の中に入れるのに適切なものを①～④の中から一つ選びなさい。

1)――모두가 다 모일 수 있는 날은 모레(　　) 없다.

☐ ① 만큼은　② 라야만　③ 뿐　④ 말고는

2)――이 음식은 엄마랑 언니랑 나랑 셋(　　) 만든 거예요.

☐ ① 이나　② 이서　③ 이야　④ 으로서

3)――사랑(　　) 서로 이해하고 아끼려는 마음이다.

☐ ① 이란　② 이나　③ 이자　④ 이랑

4)――세상 일이 다 자기 생각(　　) 되는 것이 아니다.

☐ ① 마다　② 에서처럼　③ 대로　④ 에다가

5)――인구 문제(　　) 한국의 최대의 과제다.

☐ ① 이랑　② 이야말로　③ 이든　④ 이라야

6)――나는 남편(　　) 부족한 점이 많다.

☐ ① 으로서　② 이란　③ 만큼　④ 말고도

7)――사진을 보니 아들(　　) 아빠가 정말 닮았네.

☐ ① 로써　② 이란　③ 이랑　④ 이라고

8)――우리 회사에서 나(　　) 외국에서 오래 근무한 사람은 없다.

☐ ① 밖에　② 만큼　③ 말고도　④ 야말로

➡ 3級出題範囲の助詞、語尾、慣用表現は合格資料16～20(87～113ページ)を参照

9) ―공원에 꽃이 필 때(　　) 사진을 찍으러 간다.

☐　① 만큼　② 랑　③ 뿐　④ 마다

10) ―배가 너무 고파서 밥을 세 그릇(　　) 먹었다.

☐　① 이든　② 야말로　③ 이나　④ 에다

11) ―나도 너(　　) 영어를 할 수 있으면 좋겠다.

☐　① 만큼　② 대로　③ 이야말로　④ 마다

12) ―그거(　　) 내가 찾던 물건이다.

☐　① 로서　② 야말로　③ 랑　④ 든지

13) ―그는 사장(　　) 세 개의 회사를 경영하고 있다.

☐　① 대로　② 이란　③ 이라도　④ 으로서

14) ―나는 처음(　　) 마지막으로 그에게 부탁하기로 했다.

☐　① 이나　② 이면　③ 이자　④ 이야

15) ―그 사람(　　) 그 일을 맡길 사람이 없다.

☐　① 만큼은　② 말고는　③ 으로서는　④ 야말로

16) ―휴대 전화를 (　　) 운전하면 안 돼요.

☐　① 보거나　② 보면　③ 보다가　④ 보며

17) ―지금 (　　) 오늘 중에 도착할 수 있다.

☐　① 출발해야　② 출발하는데　③ 출발하면서　④ 출발하며

➡ 【正答】は122ページへ、【解説】は309、310ページへ

文法問題

18) —언니가 여름 휴가 때 같이 여행을 (　　) 했는데 거절했다.

☐ ① 간다고 ② 가자고 ③ 가냐고 ④ 가자면

19) —벌써 4점이나 (　　) 우리가 이긴 거나 마찬가지다.

☐ ① 넣어야만 ② 넣자면 ③ 넣는다면 ④ 넣었으니

20) —무슨 일을 (　　) 열심히 하는 게 중요해요.

☐ ① 하자면 ② 하자마자 ③ 하든지 ④ 하는데

21) —너무 피곤해서 침대에 (　　) 잠이 들었다.

☐ ① 누우려고 ② 눕자마자 ③ 눕다가 ④ 누우면

22) —직접 해 (　　) 별로 어렵지 않았어요.

☐ ① 봐서 ② 봐야 ③ 보니까 ④ 본다면

23) —나도 젊었을 때 (　　) 사랑했던 사람이 있었다.

☐ ① 죽도록 ② 죽든지 ③ 죽자고 ④ 죽거나

24) —무슨 뜻인지 다시 한 번 (　　) 설명해 주세요.

☐ ① 자세한지 ② 자세하게 ③ 자세하지만 ④ 자세하냐고

25) —머리가 (　　) 무리하지 말고 일찍 퇴근하세요.

☐ ① 아픈지 ② 아프다고 ③ 아프도록 ④ 아프다면

26) —창문을 (　　) 바람이 불어서 다시 닫았다.

☐ ① 열거나 ② 열었으면 ③ 열었다가 ④ 연다면

➡ 【正答】は122ページへ、 【解説】は310、311ページへ

27) ―그렇게 매일 밤 늦게까지 술을 (　　) 병이 날 거예요.

☐ ① 마시다간　② 마시자　③ 마시듯이　④ 마시는데

28) ―내일 비가 (　　) 집에서 영화나 보겠어요.

☐ ① 오느냐고　② 온다면　③ 오다가　④ 오자마자

29) ―방이 (　　) 왜 불을 안 켜요?

☐ ① 어두운데　② 어두운지　③ 어두우니　④ 어두우냐면

30) ―늦잠을 자서 (　　) 서둘러 집을 나갔다.

☐ ① 일어나다가　② 일어나자고　③ 일어나자면　④ 일어나자마자

31) ―내일은 일곱 시에 서울역에서 (　　) 합시다.

☐ ① 모이든지　② 모이자마자　③ 모이도록　④ 모여야만

32) ―그 드라마는 여자들뿐만 아니라 남자들한테도 인기가 (　　).

☐ ① 있어야 한다　② 있다고 한다
③ 있을까 한다　④ 있을 수 없다

33) ―아직도 퇴근을 안 하는 걸 보니 일이 많이 (　　).

☐ ① 남을 것 같아요　② 남을까 해요
③ 남았나 봐요　④ 남을 모양이에요

34) ―아마 지금쯤 공항에 (　　).

☐ ① 도착해서 그래요　② 도착하고 싶어요
③ 도착해야만 돼요　④ 도착했을 겁니다

➡ 【正答】は122ページへ、【解説】は311ページへ

文法問題

35)—너무 바빠서 쉴 틈도 거의 (　　).

☐ ① 없을 뿐이에요　② 없는 것 같아요　③ 없을 리가 없어요　④ 없는 거나 마찬가지예요

36)—모든 학생들에게 책을 나눠 주고 감상문을 (　　).

☐ ① 쓰기도 한다　② 쓴 것 같다　③ 쓰게 했다　④ 쓰는 모양이다

37)—건강을 위해 담배를 (　　).

☐ ① 끊을 틈도 없다　② 끊을 뿐이다　③ 끊기로 했다　④ 끊기가 어렵다

38)—다른 것은 잘하는 것이 없는데 그림만은 잘 (　　).

☐ ① 그릴 것이다　② 그리는 편이다　③ 그려서 그렇다　④ 그릴 뻔했다

39)— A：카메라가 아주 좋아 보이네요. 써 보니까 어때요?
B：좋기는 한데 무거워서 들고 (　　) 좀 불편해요.

☐ ① 다니기에　② 다닐 만큼　③ 다닐 뿐이라서　④ 다니든 말든

40)— A：왜 여기에서만 물건을 사세요?
B：여기가 다른 가게(　　) 값이 훨씬 싸거든요.

☐ ① 를 통해서　② 를 비롯해서　③ 에 따라서　④ 에 비해서

➡ 【正答】は122ページへ、 【解説】は311、312ページへ

41) — A : 수민 씨, 오늘 몇 시에 서울에 와요?
B : 세 시에 서울역에 도착해요. (　　) 전화할게요.

☐ ① 도착하고 보니　② 도착하는 대로
③ 도착해 봐야　④ 도착하는 경우에

42) — A : 대학을 졸업한 후에 무엇을 할 생각이에요?
B : 생활이 어려운 사람들(　　) 활동을 하려고 해요.

☐ ① 을 통해서　② 을 비롯해서
③ 을 위해서　④ 을 가지고

43) — A : 요즘 젊은 사람들은 도시에서만 살려고 하는 것 같아요.
B : 그건 (　　) 달라요. 난 시골이 더 좋은데요.

☐ ① 사람에 비해서　② 사람에 따라서
③ 사람에 대해서　④ 사람에 관해서

44) — A : 요즘 나온 휴대 전화는 기능이 많아서 사용하기 힘드네요.
B : 그래요. 설명서를 (　　) 사용법을 잘 모르겠어요.

☐ ① 읽다가 보니　② 읽었는데도
③ 읽은 덕분에　④ 읽은 걸 보면

45) — A : 혼자 하기 어려우면 누구랑 같이 하지 그래?
B : 아니야. 다들 바빠서 (　　) 도와 줄 여유가 없을 거야.

☐ ① 부탁하는 한편　② 부탁하든 말든
③ 부탁하다가 보면　④ 부탁해 봐야

➡ 【正答】は122ページへ、【解説】は312ページへ

文法問題

46) — A：연휴이라서 가는 데마다 사람들로 붐비네.
B：그러네. 미리 알았으면 그냥 집에 (　　).

☐ ① 있을 뻔했네　② 있었을 텐데
③ 있을 뿐인데　④ 있을지도 몰라

47) — A：진우가 (　　). 요즘 수업이 끝나자마자 가네.
B：어머니가 입원해서 집안일을 해야 한대.

☐ ① 바쁜가 봐　② 바쁜 편이야
③ 바쁠 거야　④ 바빠서 그래

48) — A：요새 아이를 안 낳는 부부가 (　　).
B：네, 그래서 인구가 줄어들고 있어요.

☐ ① 많아서 그래요　② 많을 수밖에 없네요
③ 많을지도 몰라요　④ 많다고 하네요

49) — A：몇 시에 어디서 (　　)?
B：아직 모르겠어요. 오늘 중에 전화하겠대요.

☐ ① 만나기는 해요　② 만나기로 했어요
③ 만나기도 했어요　④ 만나길 바라요

50) — A：어제 오래간만에 친구를 만났어요.
B：그래요? 정말 (　　).

☐ ① 반가웠겠네요　② 반가운 모양이에요
③ 반가울 뿐이에요　④ 반가울 리가 없어요

➡ 【正答】は122ページへ、　【解説】は312、313ページへ

51)— A：내일 같이 테니스 치러 가요.

B：미안해요. 내일 친척이 오기 때문에 공항에 (　　).

☐ ① 간다고 해요　② 갈지도 몰라요

③ 가야만 돼요　④ 갈 수밖에 없어요

52)— A：감기에 걸려서 머리도 아프고 콧물도 나요.

B：그럼 빨리 집에 가서 약을 먹고 (　　).

☐ ① 쉴까 해요　② 쉬는 게 좋아요

③ 쉬기로 했어요　④ 쉴 수밖에 없어요

53)— A：어제 길이 너무 막혀서 밤 12시가 넘어서 도착했어요.

B：그래요? 정말 (　　).

☐ ① 힘들었던가 봐요　② 힘들 것 없어요

③ 힘들었겠어요　④ 힘든 건 물론이에요

54)— A：수진 씨는 아직 안 왔어요?

B：아까 왔는데 잠깐 밖에 (　　).

☐ ① 나갈까 말까 해요　② 나갔나 봐요

③ 나간 적이 있어요　④ 나갈까 해요

55)— A：영호 씨는 뭐 하고 있어요?

B：저기에서 누구를 (　　).

☐ ① 만날 뻔했어요　② 만날 것 같아요

③ 만날지도 몰라요　④ 만나는가 봐요

➡ 【正答】は122ページへ、【解説】は313ページへ

文法問題　正答

➡ 文法問題は114ページへ、解説は309ページへ

※ 全問正解になるまで繰り返し練習をしてください。

問題	正答	問題	正答	問題	正答	問題	正答
1	④	16	④	31	③	46	②
2	②	17	①	32	②	47	①
3	①	18	②	33	③	48	④
4	③	19	④	34	④	49	②
5	②	20	③	35	②	50	①
6	①	21	②	36	③	51	③
7	③	22	③	37	③	52	②
8	②	23	①	38	②	53	③
9	④	24	②	39	①	54	②
10	③	25	④	40	④	55	④
11	①	26	③	41	②		
12	②	27	①	42	③		
13	④	28	②	43	②		
14	③	29	①	44	②		
15	②	30	④	45	④		

第4章

漢字問題

問題類型		出題問題数	配点
1	漢字問題	3	1

漢字に関する問題

1 出題内容

漢字に関する問題は、問題で示された漢字と同じハングル表記になる漢字を、つまり同音異字の漢字を選ぶ形式で出題される。

問題で取り上げる漢字は、ハングル検定3級までの語彙リストに登場する漢字語のうち、日本の常用漢字と対応できるもの、日本語と同じ意味で使われる漢字語が主な出題対象になる。出題される漢字語は主に名詞、それも日韓で共通に使われる漢字語の単語の中から出題される。

漢字は韓国では旧字体が使われるが、試験では日本の新字体で出題される。

2 問題類型

問題類型 **漢字問題**

- 漢字語の単語を一つ提示して、その単語の中の下線部の漢字1字のハングル表記と同じ発音で表記される漢字はどれかを4つの選択肢の中から選ぶ問題が3問（配点各1点）出題される。
- 普段から日韓で共通に使われる漢字語の単語については、韓国語ではどのように発音されるかに注意して覚える学習習慣をつけておくことが望ましい。

例題 1

※下線部の漢字と同じハングルで表記されるものを①～④の中から１つ選びなさい。〈1点×3問〉

1）<u>権</u>利

① <u>検</u>査　② 旅<u>券</u>　③ 発<u>見</u>　④ 事<u>件</u>

2）勇気

① 重要　② 遊園地　③ 舞踊　④ 優勝

3）計算

① 形式　② 風景　③ 紹介　④ 季節

正解 1）②　2）③　3）④

解説 1）권리

① 검사　② 여권　③ 발견　④ 사건

2）용기

① 중요　② 유원지　③ 무용　④ 우승

3）계산

① 형식　② 풍경　③ 소개　④ 계절

例題 2

※下線部の漢字と同じハングルで表記されるものを①～④の中から１つ選びなさい。〈1点×3問〉

1）幸福

① 方向　② 恒常　③ 効果　④ 行事

2）競争

① 傾向　② 故郷　③ 空間　④ 共通

3）解決

① 会長　② 被害　③ 階段　④ 外国

正解 1）④　2）①　3）②

解説 1）행복

① 방향　② 항상　③ 효과　④ 행사

2）경쟁

① 경향　② 고향　③ 공간　④ 공통

3）해결

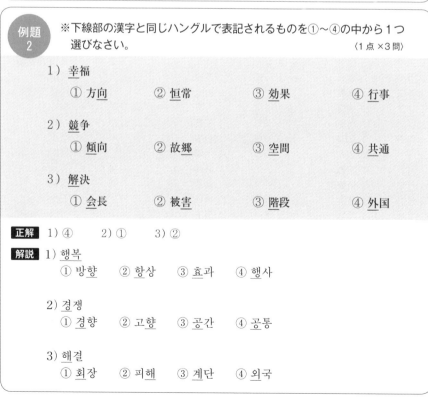

① 회장　② 피해　③ 계단　④ 외국

合格資料－21　3級出題範囲の漢字語リスト

※ 3級出題範囲の名詞の中で日本語と韓国語の両方で使われる共通の単語を中心に抽出してリスト化したものである。

ㄱ

□ 가격	価格	□ 경제	経済	□ 교육	教育
□ 가능	可能	□ 경찰	警察	□ 교장	校長
□ 가능성	可能性	□ 경향	傾向	□ 교재	教材
□ 가면	仮面	□ 경험	経験	□ 교통	交通
□ 가사①	歌詞	□ 계단	階段	□ 교회	教会
□ 가사②	家事	□ 계란	鶏卵	□ 구급차	救急車
□ 가정	家庭	□ 계산	計算	□ 구체[적]	具体[的]
□ 가치	価値	□ 계속	継続	□ 국가	国家
□ 각자	各自	□ 계절	季節	□ 국내	国内
□ 간단	簡単	□ 계획	計画	□ 국민	国民
□ 간판	看板	□ 고급	高級	□ 국어	国語
□ 감독	監督	□ 고려	考慮	□ 국외	国外
□ 감동	感動	□ 고민	苦悶	□ 국제	国際
□ 감사	感謝	□ 고장	故障	□ 군대	軍隊
□ 감상	感想	□ 고통	苦痛	□ 권리	権利
□ 감정	感情	□ 공간	空間	□ 귀국	帰国
□ 강사	講師	□ 공기	空気	□ 규모	規模
□ 강의	講義	□ 공동	共同	□ 규칙	規則
□ 강조	強調	□ 공무원	公務員	□ 근거	根拠
□ 강좌	講座	□ 공사	工事	□ 근본	根本
□ 개별	個別	□ 공업	工業	□ 금주	今週
□ 개인	個人	□ 공연	公演	□ 금지	禁止
□ 거리	距離	□ 공장	工場	□ 기간	期間
□ 거절	拒絶	□ 공통	共通	□ 기계	機械
□ 건강	健康	□ 과거	過去	□ 기관	機関
□ 건물	建物	□ 과목	科目	□ 기념	記念
□ 건배	乾杯	□ 과자	菓子	□ 기능	機能
□ 검사	検査	□ 과장	課長	□ 기대	期待
□ 결과	結果	□ 과정①	過程	□ 기록	記録
□ 결국	結局	□ 과정②	課程	□ 기본	基本
□ 결론	結論	□ 과제	課題	□ 기사	記事
□ 결석	欠席	□ 과학	科学	□ 기술	技術
□ 결정	決定	□ 관계	関係	□ 기억	記憶
□ 경기	競技	□ 관광	観光	□ 기업	企業
□ 경영	経営	□ 관련	関連	□ 기온	気温
□ 경우	境遇	□ 관리	管理	□ 기자	記者
□ 경쟁	競争	□ 광고	広告	□ 기준	基準
		□ 교류	交流	□ 기초	基礎

□ 기회 : 機会
□ 긴장 : 緊張

ㄴ

□ 내과 : 内科
□ 내용 : 内容
□ 내주 : 来週
□ 냉장고 : 冷蔵庫
□ 노동 : 労働
□ 노력 : 努力
□ 노인 : 老人
□ 녹색 : 緑色
□ 녹음 : 録音
□ 농업 : 農業
□ 농촌 : 農村
□ 능력 : 能力

ㄷ

□ 단계 : 段階
□ 단순 : 単純
□ 단위 : 単位
□ 단체 : 団体
□ 담임 : 担任
□ 답안 : 答案
□ 당시 : 当時
□ 당연 : 当然
□ 당일 : 当日
□ 대량 : 大量
□ 대명사 : 代名詞
□ 대부분 : 大部分
□ 대중 : 大衆
□ 대책 : 対策
□ 대통령 : 大統領
□ 대표 : 代表
□ 대화 : 対話
□ 도로 : 道路
□ 도망 : 逃亡
□ 도중 : 途中
□ 도착 : 到着
□ 독립 : 独立
□ 독서 : 読書
□ 독학 : 独学
□ 동기 : 動機
□ 동료 : 同僚
□ 동물 : 動物
□ 동사 : 動詞
□ 동시 : 同時
□ 동양 : 東洋
□ 동창 : 同窓
□ 두부 : 豆腐
□ 등산 : 登山
□ 등장 : 登場

ㅁ

□ 막 : 幕
□ 만점 : 満点
□ 만족 : 満足
□ 면세점 : 免税店
□ 명령 : 命令
□ 명사 : 名詞
□ 모음 : 母音
□ 목적 : 目的
□ 목표 : 目標
□ 무관심 : 無関心
□ 무기 : 武器
□ 무대 : 舞台
□ 무료 : 無料
□ 무리 : 無理
□ 무시 : 無視
□ 무역 : 貿易
□ 무용 : 舞踊
□ 무의미 : 無意味
□ 무책임 : 無責任
□ 문법 : 文法
□ 문자 : 文字
□ 문장 : 文章
□ 문제 : 問題
□ 문학 : 文学
□ 문화 : 文化
□ 물가 : 物価
□ 미남 : 美男
□ 미녀 : 美女
□ 미래 : 未来
□ 미만 : 未満
□ 미술 : 美術
□ 미용실 : 美容室
□ 미인 : 美人
□ 민족 : 民族

ㅂ

□ 박물관 : 博物館
□ 박사 : 博士
□ 박수 : 拍手
□ 반 : 班
□ 반대 : 反対
□ 반면 : 反面
□ 반응 : 反応
□ 발견 : 発見
□ 발달 : 発達
□ 발생 : 発生
□ 발음 : 発音
□ 발전 : 発展
□ 발표 : 発表
□ 방법 : 方法
□ 방송 : 放送
□ 방식 : 方式
□ 방해 : 妨害
□ 방향 : 方向
□ 배우 : 俳優
□ 번역 : 翻訳
□ 번호 : 番号
□ 범위 : 範囲
□ 법률 : 法律
□ 변경 : 変更
□ 변화 : 変化
□ 보고 : 報告
□ 보도 : 報道
□ 보물 : 宝物
□ 보통 : 普通
□ 보험 : 保険
□ 보호 : 保護
□ 복 : 福
□ 복사 : 複写
□ 복습 : 復習
□ 복잡 : 複雑
□ 본문 : 本文
□ 본질 : 本質
□ 봉투 : 封筒

第4章 漢字

□ 부담 負担
□ 부분 部分
□ 부사 副詞
□ 부인 婦人
□ 부정 否定
□ 부족 不足
□ 분명 分明
□ 분야 分野
□ 분위기 雰囲気
□ 불가능 不可能
□ 불교 仏教
□ 불만 不満
□ 불안 不安
□ 불편 不便
□ 비교 比較
□ 비밀 秘密
□ 비용 費用
□ 비판 批判

ㅅ

□ 사각형 四角形
□ 사건 事件
□ 사고 事故
□ 사무 事務
□ 사물 事物
□ 사실 事実
□ 사업 事業
□ 사용 使用
□ 사원 社員
□ 사정 事情
□ 사증 査証
□ 사회 社会
□ 산수 算数
□ 산책 散策
□ 삼각형 三角形
□ 삼계탕 参鶏湯
□ 상관 相関
□ 상대 相対
□ 상상 想像
□ 상태 状態
□ 상품 商品
□ 상황 状況
□ 생명 生命
□ 생활 生活
□ 서양 西洋
□ 서점 書店
□ 선 線
□ 선거 選挙
□ 선배 先輩
□ 선수 選手
□ 선전 宣伝
□ 선택 選択
□ 설명 説明
□ 성격 性格
□ 성공 成功
□ 성명 姓名
□ 성장 成長
□ 성적 成績
□ 성질 性質
□ 세계 世界
□ 세금 税金
□ 세기 世紀
□ 세대 世代
□ 세상 世上
□ 세월 歳月
□ 세탁 洗濯
□ 소개 紹介
□ 소녀 少女
□ 소년 少年
□ 소비 消費
□ 소식 消息
□ 소주 焼酒
□ 속도 速度
□ 솔직 率直
□ 수단 手段
□ 수도 水道
□ 수사 数詞
□ 수술 手術
□ 수영 水泳
□ 수입① 収入
□ 수입② 輸入
□ 수준 水準
□ 수출 輸出
□ 수학 数学
□ 수험 受験
□ 숙박 宿泊
□ 숙소 宿所
□ 순간 瞬間
□ 순서 順序
□ 순위 順位
□ 습관 習慣
□ 시기 時期
□ 시대 時代
□ 시민 市民
□ 시설 施設
□ 시장 市長
□ 시청 市庁
□ 시합 試合
□ 식물 植物
□ 식초 食酢
□ 식탁 食卓
□ 신경 神経
□ 신형 新型
□ 신호 信号
□ 실례① 失礼
□ 실례② 実例
□ 실시 実施
□ 실천 実践
□ 실패 失敗
□ 실험 実験
□ 심각 深刻
□ 심리 心理
□ 심장 心臓

ㅇ

□ 악기 楽器
□ 안내 案内
□ 안심 安心
□ 안전 安全
□ 암기 暗記
□ 애인 愛人(恋人)
□ 약국 薬局
□ 양 量
□ 어미 語尾
□ 어학 語学
□ 어휘 語彙
□ 언어 言語
□ 업무 業務
□ 여관 旅館
□ 여권 旅券

□ 여유	余裕
□ 역사	歴史
□ 역할	役割
□ 연간	年間
□ 연구	研究
□ 연극	演劇
□ 연기①	演技
□ 연기②	延期
□ 연대	年代
□ 연락	連絡
□ 연령	年齢
□ 연수	研修
□ 연습	演習
□ 연애	恋愛
□ 연주	演奏
□ 연휴	連休
□ 영수증	領収書
□ 영역	領域
□ 영향	影響
□ 예금	預金
□ 예문	例文
□ 예보	予報
□ 예산	予算
□ 예술	芸術
□ 예습	予習
□ 예약	予約
□ 예정	予定
□ 온도	温度
□ 온천	温泉
□ 완전	完全
□ 왕복	往復
□ 외과	外科
□ 외국어	外国語
□ 요구	要求
□ 요금	料金
□ 욕실	浴室
□ 용기	勇気
□ 우편	郵便
□ 운동장	運動場
□ 운전	運転
□ 원인	原因
□ 원장	院長
□ 위반	違反
□ 위원	委員

□ 위치	位置
□ 위험	危険
□ 유명	有名
□ 유원지	遊園地
□ 유자차	柚子茶
□ 유지	維持
□ 유치원	幼稚園
□ 유학	留学
□ 유행	流行
□ 음식점	飲食店
□ 음악	音楽
□ 의견	意見
□ 의무	義務
□ 의문	疑問
□ 의미	意味
□ 의식	意識
□ 의지	意志
□ 이내	以内
□ 이념	理念
□ 이래	以来
□ 이상①	以上
□ 이상②	異常
□ 이외	以外
□ 이용	利用
□ 이유	理由
□ 이익	利益
□ 이전	以前
□ 이하	以下
□ 이해	理解
□ 인간	人間
□ 인구	人口
□ 인기	人気
□ 인류	人類
□ 인물	人物
□ 인상	印象
□ 인생	人生
□ 인정	人情
□ 일과	日課
□ 일기	日記
□ 일반	一般
□ 일부	一部
□ 일생	一生
□ 일용품	日用品
□ 일정	一定

□ 일체	一切
□ 임금	賃金
□ 입문	入門
□ 입원	入院
□ 입학	入学

ㅈ

□ 자격	資格
□ 자동	自動
□ 자료	資料
□ 자막	字幕
□ 자습	自習
□ 자식	子息
□ 자신①	自身
□ 자신②	自信
□ 자연	自然
□ 자유	自由
□ 자음	子音
□ 자체	自体
□ 작가	作家
□ 작곡	作曲
□ 작문	作文
□ 작사	作詞
□ 작업	作業
□ 작품	作品
□ 장남	長男
□ 장녀	長女
□ 장면	場面
□ 장소	場所
□ 재료	材料
□ 재산	財産
□ 재판	裁判
□ 저금	貯金
□ 적극 [적]	積極 [的]
□ 적당	適当
□ 적절	適切
□ 전공	専攻
□ 전국	全国
□ 전기①	電気
□ 전기②	前期
□ 전문	専門
□ 전반	前半
□ 전부	全部

□ 전원	電源
□ 전자	電子
□ 전쟁	戦争
□ 전체	全体
□ 전통	伝統
□ 전후	前後
□ 점원	店員
□ 정도	程度
□ 정류장	停留場
□ 정리	整理
□ 정보	情報
□ 정부	政府
□ 정신	精神
□ 정치	政治
□ 정확	正確
□ 제공	提供
□ 제외	除外
□ 제품	製品
□ 조건	条件
□ 조사①	助詞
□ 조사②	調査
□ 조직	組織
□ 졸업	卒業
□ 종교	宗教
□ 종류	種類
□ 좌우	左右
□ 주간	週間
□ 주문	注文
□ 주민	住民
□ 주변	周辺
□ 주사	注射
□ 주소	住所
□ 주위	周囲
□ 주의①	注意
□ 주의②	主義
□ 주인	主人
□ 주인공	主人公
□ 주장	主張
□ 주제	主題
□ 준비	準備
□ 중간	中間
□ 중급	中級
□ 중심	中心
□ 중앙	中央
□ 중요	重要
□ 중지	中止
□ 지각	遅刻
□ 지구	地球
□ 지도①	指導
□ 지도②	地図
□ 지배	支配
□ 지불	支払
□ 지상	地上
□ 지시	指示
□ 지식	知識
□ 지역	地域
□ 지하	地下
□ 직업	職業
□ 직원	職員
□ 직장	職場
□ 직접	直接
□ 진실	真実
□ 진행	進行
□ 질문	質問
□ 집단	集団
□ 집중	集中

ㅊ

□ 차이	差異
□ 참가	参加
□ 참석	参席
□ 책임	責任
□ 처리	処理
□ 철저	徹底
□ 청년	青年
□ 청소	清掃
□ 청소기	清掃機
□ 체육	体育
□ 체조	体操
□ 체험	体験
□ 초급	初級
□ 초기	初期
□ 초대	招待
□ 초록[색]	草緑[色]
□ 최고	最高
□ 최근	最近
□ 최대	最大
□ 최소	最小
□ 최신	最新
□ 최악	最悪
□ 최저	最低
□ 최종	最終
□ 최초	最初
□ 최후	最後
□ 추가	追加
□ 축제	祝祭
□ 출구	出口
□ 출근	出勤
□ 출발	出発
□ 출석	出席
□ 출신	出身
□ 출입	出入
□ 출장	出張
□ 충격	衝撃
□ 충분	充分
□ 충전	充電
□ 취소	取消
□ 취직	就職
□ 치료	治療
□ 친절	親切
□ 친척	親戚
□ 침대	寝台

ㅌ

□ 탁구	卓球
□ 태도	態度
□ 태양	太陽
□ 태풍	台風
□ 토론	討論
□ 통근	通勤
□ 통역	通訳
□ 통일	統一
□ 통화	通話
□ 퇴근	退勤
□ 특기	特技
□ 특별	特別
□ 특성	特性
□ 특징	特徴

ㅍ	
□ 파도	波濤
□ 판단	判断
□ 판매	販売
□ 편리	便利
□ 평가	評価
□ 평균	平均
□ 평일	平日
□ 평화	平和
□ 포도	葡萄
□ 포함	包含
□ 폭	幅
□ 표정	表情
□ 표현	表現
□ 풍부	豊富
□ 피부	皮膚
□ 피해	被害
□ 필요	必要

ㅎ	
□ 학급	学級
□ 학비	学費
□ 학습	学習
□ 학자	学者
□ 한류	韓流
□ 한반도	韓半島
□ 한식	韓食
□ 한자	漢字
□ 합격	合格
□ 해결	解決
□ 해외	海外
□ 행동	行動
□ 행복	幸福
□ 행사	行事
□ 현금	現金
□ 현대	現代
□ 현상	現象
□ 현실	現実
□ 현재	現在
□ 형식	形式
□ 형용사	形容詞
□ 형제	兄弟
□ 홍차	紅茶
□ 화장	化粧
□ 확실	確実
□ 확인	確認
□ 환경	環境
□ 환영	歓迎
□ 환자	患者
□ 활동	活動
□ 회원	会員
□ 회의	会議
□ 회장	会長
□ 회화	会話
□ 효과	効果
□ 후기	後期
□ 후반	後半
□ 후배	後輩
□ 후보	候補
□ 훈련	訓練
□ 휴가	休暇
□ 휴식	休息
□ 휴일	休日
□ 흥미	興味
□ 희망	希望

漢字問題

※ 下線部の漢字と同じハングルで表記されるものを①～④の中から1つ選びなさい。

1)——交通

☐ ① 広告　② 教育　③ 講師　④ 工事

2)——戦争

☐ ① 満点　② 店員　③ 政府　④ 運転

3)——副詞

☐ ① 舞台　② 複雑　③ 否定　④ 幸福

4)——余裕

☐ ① 維持　② 勇気　③ 郵便　④ 違反

5)——宗教

☐ ① 収入　② 大衆　③ 周辺　④ 最終

6)——勇気

☐ ① 要求　② 舞踊　③ 自由　④ 流行

7)——太陽

☐ ① 美容室　② 必要　③ 東洋　④ 幼稚園

8)——専攻

☐ ① 実践　② 選択　③ 先輩　④ 伝統

➡ ３級出題範囲の漢字語リストは合格資料21（126～131ページ）を参照

9) —収入

☐ ① 輸出 ② 習慣 ③ 種類 ④ 少年

10) —経験

☐ ① 結論 ② 強調 ③ 競争 ④ 計算

11) —三角形

☐ ① 比較 ② 各自 ③ 確実 ④ 価格

12) —職場

☐ ① 集中 ② 食事 ③ 植物 ④ 直接

13) —講座

☐ ① 工事 ② 成功 ③ 強調 ④ 公演

14) —全国

☐ ① 戦争 ② 政府 ③ 宣伝 ④ 進行

15) —整理

☐ ① 成績 ② 停留場 ③ 性格 ④ 製品

16) —警察

☐ ① 計算 ② 共同 ③ 傾向 ④ 強調

17) —受験

☐ ① 趣味 ② 注文 ③ 就職 ④ 数学

➡ 【正答】は138ページへ、 【解説】は314、315ページへ

漢字問題

18)──歓迎

☐ ① 感情 ② 環境 ③ 看板 ④ 完全

19)──強調

☐ ① 効果 ② 共通 ③ 講義 ④ 提供

20)──研修

☐ ① 原因 ② 条件 ③ 検査 ④ 演奏

21)──招待

☐ ① 場所 ② 初期 ③ 読書 ④ 商品

22)──後半

☐ ① 違反 ② 販売 ③ 範囲 ④ 判断

23)──講師

☐ ① 交通 ② 工場 ③ 傾向 ④ 強調

24)──真実

☐ ① 神経 ② 進行 ③ 中心 ④ 親戚

25)──危険

☐ ① 維持 ② 義務 ③ 違反 ④ 機械

26)──状況

☐ ① 感情 ② 体操 ③ 演奏 ④ 感想

➡ 【正答】は138ページへ、 【解説】は315ページへ

27) ―最終

☐ ① 周辺 ② 種類 ③ 中間 ④ 復習

28) ―経営

☐ ① 故郷 ② 計画 ③ 変更 ④ 空間

29) ―委員

☐ ① 疑問 ② 危険 ③ 動機 ④ 希望

30) ―信号

☐ ① 進行 ② 心理 ③ 精神 ④ 寝台

31) ―製品

☐ ① 正確 ② 成長 ③ 最低 ④ 提供

32) ―役割

☐ ① 約束 ② 翻訳 ③ 若干 ④ 薬局

33) ―疑問

☐ ① 周囲 ② 演技 ③ 利益 ④ 意志

34) ―除外

☐ ① 助詞 ② 国際 ③ 最初 ④ 自体

35) ―被害

☐ ① 開発 ② 会員 ③ 解決 ④ 外国

➡ 【正答】は138ページへ、【解説】は315、316ページへ

漢字問題

36) ―字幕

☐ ① 指示 ② 事実 ③ 資格 ④ 差異

37) ―消息

☐ ① 商品 ② 最初 ③ 調査 ④ 少女

38) ―妨害

☐ ① 理解 ② 外科 ③ 会長 ④ 大概

39) ―一部

☐ ① 舞踊 ② 分野 ③ 豊富 ④ 不満

40) ―空間

☐ ① 競争 ② 共同 ③ 苦痛 ④ 広告

41) ―途中

☐ ① 逃亡 ② 当時 ③ 討論 ④ 豆腐

42) ―皮膚

☐ ① 秘密 ② 批判 ③ 学費 ④ 被害

43) ―苦痛

☐ ① 衝撃 ② 当時 ③ 統一 ④ 登山

44) ―組織

☐ ① 主張 ② 基礎 ③ 最初 ④ 調査

➡ 【正答】は138ページへ、 【解説】は316、317ページへ

45）—充電

☐ ①受験 ②衝撃 ③輸入 ④注射

46）—研究

☐ ①学園 ②条件 ③演習 ④検査

47）—文字

☐ ①資料 ②治療 ③財産 ④中止

48）—競争

☐ ①共通 ②帰国 ③経験 ④交流

49）—新型

☐ ①深刻 ②中心 ③真実 ④神経

50）—勇気

☐ ①予約 ②自由 ③使用 ④領域

51）—否定

☐ ①皮膚 ②武器 ③比較 ④負担

52）—延期

☐ ①原因 ②研究 ③条件 ④発見

53）—成功

☐ ①提供 ②候補 ③健康 ④傾向

➡【正答】は138ページへ、【解説】は317ページへ

漢字問題　正答

➡ 漢字問題は132ページへ、解説は314ページへ

※ 全問正解になるまで繰り返し練習をしてください。

問題	正答	問題	正答	問題	正答	問題	正答
1	②	16	③	31	④	46	③
2	④	17	④	32	②	47	①
3	③	18	②	33	④	48	③
4	①	19	③	34	②	49	④
5	④	20	④	35	③	50	③
6	②	21	②	36	③	51	④
7	③	22	①	37	④	52	②
8	④	23	④	38	①	53	①
9	①	24	②	39	③		
10	③	25	③	40	②		
11	②	26	④	41	①		
12	④	27	②	42	④		
13	③	28	③	43	③		
14	①	29	②	44	④		
15	②	30	③	45	②		

第5章

内容理解問題

問題類型		出題問題数	配点
1	対話文の空所補充問題	4	2
2	文章の内容理解問題	4	2
3	対話文の内容理解問題	2	2

内容理解に関する問題

1 出題内容

内容理解に関する問題は、
①対話文を提示し、空所になっている個所を埋めるのに適切な文を選んで対話文を完成させる問題が4問（配点各2点）、②文章、または対話文を提示し、問いに答える問題が、問題文1つに2問ずつの構成で6問（配点各2点）出題される。

1 対話文の空所補充問題

本試験では大問6番の問題として出題される。対話文の空所の前後の内容と文脈を理解し、空所に入る文として文脈に合う選択肢が選べる力が求められる。つまり、対話文の内容を正しく理解するのに必要な語彙力と文法力が問われる問題である。

2 文の内容理解問題

本試験の大問8番と大問 10 番の問題として出題される。それぞれ文章を読んで、①空所に入る語句を選ぶ問題、②文章の内容と一致する選択肢を選ぶ問題の2問セットの構成となっている。もちろん文章を読んで正しく理解できないと内容が一致する選択肢は選べない。普段から中級レベルの長めの文章を読む習慣をつけて、語彙力と読解力を養っておくことが求められる。

3 対話文の内容理解問題

本試験の大問9番の問題として出題される。出題形式は大問8番と大問 10 番と同じで、対話文を読んで、①空所に入る語句を選ぶ問題、②文章の内容と一致する選択肢を選ぶ問題の2問セットの構成になっている。対話文全体の内容を理解する力と、対話文の空所の前後の内容を理解して空所に入るに適した文脈に合う語句が選べる力が問われる問題である。

2 問題類型

問題類型 1　対話文の空所補充問題

・対話文を提示し、文中の空所に入るのに適切な文を選ぶ問題が4問（配点各2点）出題される。

・問題の対話文は3行程度の対話で構成される。まずは提示された対話文を通して何について話しているかを把握する。次は空所前後の対話の内容に注意しながら文脈に合う選択肢の文はどれかを、空所にそれぞれの選択肢を入れてみて対話として成り立つかを確認していくとよい。

例題　※対話文を完成させるのに最も適切なものを①～④の中から一つ選びなさい。

〈2点×4問〉

1）A：다리를 다친 건 좀 어때요?

B：(　　)

A：그럼, 무리하지 말고 앉아서 하세요.

① 아픈 게 좀 덜해졌어요.

② 아직도 서 있으면 좀 아파요.

③ 약이 효과가 없는 것 같아요.

④ 덕분에 다 나았어요.

2）A：이번 주말 모임에는 참석하세요?

B：(　　)

A：저는 다른 약속이 있어서 못 갈 것 같아요.

① 네. 참석하건 말건 상관없어요.

② 물론이죠. 그날이 내 생일이니까요.

③ 당연하죠. 비용이 안 드니까요.

④ 그럼요. 제가 발표를 해야 하거든요.

3）A：왜 이렇게 길이 막히죠?

B：(　　)

A：그렇군요. 구급차도 서 있네요.

① 한꺼번에 나오면 사고가 나죠.
② 신호가 빨간 불이라서 그래요.
③ 교통사고가 났나 봐요.
④ 버스가 고장 난 모양이에요.

4) A : 요즘은 집에서 역까지 걸어서 다녀요.
B : (　　)
A : 네, 요즘 몸무게가 늘어서 고민이에요.
① 살이 빠져서요?
② 건강을 위해서요?
③ 교통비를 아끼려고요?
④ 걸으면서 생각하려고요?

正解 1) ② 2) ④ 3) ③ 4) ②

解説 1) A: 足の怪我はどうですか。
B: (　　)
A: では、無理しないで座ってやってください。
① 痛いのが少し和らいできました。
② まだ立っていると少し痛いです。
③ 薬の効果がないようです。
④ おかげですっかり治りました。

2) A: 今週末の集まりに参加しますか。
B: (　　)
A: 私は他の約束があるので行けそうにありません。
① はい。 参加しようがしまいが関係ありません。
② もちろんです。 その日が私の誕生日ですから。
③ 当然です。費用がかかりませんから。
④ もちろんです。私が発表をしなければならないので。

3) A: どうしてこんなに道が渋滞するのでしょう。
B: (　　)
A: そうなんですね。救急車も止まっていますね。
① 一度に出てくると事故が起きますよ。
② 信号が赤だからです。
③ 交通事故が起きたようです。
④ バスが故障したようです。

4) A: 最近は家から駅まで歩いて通っています。
B: (　　)
A: はい、最近体重が増えて悩んでいます。
① やせたからですか。
② 健康のためですか。
③ 交通費を節約するためですか。
④ 歩きながら考えるためですか。

問題類型 2　文章の内容理解問題

・文章を読んで問いに答える問題が、**問題文1つに2問**（配点各2点）の構成で出題される。本試験では**大問8番と大問10番**がこの形式の問題になっている。

・問いは、問題文を読んで①文中の空所に入れるのに適した語句を選ぶ空所補充問題、②問題文の内容と一致するものを選ぶ内容一致問題の2問セットで構成される。

【問1】(　　)の中に入れるのに最も適切なものを①～④の中から1つ選びなさい。
【問2】本文の内容と一致するものを①～④の中から1つ選びなさい。

・３級レベルの語彙と表現が用いられた文章を読んで、その内容が理解できるくらいの語彙力と文法力などの総合力が試される問題である。単に語彙力と文法力を高める学習をするだけでなく、文章を多く読んで読解力を身につける訓練をしておくことが求められる。

例題　※文章を読んで【問1】～【問2】に答えなさい。　〈2点×2問〉

오늘은 마리 씨가 궁금해하는 김치볶음밥 만드는 법을 가르쳐 드릴게요. 김치볶음밥을 만들려면 밥하고 김치가 있어야 되겠지요? 이것 말고도 좋아하는 것을 넣으면 돼요. 나는 보통 김치, 양파, 당근, 김, 계란을 넣는데 햄*이나 참치*를 넣는 사람들도 있어요.

재료 준비가 끝났으면 시작해 볼까요? 먼저 프라이팬에 기름을 넣고 김치랑 여러 가지 야채를 넣고 볶아요. 야채를 볶다가 밥을 넣고 (　　). 그리고 여기에 계란, 김, 참기름을 넣고 다시 한 번 볶으면 돼요.

＊햄：ハム、참치：ツナ

【問 1】　(　　) に入れるのに最も適切なものを①～④の中から 1 つ選びなさい。
① 잘 썩어요
② 함께 구워요
③ 천천히 볶아요
④ 잘 섞어요

【問 2】　本文の内容と一致するものを①～④の中から 1 つ選びなさい。
① 나는 늘 햄이나 참치를 넣는다.
② 계란과 참기름은 마지막에 넣고 볶는다.
③ 김치와 야채는 따로 볶아야 한다.
④ 양파와 당근은 반드시 넣어야 한다.

正解【問 1】④　　【問 2】②

解説 ※ 文章を読んで【問 1】～【問 2】に答えなさい。

今日はマリさんが知りたがっているキムチチャーハンの作り方をご紹介します。キムチチャーハンを作るにはご飯とキムチが必要ですよね。それ以外にも好きなものを入れればいいです。私は普通キムチ、タマネギ、ニンジン、海苔、卵を入れますが、ハムやツナを入れる人もいます。

材料の準備が終わったら始めてみましょうか。まずフライパンに油を入れてキムチと色々な野菜を入れて炒めます。野菜を炒める途中にご飯を入れて（よく混ぜます）。そしてこれに卵、海苔、ゴマ油を入れてもう一度炒めればできあがりです。

【問 1】　(　　) に入れるのに最も適切なものを①～④の中から 1 つ選びなさい。
① よく腐ります
② 一緒に焼きます
③ ゆっくり炒めます
④ よく混ぜます

【問 2】　本文の内容と一致するものを①～④の中から 1 つ選びなさい。
① 私はいつもハムやツナを入れる。
② 卵とゴマ油は最後に入れて炒める。
③ キムチと野菜は別々に炒めなければならない。
④ タマネギとニンジンは必ず入れなければならない。

問題類型 3　対話文の内容理解問題

・対話文を読んで問いに答える問題が、問題文1つに2問（配点各2点）の構成で出題される。本試験では大問9番がこの形式の問題になっている。

・問いは、対話文を読んで、①文中の空所に入れるのに適した語句を選ぶ問題、②対話文の内容と一致するものを選ぶ問題の2問セットで構成される。

【問 1】（　　）の中に入れるのに最も適切なものを①～④の中から1つ選びなさい。
【問 2】本文の内容と一致するものを①～④の中から1つ選びなさい。

例題　※対話文を読んで【問1】～【問2】に答えなさい。

〈2点×2問〉

A：어서 오십시오.
B：이 양복 오늘 맡기면 얼마나 걸릴까요?
A：예, 모레면 될 것 같습니다. 그리고 손수건 여기 있습니다.
B：빼고 가지고 온다는 걸 깜빡했네요. 그리고 이 바지는 길이가 좀 긴데 줄여 주세요.
A：예, 알겠습니다. 이리로 오십시오. 한번 입어 보십시오.
B：이건 오늘 바로 돼요?
A：급하지 않으면 모레 양복하고 같이 찾아 가세요.
B：（　　）.
A：알겠습니다. 그럼 서둘러서 해 놓을 테니까 한 시간 후에 다시 오세요.
B：미안해요. 급히 부탁드려서. 그럼 이따가 올게요.

【問 1】（　　）に入れるのに最も適切なものを①～④の中から1つ選びなさい。
① 내일 입어야 하거든요
② 그럼 쇼핑을 한 후에 다시 들를게요
③ 이런 건 시간이 걸릴 것도 없잖아요
④ 양복을 찾으러 올 때까지 꼭 부탁해요

【問 2】本文の内容と一致するものを①～④の中から1つ選びなさい。
① 이 세탁소에서는 손수건을 손님에게 선물을 한다.
② 이 세탁소에서는 옷을 고쳐 주기도 한다.

③ 이 세탁소에서는 돈을 더 주면 당일에 세탁을 해 준다.
④ 바지 길이를 줄이려면 서둘러도 한 시간 이상 시간이 걸린다.

正解【問 1】① 【問 2】②

解説 ※ 文章を読んで【問 1】～【問 2】に答えなさい。

A: いらっしゃいませ。
B: この背広を今日預けるとどのくらいかかりますか。
A: はい。明後日ならできます。それからハンカチがここに入っていますよ。
B: 抜いて持ってくるつもりがうっかりしました。 それからこのズボンは丈（裾）が少し長いのですが、詰めてください。
A: はい。承知しました。こちらへどうぞ。一度履いてみてください。
B: これは今日すぐにできますか。
A: 急ぎでなければあさって背広と一緒に持って行ってください。
B:（　　）。
A: 分かりました。では急いでやっておきますので1時間後にまたおいでください。
B: すみません。急にお願いして。では後ほどまた来ます。

【問 1】（　　）に入れるのに最も適切なものを①～④の中から1つ選びなさい。
① 明日着なければなりません
② では、ショッピングをした後にまた寄ります
③ こういうものは時間がかかることもないじゃないですか
④ 背広を取りにくる時までにぜひお願いします

【問 2】本文の内容と一致するものを①～④の中から1つ選びなさい。
① このクリーニング屋ではハンカチをお客さんにプレゼントをする。
② このクリーニング屋では服を直したりもする。
③ このクリーニング屋ではお金を追加で払うと当日に洗濯してくれる。
④ ズボンの丈詰め（裾上げ）をするには急いでも1時間以上時間がかかる。

1 対話文の空所補充問題

※ 対話文を完成させるのに最も適切なものを①〜④の中から１つ選びなさい。

1)── A：무슨 일이 있었어요?

B：(　　)

A：굉장히 피곤한 것 같아 보여서요.

☐ ① 네, 정신이 없어서 잊어버렸어요.

② 네, 방금 병원에 갔다 오는 길이에요.

③ 아무 일도 없는데요. 왜요?

④ 아뇨, 하려던 일이 갑자기 취소됐어요.

2)── A：이 한일 사전 새로 나온 거예요?

B：(　　)

A：그럼 나도 빨리 한 권 주문해야겠네요.

☐ ① 이렇게 편리한 걸 모르셨어요?

② 아뇨, 내가 여러 곳을 고쳐 쓴 거예요.

③ 지금 서점에서 가면 자세히 설명해 줄 거예요.

④ 네, 내용도 새롭고 풍부해요.

3)── A：이 얘기 비밀로 해 줄 수 있겠어요?

B：(　　)

A：그럼 수연 씨를 믿고 전부 얘기를 할게요.

☐ ① 부담이 되면 안 될 것 같아요.

② 물론이죠. 그건 걱정 마세요.

③ 나쁜 소문이 안 나도록 조심하세요.

④ 그런 건 상관없이 얘기를 시작해 보세요.

➡ 問題類型解説は141ページへ

4) —— A : 이거 좀 싱겁지 않아요 ?

B : (　　)

A : 그래요? 난 간장을 좀 찍어 먹어야겠어요.

☐ ① 너무 짜게 먹으면 안 돼요.

② 된장보다는 간장이 좋아요.

③ 난 이대로 맛이 적당한데요.

④ 내가 만든 게 아니라서 모르겠어요.

5) —— A : 이거 어제 산 옷이에요. 어때요?

B : 잘 어울려요. 10년은 젊어 보이네요.

A : (　　)

☐ ① 너무 비행기 태우지 마세요.

② 나도 그렇게 젊었으면 좋겠어요.

③ 거짓말처럼 들리네요.

④ 정말 옷은 젊게 입는 게 좋네요.

6) —— A : (　　)

B : 네, 지난 달에 결혼을 해서 남편 성을 쓰게 됐어요.

A : 그렇군요. 한국은 결혼해도 성이 바뀌지 않아요.

☐ ① 여권이 필요하세요?

② 결혼은 언제 하셨어요?

③ 늦었지만 결혼 축하해요.

④ 성이 바뀌셨네요.

7) —— A : 시장하시죠? 뭘 시킬까요?

B : (　　)

A : 그럼 갈비탕을 두 개 시킬게요.

➡ 【正答】は164ページへ、【解説】は318、319ページへ

☐ ① 난 매운 거라면 다 좋아해요.
② 난 뭐든지 괜찮아요.
③ 네, 하나 더 시키세요.
④ 메뉴를 봤으면 좋겠네요.

8) —— A : 어제는 감기 때문에 회사를 쉬었어요.
B : (　　)
A : 네, 약을 먹고 잤더니 좀 나은 것 같아요.

☐ ① 푹 자는 게 좋아요.
② 병원에서 뭐라고 해요?
③ 괜찮으세요? 지금은?
④ 그럼 회사 일은 어떻게 됐어요?

9) —— A : 그 사람, 유학 간 지 얼마 안됐는데 벌써 돌아왔대요.
B : (　　)
A : 모르겠어요. 그 얘기를 듣고 나도 깜짝 놀랐어요.

☐ ① 정말요? 무슨 사정이라도 있나요?
② 그럼 취직이 결정된 모양이죠?
③ 갑자기 입원이라도 했나요?
④ 그렇게 빨리 돈을 벌었대요?

10) — A : 다음 주말 모임에 참석을 못 하게 돼서 미안해요.
B : (　　)
A : 아뇨, 그날 친구 결혼식이 있어서요.

☐ ① 혼자만 못 와요?
② 어디 여행이라도 가요?
③ 지난 번에 안 왔잖아요.
④ 갑자기 결혼이라도 해요?

➡ 【正答】は164ページへ、 【解説】は319、320ページへ

11) — A : 이 사진 속의 남자 분은 누구예요?
B : (　　)
A : 아! 그래서 민수 씨랑 많이 닮았군요.

☐ ① 제 친구 형이에요.
② 제 누나 남편이에요.
③ 제 아내 오빠예요.
④ 제 사촌 형이에요.

12) — A : 양복 단추가 떨어졌는데 달아 주시겠어요?
B : (　　)
A : 네, 그럼 내일까지 부탁하겠습니다.

☐ ① 두 시간쯤 기다리시겠어요?
② 새로 사는 게 좋을 거예요.
③ 지금 맞는 게 없는데 내일이라도 돼요?
④ 단추를 다는 건 어려운 게 아니에요.

13) — A : 너무 덥네요. 점심은 어떻게 하죠?
B : (　　)
A : 그래요. 뜨거운 것보다는 시원한 게 좋아요.

☐ ① 별로 배가 안 고픈데요.
② 저쪽 골목 안에 있는 냉면집에 갈까요?
③ 난 일이 있으니까 먼저 가세요.
④ 아이스크림은 어때요?

14) — A : 어때요? 이거 나한테 어울려요?
B : (　　)
A : 그럼 이걸로 주세요.

➡ 【正答】は164ページへ、【解説】は320ページへ

☐ ① 이건 당연하죠.
② 맛이 정말 괜찮네요.
③ 딱 맞네요. 멋있어요.
④ 네, 좀 깎아 드릴게요.

15) — A : 난 주말엔 집에 있는 걸 좋아해요.
B : 나도 그래요. 집에서 인터넷으로 쇼핑도 하고 영화도 봐요.
A : (　　)

☐ ① 영화는 역시 영화관에서 보는 게 좋네요.
② 점심도 집에서 시켜 먹는 게 더 맛있어요.
③ 쇼핑은 역시 만져 보고 사는 게 좋아요.
④ 집에서 하는 게 뭐든지 편한 것 같아요.

16) — A : 오늘 경기 결과는 어떻게 됐어요?
B : (　　)
A : 정말요? 상대가 그렇게 센 팀이에요?

☐ ① 크게 이겼으니까 걱정 마세요.
② 우리 팀이 4대 0으로 지고 말았어요.
③ 다음 시합에서는 이길 것 같아요.
④ 약한 팀이라서 상대가 안 돼요.

17) — A : 유학은 언제 떠나요?
B : (　　)
A : 그렇다면 여러 가지로 챙길 것이 많겠네요.

☐ ① 내년에 갈까 생각하고 있어요.
② 한 달쯤 걸릴 것 같아요.
③ 아직 확실하게 정해진 게 없어요.
④ 일주일밖에 안 남았어요.

➡ 【正答】は164ページへ、 【解説】は320、321ページへ

18)— A : 텔레비전 소리가 시끄러운데 좀 줄여 주세요.

B : (　　)

A : 아뇨. 조금만 더 줄여 주세요.

☐ ① 이 정도면 괜찮아요?

② 신경 쓰지 마세요.

③ 왜요? 귀가 아파요?

④ 더 줄이면 소리가 안 들려요.

19)— A : 왜요? 열쇠가 없어요?

B : (　　)

A : 큰일이네요. 잘 생각해 봐요.

☐ ① 아까 집에 두고 왔어요.

② 너무 찾기가 힘드네요.

③ 어디에 두었는지 기억이 안 나요.

④ 아뇨, 이게 그 열쇠인지 모르겠어요.

20)— A : 이거 굉장히 매울 것 같은데.

B : (　　)

A : 거 봐. 매울 거라고 했잖아.

☐ ① 매운 거 좋아하잖아. 많이 먹어.

② 그건 먹어 봐야 알지. 아, 정말 맵네.

③ 김치는 이렇게 매워야 맛있어.

④ 맵긴 해도 맛은 괜찮네.

➡ 【正答】は164ページへ、 【解説】は321ページへ

2 文章の内容理解問題

1 文章を読んで【問 1】～【問 2】に答えなさい。

저는 라디오 듣는 것을 좋아합니다. 특히 밤 열 시에 하는 음악 방송이 제일 재미있습니다. 좋은 노래도 많이 나오고 재미있는 이야기도 들을 수 있기 때문입니다. 그리고 듣고 싶은 노래를 직접 신청할* 수도 있습니다. 저도 다음에 좋아하는 노래를 신청할 겁니다. 저는 매일 밤 그 방송을 듣고 잠을 잡니다. 늦게 잠을 자서 회사에 (　　). 하지만 앞으로도 이 방송을 매일 듣고 싶습니다.

*신청하다：申し込む

【問 1】(　　) に入れるのに最も適切なものを①～④の中から 1 つ選びなさい。

☐ ① 숨은 적도 있습니다
② 존 적도 있습니다
③ 지각한 적도 많습니다
④ 쓰러진 적도 많습니다

【問 2】本文の内容と一致するものを①～④の中から 1 つ選びなさい。

☐ ① 라디오의 음악 방송에 빠져 있다.
② 음악 방송에서는 노래를 직접 불러 준다.
③ 항상 노래를 신청해서 듣고 있다.
④ 밤낮없이 음악 방송을 듣는다.

2 文章を読んで【問 1】～【問 2】に答えなさい。

외국 여행을 하려면 무엇을 준비해야 할까요? 먼저 여행 (　　). 그리고 비행기 표를 예약합니다. 비행기 표 예약이 끝나면 호텔을 예약합니다. 인터넷을 이용하면 비행기 표나 호텔을 싸게 예약할 수 있습니다. 그러나 너무 싼 것만 찾는 것은 좋지 않습니다. 특히 호텔은 역에서 멀지 않은 곳을 찾는 것이 중요합니다. 끝으로 가지고 갈 물건들을 준비합니다. 물건은 꼭 필요한 것만 가져가도록 하는 것이 좋습니다.

➡ 問題類型解説は143ページへ

【問 1】(　　) に入れるのに最も適切なものを①~④の中から 1 つ選びなさい。

☐　① 기간과 비용을 계산합니다
　　② 날짜와 목적지를 정합니다
　　③ 대책과 목표를 세웁니다
　　④ 비용과 여권을 준비합니다

【問 2】本文の内容と一致するものを①~④の中から 1 つ選びなさい。

☐　① 여행을 준비할 때 먼저 환전을 하고 호텔을 예약한다.
　　② 여행에는 여유 있게 물건을 가지고 가는 것이 좋다.
　　③ 편리하다고 해서 인터넷만 이용하는 것은 좋지 않다.
　　④ 숙소는 교통이 편리한 곳으로 정하는 것이 좋다.

3 文章を読んで【問 1】~【問 2】に答えなさい。

한국어를 공부한 지 6개월이 지났다. 나는 빨리 한국어 공부를 끝내고 한국 회사에 취직을 하고 싶다. (　　) 한국어도 잘해야 하고 컴퓨터도 잘해야 한다. 그런데 내 한국어 실력은 중급 수준이다. 그래서 이번 학기에는 한국어 실력을 늘리기 위해 열심히 노력할 생각이다. 신문 기사와 좋은 글을 많이 읽으면 도움이 될 것이다. 주말에는 학원에 가서 컴퓨터도 배울 생각이다. 나는 이 계획을 이루기 위해 아무리 힘들어도 포기하지 않고 노력할 것이다.

【問 1】(　　) に入れるのに最も適切なものを①~④の中から 1 つ選びなさい。

☐　① 한국 사회에서 성공하려면
　　② 취직을 알아보기 위해서는
　　③ 한국 회사에서 일하려면
　　④ 그러므로 졸업을 맞이할 때까지

➡ 【正答】は164ページへ、【解説】は322、323ページへ

【問 2】本文の内容と一致するものを①~④の中から 1 つ選びなさい。

☐ ① 무슨 일이나 도중에 포기하면 안 된다.
② 많은 글을 읽고 한국어 실력을 늘리고 싶다.
③ 고급반으로 올라가기 위해 밤낮없이 노력하겠다.
④ 한국에 온 지 6개월만에 중급반에 올라갔다.

4 文章を読んで【問 1】~【問 2】に答えなさい。

미술 마을은 그림에 관심이 있고 그림을 좋아하는 사람들의 모임입니다. 그림을 통해 마음 속의 작은 여유를 찾으려는 사람들이 모여서 만든 가족 같은 분위기의 동호회*입니다. 미술 마을에 오시면 유명한 화가*들의 그림을 보고 배울 수 있습니다. (　　) 천천히 배우실 수 있으니 걱정하지 않으셔도 됩니다. 모임은 매주 목요일 오후 7시부터 9시까지입니다. 또 매달 한 번은 회원들이 같이 미술관을 찾아가기도 합니다. 미술의 세계에 한번 빠져 보세요.

*동호회:同好会、화가:画家

【問 1】(　　)に入れるのに最も適切なものを①~④の中から 1 つ選びなさい。

☐ ① 춤도 추고 노래도 부르면서
② 글도 쓰고 토론도 하면서
③ 작품에 색을 칠하는 것이 서투른 분들도
④ 그림을 한 번도 배운 적이 없는 분들도

【問 2】本文の内容と一致するものを①~④の中から 1 つ選びなさい。

☐ ① 이 모임에서는 일 주일에 한 번 모여서 그림을 배운다.
② 이 마을에서는 가족들이 저녁에 모여 그림을 배운다.
③ 한 달에 한 번 유명한 화가의 그림을 보러 미술관에 간다.
④ 그림을 통해 수입도 늘고 마음의 여유도 생긴 사람이 많다.

➡ 【正答】は164ページへ、 【解説】は323ページへ

5 文章を読んで【問 1】～【問 2】に答えなさい。

가게에 가서 물건을 제대로 다 구경하기도 전에 따라다니면서 물건을 권하는 판매원을 만나면 어떨까? 이것은 주문한 음식을 아직 먹어 보지도 않았는데 음식 맛을 물어보는 식당 종업원*을 만났을 때처럼 이해가 안 될 것이다. 그래서 요즘은 직접 매장*을 방문하지 않고 인터넷이나 홈쇼핑*을 이용하는 사람들이 늘어났다. 판매원의 (　　) 충분히 생각하는 시간을 가진 후에 물건을 살 수 있기 때문이다. 또한 직접 상품을 집으로 보내 주기 때문에 편리하다.

*종업원 : 従業員、매장 : 売り場、홈쇼핑 : テレビショッピング、テレビ通販

【問 1】(　　) に入れるのに最も適切なものを①～④の中から 1 つ選びなさい。

☐ ① 책임을 지고 고른 것을
② 사용법에 대한 연기를 보고
③ 방해를 받지 않고
④ 인터넷 설명을 듣고

【問 2】本文の内容と一致するものを①～④の中から 1 つ選びなさい。

☐ ① 상품을 직접 보지 않고 사면 실패할 가능성이 있다.
② 인터넷을 통하여 사면 물건을 자기가 들고 오지 않아도 된다.
③ 종업원은 손님에게 음식에 대한 감상을 확인할 필요가 있다.
④ 훌륭한 판매원은 손님에게 물건을 즐겁게 권한다.

6 文章を読んで【問 1】～【問 2】に答えなさい。

피부에 대한 높은 관심은 남성과 여성이 다르지 않습니다. 우리 병원에도 치료를 위해서가 아니라 관리를 위해서 오는 남자 환자들이 많은데요, 좋은 피부를 갖기 위해 생활 속에서 간단히 실천할 수 있는 방법을 알려 드리겠습니다. 첫째, 깨끗이 씻으십

➡ 【正答】は164ページへ、 【解説】は324ページへ

시오. 자주 씻는 것만큼 간단하면서도 (　　). 둘째, 술과 담배를 줄여야 합니다. 술과 담배의 나쁜 성분*이 피부를 거칠게* 하기 때문입니다. 셋째, 차를 자주 마시면 피부에 도움이 됩니다. 그리고 스트레스를 받지 않도록 마음을 편안하게 하는 것도 좋은 피부를 갖기 위해서 꼭 필요합니다.

*성분 : 成分、거칠다 : 粗い、ざらざらだ

【問 1】(　　) に入れるのに最も適切なものを①～④の中から 1 つ選びなさい。

☐ ① 피부에 좋은 방법은 없습니다
② 지키기 어려운 습관은 없습니다
③ 실천하기가 어렵지 않습니다
④ 피부를 보호하는 기능이 있습니다

【問 2】本文の内容と一致するものを①～④の中から 1 つ選びなさい。

☐ ① 피부 치료를 하러 병원을 찾는 남성이 늘고 있다.
② 깨끗하게 자주 씻는 것이 건강을 위해 좋다.
③ 피부를 보호하려면 술보다 물을 자주 마시는 것이 좋다.
④ 항상 편안한 마음을 갖도록 하는 것이 피부 건강에 좋다.

7 文章を読んで【問 1】～【問 2】に答えなさい。

음식을 먹을 때 손가락과 도구를 사용한다. 그때 사용하는 도구로는 숟가락과 젓가락, 포크와 나이프가 있다. 이렇게 먹는 방법이 여러 가지인 만큼 세계에는 많은 식사 예절이 있다. 숟가락은 국물이 있는 음식을 많이 먹는 동양에서 주로 사용할 것 같지만 서양에서도 수프를 먹을 때나 음식을 덜어 먹을 때 많이 사용한다. (　　). 한국에서는 숟가락을 사용해 국물을 먹지만 일본에서는 그릇을 입에 대고 국물을 먹는 것이 보통이다. 포크와 나이프를 사용할 때는 그것으로 다른 사람을 가리키면 안 되고, 손가락을 사용해 음식을 먹는 나라에서는 왼손 사용을 피하는 경우가 많다.

【問 1】(　　) に入れるのに最も適切なものを①～④の中から 1 つ選びなさい。

☐ ① 같은 도구라도 나라에 따라 사용법이 다르다

➡ 【正答】は164ページへ、 【解説】は324、325ページへ

② 국물의 양에 따라 먹는 방법도 달라진다
③ 동양에서도 숟가락 사용법은 나라마다 다르다
④ 서양에서 젓가락을 사용하는 경우는 드물다

【問 2】本文の内容と一致するものを①～④の中から 1 つ選びなさい。

☐ ① 동양에서는 국물 있는 음식을 먹을 때 숟가락을 사용한다.
② 서양에서는 식사 때 주로 포크와 나이프만 사용한다.
③ 나라에 따라서는 왼손을 사용해 음식을 먹는 곳이 있다.
④ 어떤 방법으로 먹는가에 따라 식사 예절도 다른 경우가 많다.

8 文章を読んで【問 1】～【問 2】に答えなさい。

오늘 집에 오는 길에 택시를 탔다가 택시에 휴대 전화를 놓고 내렸다. 택시에서 내리자마자 전화를 하려고 휴대 전화를 찾았는데 아무리 찾아도 없었다. 필요한 연락처는 휴대 전화 속에 전부 넣어 두었기 때문에 휴대 전화를 꼭 찾아야 했다. 그런데 택시는 이미 떠났고 어디에 가서 어떻게 찾아야 할지 (　　) 상상이 되지 않았다. 어떻게 하면 좋을지 몰라서 서 있는데 멀리서 택시 한 대가 내 쪽으로 다가왔다. 자세히 보니 조금 전에 내가 탔던 그 택시였다. 택시 기사* 아저씨가 휴대 전화를 발견하고 고맙게도 내가 내렸던 그 장소로 다시 돌아온 것이었다.

*기사：ドライバー、運転手

【問 1】(　　) に入れるのに最も適切なものを①～④の中から 1 つ選びなさい。

☐ ① 오히려　　② 도저히　　③ 차라리　　④ 뜻밖에

【問 2】本文の内容と一致するものを①～④の中から 1 つ選びなさい。

☐ ① 택시 회사에 연락해서 잃어버린 휴대 전화를 찾았다.
② 택시에서 전화를 하려다가 휴대 전화가 없어진 것을 알았다.
③ 휴대 전화를 놓고 내렸지만 바로 찾을 수 있었다.
④ 지나가던 아저씨가 휴대 전화를 발견해서 알려주었다.

➡ 【正答】は164ページへ、　【解説】は325ページへ

3 対話文の内容理解問題

1 対話文を読んで【問 1】～【問 2】に答えなさい。

A： 오늘 신제품 보고회에 못 갈 것 같아요. 갑자기 출장 가게 됐거든요.

B： 그래요? 무슨 일이 생겼어요?

A： 좀 전에 지방 공장에 전화했는데 급한 일로 좀 보자고 해서요.

B： 빨리 출장 준비부터 해야겠네요. 그럼 신제품 보고회는 어떻게 해요?

A： 그래서 그러는데 (　　)?

B： 네, 그럴게요.

A： 보고회 일정표*는 가지고 있지요?

B： 네, 그건 나도 가지고 있으니까 걱정 마세요.

A： 그럼 먼저 나갈게요. 부탁해요.

*일정표：日程表、スケジュール表

【問 1】(　　) に入れるのに最も適切なものを①～④の中から 1 つ選びなさい。

☐ ① 어떻게 하면 될지 무슨 좋은 생각 없어요

② 나 대신 보고회 좀 참석해 줄 수 있어요

③ 보고회 준비를 부탁해도 되겠어요

④ 나 대신 출장을 부탁해도 되겠어요

【問 2】本文の内容と一致するものを①～④の中から 1 つ選びなさい。

☐ ① B는 A의 출장 준비를 도와 줄 생각이다.

② 보고회 일정표는 A만 가지고 있다.

③ A는 급한 일로 지방 공장에 출장을 가야 한다.

④ B는 A대신에 신제품에 대해 설명하기로 했다.

➡ 問題類型解説は145ページへ

2 対話文を読んで【問 1】～【問 2】に答えなさい。

A： 오늘은 아침에 휴대 전화하고 교과서를 깜빡해서 안 가지고 와서 집에 다시 갔다가 왔어요.

B： 시간이 많이 걸렸겠네요.

A： 네. 학교로 오는 버스를 타려니까 줄이 너무 길게 서 있어서 택시를 탔어요. (　　).

B： 비가 오는 날에는 길이 많이 붐벼요*.

A： 그래서 시간이 너무 걸려서 택시에서 내리자마자 뛰어서 교실로 갔어요.

B： 그럼 지각은 안 했겠네요.

A： 아뇨, 교실까지 뛰어가서 출석 카드를 찍으니까 '지각입니다' 라고 나오는 거예요.

B： 아침에는 버스가 전용 차선*으로 달리니까 택시보다 오히려 빠를 때도 있어요.

＊붐비다：混む、混み合う、전용 차선：専用車線

【問 1】(　　) に入れるのに最も適切なものを①～④の中から 1 つ選びなさい。

☐ ① 그래서 택시로 편하게 앉아서 오려고 했어요
② 그래서 언제 버스가 올지 몰라서요
③ 그런데 아무리 기다려도 택시도 안 오는 거예요
④ 그런데 길이 너무 막히는 거예요

【問 2】本文の内容と一致するものを①～④の中から 1 つ選びなさい。

☐ ① 길이 붐벼서 학교까지 시간이 많이 걸렸다.
② 버스는 사람이 너무 많아서 타지 못했다.
③ 택시는 전용 차선을 이용해 달린다.
④ 열심히 뛰어간 덕분에 지각을 안 했다.

➡ 【正答】は164ページへ、　【解説】は326、327ページへ

3 対話文の内容理解問題

3 対話文を読んで【問 1】～【問 2】に答えなさい。

A： 어떤 색을 좋아하세요?
B： 빨간 색을 좋아해요.
A： 그래서 빨간 색 옷이 많으시군요.
B： 좀 그런 편이라고 할 수 있겠죠.
A： 미영 씨 성격에 딱 맞는 색을 좋아하네요.
B： (　　)
A： 빨간 색을 좋아하는 사람은 경쟁심도 강하고 자신감이 있는 사람이래요.
B： 제가 그래요?
A： 그럼요. 늘 적극적이고 활동적이고 용기가 있으니까요.
B： 그 말 믿어도 될까요?
A： 그럼요. 믿으세요. 내가 좋은 것 가르쳐 드렸으니까 커피 한 잔 사세요.
B： 결국 그 얘기하려고 꺼낸 말이에요?

【問 1】(　　) に入れるのに最も適切なものを①～④の中から 1 つ選びなさい。

☐ ① 그 말을 하고 부끄럽지 않아요?
② 그게 무슨 말씀이에요?
③ 난 색깔엔 별로 신경 안 써요.
④ 그런 농담하지 마세요.

【問 2】本文の内容と一致するものを①～④の中から 1 つ選びなさい。

☐ ① 좋은 말을 해 주면 누구나 고마워한다.
② A는 적극적이고 자신감이 있는 사람을 좋아한다.
③ B는 빨간 색 옷을 즐겨 입는다.
④ 옷 입는 것을 보면 성격을 판단할 수 있다.

➡ 【正答】は164ページへ、 【解説】は327ページへ

4 対話文を読んで【問 1】～【問 2】に答えなさい。

A：아까 나간 것 아니었어요?

B：잊어 버린 게 있어서 가지러 왔어요.

둔 곳이 잘 생각이 안 나는데 여기 있던 약 못 봤어요?

A：모르겠어요. 무슨 약이에요?

B：머리 아픈데 먹는 거예요.

요즘 신경 쓰는 일이 많아서 그런지 머리가 아파요.

A：저번에 개발한 신제품은 회사에서 뭐래요?

B：(　　).

A：충격 많이 받으셨겠네요.

B：그래서 머리가 무거워요.

【問 1】(　　) に入れるのに最も適切なものを①～④の中から 1 つ選びなさい。

☐

① 개발을 서두르래요

② 싸게 잘 만들었대요

③ 빨리 많이 만들래요

④ 처음부터 다시 하래요

【問 2】 本文の内容と一致するものを①～④の中から 1 つ選びなさい。

☐

① 약이 있는 곳을 못 찾아서 충격을 받았다.

② 개발한 상품의 결과가 좋지 않다.

③ 일단 나갔다가 신제품을 가지러 돌아왔다.

④ 약을 먹고 신제품 개발을 다시 시작하려고 한다.

➡ 【正答】は164ページへ、　【解説】は328ページへ

対話文の空所補充 / 文章の内容理解 / 対話文の内容理解　正答

➡ 対話文の空所補充問題は148ページへ、解説は318ページへ
文章の内容理解問題は154ページへ、解説は322ページへ
対話文の内容理解問題は160ページへ、解説は326ページへ

※ 全問正解になるまで繰り返し練習をしてください。

1 対話文の空所補充問題

問題	正答
1	③
2	④
3	②
4	③
5	①
6	④
7	②
8	③
9	①
10	②
11	④
12	③
13	②
14	③
15	④
16	②
17	④
18	①
19	③
20	②

2 文章の内容理解問題

問題		正答
1	【問1】	③
	【問2】	①
2	【問1】	②
	【問2】	④
3	【問1】	③
	【問2】	②
4	【問1】	④
	【問2】	①
5	【問1】	③
	【問2】	②
6	【問1】	①
	【問2】	④
7	【問1】	③
	【問2】	④
8	【問1】	②
	【問2】	③

3 対話文の内容理解問題

問題		正答
1	【問1】	②
	【問2】	③
2	【問1】	④
	【問2】	①
3	【問1】	②
	【問2】	③
4	【問1】	④
	【問2】	②

第6章

訳文問題

問題類型		出題問題数	配点
1	韓日部分訳問題	3	2
2	日韓部分訳問題	3	2

訳文に関する問題

1 出題内容

訳文に関する問題は、韓日の部分訳と日韓の部分訳の二通りのパターンで出題される。両方とも問題文として短文を提示し、文中の下線部の部分の訳として適した選択肢を選ぶ形式になっている。

韓日の部分訳で、問題になる部分の表現は韓国語の慣用句、または文法の慣用表現が主に取り上げられる。日韓の部分訳でも韓国語の慣用的な表現を用いたものが主に取り上げられている。3級出題範囲の韓国語の慣用句、慣用的な表現を地道に覚えて活用できる語彙力が求められる。

➡ 3級出題範囲の慣用句リスト　55〜59ページ
3級出題の連結形慣用表現リスト　98〜106ページ
3級出題の終結形慣用表現リスト　107〜113ページ

2 問題類型

問題類型 1　韓日部分訳問題

・韓国語の短文を提示し、文中の下線部で示された部分の日本語訳として適したものを選ぶ問題が3問（配点各2点）出題される。

・下線部で問題として提示される表現は、韓国語の慣用句や連語、文法の慣用表現を用いたものが多い。普段から慣用句、慣用表現に目を通して、覚えていないものはマークを付けて覚えていく学習習慣をつけておこう。

例題 ※ 下線部の日本語訳として適切なものを①～④の中から１つ選びなさい。

〈2点×3問〉

1）민수 씨가 사고를 당해 입원을 해 있다는 소식을 들었다.

① 事故に遭って

② やむを得ない事情で

③ 事件に巻き込まれて

④ 事故を起こして

2）우는 소리는 그만 하는 게 좋아요.

① 大口をたたかない

② 泣き声は出さない

③ もう泣くのはやめた

④ 泣きごとをいうのはやめた

3）그 연구실은 밤낮이 따로 없이 실험을 계속하고 있다.

① 朝から晩まで

② 好きな時間に

③ 昼夜を問わず

④ 徹夜をして

正解 1）①　2）④　3）③

解説 1）ミンスさんが事故に遭って入院しているという話を聞いた。

2）泣き言をいうのはやめたほうがいいです。

3）その研究室は昼夜を問わず実験を続けている。

問題類型2　日韓部分訳問題

・日本語の短文を提示し、文中の下線部で示された部分の韓国語訳として適したものを選ぶ問題が3問（配点各2点）出題される。

・下線部で問題として提示される表現は、韓国語の慣用句や連語、文法の慣用表現の日本語訳に対応する表現を用いたものが多い。この問題も韓国語の慣用句、慣用表現を覚えることで対応できる問題なので、韓日部分訳問題と同じく韓国語の慣用句、慣用表現をしっかり覚えておくことが何よりの対策になる。

例題

※下線部の訳として適切なものを①～④の中から１つ選びなさい。
〈2点 ×3問〉

1) そこに行けば<u>何でもあるから</u>欲しいものを買ってきて。

① 뭔가 뭔지
② 여러 말 할 것 없으니까
③ 말할 것도 없으니까
④ 없는 게 없으니까

2) <u>時間が経つのも忘れて</u>海辺で絵を描いていた。

① 시간이 멈춘 것도 잊고
② 시간 가는 줄 모르고
③ 달이 뜬 것도 모르고
④ 때를 놓친 줄도 모르고

3) 毎日ここで<u>日が沈むのを眺めながら</u>コーヒーを飲んでいる。

① 해가 지는 것을 바라보면서
② 태양이 움직이는 것을 지켜보면서
③ 해가 뜨는 것을 바라보면서
④ 태양이 사라지는 것을 지켜보면서

正解 1) ④　　2) ②　　3) ①

解説 1) そこに行けば<u>何でもあるから</u>欲しいものを買ってきて。

① 何が何だか
② ああだこうだ言う必要はないから
③ 言うまでもないから
④ 何でもあるから

2) <u>時間が経つのも忘れて</u>海辺で絵を描いていた。

① 時間が止まったのも忘れて
② 時間が経つのも忘れて
③ 月が出たのも知らないで
④ チャンスを逃したのも知らないで

3) 毎日ここで<u>日が沈むのを眺めながら</u>コーヒーを飲んでいる。

① 日が沈むのを眺めながら
② 太陽が動くのを見守りながら
③ 日が昇るのを眺めながら
④ 太陽が消えるのを見守りながら

1　韓日部分訳問題

※ 下線部の日本語訳として適切なものを①～④の中から１つ選びなさい。

1)――그 시합은 우리가 진 거나 다름없어요.

☐　① 勝ったも同然です
　② 負けたに違いありません
　③ 負けたも同然です
　④ 負けたわけではありません

2)――너무 바빠서 숨 쉴 새도 없다.

☐　① 余暇が得られない
　② 息つく暇もない
　③ 休憩が取れない
　④ ため息しか出ない

3)――나도 할 만큼 했으니까 후회는 안 한다.

☐　① したいことはしたから
　② やった甲斐があるから
　③ 最大限手助けしたから
　④ やれるだけやったから

4)――해가 지건 말건 난 지금 떠나겠다.

☐　① 日が暮れようが暮れまいが
　② 暗くなる前に
　③ 暗いのは気にしないので
　④ 日が暮れる前に

5)――세계에서도 보기 드문 경치예요.

☐　① 非常に名の知られた　② 珍しい
　③ よく見られる　④ たまにしか見られない

➡ 問題類型解説は166ページへ

1 韓日部分訳問題

6)——그는 마치 정신이 나간 사람과 같은 표정을 하고 있었다.

☐ ① 我を忘れた

② 我に返った

③ 気が抜けた

④ 気を失った

7)——그 소문은 아무런 근거도 없이 퍼진 것 같다.

☐ ① 理由もなく非難されたようだ

② 証拠もなく捕まえたようだ

③ 根拠などないものだ

④ 根拠もなく広がったようだ

8)——아무리 사정해 봐야 안 들어 줄 거다.

☐ ① 探してみても

② 懇願したところで

③ 説明してやっても

④ 調べたところで

9)——처음 만든 건데 제법이네.

☐ ① なかなかだね

② いまいちだね

③ 才能があるね

④ まあまあだね

10)——아침부터 정신이 없어서 밥도 못 먹었다.

☐ ① ぼうっとしていて

② ばたばたしていて

③ 頭痛がして

④ 気がめいってしまって

➡ 【正答】は180ページへ、 【解説】は329、330ページへ

11) ―문득 그녀의 얼굴이 머리 속을 스치고 지나갔다.

☐ ① 髪をなびかせて通り過ぎた

② 浮かんでは消えた

③ 思い浮かんだ

④ 頭の中をよぎった

12) ―우리는 서로 눈치만으로도 알 수 있는 사이예요.

☐ ① 誤解したことがない

② 目を見なくても分かる

③ 表情だけでも分かり合える

④ 話さなくても分かり合える

13) ―여러 번 문자를 보냈는데 아무 반응이 없어요.

☐ ① 内容を伝えたのに

② メールを送ったのに

③ 連絡をしたのに

④ 手紙を送ったのに

14) ―영어는 말할 것도 없고 다른 외국어도 잘한다.

☐ ① 言うまでもなく

② 話にならないけど

③ 話せないけど

④ 理解できなくても

15) ―잘못하면 사고를 당할 뻔했다.

☐ ① 事故に遭ってしまった

② 事故に遭ってしまったそうだ

③ 事故に遭ったと思う

④ 事故に遭うところだった

➡ 【正答】は180ページへ、【解説】は330ページへ

1 韓日部分訳問題

16) ―막내도 데리고 갈까 말까 생각 중이다.

☐ ① 両替して行くか行かないか
② 出演させるべきかどうか
③ 連れて行こうかどうしようか
④ 塾に通わせるかどうか

17) ―방금 칠한 것이라서 냄새가 심하다.

☐ ① 酔っぱらったので
② 塗ったものなので
③ 注いだばかりなので
④ 充電したばかりなので

18) ―그 사람은 늘 큰소리를 치니까 말을 믿기 어렵다.

☐ ① 大声で言うから
② 怒りっぽいので
③ うそをつくので
④ 大口をたたくから

19) ―고구마가 덜 익었으니까 좀 더 익힙시다.

☐ ① 甘くないから
② 柔らかくないから
③ 十分煮えていないから
④ 冷めているから

20) ―어떻게 되었는지 눈이 빠지도록 기다렸지만 아무 연락도 없었다.

☐ ① 目が痛くなるまで
② 首を長くして
③ 目を奪われるほど
④ 雪に埋まるまで

➡ 【正答】は180ページへ、 【解説】は330、331ページへ

21)—강아지는 십 초도 가만히 있지 않고 뛰어다녔다.

☐ ① じっとしていないで
② 少しも動かないで
③ 言うのを聞かないで
④ 少しも待たないで

22)—남이 뭐라고 하든 말든 시작하기로 했다.

☐ ① 信じようが信じまいが
② うるさく言うけど
③ どんなことがあっても
④ 何と言おうが

23)—되지도 않을 소리는 내 앞에서 하지 마라.

☐ ① 決まってもいない話
② でたらめな話
③ ありもしないうわさ話
④ 大口をたたくこと

24)—눈 딱 감고 오천만 원짜리 차 한 대를 샀다.

☐ ① 非常に気に入ったので
② 目に留まったので
③ 思い切って
④ 目を奪われて

25)—할머니가 숟가락을 드실 때까지 기다려야 한다.

☐ ① 準備を整える
② 食事が終わる
③ 指示を出される
④ 食事を始める

➡ 【正答】は180ページへ、【解説】は331ページへ

2 日韓部分訳問題

※ 下線部の訳として適切なものを①〜④の中から１つ選びなさい。

1)――夜は<u>雨が降るだろうから</u>傘を持って行ったほうがいいよ。

☐ ① 비가 오기 때문에
② 비가 온다고 하니까
③ 비가 올 것 같으니까
④ 비가 올 테니까

2)――そんな<u>とんでもない</u>話をするな。

☐ ① 말하면 긴
② 말도 안 되는
③ 말할 것도 없는
④ 말이 안 통하는

3)――<u>気が利かない</u>ほうなので職場では少し苦労しそうだ。

☐ ① 눈치를 안 보는
② 대책이 안 서는
③ 눈치가 없는
④ 정신이 없는

4)――金先生は去年の10月に<u>お亡くなりになった</u>。

☐ ① 세상을 떠나셨다
② 뒤를 돌아보셨다
③ 막을 내리셨다
④ 눈을 끄셨다

5)――英語でうまく気持ちを伝えられなくて<u>大変もどかしい</u>。

☐ ① 굉장히 궁금하다 ② 몹시 답답하다
③ 너무나 부끄럽다 ④ 대단히 섭섭하다

➡ 問題類型解説は167ページへ

6)——私は末の息子として生まれて、上に姉と兄が4人いる。

☐ ① 끝아들로 세상에 나와서
② 마지막아들로 낳아서
③ 막내아들로 태어나서
④ 큰아들로 태어나서

7)——実は留学に対して相談したいことがあって来ました。

☐ ① 아닌 게 아니라 유학에 비해서
② 그러잖아도 유학에 대해서
③ 알고 보니 유학에 관해서
④ 다른 게 아니라 유학에 대해서

8)——会議は午後にやることにしたじゃないですか。

☐ ① 그만두기로 한 것이 아니잖아요
② 시작이 안 됐잖아요
③ 하기로 했잖아요
④ 하기로 한 것이 아니잖아요

9)——二人が付き合おうが付き合うまいが私は興味ありません。

☐ ① 사궐지 안 사궐지
② 사귀든지 말든지 간에
③ 사귀든 헤어지든
④ 사귀다가 안 사귀다가

10)——子供がドアに健をかけてしまって開けられない。

☐ ① 문에 열쇠를 걸어 두어서
② 문을 닫아 버려서
③ 문을 잠가 버려서
④ 문에 열쇠를 매어 놓아서

➡ 【正答】は180ページへ、【解説】は332、333ページへ

2 日韓部分訳問題

11) —日が沈む頃の景色は<u>言い表せない</u>ほど美しい。

☐ ① 말도 못할
② 말이 안 될
③ 말을 막을
④ 말이 안 통할

12) —父の<u>かけがえのない</u>友人が昨日亡くなった。

☐ ① 알고 지내는
② 말할 것도 없는
③ 다름 아닌
④ 둘도 없는

13) —薬を塗っても<u>傷が治らない</u>。

☐ ① 상처가 더 심해졌다
② 아픈 곳이 낫지 않는다
③ 다친 데가 안 낫는다
④ 상처가 변하지 않는다

14) —彼は<u>気が利くし</u>、仕事もよくできる。

☐ ① 눈치가 보여서
② 눈치가 빠르고
③ 눈치를 보지만
④ 눈치가 없어서

15) —駄々をこねる度に聞いてやると、<u>行儀の悪い子</u>になりやすい。

☐ ① 머리를 앓는
② 책임이 없는
③ 버릇이 없는
④ 무게가 없는

➡ 【正答】は180ページへ、 【解説】は333、334ページへ

16)—言われたとおりにやったのに叱られた。

☐ ① 시키는 대로 했는데
② 말한 것처럼 얘기했는데
③ 들은 대로 말했는데
④ 들은 것처럼 얘기했는데

17)—金課長は度量が狭くて何でもないことにもよく怒る。

☐ ① 궁금해서 마음에도 없는
② 마음이 좁아서 보통이 아닌
③ 그릇이 작아서 보통 일이 아닌
④ 속이 좁아서 아무 것도 아닌

18)—彼がそんなことを隠すわけがない。

☐ ① 고칠 생각이 없다
② 감출 리가 없다
③ 고를 틈도 없다
④ 견딜지도 모른다

19)—携帯電話に気を取られて、事故を起こしてしまった。

☐ ① 정신을 잃어서
② 힘을 쏟아서
③ 정신이 팔려서
④ 마음이 급해서

20)—これはなかったことにしましょう。

☐ ① 없는 것을 생각합시다
② 없애기로 해요
③ 막을 내리기로 해요
④ 없었던 일로 합시다

➡ 【正答】は180ページへ、 【解説】は334、335ページへ

2 日韓部分訳問題

21) —周りの人はどんな化粧品を<u>使っているのか気になります</u>。

☐ ① 쓰고 있는지 궁금해요

② 사용하는지 마음에 걸려요

③ 바르는지 알고 싶어요

④ 칠하는지 의문이에요

22) —会議室の中は<u>息が詰まりそうな</u>雰囲気だった。

☐ ① 한숨도 못 쉴 것 같은

② 한숨이 나올 것 같은

③ 숨이 막힐 것 같은

④ 숨 쉴 새도 없을 것 같은

23) —荷物を<u>預けるところがないか</u>探してみてください。

☐ ① 맞이할 곳이 어딘지

② 받아들일 곳이 어딘지

③ 맡길 데가 없는지

④ 멈출 데가 없는지

24) —会社に入ったのが<u>つい最近のような気がするのに</u>、もう10年が過ぎた。

☐ ① 밤낮이 따로 없는데

② 엊그제 같은데

③ 하루가 다른데

④ 어제오늘의 일이 아닌데

25) —朝から<u>慌ただしくて</u>今まで何も食べていない。

☐ ① 정신이 없어서

② 가슴이 떨려서

③ 머리가 복잡해서

④ 가슴이 답답해서

➡ 【正答】は180ページへ、 【解説】は335ページへ

26) ―これはまったく<u>笑いごとではない</u>。

☐ ① 웃고 있을 때가 아니다
② 웃어 넘길 수 없다
③ 웃을 일이 아니다
④ 이것도 저것도 아니다

27) ―私の収入の3か月分の価格だったけど、<u>思い切って</u>買うことにした。

☐ ① 마음을 놓고
② 결론을 내서
③ 아무 생각 없이
④ 눈 딱 감고

28) ―その結果を聞いて<u>ため息をついた</u>。

☐ ① 입을 딱 벌렸다
② 한숨을 쉬었다
③ 숨이 막혔다
④ 숨을 죽였다

29) ―お酒は30歳頃まで<u>口もつけられなかった</u>。

☐ ① 입 밖에 못 냈다
② 입을 맞출 수 없었다
③ 입을 못 막았다
④ 입에도 못 댔다

30) ―何でそんなに<u>興奮しているの</u>?

☐ ① 열을 내
② 되지도 않는 소리를 해
③ 우는소리를 해
④ 화를 내

➡ 【正答】は180ページへ、 【解説】は336ページへ

1 韓日部分訳問題 / 2 日韓部分訳問題 正答

➡ 韓日部分訳問題は169ページ、解説は329ページへ
日韓部分訳問題は174ページへ、解説は332ページへ

※ 全問正解になるまで繰り返し練習をしてください。

1 韓日部分訳問題				2 日韓部分訳問題			
問題	正答	問題	正答	問題	正答	問題	正答
1	③	16	③	1	④	16	①
2	②	17	②	2	②	17	④
3	④	18	④	3	③	18	②
4	①	19	③	4	①	19	③
5	②	20	②	5	②	20	④
6	③	21	①	6	③	21	①
7	④	22	④	7	④	22	③
8	②	23	②	8	③	23	③
9	①	24	③	9	②	24	②
10	②	25	④	10	③	25	①
11	④			11	①	26	③
12	③			12	④	27	④
13	②			13	③	28	②
14	①			14	②	29	④
15	④			15	③	30	①

第7章

聞き取り問題

問題類型		出題問題数	配点
1	イラスト問題	2	2
2	単語説明問題	6	2
3	応答文選択問題	4	2
4	内容一致選択問題 (1)	4	2
5	内容一致選択問題 (2)	4	2

聞き取り問題

1 出題内容

聞き取り問題は、①イラスト問題が2問、②単語説明の問題が6問、③応答文選択の問題が4問、④文の内容一致選択の問題が二通りのパターンで8問出題される。
聞き取り問題の配点はいずれも1問2点ずつで合計40点が満点である。聞き取り40点、筆記60点の合計100点満点中、60点以上で合格となるが、合計得点が合格点に達していても聞き取りで12点、筆記で24点の必須得点（最低点）を満たしていない場合は不合格となる。

1 イラスト問題

表の問題が1問、イラストの問題1問の2問構成になっている。放送される選択肢を聞いて、表やイラストの内容に合うものを選ぶ形式である。

2 単語説明問題

単語の意味を説明した問題文を聞いて、その意味、内容に該当する単語を選択肢から選ぶ問題形式である。選択肢も放送されるので、前もって選択肢を読んで問題の内容を類推することはできない。

3 応答文選択問題

短い文を聞いて、それの応答文として適切な選択肢を選ぶ形式で出題される。選択肢も放送されるので、事前に類推できる手がかりがないのが難点の問題である。

4 内容一致選択問題（1）、（2）

問題文の文章、または対話文を聞いてその内容と一致する選択肢を選ぶ問題である。この内容一致問題の選択肢は問題冊子に提示されるが、全部で8問中、4問は日本語の選択肢で、4問は韓国語の選択肢で示される。また4問の問題文はそれぞれ文章が2問、対話文が2問で構成される。

2 問題類型

問題類型 1　イラスト問題

・問題冊子にグラフやイラストを提示し、そのグラフやイラストの内容に合う選択肢を放送を聞いて選ぶ問題が2問（配点各2点）出題される。選択肢は2回読まれる。

・問題は、1問は表の内容に合う選択肢を選ぶ問題、1問はイラストの内容に合う選択肢を選ぶ問題の2問で構成される。表の問題は、輸入車販売台数、訪日韓国人数などのような年度別、または対象の比較や推移、分布などを問うものが多い。

・選択肢の音声が流れる前に、問題冊子に示された表やイラストを見て、そこから類推できる情報を把握しておこう。選択肢を聞きながら、イラストを通して把握しておいた情報と一つ一つ照合していくと正答が選びやすい。

例題　※選択肢を２回ずつ読みます。表や絵の内容に合うものを①～④の中から１つ選んでください。　〈2点 ×2問〉

1）

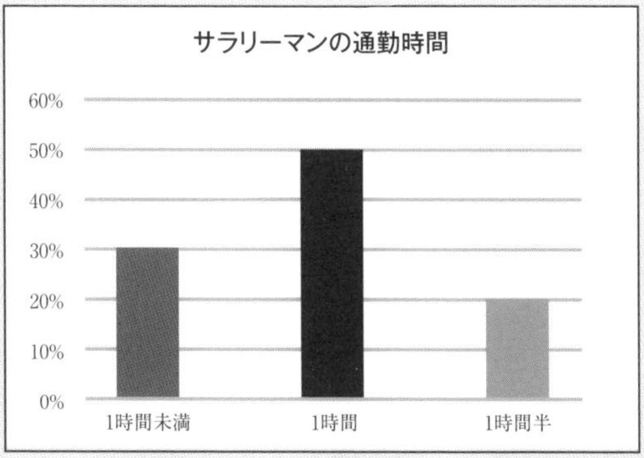

① ………………………………

② ………………………………

③ ………………………………

④ ………………………………

2)

① ....

② ....

③ ....

④ ....

正解 1) ③　2) ③

【放送台本】 選択肢はそれぞれ2回ずつ読まれる。

1) ① 1시간내에 회사에 올 수 있는 사람은 20% 미만이다.
② 통근에 1시간 반 이상 걸리는 사람이 30%에 이른다.
③ 직장인의 반 정도가 통근에 1시간쯤 걸린다.
④ 통근에 1시간 반 이상 걸리는 사람이 20%를 넘는다.

2) ① 큰길에서 개를 데리고 뛰어가고 있다.
② 집 밖에서 여자 아이가 고양이와 놀고 있다.
③ 개를 안고 계단을 내려오고 있다.
④ 아기를 안고 거리를 산책을 하고 있다.

解説 選択肢を聞いた後、約15秒間の解答時間が与えられる。

1) ① 1時間以内に会社に来ることができる人は20%未満だ。
② 通勤に1時間半以上かかる人は30%に及ぶ。
③ 会社員の半分程度が通勤に1時間ぐらいかかる。
④ 通勤に1時間半以上かかる人が20%を越える。

2) ① 大通りで犬を連れて走っている。
② 家の外で女の子が猫と遊んでいる。
③ 犬を抱いて階段を降りている。
④ 赤ちゃんを抱いて街を散歩している。

問題類型 2　単語説明問題

・短い問題文と選択肢を2回ずつ聞いて、文の内容に合う選択肢を選ぶ問題が6問（配点各2点）出題される。問題文は単語の意味を短く説明したもので、その説明した内容に該当する単語を選択肢の中から選ぶ形式である。

・問題として取り上げられる単語は主に3級出題範囲内の名詞の中から出題される。名詞の中でも抽象的な意味のものよりは、「구급차（救急車）,가위（ハサミ）,동료（同僚）, 미용실（美容室）,세탁기（洗濯機）」などのように具体的なものや意味を表わすものを中心に出題されるが、「혀가 안 돌아간다（呂律が回らない）」の「혀（舌・呂律）」のように慣用句の中で用いられる名詞が問われることもある。3級出題の名詞リスト（41ページ）、3級出題の慣用句リスト（55ページ）の中から具象名詞を中心に意味をイメージしながら覚えていく必要がある。

・問題文、選択肢とも音声で出題されるので、問題冊子から手がかりをつかむことができない。問題のキーワードになるものは簡略にメモを取って、説明の内容と選択肢の単語とを照合するようにしよう。

例題

※短い文と選択肢を２回ずつ読みます。文の内容に合うものを①～④の中から１つ選んでください。 〈2点 ×6問〉

1）..............................
①.......... ②.......... ③.......... ④..........

2）..............................
①.......... ②.......... ③.......... ④..........

3）..............................
①.......... ②.......... ③.......... ④..........

4）..............................
①.......... ②.......... ③.......... ④..........

5）..............................
①.......... ②.......... ③.......... ④..........

6）

①　　②　　③　　④

正解 1）④　2）②　3）①　4）①　5）②　6）③

【放送台本】 問題文と選択肢はそれぞれ2回ずつ読まれる。

1）배추나 파 같은 야채를 기르는 곳입니다.

① 통　② 빛　③ 풀　④ 밭

2）아는 사람이 많다는 뜻으로 이것이 넓다고 합니다.

① 다리　② 발　③ 얼굴　④ 이마

3）이것이 있어야 김치를 담글 수 있습니다.

① 마늘　② 소주　③ 국수　④ 계란

4）추울 때 사용하는 것입니다.

① 장갑　② 가위　③ 얼음　④ 귀걸이

5）학교나 회사에 자기보다 나중에 들어온 사람을 말합니다.

① 동료　② 후배　③ 후보　④ 조카

6）여러 가지 물건을 만드는 곳입니다.

① 여관　② 술집　③ 공장　④ 직장

解説 選択肢を聞いた後、約20秒間の解答時間が与えられる。

1）白菜やネギのような野菜を育てるところです。

① 桶　② 光　③ 草　④ 畑

2）知り合いが多いという意味で「これ」が広いと言います。

① 脚　② 足　③ 顔　④ 額

✎「顔が広い」ことを「발이 넓다」と表現する。このように慣用句の中で用いられる名詞を問題とするものも出題される。

3）これがなければキムチを漬けることができません。

① ニンニク　② 焼酎　③ 麺　④ 卵

✎ 語尾「-아야/어야」は「～してこそ、～なければ～ない」の意で、後件に対する強い条件を表わす。・먹어야 살 수 있다. 食べなければ生きられない。

4）寒い時に使うものです。

① 手袋　② ハサミ　③ 氷　④ イヤリング

5）学校や会社で自分より後に入ってきた人を言います。

① 同僚　② 後輩　③ 候補　④ 甥・姪

6）いろいろなものを作るところです。

① 旅館　② 飲み屋　③ 工場　④ 職場

問題類型 3　応答文選択問題

・短い問題文と選択肢を2回ずつ聞いて、問題文に呼応する応答文として適切なものを選択肢から選ぶ問題が4問（配点各2点）出題される。

・問題の性質上、問題文は質問・提案・確認などをする疑問文になることが多いが、話し手が状況を説明したり感想を述べたりする平叙文の形でもよく出題される。応答文は、賛同・拒否・コメント・質問返し・間接的な返答など多様なパターンで設定される。

・問題文、選択肢ともに音声で出題されるので問題冊子からは手がかりをつかむことはできない。問題文を聞いて対話の主題を把握し、応答文となる選択肢の内容が対話の流れとして合致するかをチェックしていく。

例題

※ 短い文を２回読みます。引き続き４つの選択肢も２回ずつ読みます。
応答文として適切なものを①～④の中から１つ選んでください。

〈2点×4問〉

1）--

① --
② --
③ --
④ --

2）--

① --
② --
③ --
④ --

3）--

① --
② --
③ --
④ --

4）--

① --
② --
③ --
④ --

正解 1) ②　2) ④　3) ③　4) ①

【放送台本】 問題文と選択肢はそれぞれ2回ずつ読まれる。

1) 아침엔 전철이 너무 복잡해서 싫어요.

① 지금 출근한 모양이네요.

② 그래서 난 항상 일찍 나와요.

③ 난 버스 타는 시간이 좋은데요.

④ 그냥 눈을 감고 참았어요.

2) 이거 어려워서 못 풀겠어요.

① 이렇게 열면 돼요.

② 쉬운 게 하나도 없네요.

③ 이걸로 지워 보세요.

④ 이게 뭐가 어려워요?

3) 이 반찬 좀 짜지 않아요?

① 그럼 설탕을 넣어 보세요.

② 밥이 모자라서 그래요.

③ 그래요? 난 괜찮은데요.

④ 그럼 간장을 넣어 보세요.

4) 그저께 연극 공연 어땠어요?

① 아주 감동적이었어요.

② 극장에서 공연을 했어요.

③ 모레까지 할 거래요.

④ 처음으로 무대에 올랐어요.

解説 選択肢を聞いた後、約20秒間の解答時間が与えられる。

1) 朝は電車がとても混むのでいやです。

① いま出勤したようですね。

② だから私はいつも早く出てきます。

③ 私はバスに乗る時間が好きです。

④ ただ目をつぶって我慢しました。

2) これは難しくて解けません。

① このように開ければいいです。

② 簡単なものは一つもありませんね。

③ これで消してみてください。

④ これのどこが難しいですか。

3) このおかず、ちょっと塩辛くないですか。
① では砂糖を入れてみてください。
② ご飯が足りないからです。
③ そうですか。私はいいですけど。
④ では醤油を入れてみてください。

4) おとといの演劇の公演はどうでしたか。
① とても感動的でした。
② 劇場で公演をしました。
③ 明後日までするそうです。
④ 初めて舞台に上がりました。

問題類型 4　内容一致選択問題（1）

・問題文を2回聞いて、文の内容と一致する選択肢を選ぶ問題が4問（配点各2点）出題される。問題文は、2問は文章、2問は対話文で構成される。

・選択肢は日本語で問題冊子に示されている。音声が流れる前に4つの選択肢を比較して、問題文がどんな内容かを類推し、注目して聞くべき箇所や内容にマークをつけておく。問題文は2回放送されるので、1回目で全体の意味をつかみ、2回目は選択肢でマークした箇所に集中して聞いて、正答をみつけるようにする。

第7章 聞き取り

例題 ※問題文を2回読みます。文の内容と一致するものを①～④の中から1つ選んでください。 〈2点 ×4問〉

1）..
....
....

① 課長から急に出張の連絡があった。
② 明日の会議は取り消しになった。
③ 会議の内容については何も聞いていない。
④ 明日の会議時間は変更された。

2）

① 今日薄着で出かけた。

② 今日の午後から熱が出た。

③ 昨日から鼻水が出て頭が痛い。

④ 薬を飲んでも熱が下がらない。

3）여：

남：

여：

남：

① 男性は明日の会議に1時間遅れると話した。

② 女性が男性に会議の時間を伝えている。

③ 女性は会議の時間が変更されたのを知らなかった。

④ 男性は会議の準備を終えて帰ろうとしている。

4）여：

남：

여：

남：

① 女性はこのホテルの周辺をよく知っている。

② 女性は予約していた部屋を変更した。

③ このホテルは1泊5万ウォンで泊まれる。

④ このホテルはすべての部屋から海が見える。

正解 1) ④　2) ②　3) ③　4) ②

【放送台本】 問題文と選択肢はそれぞれ2回ずつ読まれる。

1) 퇴근하려고 할 때 과장님한테서 전화가 왔습니다. 내일 회의 시간이 아침 8시로 바뀌었으니까 늦지 않게 출근하라는 연락이었습니다. 갑자기 회의 시간이 바뀐 이유에 대해서는 아무 말도 없었습니다.

2) 점심을 먹고 나서 열이 났어요. 약을 먹고 나니 열이 내렸어요. 그러나 지금 머리가 좀 아프고 콧물이 나요. 어제 추운데 옷을 얇게 입고 나갔기 때문인 것 같아요.

3) 여: 내일 회의 9시지요?
남: 10시예요. 과장님이 아침에 다른 볼일이 있어서 한 시간 늦어졌어요. 그런데 회의 준비는 다 됐어요?
여: 늦게까지 해야 할 것 같아요. 민수 씨는 다 됐어요?
남: 아뇨. 나도 좀 남아 있는데 지금은 퇴근하고 내일 일찍 와서 하려고요.

4) 여: 예약을 하고 왔는데 혹시 바다가 보이는 방으로 바꿀 수 있을까요?
남: 바다가 보이는 방이 5만 원 더 비싼데 괜찮으세요?
여: 네, 그럼 그 방으로 바꿔 주세요. 그런데 이 호텔 근처에 맛있는 식당이 있어요?
남: 네. 걸어서 10분만 가면 유명한 식당이 있어요. 제가 이 주변 지도를 드릴게요.

解説 選択肢を聞いた後、約20秒間の解答時間が与えられる。

1) 退勤しようとした時、課長から電話が来ました。 明日の会議時間が朝8時に変わったから遅れないように出勤してほしいとの連絡でした。突然会議時間が変わった理由については何も話はなかったです。

2) お昼を食べてから熱が出ました。薬を飲んだら熱が下がりました。しかし、いま少し頭が痛く、鼻水が出ます。 昨日寒いのに薄着で出かけたからのようです。

3) 女：明日の会議は9時ですよね。
男：10時です。課長が朝、別の用事ができて1時間遅くなりました。ところで会議の準備はできましたか。
女：遅くまでかかりそうです。ミンスさんは終わりましたか。
男：いいえ。私も少し残っていますが、今日は帰って明日早く来てやろうと思っています。

4) 女：予約をしてきたんですが、もし出来れば海が見える部屋に変えられますか。
男：海が見える部屋は5万ウォン高くなりますが、よろしいでしょうか。
女：はい。ではその部屋に変えてください。ところでこのホテルの近くに美味しい食堂はありますか。
男：はい。歩いて10分ぐらい行くと有名な食堂があります。私がこの周辺の地図を差し上げましょう。

問題類型 5　内容一致選択問題（2）

・問題文を2回聞いて、文の内容と一致する選択肢を選ぶ問題がさらに4問（配点各2点）出題される。問題文は、2問は文章、2問は対話文で構成されるなど、出題内容は「内容一致問題（1）」と同じ形式であるが、選択肢が韓国語で提示される点が異なる。

・選択肢は韓国語で問題冊子に示されているので、音声が流れる前に選択肢同士を比較して、問題文の内容を類推し、注目して聞くべき内容にマークをつけておく。1回目の音声で全体の内容をつかみ、2回目は選択肢でマークした箇所に集中して聞いて、正答をみつけるようにする。

例題

※問題文を２回読みます。文の内容と一致するものを①～④の中から１つ選んでください。〈2点×4問〉

1）…………………………………………

…………………………………………

…………………………………………

① 이 강좌는 영어의 기초를 가르친다.
② 수업료는 무료로 참가할 수 있다.
③ 이 수업은 27일에 끝난다.
④ 영어 연수는 매년 여름에 열린다.

2）…………………………………………

…………………………………………

…………………………………………

① 아파트 가까이에 체육 시설이 있다.
② 건강에 관심이 있는 사람들은 행사에 참석할 수 있다.
③ 기념 행사는 일요일마다 열린다.
④ 이 아파트는 역에서 멀지 않다.

3）여：…………………………………………

남：…………………………………………

여 : ....

남 : ....

① 여자는 가구가 있는 방을 권하고 있다.

② 남자는 역에서 가까운 방을 찾고 있다.

③ 여자는 교통이 편리한 곳으로 이사하려고 한다.

④ 남자는 혼자 살기 위해 집을 나오려고 한다.

4) 여 : ....

남 : ....

여 : ....

남 : ....

① 식물원은 매주 월요일에 쉰다.

② 두 사람은 서로 쉬는 날을 확인하고 있다.

③ 남자는 여자와 같이 나가고 싶지 않다.

④ 오늘은 동물원을 구경할 수 없다.

正解 1) ③　2) ④　3) ②　4) ④

【放送台本】問題文は2回読まれる。

1) 여름 영어 특별 강좌 안내입니다. 장소는 하나 대학교이며 기간은 7월 21일부터 일주일입니다. 읽기, 쓰기, 듣기, 말하기의 수업을 합니다. 영어에 흥미를 가지신 분은 누구나 참가하실 수 있습니다.

2) 미래 아파트에 대해서 말씀드리겠습니다. 체육 시설이 있어 건강하게 생활을 할 수 있으며 200m 떨어진 곳에 지하철 역도 있습니다. 관심 있으신 분들은 이번 주 일요일에 행하는 기념 행사에 꼭 참석해 주시길 바랍니다.

3) 여: 어떤 방을 찾으세요?

남: 역에서 멀지 않고 가구가 있는 방이면 좋겠어요.

여: 좀 작아도 괜찮으세요?

남: 혼자 사니까 넓지 않아도 돼요.

4) 여: 오랜만에 동물원에 한번 가 보고 싶어요.

남: 오늘은 동물원이 쉬는 날이에요. 매주 월요일에 쉬거든요.

여: 그래요? 그럼 식물원은 어때요?

남: 글쎄요. 식물원도 쉴 것 같은데요.

解説 選択肢を聞いた後、約20秒間の解答時間が与えられる。

1) 夏期英語特別講座の案内です。場所はハナ大学で、期間は7月21日から1週間です。リーディング、ライティング、リスニング、スピーキングの授業をします。英語に興味をお持ちの方はどなたでも参加できます。

① この講座は英語の基礎を教えている。
② 授業料は無料で参加できる。
③ この授業は27日に終わる。
④ 英語の研修は毎年夏に開かれる。

2) ミライマンションについて申し上げます。体育施設がありますので健康に生活することができますし、200m離れたところに地下鉄の駅もあります。関心をお持ちの方は今週の日曜日に行う記念行事にぜひご参加いただきますようお願い申し上げます。

① マンションの近くに体育施設がある。
② 健康に関心のある人は行事に参加することができる。
③ 記念行事は日曜日ごとに開かれる。
④ このマンションは駅から遠くない。

3) 女：どんなお部屋をお探しですか。
男：駅から遠くなくて家具がある部屋ならいいのですが。
女：少し小さくても大丈夫ですか。
男：一人で住むので広くなくてもかまいません。

① 女性は家具がある部屋を薦めている。
② 男性は駅から近い部屋を探している。
③ 女性は交通が便利なところに引っ越そうとしている。
④ 男性は一人暮らしをするために家を出ようとしている。

4) 女：久しぶりに動物園に行ってみたいです。
男：今日は動物園は休みです。毎週月曜日に休むので。
女：そうなんですか。では植物園はどうですか。
男：さあ、植物園も休みのような気がしますが。

① 植物園は毎週月曜日に休む。
② 二人は互いに休みの日を確認し合っている。
③ 男性は女性と一緒に出かけたくない。
④ 今日は動物園を観覧することはできない。

◀音声はこちら

2

1 イラスト問題

※ 選択肢を 2 回ずつ読みます。表や絵の内容に合うものを①～④の中から1つ選んでください。

1）

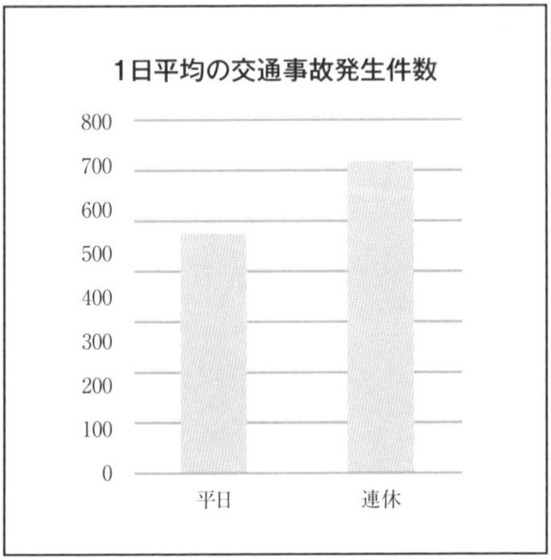

①

②

③

④

➡ 問題類型解説は183ページへ

2）

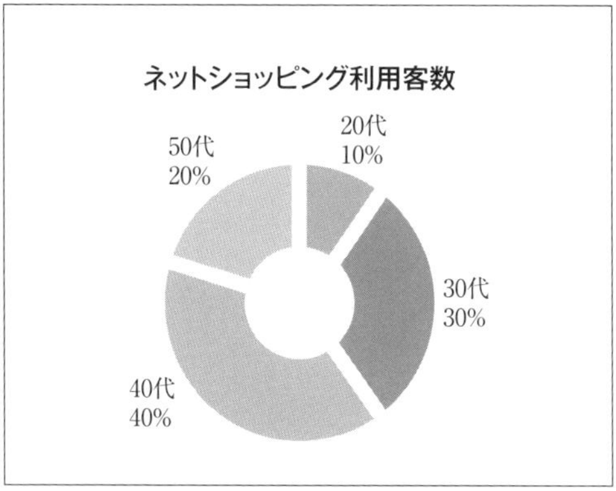

① ------------------------------

② ------------------------------

③ ------------------------------

④ ------------------------------

3）

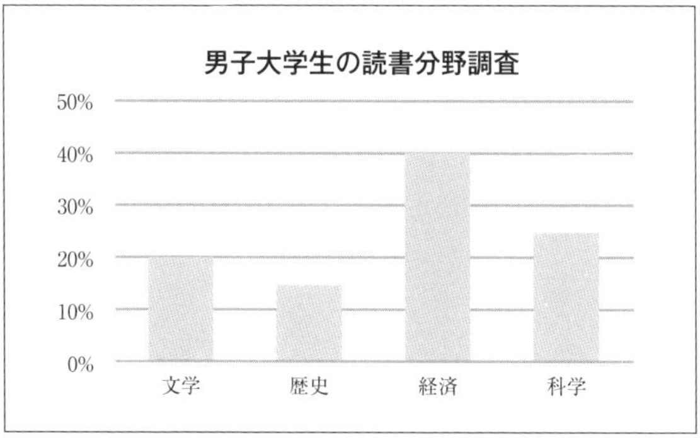

➡ 【正答】は220ページへ、【台本】は264ページへ、 【解説】は337ページへ

3～4

1 イラスト問題

① ....

② ....

③ ....

④ ....

4)

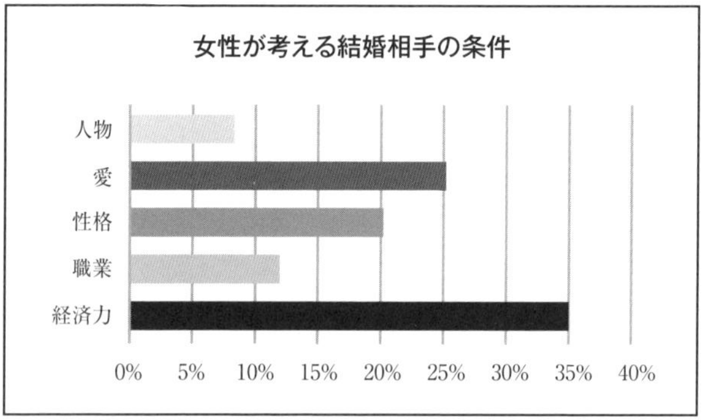

① ....

② ....

③ ....

④ ....

➡ 【正答】は220ページへ、【台本】は264ページへ、 【解説】は337ページへ

5）

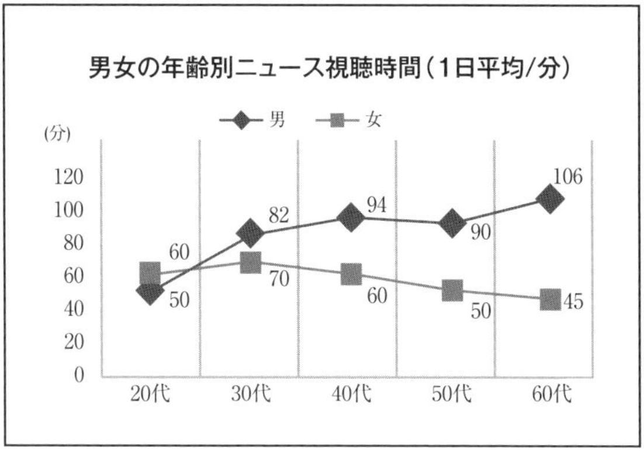

①

②

③

④

➡ 【正答】は220ページへ、【台本】は264、265ページへ、 【解説】は337ページへ

6

1 イラスト問題

6)

① --

② --

③ --

④ --

7)

➡ 【正答】は220ページへ、【台本】は265ページへ、【解説】は337、338ページへ

① --

② --

③ --

④ --

8)

① --

② --

③ --

④ --

➡ 【正答】は220ページへ、【台本】は265ページへ、 【解説】は338ページへ

8

1 イラスト問題

9)

① ....

② ....

③ ....

④ ....

10)

➡ 【正答】は220ページへ、【台本】は265ページへ、 【解説】は338ページへ

①

②

③

④

11）

①

②

③

④

➡ 【正答】は220ページへ、【台本】は265ページへ、 【解説】は338ページへ

◀音声はこちら

10

2 単語説明問題

※ 短い文と選択肢を２回ずつ読みます。文の内容に合うものを①～④の中から１つ選んでください。

1) ―― ....

☐ ① .... ② .... ③ .... ④ ....

2) ―― ....

☐ ① .... ② .... ③ .... ④ ....

3) ―― ....

☐ ① .... ② .... ③ .... ④ ....

4) ―― ....

☐ ① .... ② .... ③ .... ④ ....

5) ―― ....

☐ ① .... ② .... ③ .... ④ ....

6) ―― ....

☐ ① .... ② .... ③ .... ④ ....

7) ―― ....

☐ ① .... ② .... ③ .... ④ ....

➡ 問題類型解説は185ページへ

11

8) ―― ....

☐ ① .... ② .... ③ .... ④ ....

9) ―― ....

☐ ① .... ② .... ③ .... ④ ....

10) ―― ....

☐ ① .... ② .... ③ .... ④ ....

11) ―― ....

☐ ① .... ② .... ③ .... ④ ....

12) ―― ....

☐ ① .... ② .... ③ .... ④ ....

13) ―― ....

☐ ① .... ② .... ③ .... ④ ....

14) ―― ....

☐ ① .... ② .... ③ .... ④ ....

15) ―― ....

☐ ① .... ② .... ③ .... ④ ....

➡ 【正答】は220ページへ、【台本】は266、267ページへ、 【解説】は338、339ページへ

12

2 単語説明問題

16) ——

☐ ① ② ③ ④

17) ——

☐ ① ② ③ ④

18) ——

☐ ① ② ③ ④

19) ——

☐ ① ② ③ ④

20) ——

☐ ① ② ③ ④

21) ——

☐ ① ② ③ ④

22) ——

☐ ① ② ③ ④

23) ——

☐ ① ② ③ ④

➡ 【正答】は220ページへ、【台本】は267、268ページへ、 【解説】は339、340ページへ

24) ——

☐ ① ② ③ ④

25) ——

☐ ① ② ③ ④

26) ——

☐ ① ② ③ ④

27) ——

☐ ① ② ③ ④

28) ——

☐ ① ② ③ ④

29) ——

☐ ① ② ③ ④

30) ——

☐ ① ② ③ ④

31) ——

☐ ① ② ③ ④

➡ 【正答】は220ページへ、【台本】は268ページへ、 【解説】は340ページへ

◀音声はこちら

14

3 応答文選択問題

※ 短い文を２回読みます。引き続き４つの選択肢も２回ずつ読みます。応答文として適切なものを①〜④の中から１つ選んでください。

1) ―― ....

① ....
② ....
③ ....
④ ....

2) ―― ....

① ....
② ....
③ ....
④ ....

3) ―― ....

① ....
② ....
③ ....
④ ....

➡ 問題類型解説は187ページへ

4) ——

☐ ①

②

③

④

5) ——

☐ ①

②

③

④

6) ——

☐ ①

②

③

④

7) ——

☐ ①

②

③

④

➡ 【正答】は221ページへ、【台本】は269、270ページへ、【解説】は341、342ページへ

16

3 応答文選択問題

8) ──

☐ ①
②
③
④

9) ──

☐ ①
②
③
④

10) ──

☐ ①
②
③
④

11) ──

☐ ①
②
③
④

➡ 【正答】は221ページへ、【台本】は270、271ページへ、【解説】は342ページへ

12) ――

☐ ①
②
③
④

13) ――

☐ ①
②
③
④

14) ――

☐ ①
②
③
④

15) ――

☐ ①
②
③
④

➡ 【正答】は221ページへ、【台本】は271ページへ、 【解説】は342ページへ

◀音声はこちら

18

4 内容一致選択問題（1）

※ 問題文を２回読みます。文の内容と一致するものを①～④の中から１つ選んでください。

1）――

☐ ① 妹はたまに鏡の前で歌を歌うことがある。
② 歌と踊りが好きな妹を可愛く思う。
③ 妹はKポップを静かに聴くのは好きではない。
④ 妹が踊っている姿はとても美しい。

2）――

☐ ① 友人に友達の近況を話してあげた。
② 友人と懐かしい大学時代の話をした。
③ 友人とは大学を卒業してから初めて会った。
④ 約束の時間より1時間も早く着いた。

3）――

➡ 問題類型解説は189ページへ

□ ① キムチは地域によって味が異なる。
② 韓国の冬は日によって気温の差が大きい。
③ キムチは寒いときに漬けたものが美味しい。
④ 夏のキムチは塩を多めに入れて漬ける。

4) ――――――――――――――――――――

――――――――――――――――――――

――――――――――――――――――――

――――――――――――――――――――

□ ① この人は夏に留学を終えて帰る。
② この人は韓国から留学に来ている。
③ 髪を短くしようとしている。
④ 学生の間では長い髪が流行っている。

5) ――――――――――――――――――――

――――――――――――――――――――

――――――――――――――――――――

――――――――――――――――――――

□ ① 昨日病院で風邪薬を処方してもらった。
② 薬は病院内の薬局で買えるので便利だ。
③ いま鼻水と熱は治まっている。
④ 今日病院で注射を打ってもらった。

6) ――――――――――――――――――――

――――――――――――――――――――

――――――――――――――――――――

――――――――――――――――――――

➡ 【正答】は221ページへ、【台本】は272、273ページへ、 【解説】は343ページへ

🔊19～20

4 内容一致選択問題（1）

☐ ① 水は朝たくさん飲んでおいたほうがよい。
② 水を多く飲むのは健康によい。
③ 具合が悪いときは水を飲むとよい。
④ 水は少なめに飲むのが体によい。

7) —— 남 : ....
여 : ....
남 : ....
여 : ....

☐ ① 二人はまだ引っ越し先が決まっていない。
② 女性は公園が近いところに住みたがっている。
③ 男性は地下鉄の駅が近いところに住んでいる。
④ 女性は引っ越しの手伝いを頼んでいる。

8) —— 남 : ....
여 : ....
남 : ....
여 : ....

☐ ① 二人は明日海外旅行に出かける。
② 女性は明日12時に空港に着く予定だ。
③ 男性は朝８時に出かけるつもりだ。
④ 二人は明日一緒に空港に行くつもりだ。

9) —— 남 : ....
여 : ....
남 : ....
여 : ....

➡ 【正答】は221ページへ、【台本】は273、274ページへ、【解説】は343、344ページへ

☐ ① 男性は睡眠をとると疲れが取れる。
② 女性は男性にキャンディーを勧めている。
③ 男性は最近疲れが溜まって眠れない。
④ 女性は健康のためにたまに甘いものを食べる。

10) — 남 : ______________________
여 : ______________________
남 : ______________________
여 : ______________________

☐ ① 女性はいま韓国文化を専門に学んでいる。
② 男性は卒業後の進路が決まっていない。
③ 女性は進学したら専門を変えるつもりでいる。
④ 二人は同じことを専門に学んでいる。

11) — 여 : ______________________
남 : ______________________
여 : ______________________
남 : ______________________

☐ ① この公演のために外国から劇団が来た。
② 役者はプロとして素晴らしい演技を見せてくれた。
③ この演劇は韓国の昔話を題材としたものだ。
④ 男性は今日素人の外国人が演じる芝居を見てきた。

➡ 【正答】は221ページへ、【台本】は274、275ページへ、 【解説】は344ページへ

◀音声はこちら

22

5 内容一致選択問題（2）

※ 問題文を 2 回読みます。文の内容と一致するものを①～④の中から 1 つ選んでください。

1) ――

☐ ① 다른 길로 돌아가면 시간이 많이 걸린다.
② 길이 막히면 교통사고가 많이 난다.
③ 외출을 나온 사람들로 시청 주변이 복잡하다.
④ 지금 시청역 앞 길은 피하는 게 좋다.

2) ――

☐ ① 방학이 되면 매년 외국으로 연수를 간다.
② 전에도 외국에 공부하러 간 적이 있다.
③ 한 달 동안 어학 연수를 갈 생각이다.
④ 외국 생활을 경험하게 되어서 기쁘다.

3) ――

➡ 問題類型解説は192ページへ

☐ ① 인터넷으로 주문하면 사흘 이내에 도착한다.
② 가게보다 인터넷으로 사는 것이 비싸다.
③ 싸고 마음에 드는 노트북을 하나 샀다.
④ 우편 요금은 판매자가 부담한다.

4) ――

☐ ① 이 미용실은 당일에 전화하면 이용할 수 있다.
② 이 미용실은 한 달에 세 번 쉰다.
③ 낮 12시 이후에는 요금이 약간 비싸진다.
④ 이 미용실은 12시에 일을 시작한다.

5) ――

☐ ① 옷 색깔과 몸의 온도는 상관이 없다.
② 더울 때는 밝은 색 옷은 피하는 것이 좋다.
③ 하얀색 옷은 더러워지기 쉽다.
④ 검은색 옷은 열을 잘 받아들인다.

6) ――

➡ 【正答】は221ページへ、【台本】は275～277ページへ、【解説】は345、346ページへ

5 内容一致選択問題（2）

☐ ① 공항까지는 지하철보다 버스를 타는 게 빠르다.
② 공항버스를 타면 갈아타지 않고 공항까지 갈 수 있다.
③ 공항까지 가려면 두 번 지하철을 갈아타야 한다.
④ 공항까지는 공항버스로 가는 것이 제일 빠르다.

7) —— 남 : ....
여 : ....
남 : ....
여 : ....

☐ ① 남자는 자주 물건을 잃어버린다.
② 여자는 전화로 확인해 보라고 권했다.
③ 남자는 사무실에 전화를 해 봤다.
④ 여자는 전화기를 찾으러 먼저 갔다.

8) —— 여 : ....
남 : ....
여 : ....
남 : ....

☐ ① 남자는 여행 때 날씨 때문에 고생했다.
② 여자는 여행 사진을 보는 게 취미다.
③ 남자는 다음 주에 사진을 가져올 생각이다.
④ 여자는 남자에게 카메라를 빌려주었다.

9) —— 남 : ....
여 : ....
남 : ....
여 : ....

➡ 【正答】は221ページへ、【台本】は277、278ページへ、【解説】は346、347ページへ

☐ ① 남자는 공항에 일찍 와서 커피를 마시고 있다.
② 두 사람은 커피숍에서 이야기하고 있다.
③ 남자는 변경된 비행기 시간을 알고 있다.
④ 비행기는 예정대로 출발하지 못할 것 같다.

10) — 여 : ....
남 : ....
여 : ....
남 : ....

☐ ① 이 휴대 전화는 숫자가 잘 보인다.
② 이 휴대 전화는 노인들에게 인기가 없다.
③ 이 휴대 전화는 여자가 쓰려고 한다.
④ 이 휴대 전화는 한 가지 색깔밖에 없다.

11) — 여 : ....
남 : ....
여 : ....
남 : ....

☐ ① 남자는 외국으로 부칠 물건이 많다.
② 여자는 남자가 버리는 것 중에 필요한 게 있다.
③ 여자는 남자가 이삿짐 싸는 것을 돕고 있다.
④ 남자는 외국에 가지고 갈 물건을 고르고 있다.

➡ 【正答】は221ページへ、【台本】は278ページへ、【解説】は347ページへ

1 イラスト問題 / 2 単語説明問題　正答

➡ イラスト問題は196ページ、台本は264ページ、解説は337ページへ、
単語説明問題は204ページ、台本は266ページ、解説は338ページへ

※ 全問正解になるまで繰り返し練習をしてください。

1 イラスト問題		2 単語説明問題			
問題	正答	問題	正答	問題	正答
1	③	1	④	17	②
2	②	2	③	18	④
3	①	3	②	19	③
4	③	4	④	20	②
5	④	5	③	21	④
6	③	6	②	22	③
7	②	7	③	23	①
8	④	8	①	24	②
9	①	9	④	25	④
10	④	10	③	26	③
11	③	11	②	27	①
		12	④	28	③
		13	①	29	④
		14	③	30	①
		15	①	31	②
		16	③		

3 応答文 / 4 内容一致 (1) / 5 内容一致 (2) 正答

➡ 応答文問題は208ページ、台本は269ページ、解説は341ページへ、
内容一致問題（1）は212ページ、台本は272ページ、解説は343ページへ、
内容一致問題（2）は216ページ、台本は275ページ、解説は345ページへ

3 応答文選択問題		4 内容一致選択問題 (1)		5 内容一致選択問題 (2)	
問題	正答	問題	正答	問題	正答
1	④	1	②	1	④
2	③	2	③	2	②
3	③	3	①	3	①
4	①	4	③	4	③
5	①	5	④	5	④
6	①	6	②	6	②
7	③	7	②	7	②
8	②	8	④	8	③
9	④	9	②	9	④
10	③	10	①	10	①
11	④	11	③	11	②
12	①				
13	③				
14	④				
15	②				

第8章

模擬試験

ハングル能力検定試験3級					
時限	科目	問題数	形式	時間	配点
10：30 〜 12：00	聞き取り	20問	4択マークシート式	30分	40点
	筆記	40問	4択マークシート式	60分	60点

※ 合格ライン：聞取40点（最低必須得点12点）、筆記60点（必須得点24点）の100点満点中60点以上で合格。試験時間は90分。科目の間の途中休憩なし。

第1回 模擬試験 聞き取り問題

/40点

➡ 正答は259ページ、台本は279ページ、解説は348ページへ

◀音声はこちら

26

1 選択肢を２回ずつ読みます。表や絵の内容に合うものを①～④の中から1つ選んでください。 〈2点×2問〉

1） 1

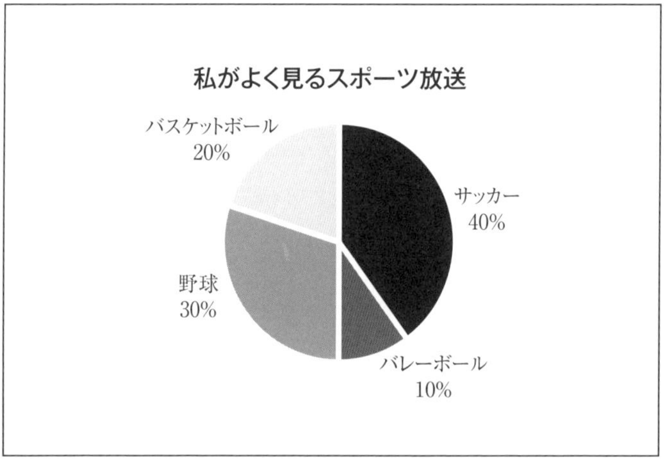

① --

② --

③ --

④ --

2) 2

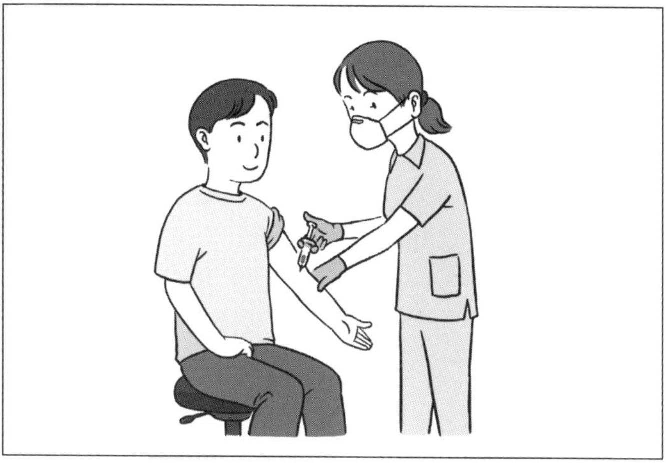

① ....

② ....

③ ....

④ ....

27

2 短い文と選択肢を２回ずつ読みます。 文の内容に合うものを①～④の中から1つ選んでください。 〈2点 × 6問〉

1) 3

① ...... ② ...... ③ ...... ④ ......

2) 4

① ...... ② ...... ③ ...... ④ ......

第8章 模擬試験

3） ………………………………………………………………… 5

① ………… ② ………… ③ ………… ④ …………

4） ………………………………………………………………… 6

① ………… ② ………… ③ ………… ④ …………

5） ………………………………………………………………… 7

① ………… ② ………… ③ ………… ④ …………

6） ………………………………………………………………… 8

① ………… ② ………… ③ ………… ④ …………

28

3 短い文を２回読みます。引き続き４つの選択肢も２回ずつ読みます。
応答文として適切なものを①～④の中から１つ選んでください。

〈2 点 ×4 問〉

1） ………………………………………………………………… 9

① ……………………………………………

② ……………………………………………

③ ……………………………………………

④ ……………………………………………

2) ………………………………………… 10

① ………………………………

② ………………………………

③ ………………………………

④ ………………………………

3) ………………………………………… 11

① ………………………………

② ………………………………

③ ………………………………

④ ………………………………

4) ………………………………………… 12

① ………………………………

② ………………………………

③ ………………………………

④ ………………………………

29

4 問題文を２回読みます。文の内容と一致するものを①～④の中から１つ選んでください。〈2点 ×4問〉

1） 13

---

① 世界各地のニュースはネットで読むほうが早い。

② 今も紙の新聞だけを読む人がいる。

③ いまはネットで常時ニュースの記事が読める。

④ 紙の新聞は毎朝配達される。

2） 14

---

① 祖母は去年から一人で暮らしている。

② 私は祖母とよく遊びに出かける。

③ 祖父が帰ってきたのでよく遊びに行く。

④ 祖母の話を聞くといつも楽しくなる。

3)

15

남 : ....

여 : ....

남 : ....

여 : ....

① 背広はコートより早く洗濯が終わる。

② 洗濯物は木曜日の夕方に取りに来るつもりだ。

③ 女性は希望の時間に間に合わないことをわびている。

④ 男性は金曜日に背広を着るつもりでいる。

4)

16

여 : ....

남 : ....

여 : ....

남 : ....

① この店では明日から働くことができる。

② この店では食堂での経験がある人を探している。

③ 女性は午前中から営業を始めようとしている。

④ 男性がアルバイトをするのは初めてだ。

30

5 問題文を２回読みます。文の内容と一致するものを①～④の中から１つ選んでください。 〈2点×4問〉

1） 17

----

① 어제보다 오늘이 덜 춥다.

② 우산을 가지고 출근하는 게 좋다.

③ 오늘은 서울만 비가 온다.

④ 지금 전국적으로 비가 오고 있다.

2） 18

----

① 자료를 찾을 때 컴퓨터를 이용할 수 있게 된다.

② 지금 건물을 수리하는 공사를 하고 있다.

③ 매달 휴게실에서 영화를 보여 준다.

④ 다음 주까지는 도서관을 이용할 수 없다.

3) 19

남 : ....

여 : ....

남 : ....

여 : ....

① 남자는 여자의 생일 선물을 고르고 있다.
② 여자는 할머니께 화장품을 선물하려고 한다.
③ 남자는 할머니께 운동화를 선물한 적이 있다.
④ 내일은 여자 할머니의 생신이다.

4) 20

남 : ....

여 : ....

남 : ....

여 : ....

① 약은 사흘 동안 먹어야 한다.
② 약은 비타민과 함께 먹으면 잘 듣는다.
③ 약은 식사 후에 먹어야 효과가 있다.
④ 약은 하루에 세 번 먹으면 된다.

第1回 模擬試験 筆記問題

/60点

➡ 正答は260ページ、解説は351ページへ

1 下線部を発音どおり表記したものを①～④の中から１つ選びなさい。
〈1点×3問〉

1）누가 누군지 못 알아보겠다. [1]

① [몬나라보겐따]　② [몬다라보겐따]

③ [모다라보겐따]　④ [모사라보겐따]

2）지난 달에 비해 출석률이 안 좋다. [2]

① [출썽뉴리]　② [출썰류리]　③ [출썬뉴리]　④ [출썸류리]

3）언니는 심리학이 전공이다. [3]

① [신니하기]　② [심미하기]　③ [심니하기]　④ [실리하기]

2 (　　)の中に入れるのに適切なものを①～④の中から１つ選びなさい。
〈1点×6問〉

1）말만 하지 말고 (　　) 가능한 계획을 세워야 한다. [4]

① 실험　② 발견　③ 실천　④ 목표

2）목이 너무 (　　) 물을 두 컵이나 마셨다. [5]

① 권해서　② 다뤄　③ 막혀서　④ 말라서

3）달을 바라보며 고향 생각을 하면 (　　) 눈물이 난다. [6]

① 별로　② 오직　③ 왠지　④ 원래

4) A: 감독이 그만둔다고 합니다.
B: 아마 팀의 (　　)이 안 좋은 게 원인일 거예요. 7

① 성질　② 성격　③ 성공　④ 성적

5) A: 시장에 (　　) 과일 좀 사 갈까?
B: 좋아. 무슨 과일이 먹고 싶어? 8

① 길러서　② 들러서　③ 골라서　④ 발라서

6) A: 회의는 벌써 시작됐어요. 조용히 들어가세요.
B: 미안해요. 길이 (　　) 늦었어요. 9

① 막혀서　② 바뀌어서　③ 줄어서　④ 맡겨서

3 (　　)の中に入れるのに最も適切なものを①～④の中から1つ選びなさい。
〈1点×5問〉

1) 우리 회사에서 나(　　) 출장을 자주 가는 사람은 없을 거야. 10
① 로서　② 야말로　③ 대로　④ 만큼

2) 땀을 많이 흘려서 집에 (　　) 목욕을 했다. 11
① 갔다면　② 갔는데　③ 가자마자　④ 가니

3) 목이 말라 (　　). 빨리 마실 것 좀 줘. 12
① 죽은 편이야　② 죽을 틈도 없어
③ 죽을까 해　④ 죽을 것 같아

4) A: 값이 좀 비싼 것 같은데 다른 곳도 좀 들러 볼까?
B: 글쎄. 다른 곳에 (　　) 값이 다 비슷하지 않을까? 13

① 가 본다고 그래서　② 가 보는 대신에
③ 가 본다고 해도　④ 가 보는 반면에

5) A: 여기에서 사진을 찍어도 돼요?

B: 죄송하지만 미술관에서는 (　　). 14

① 찍을 것 없어요　② 찍을 줄 몰라요

③ 찍을 리 없어요　④ 찍을 수 없어요

4 次の文の意味を変えずに、下線部の言葉と置き換えが可能なものを①~④の中から1つ選びなさい。 〈2点×4問〉

1) 실은 갑자기 이사를 가게 돼서 인사를 드리려고 왔어요. 15

① 알고 보니　② 그렇잖아도　③ 눈치가 없이　④ 다름이 아니라

2) 그 아이는 시험에 날 것 같은 문제만 골라서 공부했다. 16

① 선택해서　② 선전해서　③ 심어서　④ 꺼내서

3) A: 이곳에 온지 2년이 넘었으니까 영어는 문제 없죠?

B: 아뇨, 아직 잘 못해요. 17

① 답답해요　② 불편해요　③ 불안해요　④ 서툴러요

4) A: 저 두 사람 늘 붙어 다니더니 요즘 왜 따로따로 다니죠?

B: 지난 달부터 그만 만나기로 한 것 같아요. 18

① 조심하기　② 지켜보기　③ 그만두기　④ 헤어지기

5 2つの(　　)の中に入れることができるものを①～④の中から1つ選びなさい。 〈1点×3問〉

1) ·결과를 확인하기까지는 (　　) 을 놓을 수 없다.
·(　　) 이 급해서 실수를 많이 했다. 19

① 긴장　② 마음　③ 의식　④ 심장

2) ·중요한 곳은 빨간색 볼펜으로 밑줄을 (　　).
·그녀의 노래가 끝나자 모두 크게 박수를 (　　). 20

① 쳤다　② 때렸다　③ 피했다　④ 치렀다

3) ·씨를 심으려고 땅을 (　　).
·아침부터 하루 종일 나무에 가족 이름을 (　　). 21

① 맸다　② 썼다　③ 팠다　④ 뺐다

6 対話文を完成させるのに最も適切なものを①～④の中から1つ選びなさい。 〈2点×4問〉

1) A: 한국에 산 지 오래됐어요?
B: (　　　　).
A: 그런데 그렇게 한국말을 잘하세요? 22

① 아뇨, 배운 지 얼마 안 돼요
② 네, 유학을 온 적이 있거든요
③ 아뇨, 일 년밖에 안 됐어요
④ 네, 아주 오래됐어요

2) A: 왜 이렇게 사람이 많이 모여 있죠?
B: (　　　　).
A: 그럼 뭔지 구경 좀 해 볼까요? 23

① 무슨 행사가 있나 봐요
② 사고로 길이 막혔나 봐요
③ 줄을 서야 할 것 같아요
④ 많이 기다려야 할 것 같네요

3) A: 검사 결과는 어땠어요?
B: (　　　　　).
A: 잘 됐네요. 그럼 이제 한잔해도 되겠네요. 24

① 며칠 더 기다려야 된대요
② 수술은 안 해도 된대요
③ 입원은 안 해도 된대요
④ 아무 이상이 없대요

4) A: 직장에 들어간 지 얼마 안 돼서 힘들죠?
B: (　　　　　).
A: 몇 달 지나면 괜찮아질 거예요. 25

① 네, 당장 그만두려고 해요
② 아뇨, 힘들기는 해도 재미있어요
③ 네, 아직 일을 잘 몰라서요
④ 아뇨, 처음부터 기대를 안 했거든요

7 下線部の漢字と同じハングルで表記されるものを①～④の中から1つ選びなさい。
〈1点×3問〉

1) 内<u>容</u> 26

① <u>勇</u>気　② <u>要</u>求　③ 余<u>裕</u>　④ 自<u>由</u>

2) <u>救</u>急車 27

① <u>休</u>暇　② <u>規</u>模　③ 研<u>究</u>　④ <u>空</u>気

3) 比較 [28]

① 三角　② 交通　③ 確認　④ 興味

8 文章を読んで【問1】～【問2】に答えなさい。

〈2点×2問〉

누구나 실수를 하면 아무도 모르게 비밀로 해 두고 싶어 한다. 하지만 그렇게 하면 실수를 더 크게 만들 뿐이다. 아무리 훌륭한 사람이라도 실수는 한다. 당신이 새로운 것을 배우려 한다면 실수는 (　　) 좋은 기회가 될 수도 있다. 실수를 통해 잘못된 점을 배우고 다시는 같은 실수를 하지 않도록 노력할 수 있기 때문이다. 다른 사람들에게 자기가 실수했다고 솔직하게 이야기하는 것이 쉽지 않다. 그래서 자신의 실수를 감추지 않고 있는 그대로 받아들이는 행동이 실수 때문에 생긴 문제를 풀 수 있는 가장 좋은 방법이라고 할 수 있다.

【問1】(　　) に入れるのに最も適切なものを①～④の中から1つ選びなさい。 [29]

① 무조건　② 드디어

③ 오히려　④ 여전히

【問2】本文の内容と一致するものを①～④の中から1つ選びなさい。 [30]

① 실수를 여러 번 하면 자신감을 잃게 된다.

② 실수를 감추지 않는 것이 문제 해결의 열쇠가 된다.

③ 실수를 전혀 안 하는 사람이야말로 훌륭한 사람이다.

④ 새로운 것을 배우려면 일부러 실수를 해 보는 것이 좋다.

9 対話文を読んで【問1】～【問2】に答えなさい。

〈2点×2問〉

A：요즘 약을 쓰지 않고 야채를 길러 가정까지 배달해* 주는 곳이 있어서 와 봤습니다. 주문이 많이 옵니까?

B：네. 올해 봄부터 주문이 갑자기 많아져서 주문을 다 받지 못하고 있습니다. 그래서 내년에는 좀 더 많이 기르려고 합니다.

A：주문을 하지 않아도 살 수 있습니까?

B：직접 판매는 하지 않고 전화나 인터넷으로 주문을 하셔야 살 수 있습니다.

A：(　　　　)?

B：평균 삼 일 정도면 보내 드릴 수 있습니다.

*) 배달하다：配達する

【問1】(　　)に入れるのに最も適切なものを①～④の中から1つ選びなさい。

31

① 주문은 몇 개까지 할 수 있습니까

② 야채를 기르는데 얼마나 걸립니까

③ 오늘 사면 언제 도착합니까

④ 주문하면 얼마나 걸립니까

【問2】対話文の内容と一致しないものを①～④の中から1つ選びなさい。

32

① 약을 안 쓰고 기른 야채의 주문이 늘고 있다.

② 이곳에서는 야채를 직접 팔지 않는다.

③ 요즘 약을 쓰지 않고 야채를 기르는 곳은 없다.

④ 올해는 주문을 다 받을 만큼의 야채가 없다.

10 文章を読んで【問1】～【問2】に答えなさい。

〈2点×2問〉

사람들은 처음 사랑에 빠졌을 때의 느낌을 잊지 못한다. 사랑하는 사람을 생각만 해도 떨리고, 잠시라도 떨어져 있으면 보고 싶고, 그 사람 없이는 살 수 없을 것만 같은 느낌 말이다. 하지만 (   ). 그렇다면 가슴 뛰는 사랑의 감정은 왜 사라지는 것일까? 사랑은 과정이기 때문이다. 사랑은 '사랑에 빠지는' 단계에서 출발해 '사랑을 하는' 단계를 지나 '사랑에 머무는' *단계로 가는 여행과 같다. 따라서 사랑의 뜨거운 감정이 식었다고 해서 사랑이 끝난 것은 아니다. 상대방의 사랑에 대해서 불안해 하는 시기가 지나면 서로의 사랑을 믿고 편안해지는 때가 온다.

*) 머물다：とどまる、とまる

【問1】(　　)に入れるのに最も適切なものを①～④の中から1つ選びなさい。 [33]

① 시간이 흐르면서 이런 느낌들은 점점 사라져 간다
② 인간이란 항상 불안에 떨면서 생활할 수는 없다
③ 점차 그 사람 없이도 살 수 있다는 자신이 생기게 된다
④ 사랑하는 사람이 없으면 살 수 없다는 말은 거짓말이다

【問2】本文の内容と一致するものを①～④の中から1つ選びなさい。 [34]

① 하나의 사랑이 끝나면 다시 새로운 만남이 시작된다.
② 사람들은 늘 불안하기 때문에 뜨거운 사랑을 원하게 된다.
③ 상대방의 사랑을 믿게 되면 불안은 사라지고 편안해진다.
④ 아무리 뜨거운 사랑이라도 언젠가는 끝나게 된다.

11 下線部の日本語訳として適切なものを①～④の中から1つ選びなさい。

〈2点×3問〉

1) 나는 <u>심장이 약해서</u> 그런 말은 죽어도 못하겠다. [35]

① 病気を患って　　② 胸がどきどきして
③ 体が弱いので　　④ 度胸がないので

2) 여기서는 이름만 대면 아는 사람이라는데 모른다고 한다. 36

① 見覚えのある ② とても有名な
③ 名前だけは知っている ④ 顔見知りの

3) 남자 친구의 이것도 저것도 아닌 태도에 화가 난다. 37

① 何なのかはっきりしない ② 何でもほしがる
③ 男らしくない ④ あれやこれやとうるさい

12 下線部の訳として適切なものを①～④の中から1つ選びなさい。

〈2点×3問〉

1) 今おっしゃったことの本当の意味を伺ってもいいですか。 38

① 알아봐도 될까요?
② 외쳐도 괜찮아요?
③ 여쭤 봐도 돼요?
④ 가르쳐 주시겠어요?

2) そこに行けば何でもあるから欲しいものがあれば買ってきて。 39

① 뭔가 뭔지
② 여러 말 할 것 없으니까
③ 말할 것도 없으니까
④ 없는 게 없으니까

3) 初期のパソコンといまのパソコンの性能は雲泥の差だ。 40

① 태양과 달만큼 다르다
② 구름과 큰비처럼 차이가 난다
③ 비교하기도 부끄럽다
④ 하늘과 땅 차이이다

第2回 模擬試験 聞き取り問題

/40点

➡ 正答は259ページ、台本は283ページ、解説は357ページへ

◀音声はこちら

31

1 選択肢を２回ずつ読みます。表や絵の内容に合うものを①～④の中から１つ選んでください。 〈2点×2問〉

1） 1

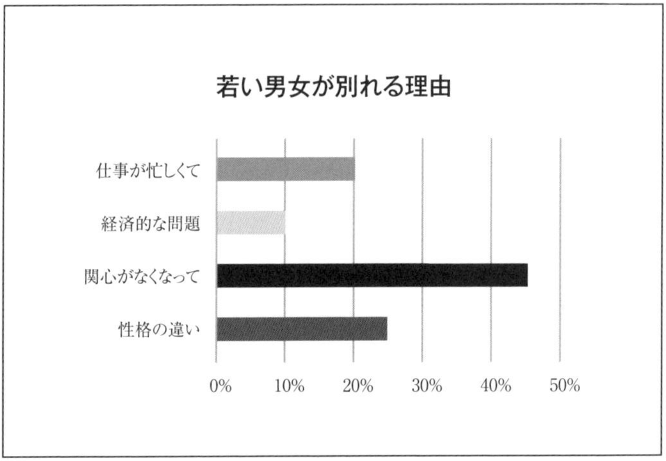

①

②

③

④

2)　2

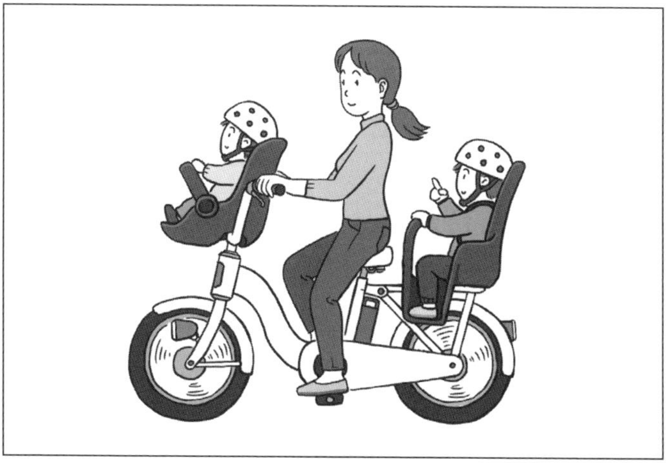

① --

② --

③ --

④ --

32

2 短い文と選択肢を２回ずつ読みます。文の内容に合うものを①～④の中から1つ選んでください。〈2点×6問〉

1) -- 3

① --------　② --------　③ --------　④ --------

2) -- 4

① --------　② --------　③ --------　④ --------

3) ＿＿＿＿＿＿＿＿＿＿＿＿＿＿＿＿＿＿＿＿＿＿＿＿ 5

① ＿＿＿＿＿ ② ＿＿＿＿＿ ③ ＿＿＿＿＿ ④ ＿＿＿＿＿

4) ＿＿＿＿＿＿＿＿＿＿＿＿＿＿＿＿＿＿＿＿＿＿＿＿ 6

① ＿＿＿＿＿ ② ＿＿＿＿＿ ③ ＿＿＿＿＿ ④ ＿＿＿＿＿

5) ＿＿＿＿＿＿＿＿＿＿＿＿＿＿＿＿＿＿＿＿＿＿＿＿ 7

① ＿＿＿＿＿ ② ＿＿＿＿＿ ③ ＿＿＿＿＿ ④ ＿＿＿＿＿

6) ＿＿＿＿＿＿＿＿＿＿＿＿＿＿＿＿＿＿＿＿＿＿＿＿ 8

① ＿＿＿＿＿ ② ＿＿＿＿＿ ③ ＿＿＿＿＿ ④ ＿＿＿＿＿

33

3 短い文を２回読みます。引き続き４つの選択肢も２回ずつ読みます。
応答文として適切なものを①～④の中から１つ選んでください。

〈2点×4問〉

1) ＿＿＿＿＿＿＿＿＿＿＿＿＿＿＿＿＿＿＿＿＿＿＿＿ 9

① ＿＿＿＿＿＿＿＿＿＿＿＿＿＿＿＿

② ＿＿＿＿＿＿＿＿＿＿＿＿＿＿＿＿

③ ＿＿＿＿＿＿＿＿＿＿＿＿＿＿＿＿

④ ＿＿＿＿＿＿＿＿＿＿＿＿＿＿＿＿

2） ____ 10

① ______________________________

② ______________________________

③ ______________________________

④ ______________________________

3） ____ 11

① ______________________________

② ______________________________

③ ______________________________

④ ______________________________

4） ____ 12

① ______________________________

② ______________________________

③ ______________________________

④ ______________________________

🔊34

4 問題文を２回読みます。文の内容と一致するものを①～④の中から１つ選んでください。 〈2点×4問〉

1） 13

① 父は退職してから家事を手伝い始めた。
② 私が中学生の頃から親は共働きを始めた。
③ 中学を卒業するまで掃除は親にしてもらった。
④ 母は父の代わりに働きに出た。

2） 14

① 私は静かでないと勉強ができない。
② 親は私の勉強スタイルを理解してくれる。
③ 私は勉強の内容が理解できないときは音楽を聴く。
④ 私は音楽を聴きながら勉強すると集中できる。

3)　15

남 : ....

여 : ....

남 : ....

여 : ....

① 今日の公演は7時から始まる。
② 二人は学生料金でチケットを買った。
③ 女性は二人の学生証を確認した。
④ 男性は学生料金を適用してもらえる。

4)　16

남 : ....

여 : ....

남 : ....

여 : ....

① この食堂の前は人通りが多い。
② この食堂は周辺の会社員がよく利用する。
③ この食堂では冷麺以外のものは売らない。
④ この食堂は遅くまで営業をしている。

35

5 問題文を２回読みます。文の内容と一致するものを①～④の中から１つ選んでください。 〈2点×4問〉

1) 17

----

① 예정보다 고장 수리에 시간이 걸렸다.
② 물이 안 나온 지 한 시간이 지났다.
③ 네 시부터 기계를 수리할 예정이다.
④ 갑자기 전기가 안 들어와 불편하다.

2) 18

----

① 내일은 우산을 가지고 다니는 게 좋다.
② 주말에는 흐리고 바람이 많이 불 것이다.
③ 토요일은 맑게 갠 날씨가 될 것이다.
④ 오늘은 낮부터 조금 더워질 것이다.

3) 19

여 : --

남 : --

여 : --

남 : --

① 요즘 밝은 색 옷을 찾는 남자가 늘고 있다.
② 여자는 남자 친구의 바지를 고르고 있다.
③ 남자의 마음에 드는 색깔의 바지가 없다.
④ 남자는 바지를 입어 볼 생각이다.

4) 20

여 : --

남 : --

여 : --

남 : --

① 여자는 역의 출구가 어딘지 묻고 있다.
② 남자는 회사의 위치를 설명하고 있다.
③ 남자는 여자의 회사에 와 본 적이 없다.
④ 남자는 출장으로 시청역 근처에 와 있다.

第2回 模擬試験 筆記問題

/60点

➡ 正答は260ページ、解説は360ページへ

1 下線部を発音どおり表記したものを①～④の中から1つ選びなさい。
〈1点×3問〉

1) <u>달빛 아래서</u> 책을 읽었다. [1]
① [달삔나래서] ② [달삐다래서]
③ [달빈나래서] ④ [달비사래서]

2) 11월에 미국 <u>대통령</u> 선거가 있다. [2]
① [대통녕] ② [대톨령] ③ [대톤녕] ④ [대통영]

3) <u>흙먼지</u>가 심해서 창문을 못 연다. [3]
① [흘먼지] ② [흠먼지] ③ [흔먼지] ④ [흥먼지]

2 (　　)の中に入れるのに適切なものを①～④の中から1つ選びなさい。
〈1点×6問〉

1) 내 친구는 긴장을 하면 다리를 떠는 (　　)이 있다. [4]
① 볼일 ② 발달 ③ 버릇 ④ 명함

2) 눈사람이 (　　) 없어져 버렸다. [5]
① 벌려서 ② 녹아서 ③ 쌓여서 ④ 끓여서

3) 아무 일도 없었는데 (　　) 기분이 좋았다. [6]
① 어느새 ② 원래 ③ 점차 ④ 왠지

4) A: 우리 언니가 지난 주에 아이를 낳았어.
B: 축하한다. 너도 이제 (　　)가 됐구나. 7

① 손자　② 고모　③ 이모　④ 조카

5) A: 왜 그렇게 힘이 없어요?
B: 밤을 (　　) 무대 준비를 했거든요. 그래서 잠을 못 잤어요. 8

① 태워서　② 비워서　③ 지워서　④ 새워서

6) A: 졸업하고 유학을 갈까 취직을 할까 고민하고 있어.
B: 유학이나 취직이나 때를 (　　) 안 될 거야. 잘 생각해서 결정해. 9

① 이루면　② 놓치면　③ 원하면　④ 채우면

3 (　　)の中に入れるのに最も適切なものを①～④の中から1つ選びなさい。
〈1点×5問〉

1) 발표를 준비할 시간이 두 시간(　　) 없었다. 10
① 대로　② 밖에　③ 이야　④ 에다

2) 추운 겨울에 산 속에서 길을 잃어서 (　　) 고생을 했다. 11
① 죽느냐고　② 죽으라고　③ 죽든지　④ 죽도록

3) 우리는 내년 봄쯤에 결혼을 (　　). 12
① 할 것 같아요　② 할까 해요
③ 하나 봐요　④ 할 모양이에요

4) A: 이번 모임에 몇 명이나 참석할 수 있는지 물어 보세요.
B: (　　) 모두 참석한다고 할 거예요. 13

① 물어볼까 말까　② 물어보는 대로
③ 물어볼 것도 없이　④ 물어보다 말고

5) A: 지금 길이 막힐까요?

B: 네, 퇴근 시간이기 때문에 차가 (　　).　14

① 많아 보여요　② 많기는 해요

③ 많을 것 같아요　④ 많아서 그래요

4 次の文の意味を変えずに、下線部の言葉と置き換えが可能なものを①～④の中から1つ選びなさい。〈2点×4問〉

1) 줄 서 있는 사람이 많은 걸 보니 음식이 맛있는 것이 틀림없다.　15

① 확실하다　② 당연하다　③ 정확하다　④ 특별하다

2) 서둘러서 준비했지만 약속 시간에 늦었다.　16

① 새롭게　② 급하게　③ 무섭게　④ 부럽게

3) A: 입어 보니까 어떠세요?

B: 사이즈는 잘 맞는데 색깔이 나한테 어울리는지 모르겠어요.　17

① 꽤 굵은데　② 딱 좋은데　③ 꼭 쥐는데　④ 푹 자는데

4) A: 다음 주 토요일 저녁에 시간이 있는지 물어 봤어요?

B: 네, 괜찮다고 하세요.　18

① 줄여　② 들러　③ 여쭤　④ 권해

5 2つの(　　)の中に入れることができるものを①～④の中から1つ選びなさい。
〈1点×3問〉

1) ·할머니는 (　　)가 멀어서 큰 소리로 얘기해야 한다.
·이것이 부장님 (　　)에 들어가면 큰일이 난다. 19

① 거리　② 귀　③ 이마　④ 꼬리

2) ·그런 부탁은 (　　) 거절하는 것이 좋다.
·이 바지가 (　　) 맞으니까 마음에 든다. 20

① 푹　② 마치　③ 딱　④ 제법

3) ·결혼식 날짜가 (　　).
·사고를 내고 도망 간 사람이 (　　). 21

① 맡겼다　② 잠갔다　③ 잡았다　④ 잡혔다

6 対話文を完成させるのに最も適切なものを①～④の中から1つ選びなさい。
〈2点×4問〉

1) A: 콘서트에 간다고 들었는데 표는 예약했어요?
B: (　　　　).
A: 그렇게 인기가 있어요? 22

① 물론이죠. 내가 안 가면 못 여니까요
② 당연히 당일에 예약을 하고 가야죠
③ 네. 너무 기뻐서 정신을 잃을 뻔 했어요
④ 아뇨, 예약을 시작한 지 30분만에 다 팔렸대요

2) A: 차가 전혀 움직이지 않네요.
B: 그러네요. 무슨 사고라도 난 것 같아요.
A: (　　　　)
B: 그렇게 하죠. 약속 시간까지 가려면 서둘러야겠어요. 23

① 네, 사고가 난 게 틀림없는 것 같아요.
② 내려서 지하철을 타고 가는 게 낫겠어요.
③ 그럼 내려서 확인해 볼까요?
④ 여기서 택시를 타는 게 좋지 않을까요?

3) A: 여기서 공항까지 어떻게 가요?
B: (　　　　).
A: 그래요? 전철역이 어디에 있죠? 24

① 공항버스를 타고 가면 돼요
② 이렇게 이른 시간에는 가는 것은 없어요
③ 짐이 많네요. 전철로 가는 게 편해요
④ 앉을 자리가 없어도 괜찮아요

4) A: 여보세요? 김 부장님 좀 바꿔 주시겠습니까?
B: (　　　　)
A: 그럼 오늘은 안 돌아오시나요? 25

① 알겠습니다. 그런데 누구시죠?
② 지금 출장을 가셨는데요.
③ 네, 시간이 걸려도 괜찮으시겠어요?
④ 부장님은 지금 회의 중이신데요.

7 下線部の漢字と同じハングルで表記されるものを①～④の中から1つ選びなさい。
〈1点×3問〉

1) 前期 26

① 実践　② 選択　③ 伝統　④ 自然

2) 順位 27

① 充電　② 中央　③ 準備　④ 瞬間

3) 場所 [28]

① 戦争　② 故障　③ 消息　④ 整理

8 文章を読んで【問1】～【問2】に答えなさい。

〈2点 ×2問〉

사람들은 다른 사람들의 이야기를 하는 것을 좋아하는 것 같다. 그래서 작은 일이 큰일처럼 소문이 나기도 한다. 얼마전에 나는 친구들을 만나러 가는 도중에 작은 접촉* 사고로 모임에 못 간 적이 있다. 큰 사고는 아니었지만 사고 처리를 해야 해서 모임에 갈 수 없었다. 그래서 한 친구에게 사고가 나서 (　　　　). 그런데 그날 저녁에 친구들에게 문자 메시지와 전화가 자꾸 왔다. 모임에서 만나기로 했던 친구들은 얼마나 많이 다쳤냐고 묻고 어느 병원에 입원했는지 알려 달라고 했다. 그리고 다른 친구들도 소식을 들었다고 전화를 했다. 그냥 작은 접촉 사고가 나서 모임에 못 간 것인데 어떻게 그런 소문이 났는지 전혀 이해할 수가 없었다. 이번 일을 통해 나도 다른 사람의 소식을 전할 때 함부로 이야기하면 안되겠다는 생각을 했다.

*) 접촉 : 接触

【問1】(　　)に入れるのに最も適切なものを①～④の中から1つ選びなさい。

[29]

① 경찰을 불렀다고 전했다
② 조금 다쳤지만 괜찮다고 전화를 했다
③ 병원에 입원해 있다고 전했다
④ 모임에 못 간다고 연락을 했다

【問2】本文の内容と一致するものを①～④の中から1つ選びなさい。

[30]

① 가벼운 교통 사고로 다치기는 했지만 입원하지는 않았다.
② 사실과는 다르게 소문이 나는 것을 보고 조심해야겠다고 느꼈다.
③ 접촉 사고가 나면 사고 처리를 위해 경찰을 불러야 한다.
④ 갑자기 사고를 당해서 친구들을 만나지 못해 섭섭했다.

9 対話文を読んで【問1】～【問2】に答えなさい。

〈2点×2問〉

A： 지난 번에 소매*를 줄이려고 맡긴 옷을 찾으러 왔습니다.

B： 네, 여기 있습니다. 한번 입어 보세요.

A： 그런데 (　　　　　).

B： 그래요? 겨울옷이라서 소매가 너무 짧으면 보기에 안 좋을 것 같아서요. 원하시면 조금 더 줄여 드릴게요. 놓고 가실래요?

A： 네. 저는 옷을 딱 맞게 입는 편이거든요. 돈은 나중에 찾아갈 때 드려도 되죠?

B： 그러세요. 다 되면 연락 드릴게요.

A： 그럼 부탁드릴게요.

*) 소매：袖

【問1】(　　)に入れるのに最も適切なものを①～④の中から1つ選びなさい。 31

① 소매 길이가 적당하네요

② 아직도 좀 긴 것 같은데요

③ 하나도 안 고친 것 같네요

④ 입어 보니까 꽤 짧아 보이네요

【問2】対話文の内容と一致するものを①～④の中から1つ選びなさい。 32

① 고치는 비용을 먼저 지불했다.

② 다 고치면 집으로 보내 주기로 했다.

③ 옷이 딱 맞으면 입기에 불편하다.

④ 소매를 더 줄이도록 다시 부탁했다.

10 文章を読んで【問1】～【問2】に答えなさい。

〈2点×2問〉

오늘 점심을 먹으러 식당에 갔을 때의 일이다. 우리 옆 자리에 초등학생 정도의 아이 두 명이 부모와 함께 와서 앉았다. 이 아이들은 식당에 들어올 때부터 식당이 자기 집인 줄 아는 것 같았다. 큰소리로 떠들고 이것저것 식당 물건을 만지는 등 제 마음대로 행동을 해서 옆에서 밥을 먹는 우리까지 신경이 쓰이게 했다. 그 아이들 부모는 아이에게는 관심도 없이 자기들 할 일만 하고 있었다. (　　　　) 나중에는 그런 마음이 다 사라졌다. 누구나 좋아하는 아이로 키우고 싶으면 공공장소* 예절부터 가르쳐야 할 것이다.

*) 공공장소：公共の場

【問1】(　　)に入れるのに最も適切なものを①～④の中から1つ選びなさい。 33

① 처음에는 아이들을 보고 귀엽다고 생각했지만
② 부모의 태도를 보고 화가 나서 때려 줄까 했지만
③ 아이들을 완전히 무시하기로 마음을 먹었지만
④ 부모가 주변 사람들에게 흥미가 없다는 것을 알고

【問2】本文の内容と一致するものを①～④の中から1つ選びなさい。 34

① 큰소리로 떠드는 아이에게 부모가 주의를 주었다.
② 요즘에는 공공장소에서의 예절을 가르치지 않는 부모가 많다.
③ 시끄러운 아이들 때문에 점심을 편안하게 먹지 못했다.
④ 아이들은 어느 곳에서나 자유롭게 행동하도록 키우는 것이 좋다.

11 下線部の日本語訳として適切なものを①～④の中から1つ選びなさい。

〈2点×3問〉

1) 내일부터 <u>날씨가 풀린다</u>고 하니까 밭 일을 좀 해야겠다. 35

① 寒さが厳しくなる　　② 天気がくずれる
③ 汗ばむ天気になる　　④ 寒さが緩む

2) 눈치보지 말고 자기 생각대로 해 봐. 36

① 現実から逃げないで
② 人の顔色をうかがわないで
③ 黙っていないで
④ 人に頼らないで

3) 다른 환경에서 살아온 두 사람이 손발을 맞추기란 쉬운 게 아니다. 37

① 親しくなることは
② 手に手を取るまでは
③ 歩調を合わせることは
④ お互いを理解すること

12 下線部の訳として適切なものを①~④の中から1つ選びなさい。

〈2点×3問〉

1) ろれつが回らないほど、酒をたくさん飲んだようだ。 38

① 제대로 걷지 못할 만큼
② 다리가 떨릴 정도로
③ 혀가 안 돌아갈 정도로
④ 뭐가 뭔지 모를 만큼

2) 次の集まりには私も都合をつけて出席するようにします。 39

① 시간을 내서 출석한 것처럼
② 틈을 내서 출석하도록
③ 시간이 나서 출석한 것 같이
④ 틈이 나서 출석이 되도록

3) 看護師が足りないという話は今に始まったことではない。 40

① 긴 말이 필요없다
② 일년 열두 달 하고 있는 애기다
③ 어제오늘의 일이 아니다
④ 여러 말 할 것이 없다

模擬試験「聞き取り問題」正答

➡ 第１回聞き取り問題は224ページ、台本は279ページ、解説は348ページへ、
第２回聞き取り問題は242ページ、台本は283ページ、解説は357ページへ

■ 試験時間30分/40点満点/必須得点12点

問題		通し番号	1回	2回	配点
1	1)	1	②	④	2
	2)	2	②	①	2
2	1)	3	①	①	2
	2)	4	④	④	2
	3)	5	③	③	2
	4)	6	②	②	2
	5)	7	④	④	2
	6)	8	③	②	2
3	1)	9	④	④	2
	2)	10	③	①	2
	3)	11	①	③	2
	4)	12	①	①	2
4	1)	13	③	②	2
	2)	14	①	④	2
	3)	15	④	④	2
	4)	16	①	③	2
5	1)	17	②	②	2
	2)	18	①	③	2
	3)	19	③	④	2
	4)	20	①	③	2
得点 合計					40点 満点中

模擬試験「筆記問題」正答

➡ 第１回筆記問題は232ページ、解説は351ページへ
➡ 第２回筆記問題は250ページ、解説は360ページへ

■ 試験時間60分/60点満点/必須得点24点

問題		通し番号	1回	2回	配点
1	1)	1	③	②	1
	2)	2	①	①	1
	3)	3	③	④	1
2	1)	4	③	③	1
	2)	5	④	②	1
	3)	6	③	④	1
	4)	7	④	③	1
	5)	8	②	④	1
	6)	9	①	②	1
3	1)	10	④	②	1
	2)	11	③	④	1
	3)	12	④	②	1
	4)	13	③	③	1
	5)	14	④	③	1
4	1)	15	④	①	2
	2)	16	①	②	2
	3)	17	④	②	2
	4)	18	④	③	2
5	1)	19	②	②	1
	2)	20	①	③	1
	3)	21	③	④	1

※ 全問正解になるまで繰り返し練習をしてください。

問題		通し番号	1回	2回	配点
6	1）	22	③	④	2
	2）	23	①	②	2
	3）	24	④	③	2
	4）	25	③	②	2
7	1）	26	①	③	1
	2）	27	③	④	1
	3）	28	②	②	1
8	問1	29	③	④	2
	問2	30	②	②	2
9	問1	31	④	②	2
	問2	32	③	④	2
10	問1	33	①	①	2
	問2	34	③	③	2
11	1）	35	④	④	2
	2）	36	②	②	2
	3）	37	①	③	2
12	1）	38	③	③	2
	2）	39	④	②	2
	3）	40	④	③	2
得点 合計					60点満点中

第8章 模擬試験

第9章

聞き取り台本

聞き取り台本

1 イラスト問題

➡ 問題は196ページ、解説は337ページへ

※ 選択肢を２回ずつ読みます。表や絵の内容に合うものを①～④の中から１つ選んでください。

1) ① 연휴 때에 비해 평일의 교통사고가 반이나 줄었다.
② 평일보다 연휴에는 교통사고가 덜 발생한다.
③ 연휴 때가 평일에 비해 교통사고가 많이 발생한다.
④ 평일에 비해 연휴에는 교통사고가 줄어든다.

2) ① 나이가 들수록 인터넷 쇼핑을 많이 이용하고 있다.
② 인터넷 쇼핑은 50대보다도 20대의 이용이 많지 않다.
③ 40대의 인터넷 쇼핑 이용이 크게 줄고 있다.
④ 나이가 적을수록 인터넷 쇼핑 이용이 늘고 있다.

3) ① 역사보다 과학 분야의 책을 많이 읽는다.
② 문학 분야의 책을 가장 적게 읽는다.
③ 경제 분야는 읽는데 시간이 가장 많이 걸린다.
④ 과학에 흥미를 느끼는 학생들이 늘고 있다.

4) ① 남자의 직업에 대해 신경 쓰는 사람은 없다.
② 사랑을 결혼의 제일 조건으로 생각한다.
③ 다른 조건보다 남자의 경제력에 관심이 많다.
④ 남자의 성격을 경제력만큼 중요하게 생각한다.

5) ① 여자는 모든 연령에서 남자보다 뉴스를 덜 본다.
② 남녀 모두 50대가 40대보다 뉴스 보는 시간이 더 길다.

③ 여자는 나이를 먹을수록 뉴스보다는 드라마를 많이 본다.
④ 남자는 30대 이후부터 여자에 비해 뉴스를 많이 본다.

6) ① 점원이 수박을 보여주고 있다.
② 아는 사람과 인사를 하고 있다.
③ 자동차에 기름을 넣고 있다.
④ 택시를 불러서 짐을 싣고 있다.

7) ① 오른손을 들어 차를 세우려고 한다.
② 장갑을 벗어서 왼손에 들고 있다.
③ 오른손으로 왼쪽 어깨를 만지고 있다.
④ 안경을 닦으려고 손수건을 꺼낸다.

8) ① 공이 움직이지 않도록 발로 누르고 있다.
② 공을 발로 차려고 준비를 하고 있다.
③ 운동이 하기 싫어서 화를 내고 있다.
④ 다리를 벌리고 공을 치려고 한다.

9) ① 여자가 가위로 남자의 머리를 깎고 있다.
② 남자가 미용실에서 머리를 감고 있다.
③ 여자가 남자의 수염을 깎아 주고 있다.
④ 남자가 의자에 앉아서 거울을 보고 있다.

10) ① 바다에 떠 있는 배를 바라보고 있다.
② 산 앞을 흐르는 강물을 바라보고 있다.
③ 수영장에서 수영을 즐기고 있다.
④ 바람이 불어서 파도가 심하다.

11) ① 부부가 손을 잡고 병원에서 나오고 있다.
② 둘 다 안경을 쓰고 아기 손을 만지고 있다.
③ 남편 옆에 아기를 안은 아내가 서 있다.
④ 모자를 쓴 남편이 아이를 아내에게 데리고 간다.

2 単語説明問題

➡ 問題は204ページ、解説は338ページへ

※ 短い文と選択肢を２回ずつ読みます。 文の内容に合うものを①～④の中から１つ選んでください。

1) 어머니의 여동생을 뭐라고 합니까?
① 삼촌　② 조카　③ 사촌　④ 이모

2) 다른 사람의 딸을 높여 부르는 말입니다.
① 소년　② 소녀　③ 따님　④ 아드님

3) 나무를 태우면 이것이 납니다.
① 피　② 연기　③ 먼지　④ 땀

4) 여동생의 아이를 이렇게 부릅니다.
① 소녀　② 자식　③ 손녀　④ 조카

5) 턱에 나는 털을 이렇게 말합니다.
① 심장　② 모습　③ 수염　④ 털실

6) 배울 곳을 미리 공부하는 것을 말합니다.
① 예약　② 예습　③ 예보　④ 예매

7) 물건을 사고 돈을 내면 이것을 받습니다.
① 환전　② 열쇠　③ 영수증　④ 계산대

8) 다른 사람에게 자기 아내를 이렇게 말하기도 합니다.
① 집사람　② 윗사람　③ 이모부　④ 아랫사람

9) 인사할 때 손을 잡고 하는 것을 말합니다.
① 박수　② 주사　③ 장갑　④ 악수

10) 아홉 명과 아홉 명이 하는 경기입니다.
① 농구　② 탁구　③ 야구　④ 축구

11) 아버지의 여자 형제를 이렇게 부릅니다.

① 형님　② 고모　③ 이모　④ 윗사람

12) 아이들이 중학교에 들어가기 전에 다니는 곳입니다.

① 유원지　② 고등학교　③ 유치원　④ 초등학교

13) 종이를 자를 때에 사용합니다.

① 가위　② 열쇠　③ 악기　④ 가루

14) 언니의 딸을 뭐라고 합니까?

① 사촌　② 손녀　③ 조카　④ 따님

15) 축구를 하기 위해서는 무엇이 필요합니까?

① 공　② 알　③ 통　④ 병

16) 연극을 보기 위해 여기에 갑니다.

① 면세점　② 교회　③ 극장　④ 유원지

17) 빨래를 해 주는 기계입니다.

① 청소기　② 세탁기　③ 밥솥　④ 냉장고

18) 다른 사람의 아내를 이렇게 말합니다.

① 집사람　② 이모　③ 부부　④ 부인

19) 아주 바쁠 때 이것이 없다고 말합니다.

① 머리　② 몸　③ 정신　④ 마음

20) 이름과 직업, 연락처 등을 알리는 작은 종이입니다.

① 휴지　② 명함　③ 가격표　④ 노트북

21) 사촌이나 이모, 고모 등을 가리키는 말입니다.

① 윗사람　② 감독　③ 아랫사람　④ 친척

22) 같이 일하는 직장 사람을 이렇게 말합니다.

① 당신　② 마루　③ 동료　④ 동창

23) 편지는 여기에 넣어서 보냅니다.
① 우체통 ② 쓰레기통 ③ 삼각형 ④ 저금통

24) 논문을 쓸 때는 먼저 이것을 모읍니다.
① 세금 ② 자료 ③ 자막 ④ 일기

25) 문을 잠그거나 열 때 필요합니다.
① 손등 ② 지우개 ③ 무기 ④ 열쇠

26) 해가 지고 어두워졌을 때를 이렇게 말합니다.
① 밭 ② 낮 ③ 밤 ④ 새벽

27) 요리 할 때 쓰는데 아주 십니다.
① 식초 ② 설탕 ③ 간장 ④ 후추

28) 집에서 하는 청소나 요리, 빨래와 같은 것을 이렇게 말합니다.
① 볼일 ② 생활 ③ 집안일 ④ 일용품

29) 형이나 누나의 아들을 이렇게 부릅니다.
① 사촌 ② 막내 ③ 소년 ④ 조카

30) 외국에서 물건을 사 오는 것을 말합니다.
① 수입 ② 수술 ③ 수출 ④ 수단

31) 어머니의 언니의 남편을 이렇게 부릅니다.
① 형님 ② 이모부 ③ 삼촌 ④ 고모부

3 応答文選択問題

➡ 問題は208ページ、解説は341ページへ

※ 短い文を２回読みます。引き続き４つの選択肢も２回ずつ読みます。
応答文として適切なものを①～④の中から１つ選んでください。

1） 주소하고 전화번호 가르쳐 줬어요?

① 아뇨, 바빠서 못 들었어요.

② 네, 나누어 드렸어요.

③ 아뇨, 작아서 못 드렸어요.

④ 네, 적어 드렸어요.

2） 이게 좋은 것 같아요.

① 그럼 이쪽으로 오세요.

② 정말 기분이 좋네요.

③ 그럼 그걸로 합시다.

④ 싫은 건 그만둡시다.

3） 오늘도 지각했어요?

① 네, 지각은 안 했어요.

② 아뇨, 오후에는 약속도 있어요.

③ 네, 늦게 일어났어요.

④ 아뇨, 오늘은 결석을 안 했어요.

4） 일요일에 이 꽃씨를 같이 뿌립시다.

① 그 날은 다른 약속이 있어요.

② 꽃이 정말 아름답네요.

③ 좋아요. 내가 뿌리고 올게요.

④ 그 꽃씨는 어디서 팔아요?

5） 왜 아직 안 나갔어요?

① 친구 전화 받고 가려고요.

② 신발이 마음에 들어서요.

③ 나갈 준비를 다 했거든요.
④ 물건을 내려놓았거든요.

6) 민수 씨는 요즘 고민이 많나 봐요.

① 취직 때문이에요.
② 책을 많이 봤기 때문이에요.
③ 걱정이 없어요.
④ 고생을 했기 때문이에요.

7) 많이 드릴까요?

① 아뇨, 안 많습니다.
② 네, 많이 하세요.
③ 아뇨, 조금만 주세요.
④ 네, 많이 드리겠어요.

8) 전 탁구가 취미인데 취미가 뭐예요?

① 저도 축구를 좋아해요.
② 저는 꽃 기르기예요.
③ 저도 탁구 연습을 해요.
④ 매일 잠을 자요.

9) 인터넷으로 주문할 줄 아세요?

① 게임을 자주 해요.
② 메일도 자주 봤어요.
③ 뉴스도 읽어 봤어요.
④ 한 번도 안 해 봤어요.

10) 그거 항상 가지고 다녀요?

① 그거보다 이게 덜 무거워요.
② 항상 가질 수 있어요.
③ 이거 없으면 일을 못해요.
④ 요즘 다니기 시작했어요.

11) 이걸 어떻게 알았어요?

① 이웃에 살았어요.
② 삼월부터 알았어요.
③ 바다에서 찍었어요.
④ 광고로 알았어요.

12) 놀러 와도 돼요?

① 언제든지 오세요.
② 아무거나 가지고 오세요.
③ 아무곳이나 좋아요.
④ 누구나 좋아요.

13) 오늘은 밖에 안 나가세요?

① 밖의 날씨를 가르쳐 주세요.
② 밖의 공사가 끝났어요.
③ 너무 피곤해서요.
④ 너무 쉬었어요.

14) 다 못 앉아요?

① 네, 앉을 사람이 적어요.
② 네, 앉아 있는 사람도 있어요.
③ 네, 넓어서 다 못 앉아요.
④ 네, 좁아서 다 못 앉아요.

15) 이번 기사에 대해 뭐래요?

① 문장이 길어서 외울 수 없대요.
② 사실을 전해 줘서 고맙대요.
③ 색깔이 아주 좋았습니다.
④ 과제가 너무 많았습니다.

4 内容一致選択問題（1）

➡ 問題は212ページ、解説は343ページへ

※ 問題文を２回読みます。文の内容と一致するものを①～④の中から１つ選んでください。

1) 내 여동생은 K팝을 아주 좋아합니다. K팝을 듣는 것 뿐만 아니라 노래를 부르고 춤을 추는 것도 좋아합니다. 늘 작은 소리로 노래를 부르면서 거울 앞에서 자신의 모습을 봅니다. 나는 그런 여동생이 너무 귀엽습니다.

① 妹はたまに鏡の前で歌を歌うことがある。
② 歌と踊りが好きな妹を可愛く思う。
③ 妹はKポップを静かに聴くのは好きではない。
④ 妹が踊っている姿はとても美しい。

2) 시내에 나가는 도중에 대학 때 친구를 만났습니다. 약속 시간이 한 시간이나 남아서 그 친구와 차를 마시면서 졸업 후에 서로 어떻게 지냈는지 이야기를 했습니다. 졸업 후에 만나지 못한 다른 친구들 얘기도 들을 수 있어서 정말 반가웠습니다.

① 友人に友達の近況を話してあげた。
② 友人と懐かしい大学時代の話をした。
③ 友人とは大学を卒業してから初めて会った。
④ 約束の時間より1時間も早く着いた。

3) 한국은 지역에 따라서 겨울에 기온 차이가 큽니다. 그래서 김치 맛이 조금씩 다릅니다. 날씨가 추운 북쪽 지방은 김치가 국물이 많고 싱겁습니다. 그러나 남쪽 지방의 김치는 고춧가루와 소금을 많이 넣어서 맵고 짭니다.

① キムチは地域によって味が異なる。
② 韓国の冬は日によって気温の差が大きい。
③ キムチは寒いときに漬けたものが美味しい。
④ 夏のキムチは塩を多めに入れて漬ける。

4) 저는 처음에 한국에 왔을 때는 짧은 머리였습니다. 그런데 한국에서 유학을 하는 1년 반 동안 머리를 자르지 않아서 긴 머리가 되었습니다. 조금 있으면

더운 여름이 됩니다. 그래서 처음으로 돌아가려고 합니다.

① この人は夏に留学を終えて帰る。
② この人は韓国から留学に来ている。
③ 髪を短くしようとしている。
④ 学生の間では長い髪が流行っている。

5) 어제부터 열이 나고 콧물도 나옵니다. 감기에 걸린 것 같아서 오전에 병원에 갔습니다. 병원에서 주사를 맞고 약을 사러 약국에 갔습니다. 병원 근처에는 약국이 많아서 약을 사러 가기 편합니다.

① 昨日病院で風邪薬を処方してもらった。
② 薬は病院内の薬局で買えるので便利だ。
③ いま鼻水と熱は治まっている。
④ 今日病院で注射を打ってもらった。

6) 건강하게 살려면 물을 많이 드십시오. '아침에 마시는 물 한 잔은 약과 같습니다' 라는 말이 있습니다. 이 말처럼 물은 건강에 매우 중요합니다. 몸속의 나쁜 것이 밖으로 나가기 때문입니다. 아침에 일어나서 물을 한 잔 천천히 마셔 보십시오.

① 水は朝たくさん飲んでおいたほうがよい。
② 水を多く飲むのは健康によい。
③ 具合が悪いときは水を飲むとよい。
④ 水は少なめに飲むのが体によい。

7) 남: 이사할 집은 찾았어요?
여: 아니요. 아직 못 찾았어요. 저는 교통도 좋고, 근처에 공원이 있어서 산책도 할 수 있는 곳에 살고 싶어요. 그런데 그런 집을 찾기가 좀 힘들어요.
남: 그럼 내 친구가 살고 있는 아파트에 한 번 가 볼래요? 지하철역 바로 옆인데……. 내일 어때요?
여: 내일은 약속이 있어서 안 되는데……. 모레는 괜찮아요.

① 二人はまだ引っ越し先が決まっていない。
② 女性は公園が近いところに住みたがっている。
③ 男性は地下鉄の駅が近いところに住んでいる。
④ 女性は引っ越しの手伝いを頼んでいる。

8) 남: 여행 준비는 다 끝났어요? 내일 집에서 몇 시쯤 출발해요?
여: 열두 시 비행기니까 아침 여덟 시쯤 나갈 거예요.
남: 짐이 많은데 혼자 갈 수 있겠어요? 공항까지 데려다 줄까요?
여: 그래도 괜찮겠어요? 그럼 여덟 시까지 저희 집으로 와 주세요.

① 二人は明日海外旅行に出かける。
② 女性は明日12時に空港に着く予定だ。
③ 男性は朝8時に出かけるつもりだ。
④ 二人は明日一緒に空港に行くつもりだ。

9) 남: 어제 잠을 못 자서 좀 피곤하네요.
여: 그러면 이 사탕 한번 먹어 볼래요?
저는 피곤할 때 이걸 먹으면 좀 힘이 나는 느낌이에요.
남: 고마워요. 그런데 저는 단것을 별로 좋아하지 않아요. 건강에도 안 좋잖아요.
여: 자주 먹는 게 아니고 피곤할 때만 먹는 거니까 괜찮아요.

① 男性は睡眠をとると疲れが取れる。
② 女性は男性にキャンディーを勧めている。
③ 男性は最近疲れが溜まって眠れない。
④ 女性は健康のためにたまに甘いものを食べる。

10) 남: 내년이 졸업인데 졸업 후에 뭐 할 거예요?
여: 대학원에 가려고 해요.
남: 그래요? 한국 역사에 관심이 많다고 했는데 그쪽으로 공부할 거예요?
여: 그쪽에 관심이 많기는 하지만, 역시 대학원에 가서도 내 전공인 한국 문화를 계속 공부할 생각이에요. 특히 한국의 음식 문화에 대해 깊이 공부해 보고 싶어요.

① 女性はいま韓国文化を専門に学んでいる。
② 男性は卒業後の進路が決まっていない。
③ 女性は進学したら専門を変えるつもりでいる。
④ 二人は同じことを専門に学んでいる。

11) 여: 어제 무슨 공연을 봤어요?

남: 한국에 사는 외국인들이 하는 연극이었어요. 모두 배우처럼 연기를 잘했어요.

여: 그래요? 재미있었겠네요?

남: 네. 한국의 옛날이야기를 연극으로 만들었는데 정말 많이 웃었어요.

① この公演のために外国から劇団が来た。
② 役者はプロとして素晴らしい演技を見せてくれた。
③ この演劇は韓国の昔話を素材としたものだ。
④ 男性は今日素人の外国人が演じる芝居を見てきた。

5 内容一致選択問題（2）

➡ 問題は216ページ、解説は345ページへ

※ 問題文を２回読みます。文の内容と一致するものを①～④の中から１つ選んでください。

1) 교통 정보를 말씀드리겠습니다. 토요일인 오늘은 날씨가 좋아서 외출하시는 분들이 많으신 것 같습니다. 아침부터 서울 여기저기에 차가 많습니다. 그리고 시청역 앞은 교통사고 때문에 길이 많이 막힙니다. 그쪽으로 가실 분들은 다른 길로 돌아가시기 바랍니다.

① 다른 길로 돌아가면 시간이 많이 걸린다.
② 길이 막히면 교통사고가 많이 난다.
③ 외출을 나온 사람들로 시청 주변이 복잡하다.
④ 지금 시청역 앞 길은 피하는 게 좋다.

2) 7월 20일에 전기 수업이 끝납니다. 방학에 들어가면 8월 1일부터 9월 15일까지 영어를 배우러 영국에 갈 생각입니다. 어학 공부를 위해 외국에 가는 것은 이번이 처음이 아니라서 외국 생활에 대해서는 별로 불안하지 않습니다.

① 방학이 되면 매년 외국으로 연수를 간다.
② 전에도 외국에 공부하러 간 적이 있다.

③ 한 달 동안 어학 연수를 갈 생각이다.
④ 외국 생활을 경험하게 되어서 기쁘다.

3) 인터넷으로 노트북을 사려고 합니다. 값도 싸고 내가 쓰기에 알맞은 기능이 있는 것이 있었습니다. 가격은 65만 원이고 가게에서 사면 70만 원이라고 적혀 있었습니다. 상품은 우편으로 3일 이내에 보내 준다고 합니다. 우편 요금은 3000원인데 사는 사람이 부담합니다.

① 인터넷으로 주문하면 사흘 이내에 도착한다.
② 가게보다 인터넷으로 사는 것이 비싸다.
③ 싸고 마음에 드는 노트북을 하나 샀다.
④ 우편 요금은 판매자가 부담한다.

4) 저희 미용실을 방문하실 때는 이틀 전까지 미리 예약을 해 주십시오. 인터넷이나 전화로 예약을 받습니다. 낮 12시 전까지 오시면 요금을 10퍼센트 싸게 해 드립니다. 매달 셋째 주 월요일은 쉽니다.

① 이 미용실은 당일에 전화하면 이용할 수 있다.
② 이 미용실은 한 달에 세 번 쉰다.
③ 낮 12시 이후에는 요금이 약간 비싸진다.
④ 이 미용실은 12시에 일을 시작한다.

5) 날씨가 더울 때에는 밝은 색 옷을 입는 것이 좋습니다. 어두운 색깔의 옷을 입으면 날씨보다 더 덥게 느껴지기 때문입니다. 예를 들어, 검은색 옷을 입으면 하얀색 옷에 비해 몸의 온도가 더 올라간다고 합니다. 그 이유는 검은색이 햇빛을 받아들이기 때문입니다.

① 옷 색깔과 몸의 온도는 상관이 없다.
② 더울 때는 밝은 색 옷은 피하는 것이 좋다.
③ 하얀색 옷은 더러워지기 쉽다.
④ 검은색 옷은 열을 잘 받아들인다.

6) 내일 공항에 갈 일이 생겼습니다. 집에서 공항까지 가는 방법은 두 가지가 있습니다. 첫 번째는 100번 버스를 타고 지하철로 갈아타는 것입니다. 두번째는 집에서 서울은행까지 걸어가서 은행 앞에서 공항버스를 타는 것입니다. 그런데 갈아타고 가는 것보다 시간이 더 오래 걸립니다.

① 공항까지는 지하철보다 버스를 타는 게 빠르다.
② 공항버스를 타면 갈아타지 않고 공항까지 갈 수 있다.
③ 공항까지 가려면 두 번 지하철을 갈아타야 한다.
④ 공항까지는 공항버스로 가는 것이 제일 빠르다.

7) 남: 어, 사무실에 휴대 전화를 놓고 온 것 같아요.
여: 그래요? 아직 사무실에 사람들이 있을 테니까 제 전화로 한번 확인해 보세요.
남: 아니에요. 직접 가서 찾아봐야겠어요. 먼저 가세요.
여: 알겠어요. 그럼 내일 봐요.

① 남자는 자주 물건을 잃어버린다.
② 여자는 전화로 확인해 보라고 권했다.
③ 남자는 사무실에 전화를 해 봤다.
④ 여자는 전화기를 찾으러 먼저 갔다.

8) 여: 여행은 어땠어요?
남: 날씨 걱정을 많이 했는데 비도 안 오고 덥지도 않아서 여행하기에 아주 좋았어요.
여: 사진은 많이 찍었어요? 여행 사진 있으면 좀 보여 주세요.
남: 이번엔 전부 카메라로 찍어서 지금은 없어요. 다음 주에 가져와서 보여 줄게요.

① 남자는 여행 때 날씨 때문에 고생했다.
② 여자는 여행 사진을 보는 게 취미다.
③ 남자는 다음 주에 사진을 가져올 생각이다.
④ 여자는 남자에게 카메라를 빌려주었다.

9) 남: 열 시에 공항에 왔다고요? 비행기 시간이 한 시인데 참 일찍 왔네요.
여: 그런데 날씨 때문에 출발 시간이 늦어지는 것 같아요.
남: 그래요? 그럼 저기 커피숍에 가서 기다릴까요?
여: 그럼 다시 한 번 출발 시간을 확인해 보고 가죠.

① 남자는 공항에 일찍 와서 커피를 마시고 있다.
② 두 사람은 커피숍에서 이야기하고 있다.
③ 남자는 변경된 비행기 시간을 알고 있다.
④ 비행기는 예정대로 출발하지 못할 것 같다.

10) 여: 휴대 전화를 보러 왔는데요. 할머니께서 쓰실 거예요.
남: 이건 어떠세요? 숫자도 크고 소리도 커서 요즘 노인들이 아주 좋아하세요.
여: 좋네요. 그런데 이것 말고 다른 색은 없어요?
남: 다른 것도 있어요. 잠깐만 기다리세요.

① 이 휴대 전화는 숫자가 잘 보인다.
② 이 휴대 전화는 노인들에게 인기가 없다.
③ 이 휴대 전화는 여자가 쓰려고 한다.
④ 이 휴대 전화는 한 가지 색깔밖에 없다.

11) 여: 이 물건들 버리시는 거예요?
남: 네. 외국으로 이사를 가게 돼서요.
여: 아직 쓸 수 있는 물건이 많은데 제가 가져가도 돼요?
남: 네, 필요한 게 있으면 가져 가세요.

① 남자는 외국으로 부칠 물건이 많다.
② 여자는 남자가 버리는 것 중에 필요한 게 있다.
③ 여자는 남자가 이삿짐 싸는 것을 돕고 있다.
④ 남자는 외국에 가지고 갈 물건을 고르고 있다.

第1回 模試試験 聞き取り問題 台本

➡ 問題は224ページ、解説は348ページへ

1 選択肢を２回ずつ読みます。表や絵の内容に合うものを①～④の中から１つ選んでください。

1) ① 나는 야구보다 축구를 잘하는 편이다.
② 나는 다른 운동에 비해 배구는 적게 보는 편이다.
③ 내가 가장 자주 보는 운동은 야구다.
④ 나는 농구에 비해 야구는 덜 보는 편이다.

2) ① 두 사람이 팔씨름을 하고 있다.
② 간호사가 남자한테 주사를 놓고 있다.
③ 간호사가 남자의 몸무게를 재고 있다.
④ 남자가 치료를 받기 위해 누워 있다.

2 短い文と選択肢を２回ずつ読みます。文の内容に合うものを①～④の中から１つ選んでください。

1) 외국어를 일본어로 옮기는 것을 이렇게 말합니다.
① 번역　② 수출　③ 통일　④ 판단

2) 형제 중에서 마지막에 태어난 사람을 이렇게 말합니다.
① 사촌　② 맏이　③ 소녀　④ 막내

3) 성질이나 상태를 나타내는 말입니다.
① 동사　② 명사　③ 형용사　④ 부사

4) 이것이 없으면 외국에 못 갑니다.
① 명함　② 여권　③ 열쇠　④ 영수증

5) 갑자기 몸이 아프면 이것을 부릅니다.
① 윗사람　② 작가　③ 경찰　④ 구급차

6) 비행기를 타러 이곳에 갑니다.
① 극장　② 시장　③ 공항　④ 박물관

3 短い文を２回読みます。引き続き４つの選択肢も２回ずつ読みます。応答文として適切なものを①～④の中から１つ選んでください。

1) 철수 씨는 아직 결혼 안 했어요?

① 아뇨, 결혼식에는 꼭 가겠어요.

② 아뇨, 아주 멋있거든요.

③ 네, 결혼식에 못 갔어요.

④ 네, 아직 못 했어요.

2) 접시 하나에 얼마예요?

① 값이 아주 싸요.

② 녹색이 좋아요.

③ 크기에 따라 값이 달라요.

④ 색이 달라요.

3) 여기선 담배를 피워도 돼요?

① 아뇨, 안 돼요.

② 네, 안 피워요.

③ 아뇨, 연기가 나요.

④ 네, 땀이 나요.

4) 이 시계 왜 고장이 났어요?

① 책상 위에서 떨어져서 그래요.

② 책상 밑에서 안 움직여서 고쳤어요.

③ 의자 앞에서 소리가 났어요.

④ 의자 밑에서 소리가 들렸어요.

4 問題文を２回読みます。文の内容と一致するものを①～④の中から１つ選んでください。

1) 전에는 아침마다 종이로 된 신문을 통해서만 뉴스 기사를 읽을 수 있었는데, 요즘은 인터넷을 통해서 국내외의 소식을 언제든지 읽을 수 있습니다.

① 世界各地のニュースはネットで読むほうが早い。

② 今も紙の新聞だけを読む人がいる。

③ いまはネットで常時ニュースの記事が読める。

④ 紙の新聞は毎朝配達される。

2) 할아버지가 작년에 돌아가셨습니다. 그래서 혼자가 되신 할머니 댁에 시간이 나면 자주 놀러 갑니다. 할머니께 직장에서 있었던 재미있는 이야기를 해 드리면 웃으시면서 아주 즐거워하십니다.

① 祖母は去年から一人で暮らしている。

② 私は祖母とよく遊びに出かける。

③ 祖父が帰ってきたのでよく遊びに行く。

④ 祖母の話を聞くといつも楽しくなる。

3) 남: 이 양복하고 코트, 세탁할 수 있어요?

여: 네, 됩니다. 언제 입으실 거예요?

남: 목요일 저녁까지 될까요? 제가 금요일에 양복을 입어야 할 일이 있거든요.

여: 코트는 목요일까지 되는데, 양복은 시간이 조금 더 걸려요.
금요일 아침에 오세요.

① 背広はコートより早く洗濯ができる。

② 洗濯物は木曜日の夕方に取りに来るつもりだ。

③ 女性は希望の時間に間に合わないことをわびている。

④ 男性は金曜日に背広を着るつもりでいる。

4) 여: 안녕하세요. 일할 사람을 찾으시지요?

남: 네. 저희는 오전에 일할 사람을 찾는데요. 오전에 일할 수 있어요?

여: 네, 그런데 이런 음식점에서 일을 해 본 적이 없는데 괜찮을까요?

남: 그건 괜찮아요. 그럼 내일부터 나오세요.

① この店では明日から働くことができる。

② この店では食堂での経験がある人を探している。

③ 女性は午前中から営業を始めようとしている。

④ 男性がアルバイトをするのは初めてだ。

5 問題文を２回読みます。文の内容と一致するものを①～④の中から１つ選んでください。

1) 오늘은 서울을 비롯하여 전국적으로 비가 오겠습니다. 그리고 기온도 어제보다 3도 정도 떨어지겠습니다. 아침에 나가실 때는 우산을 준비하시기 바랍니다.

① 어제보다 오늘이 덜 춥다.
② 우산을 가지고 출근하는 게 좋다.
③ 오늘은 서울만 비가 온다.
④ 지금 전국적으로 비가 오고 있다.

2) 저희 도서관은 다음 주부터 건물을 수리하기 위해 한 달 동안 문을 닫습니다. 공사 후에는 3층에 컴퓨터실이 새로 문을 엽니다. 인터넷을 사용할 수 있고 자료도 찾을 수 있습니다. 4층 휴게실에서는 토요일마다 영화를 소개할 예정입니다.

① 자료를 찾을 때 컴퓨터를 이용할 수 있게 된다.
② 지금 건물을 수리하는 공사를 하고 있다.
③ 매달 휴게실에서 영화를 보여 준다.
④ 다음 주까지는 도서관을 이용할 수 없다.

3) 남: 내일이 할머니 생신인데 어떤 선물을 사는 게 좋을까요?
여: 건강을 위해 운동화를 사드리는 건 어때요?
남: 운동화는 작년에 사 드렸어요. 다른 건 없을까요?
여: 그럼 더 예뻐지시게 화장품은 어때요?

① 남자는 여자의 생일 선물을 고르고 있다.
② 여자는 할머니께 화장품을 선물하려고 한다.
③ 남자는 할머니께 운동화를 선물한 적이 있다.
④ 내일은 여자 할머니의 생신이다.

4) 남: 손님, 약 받으십시오. 감기약 삼 일분입니다.
여: 하루 세 번 먹으면 되나요?
남: 아뇨.아침 저녁으로 하루 두 번 식사 후에 드세요.여기 쓰여 있습니다.
여: 네, 알겠어요. 저기 있는 비타민C도 하나 주세요.

① 약은 사흘 동안 먹어야 한다.
② 약은 비타민과 함께 먹으면 잘 듣는다.
③ 약은 식사 후에 먹어야 효과가 있다.
④ 약은 하루에 세 번 먹으면 된다.

第2回 模試試験 聞き取り問題 台本

➡ 問題は242ページ、解説は357ページへ

1 選択肢を2回ずつ読みます。表や絵の内容に合うものを①～④の中から1つ選んでください。

1) ① 성격보다 경제적인 문제로 싸우는 사람이 더 많다.
② 경제적인 이유로 헤어지는 사람이 적지 않다.
③ 일이 바쁘면 관심이 없어져 헤어지는 원인이 된다.
④ 상대에 관심이 없어져 헤어지는 사람이 가장 많다.

2) ① 아이들을 앞뒤에 태우고 달리고 있다.
② 엄마가 자전거에 짐을 싣고 달리고 있다.
③ 엄마가 아이 둘의 손을 잡고 달리고 있다.
④ 아이 둘이 자전거를 타고 달리고 있다.

2 短い文と選択肢を2回ずつ読みます。文の内容に合うものを①～④の中から1つ選んでください。

1) 입이 가벼운 사람은 이것을 못 지킵니다.
① 비밀　② 법률　③ 대책　④ 질서

2) 몸이 아파서 치료를 받는 사람입니다.
① 후배　② 위원　③ 원장　④ 환자

3) 여러 나라 사람이 모여서 회의를 할 때 이런 사람이 필요합니다.
① 점원　② 청년　③ 통역　④ 후보

4) 아버지의 여동생을 이렇게 부릅니다.
① 미인　② 고모　③ 삼촌　④ 이모

5) 맨 처음으로 태어난 아이를 이렇게 부릅니다.
① 막내　② 조카　③ 손자　④ 맏이

6) 여자들이 놀랐을 때 이런 말을 합니다.
① 맞다　② 어머나　③ 뭘요　④ 글쎄요

3 短い文を２回読みます。引き続き４つの選択肢も２回ずつ読みます。応答文として適切なものを①～④の中から１つ選んでください。

1) 이모가 이번 휴가 때는 바다에 가 보고 싶대요.

① 잘 됐어요. 저도 이번 휴가에는 못 가요.
② 고마워요. 저도 이모를 보고 싶어요.
③ 좋아요. 저도 바다에는 안 갑니다.
④ 그래요? 그럼 같이 가요.

2) 지금 삼학년이죠?

① 아뇨, 아직 이학년이에요.
② 네, 벌써 회사원이에요.
③ 아뇨, 아직 사학년이에요.
④ 네, 벌써 취직했어요.

3) 저 두사람 참 많이 닮았네요.

① 전혀 닮지 않았어요.
② 서로 아는 사이니까요.
③ 형제니까 당연하죠.
④ 두 사람은 동창생이니까요.

4) 그 사람 만나 보니 어땠어요?

① 아주 착해 보였어요.
② 회사 일이 바쁘대요.
③ 인사만 하고 왔어요.
④ 성격이 좋다고 해요.

4 問題文を２回読みます。文の内容と一致するものを①～④の中から１つ選んでください。

1) 어머니는 내가 중학교에 입학한 해부터 밖에서 일을 시작했습니다. 전에는 퇴근 후에 아무것도 안 하던 아버지가 집안일을 돕기 시작했습니다. 나도 그때부터 내 방은 내가 정리하게 되었습니다.

① 父は退職してから家事を手伝い始めた。
② 私が中学生の頃から親は共働きを始めた。
③ 中学を卒業するまで掃除は親にしてもらった。
④ 母は父の代わりに働きに出た。

2) 다음 주에 시험이 있습니다. 그래서 나는 음악을 들으면서 시험 공부를 합니다. 조용하면 공부 내용이 머리에 잘 안 들어오고 집중이 안 됩니다. 이런 나를 부모님은 이해가 안 된다고 합니다.

① 私は静かでないと勉強ができない。
② 親は私の勉強スタイルを理解してくれる。
③ 私は勉強の内容が理解できないときは音楽を聴く。
④ 私は音楽を聴きながら勉強すると集中できる。

3) 남: 오늘 여덟 시 공연 두 장 주세요. 둘 다 학생인데요.
여: 그럼 학생증을 보여 주세요. 학생 요금으로 해 드리겠습니다.
남: 그런데 저만 학생증이 있는데요.
여: 죄송하지만 학생증이 있는 분만 학생 요금으로 해 드릴 수 있습니다.

① 今日の公演は7時から始まる。
② 二人は学生料金でチケットを買った。
③ 女性は二人の学生証を確認した。
④ 男性は学生料金を適用してもらえる。

4) 남: 저 식당은 음식이 맛있나 보죠?
여: 아, 저기요. 저기는 냉면만 파는 식당인데 항상 사람들이 많아요.
남: 우리 회사 근처에 저런 식당이 있었네요. 다음에 한번 먹으러 가야겠어요.
여: 저기는 그날 준비한 걸 다 팔면 문을 닫아요. 그러니까 늦게 가면 못 드실 수도 있어요.

① この食堂の前は人通りが多い。
② この食堂は周辺の会社員がよく利用する。
③ この食堂では冷麺以外のものは売らない。
④ この食堂は遅くまで営業をしている。

5 問題文を２回読みます。文の内容と一致するものを①〜④の中から１つ選んでください。

1) 아파트 주민 여러분께 알려 드립니다. 기계 고장으로 한 시간 전부터 물이 나오지 않고 있습니다. 불편하시겠지만 조금만 더 기다려 주십시오. 오후 네 시부터는 물이 나올 예정입니다. 갑자기 불편을 드려서 죄송합니다.

① 예정보다 고장 수리에 시간이 걸렸다.
② 물이 안 나온 지 한 시간이 지났다.
③ 네 시부터 기계를 수리할 예정이다.
④ 갑자기 전기가 안 들어와 불편하다.

2) 오늘의 날씨입니다. 오늘은 오전에는 흐리고 바람이 불겠습니다. 오후부터는 비가 많이 내리겠습니다. 외출하실 분들은 우산을 꼭 준비하십시오. 하지만 주말인 내일은 오전부터 맑겠습니다. 그리고 낮에는 조금 덥겠습니다.

① 내일은 우산을 가지고 다니는 게 좋다.
② 주말에는 흐리고 바람이 많이 불 것이다.
③ 토요일은 맑게 갠 날씨가 될 것이다.
④ 오늘은 낮부터 조금 더워질 것이다.

3) 여 : 손님, 이 검은색 바지는 어떠세요?
남 : 다른 색깔은 없어요? 나는 밝은 색을 좋아하는데요.
여 : 그럼, 이쪽 노란색이나 흰색 바지는 어떠세요?
남 : 그거 괜찮네요. 입어봐도 돼요?

① 요즘 밝은 색 옷을 찾는 남자가 늘고 있다.
② 여자는 남자 친구의 바지를 고르고 있다.
③ 남자의 마음에 드는 색깔의 바지가 없다.
④ 남자는 바지를 입어 볼 생각이다.

4) 여: 경민 씨, 지금 어디예요?

남: 방금 시청역에 도착했어요. 희영 씨 회사는 여기서 어떻게 가면 돼요?

여: 거기서 삼 번 출구로 나와서 이백 미터쯤 오면 흰색 건물이 나타날 거예요. 바로 그 옆 건물이에요.

남: 네, 알겠어요. 회사에 도착하면 다시 전화할게요.

① 여자는 역의 출구가 어딘지 묻고 있다.
② 남자는 회사의 위치를 설명하고 있다.
③ 남자는 여자의 회사에 와 본 적이 없다.
④ 남자는 출장으로 시청역 근처에 와 있다.

第10章

解説編

筆記問題解説

第1章 発音問題

➡ 解説で取り上げている発音規則の詳細は次のページの合格資料を参照
・激音化：18ページ ・鼻音化：18ページ ・濃音化：20ページ ・口蓋音化：22ページ
・流音化：23ページ ・絶音化：23ページ ・終声規則：24ページ ・連音化：24ページ
➡ 問題は26ページへ

※ 下線部を発音どおり表記したものを①～④の中から１つ選びなさい。

1) 星の光がとても明るい夜だった。

正解 ❹ 별빛이[별삐치]：合成語の濃音化+連音化で「별+빛+이→별+삐+치」と音変化。

2) 歌手は歌だけではなくイメージ管理もうまくしなければならない。

正解 ❷ 인기 관리[인끼괄리]：漢字語における例外的な濃音化で［인끼］、「ㄴ+ㄹ→ㄹ+ㄹ」の流音化で［괄리］と音変化。

✎ 인기 관리（人気管理）：（有名人などの）イメージ管理

3) ヘスさんは風邪を引いたので今日は来られません。

正解 ❸ 못 와요[모돠요]：絶音化で、못+와요→몯+와요[모+돠요]と音変化。

4) 出席率がよくない理由は何かを調べてみてください。

正解 ❶ 출석률이[출썽뉴리]：漢字語におけるㄹ終声直後の平音の濃音化で、［출썩］、「ㄱ+ㄹ→ㄱ+ㄴ→ㅇ+ㄴ」の鼻音化で「출썩+률」→［출썽뉼］と音変化。

5) 1か月に一度職場の同僚たちと一緒に山に登る。

正解 ❸ 동료[동뇨]：「ㅇ+ㄹ→ㅇ+ㄴ」と鼻音化。

6) 人を第一印象だけで判断するのはよくない。

正解 ❷ 첫인상[처딘상]：첫+인상→첟+인상［처딘상］と絶音化して連音。

7) 部長は出張中なので今おりません。

正解 ❹ 출장 중[출짱중]： 漢字語におけるㄹ終声直後の平音の濃音化により、출장[출짱]と濃音化。

8) 料理の本通りに作ったのにまずい理由が分からない。

正解 ❸ 맛없는[마덤는]：맛+없+는→맏+업+는 [마덤는] と絶音化+鼻音化 (ㅂ+ㄴ→ㅁ+ㄴ) で音変化。

9) 次の停留場で降りればいいです。

正解 ❷ 정류장[정뉴장]：「ㅇ+ㄹ→ㅇ+ㄴ」と鼻音化。

10) 性格がいいだけではなく、とても活動的なので友達も多い。

正解 ❸ 성격만[성껭만]：漢字語における例外的な濃音化+「ㄱ+ㅁ→ㅇ+ㅁ」の鼻音化で성+격+만→성껵+만[성껭만]と音変化。

11) とても久しぶりに会ったので最初は気づかなかった。

正解 ❶ 못 알아봤다[모다라봗따]：몯+알+아봗+다が絶音化+連音化+濃音化で[모+다+라봗+따]と音変化。

12) 二番目の娘（次女）は大学で心理学を学びました。

正解 ❹ 심리학을[심니하글]：「ㅁ+ㄹ→ㅁ+ㄴ」と鼻音化して심리[심니], 학을は[하글]と連音化。

13) 子供と（小）指を掛け合って約束をした。

正解 ❷ 손가락을[손까라글]：合成語の濃音化で손+가락[손+까락]

14) 高校の時は3年間一度も欠席したことがありません。

正解 ❶ 결석한 [결써칸]：漢字語におけるㄹ終声直後の平音の濃音化+「ㄱ+ㅎ→ㅋ」の激音化で결석+한→결썩+한[결써+칸]。

15) 来られないときは必ず連絡ください。

正解 ❸ 못 오게[모도게]：絶音化で못+오게→몯+오게[모도게]と音変化。

16) あそこの花畑の前に行って写真を1枚撮りましょうか。

正解 ❹ 꽃밭 앞에[꼳빠다페]：「ㄷ（ㅌ,ㅅ,ㅈ,ㅊ）+ㅂ→ㄷ+ㅃ」の濃音化+絶音化+連音化で꽃+밭+앞+에→꼳+빧+앞+에[꼳빠+다+페]と音変化。

17) 試験が難しいので合格率がとても低いです。

正解 ❷ 합격률이[합껵뉴리]：「ㅂ+ㄱ→ㅂ+ㄲ」の濃音化+「ㄱ+ㄹ→ㄱ+ㄴ→ㅇ+ㄴ」の鼻音化+連音化で합+격+률+이→합+껵+뉼+이[합+껑+뉴+리]と音変化。

18) 月明かりがとても明るくて静かな夜でした。

正解 ❸ 달빛이[달삐치]：合成語における濃音化+連音化で달+빛+이[달삐치]と音変化。

19) 妻は私がやるということなら無条件に賛成してくれた。

正解 ❶ 무조건[무조껀]：漢字語における例外的な濃音化。

20) 肉は何人前、注文しましょうか。

正解 ❹ 몇 인분[며딘분]：몇+인분→멷+인분[며딘분]と絶音化して連音。

第10章 解説編

21) 土ぼこりがひどくて目を開けることができなかった。

正解 ❷ 흙 먼지[흥먼지]：「ㄱ+ㅁ→ㅇ+ㅁ」の鼻音化で흙+먼지→ 흑+먼지[흥먼지]と音変化。

22) 紙が八枚しか残っていません。

正解 ❶ 여덟 장[여덜짱]：여덟（八）、열（十）の後に来る平音「ㄱ,ㄷ,ㅅ,ㅈ」は濃音化して「ㄲ,ㄸ,ㅆ,ㅉ」で発音される。

23) 韓国語は文法は易しいのに発音が難しいです。

正解 ❷ 문법은[문뻐븐]：漢字語における例外的な濃音化+連音化により[문뻐븐]と発音。

24) バスは前のドアから乗って後ろのドアから降ります。

正解 ❸ 앞문으로[암무느로]：「ㅂ（ㅍ）+ㄴ→ㅁ+ㄴ」の鼻音化+連音化により、앞+문+으로→암문+으로[암무느로]と音変化。

25) 急に外が騒がしくなった。

正解 ❷ 바깥이[바까치]： 終声「ㄷ,ㅌ」の後に「ㅣ」母音で始まる音節が来ると、「ㄷ,ㅌ」は口蓋音化して「ㅈ,ㅊ」で発音される。바깥+이[바까+치]。

26) 昼夜を問わず仕事ばかりをしていたが、結局倒れてしまった。

正解 ❹ 밤낮없이[밤나덥씨]：絶音化+連音化+濃音化で、밤낮+없이→밤낟+업+시→밤나+덥+씨[밤나덥씨]と音変化。

27) 今回は誰がアメリカの大統領になりそうですか。

正解 ❸ 대통령[대통녕]：「ㅇ+ㄹ→ㅇ+ㄴ」の鼻音化で대통령[대통녕]と発音。

28) 明かり一つ見えない暗い街だった。

正解 ❹ 불빛 하나[불삐타나]：合成語における濃音化+「ㄷ（ㅅ,ㅊ）+ㅎ→ㅌ」の激音化で、불+빛+하나→불+삗+하나[불삐+타나]と音変化。

29) 種類が違うから混ぜてはいけません。

正解 ❷ 종류[종뉴]：「ㅇ+ㄹ→ㅇ+ㄴ」の鼻音化。

30) その方法もいったん考えてみることにした。

正解 ❶ 일단[일딴]：漢字語におけるㄹ終声直後の平音の濃音化。

31) 蜂が花の上にとまっています。

正解 ❸ 꽃 위에[꼬뒤에]：絶音化で꽃+위에→꼳+위에[꼬+뒤에]と音変化。

32) 早く経済的に独立して一人暮らしをしたいです。

正解 ❷ 독립해서[동니패서]：「ㅇ+ㄹ→ㅇ+ㄴ」の鼻音化+「ㅂ+ㅎ→ㅍ」の激音化で、독+립+해서→동+닙+해서→[동니+패서]と音変化。

33) 足の裏が痛くて歩きづらいです。

正解 ❹ 발바닥이[발빠다기]：合成語における濃音化＋連音化で、발＋바닥＋이→발＋빠닥＋이[발＋빠다＋기]と音変化。

34) 兄は環境を専門とする法律家として活動している。

正解 ❷ 법률가[범뉼가]：「ㅂ＋ㄹ→ㅂ＋ㄴ→ㅁ＋ㄴ」の鼻音化で、법＋률가→법＋뉼가 [범＋뉼가] と音変化。

35) 科学が発達して無くなる職業が増えている。

正解 ❸ 발달되어[발딸뒈어]：漢字語におけるㄹ終声直後の平音の濃音化で발＋달 [발＋딸] 。「되어」は [되어] 、または [뒈어] で発音。

36) 365日同じ仕事ばかりをするこのつまらない生活から抜け出したい。

正解 ❹ 재미없는[재미엄는]：「ㅂ（ㅍ）＋ㄴ→ㅁ＋ㄴ」の鼻音化で、재미없＋는재미업＋는[재미엄＋는]と音変化。

37) 率直に言うと君には似合わないと思う。

正解 ❷ 솔직히[솔찌키]：漢字語におけるㄹ終声直後の平音の濃音化+「ㄱ＋ㅎ→ ㅋ」の激音化で、솔＋직＋히→솔＋찍＋히[솔＋찌＋키]と音変化。

38) 服の上にかばんを置いてはいけません。

正解 ❶ 옷 위에[오뒤에]：絶音化で、옷＋위에→옫＋위에[오＋뒤에] と音変化。

39) 心理的にとても不安なようです。

正解 ❹ 심리적으로[심니저그로]：「ㅁ＋ㄹ→ㅁ＋ㄴ」の鼻音化＋連音化で、심＋리적＋으로→심＋니적＋으로[심＋니저＋그로]と音変化。

40) その話が専攻を選ぶのに決定的な役割をした。

正解 ❷ 결정적인[결쩡저긴]：漢字語におけるㄹ終声直後の平音の濃音化＋連音化で、결＋정적＋인→결＋쩡적＋인[결쩡저＋긴]と音変化。

41) ほとんど聞き取れないほど早口です。

正解 ❸ 못 알아들을[모다라드를]：絶音化＋連音化で、못＋알＋아들＋을→몯＋아＋라드＋를[모다라드를]と音変化。

42) 弟（妹）の入学祝いで服を一着買ってあげた。

正解 ❹ 옷 한 벌[오탄벌]：「ㄷ（ㅅ,ㅊ）＋ㅎ→ㅌ」の激音化で옷＋한벌[오＋탄벌]と音変化。

43) 成功する可能性はまったくないように見えた。

正解 ❷ 가능성은[가능썽은]： 漢字語における例外的な濃音化。

44) 食べ物がまずくてほとんど食べられませんでした。

正解 ❸ 맛없어서[마덥써서]：絶音化+連音化+濃音化で、맛+없+어서 →맏+업+서서 → 마+덥+써서[마덥써서]と音変化。

45) 足が痛くて階段を上がることもできません。

正解 ❶ 못 올라가요[모돌라가요]：絶音化で、못+올라가요→ 몯+올라가요 [모돌라가요]と音変化。

46) 風邪を引いたので鼻水が出る。

正解 ❷ 콧물이[콘무리]：「ㄷ（ㅌ,ㅅ,ㅈ,ㅊ）+ㅁ→ ㄴ+ㅁ」の鼻音化+連音化で、콧+물+이→ 콘+물+이[콘무리]と音変化。

47) 私も徹夜で本を読んでいた時があった。

正解 ❸ 밝혀[발켜]：「ㄱ+ㅎ→ ㅋ」の激音化で、발+ㄱ+혀[발켜]と音変化。

48) この町に住んでから17年が過ぎた。

正解 ❹ 십칠 년이[십칠려니]：「ㄹ+ㄴ→ ㄹ+ㄹ」の流音化+連音化で、십칠+년+이 → 십칠+련+이[십칠려니]と音変化。

49) 花の上にとまった黄色い蝶を捕まえた。

正解 ❸ 꽃 위에[꼬뒤에]：絶音化で、꽃+위에→ 꼳+위에[꼬뒤에]と音変化。

50) この町にはいろいろな店があるが、花屋だけはない。

正解 ❶ 꽃집만[꼳찜만]：「ㄷ（ㅌ,ㅅ,ㅈ,ㅊ）+ㅈ→ ㄷ+ㅉ」の濃音化+「ㅂ+ㅁ→ ㅁ+ㅁ」の鼻音化で、꽃+집+만→ 꼳+찜+만[꼳찜만]と音変化。

51) その問題に対する解決能力がないようだ。

正解 ❸ 해결 능력이[해결릉녀기]：「ㄹ+ㄴ→ ㄹ+ㄹ」の流音化+「ㅇ+ㄹ→ ㅇ+ㄴ」の鼻音化+連音化で、해결+능+력+이→ 해결+릉+녀+기[해결릉녀기]と音変化。

52) 単語が多く、時間も足りなかったので全部は覚えられませんでした。

正解 ❷ 못 외웠어요[모퉤워써요]：絶音化+連音化で、못+외웠+어요 → 몯+웨웠+어요→ 모+퉤워+써요[모퉤워써요]と音変化。

53) テレビに出た幼い時の友達が一目でわかった。

正解 ❹ 첫눈에[천누네]：「ㄷ（ㅅ）+ㄴ→ ㄴ+ㄴ」の鼻音化+連音化で、첫+눈+에 → 천+누+네[천누네] と音変化。

第2章　語彙問題

1 語句の空所補充問題

➡ 解説で取り上げている語彙、慣用句は次のページの語彙リストを参照
・名詞：41ページ　・形式名詞：48ページ　・動詞：49ページ　・形容詞：52ページ
・副詞：53ページ　・数詞・連体詞・感嘆詞その他：54ページ　・慣用句：55ページ
➡ 問題は60ページへ

※（　　）の中に入れるのに適切なものを①～④の中から一つ選びなさい。

1）汁の味が薄いので（　　）をもっと入れた。
❶ 塩　② 砂糖　③ 油　④ ニンニク

2）子供の未来に（　　）を持たない親はいない。
① 柱　② 楽観　③ 悩み　❹ 関心

3）どうしたらいいかわからなくて（　　）ばかりついている。
① 一眠り　❷ ため息　③ 化粧　④ 休息

4）私のことに（　　）を使わないで自分のことを頑張ってください。
① 関心　② 習慣　❸ 気・神経　④ 期待
✎ 신경을 쓰다：気を使う、神経を使う、気にする、気にかける

5）会社のことで（　　）で、今日が私の誕生日であることも気づかなかった。
① カレンダー　❷ 精神（大忙し）　③ 体験　④ 休日
✎ 정신이 없다（精神がない）：無我夢中だ、我を忘れる、非常に忙しい、気が気でない、気がせく、気が抜けている。

6）靴下に（　　）が空いているのも知らないで履いて来た。
① 故障　② 見物　③ 感情　❹ 穴

7）相手によい（　　）を与えられるように努力しなければならない。
① 人生　❷ 印象　③ 一生　④ 認定

8）この建物は（　　）が四角形であることが特徴だ。
❶ 柱　② 庭　③ 過程　④ 共通

9）夜になると（　　）たちの鳴き声がさらに大きく聞こえるようだ。
① 蜂　② 兎　❸ 虫　④ 蛇

10) この魚は古くなったせいか（　　）がする。

① 末っ子　② 事故　③ 酢　❹ 臭い

11) 若い時はいろんなところに行って多くの（　　）をしたほうがよい。

① 実験　❷ 経験　③ 受験　④ 保険

12) 母の姉を（　　）と言います。

❶ おば・イモ　② おば・コモ　③ 叔父　④ おばさん

✎ 이모：母の姉妹、고모：父の姉妹、삼촌：父の主に未婚の弟、結婚した父の弟は「작은아버지」と言う。

13) 野外で行事を開く時はあらかじめ天気（　　）を確認しておかなければならない。

① 変化　② 前売り　③ 報道　❹ 予報

14) 彼はここでは知らない人がいないほど（　　）が広い。

① 肩　② 額　❸ 足（顔）　④ 腕

✎ 韓国語では「顔が広い」ことを、「발이 넓다」つまり直訳すると「足が広い」という。

15) 彼がこの事件の（　　）を握っている。

❶ 鍵　② 左右　③ 主題　④ 全部

16) 私の（　　）の目標は医者として病気の人を治すことだ。

① 歳月　❷ 人生　③ 人間　④ 印象

17) 赤ちゃんがもう歌に合わせて（　　）をしていますね。

① 博士　② 邪魔　③ 岩　❹ 拍手

18) 重い荷物は家から空港に前もって（　　）から行ったほうが楽です。

① 移して　② 隠して　❸ 送って　④ 預けて

19) 何も異常がないという話を聞いてやっと（　　）。

① 痛かった　② 急を要した　③ 通じた　❹ 安心した（마음이 놓이다の形で）

✎ 마음을 놓다/마음이 놓이다：安心する

20) どんな事にも自信を持って行動する君が（　　）。

① うれしい　❷ うらやましい　③ 恥ずかしい　④重苦しい・もどかしい

21) 大学では講義の内容を整理して（　　）訓練が必要だ。

① 植える　② 混ぜる　❸ 書く　④ つまむ・拾う

22) 彼は寝る間を（　　）勉強を続けた。

❶ 惜しんで　② 支払いながら　③ 移しながら　④ 押しながら

23) 彼の（　　）言葉と行動に私たちはみんな失望した。

① 新しい　❷ 軽い・軽率な　③ 重い　④ 立派な

24) 1か月間休まず仕事ばかりしていたので身も心も（　　）。

① 合わせた　② 止んだ　③ 逃した　❹ 疲れた・くたびれた

25) 手が（　　）から洗って来ます。

① 柔らかい　② 下手だ　❸ 汚い　④ 冷たい

26) この短い文が作家の気持ちをよく（　　）いる。

❶ 表わして　② 眺めて　③ 振り返って　④ 導いて

27) 花畑に花の種を（　　）毎日水を与える。

① 取り出して　❷ 蒔いて　③ 投げて　④ 振って

28) うちの祖母は歯がよくないので（　　）食べ物だけを食べている。

① 浅い　② 太い　③ 味が薄い　❹ 柔らかい

29) 道が（　　）のをみると交通事故が起きたようだ。

❶ 渋滞している　② 止まる　③ 変わる　④ 満たす

30) 社会生活の基本は約束をよく（　　）ことだ。

① させる　② 残す　③ 隠す　❹ 守る

31) 夢を叶えるためには具体的な計画を（　　）のが必要だ。

① 育てる　② 合わせる　❸ 立てる　④ 選ぶ

32) 今日畑に行ってニンニクを（　　）。

① 広がった　❷ 植えた　③ 閉めた　④ 抜いた

33) 事務室が狭いので他のところに（　　）なければなりません。

❶ 移さ　② 任せ　③ こすら　④ 調べ

34) 教育分野の予算をこれ以上（　　）いけない。

① 塗っては　② 直しては　③ 低めては　❹ 減らしては

35) 夜空に（　　）星を見ながら語り合った。

① 熱い　❷ 輝く　③ 新しい　④ 冷たい

36) この椅子はまだ捨てるには（　　）ようです。

① 大切な　② 羨ましい　❸ もったいない　④ 気になる

37) 仕事が終わるとみんなパソコン（の電源）を（　　）帰る。

❶（電源を）切って　② 閉めて　③ 切って　④ 切って

✎ ⓐ끄다：電気製品の電源を切る、消す、 ⓑ자르다：ものを切断する、切る、ⓒ끊다：糸・ひもなどを切る、関係・習慣などを切る、ⓓ손톱을 깎다/수염을 깎다：爪を切る／ひげを剃る、ⓔ칼에 손을 베다：ナイフで手を切る

38) 服が炎に触れて少し（　　）。

① 怪我をした　❷ 焦げた・燃えた　③ 濡れた　④ 空けた

39) この冬に入って初めて氷が（　　）。

① 属した　② 抜けた　③ 震えた　❹ 張った・凍った

40) 重要なところには下線を（　　）勉強する。

① 描きながら　② 押しながら　❸ 引きながら　④ 扱いながら

41) この歌を歌おうと歌詞を一生懸命（　　）。

① 叫んだ　❷ 覚えた　③ 映った　④ 取り出した

42) お金をたくさん（　　）気楽に暮らしたい。

❶ 稼いで　② こぼして　③ 踏んで　④ 植えて

43) 故障していたバスが少しずつ（　　）始めた。

① 横になり　❷ 動き　③ 減らし　④ 裂け

44) 布団をはたいたらほこりが（　　）咳が出ました。

❶ 立って　② 熟して　③ 壊れて　④ 預かって

45) 薬を飲んだのに（　　）頭がもっと痛むようだ。

① ついに　② ふっと　❸ むしろ　④ まともに

46) 車の前に急に自転車が現われて（　　）した。

① うっかり　② ずっと　③ まるで　❹ びっくり

✎ 깜짝 놀라다：びっくりする

47) お忙しいところに（　　）電話をして申し訳ありません。

① 果たして　❷ 何度も　③ ただいま　④ 即刻

48) 美術館に行ったが、時間が足りなくて（　　）見られなかった。

❶ 満足に・まともに　② たまたま　③ たとえ　④ むやみに

49) これ以上やりたくなくて（　　）負けてやった。

① 自ら　② もっぱら　❸ わざと　④ ただ

50) 検査が終わったら（　　）診察室に行かなければならない。

① だんだん　② あらかじめ　③ 若干　❹ すぐ・直ちに

51) そのことは（　　）終わったことだからまた話す必要はない。

① いよいよ　❷ すでに　③ ちょうど　④ 相変わらず

52) 腰を痛めて数か月間（　　）横になっていなければならない。

① 思い切り　② つい　❸ じっと　④ 広く

53) こんなに遅れるのをみると (　　) 何かあったようだ。

❶ どうも　② 決して　③ 真っすぐ　④ いっそ

54) (　　) ゲームばかりしていたのに合格するわけがないでしょう。

① 一方　② 一時　③ 大体　❹ いつも

55) 外から家に帰って来ると (　　) 手を洗わなければならない。

① 思い通りに　② ついに　❸ 必ず　④ 思いがけなく

56) 腹が立って (　　) 我慢することができなかった。

① まさに　② もちろん　③ 一体　❹ とうてい

57) 発表の準備を (　　) できなかったので心配だ。

❶ きちんと　② しかも　③ ついに　④ その上

58) もっと遅くなる前に (　　) 出発するようにしましょう。

① 別に　❷ 早く·すぐ　③ だんだん　④ ちょうど

59) いま電車の中だから (　　) 降りてから電話します。

① もし　② まさに　❸ あとで　④ びっくり

60) (　　) こんなに遠いところまで来てくださって有難うございます。

① 相変らず　② 実は　③ 思いがけず　❹ わざわざ

61) (　　) 体が弱い子供なのでもっと心配です。

① あるいは　❷ もともと　③ 果たして　④ なかなか

62) (　　) バカなことを言うから腹が立ちます。

❶ 何度も　② 広く　③ ついに　④ いつの間にか

63) A：明日からジョギングをしようと思うんですが、一緒にしませんか。

B：私は運動とは (　　) が遠い人間だから、一人でやってください。

① 道路　② 長さ　❸ 縁　④ 余裕

✎ 거리가 멀다 (距離が遠い)：かけ離れている、ほど遠い、縁がない、縁遠い

64) A：何しているの？早くドアを開けて。

B：ちょっと待って。暗くて (　　) がどこにあるのか探せないよ。

❶ 鍵　② 乗車券　③ ネックレス　④ 封筒

65) A：このナムル、少し味が薄いようです。

B：では、(　　) をもう少しかけましょう。

① 唐辛子粉　② 胡椒　③ 油　❹ 醤油

66) A:レポートの作成はすべて終わりましたか。

B:参考にできる（　　）がまったくなかったので諦めました。

① 自体　❷ 資料　③ 自由　④ 指示

67) A:（　　）しましたか。

B:いいえ。来たら一緒にしようと思ってまだしていません。

① 主張　② 中止　❸ 注文　④ 提供

68) A:急に風が強くなりましたね。

B:（　　）が近づいているから、夜にはもっと激しくなると思います。

① ため息　② 雲　③ 太陽　❹ 台風

69) A:奥さんと同じ職場なのに一緒に行かないんですか。

B:私は課が違うので、（　　）時間が少し遅いです。

① 最終　❷ 出勤　③ 出席　④ 出入り

70) A:仏教に（　　）を持つようになったのはいつからですか。

B:宗教に関する本を読み始めた大学時代からです。

❶ 関心　② 観光　③ 機関　④ 関連

71) A:ミンスさんが最近話もしないし、表情（顔）が暗いですね。

B:多分家に何か（　　）があるようです。

① 不満　② 苦労　③ 事件　❹ わけ・事情

72) A:外国に旅行に行きたいけれど、英語が（　　）も話せません。

B:簡単な話は翻訳機を使えばいいから心配しなくてもいいです。

① ため息　❷ 一言　③ 一般　④ 一部

73) A:今回移った職場はどう?

B:部長から平社員まで（　　）がよく合うので働くのが楽だよ。

① 足首　② 監督　❸ 手足（息・歩調）　④ 手の甲

✎ 손발이 맞다:息が合う、歩調が合う、足並みがそろう

74) A:韓国の歴史を研究するようになった（　　）は何ですか。

B:中国の歴史を勉強しているうちに、韓国の歴史にも興味を持つようになりました。

❶ 動機　② 関係　③ 広告　④ 段階

75) A:答案は全部書きましたか。

B:いいえ。いくら考えても（　　）ない問題がありました。

❶ 解け　② 捕まら　③ 分けられ　④ 広げ

76) A:お湯が（　　）。

B:では、火を止めてください

① 震えます　② 濡れます　③ 混ざります　❹ 沸いています

77) A：その俳優は、踊りは（　　）けど、歌は本当に上手です。
B：歌を一度聞いてみたいですね。
① すごい　❷ 下手だ　③ かわいそうだ　④ 名残惜しい

78) A：試合がどうなったのか（　　）。
B：うちのチームが2対0で負けました。
① 心残りです　② 重苦しいです　③ 不便です　❹ 気になります

79) A：何の料理をしていますか。
B：いまカルビを（　　）います。
① 殴って　❷ 焼いて　③ 燃やして　④ 包んで
✎ ⓐ食べ物、炭、陶磁器、CDなどを「焼く」は「굽다」、ⓑ皮膚、木・草などのものを「焼く」は「태우다」を用いる。

80) A：昨日うちの娘が子供を（　　）。
B：おめでとうございます。ついにおばあさんになられたんですね。
① 置きました　② 積みました　❸ 産みました　④ 患いました

81) A：いつもこんなに遅く帰って来るの？
B：はい、仕事が多いので家に早く帰って来ることは（　　）。
① 羨ましいです　② 急いでいます　③ 遅いです　❹ めったにないです

82) A：どうして昼食を食べないのですか。
B：最近体重を（　　）思って昼食は食べないことにしました。
❶ 減らそうと　② つかもうと　③ 押そうと　④ 直そうと

83) A：直接舞台に立ってやってみたら、気分はどうですか。
B：ものすごく（　　）。
① 広げます　② 解けます　❸ 緊張します（震えます）　④ 回します

84) A：走るのが得意なようですね。
B：（　　）私がうちのサークルでいちばん早いです。
① 二度と　② 気持ちが焦って　③ いつになく　❹ こう見えても

85) A：今日、仕事が終わってから一杯飲みに行きましょうか。
B：ごめんなさい。私は、お酒は口も（　　）。
① 蹴られません　❷ つけられません　③ 抜けません　④ もぎ取れません

86) A：ミンスさんが入院したんですって？何かあったんですか。
B：はい、昨日交通事故に（　　）ようです。
① 扱った　② 触れた　❸ 遭った　④ 閉めた

87) A：ユミさんが急に（　　）倒れて病院に運ばれて行ったそうです。

B：私もその話を聞きました。心配ですね。

① 息をして　② 熱が冷めて　③ 口を揃えて　❹ 気を失って

88) A：最近どうですか。（＝どのように過ごしていますか。）

B：仕事が忙しくて（　　）暇もなく過ごしています。

① 冗談を言う　❷ 息をつく　③ 気を使う　④ 興奮する

✎ 숨 쉴 새도 (틈도) 없다：息をつく暇もない。열을 내다：興奮する、腹を立てる、かっとする、＝열을 올리다とも言う。

89) A：夜に爪を（　　）だめだという話があります。

B：私も幼い頃そんな話を聞きました。

① 切っては　② 切っては　❸ 切っては　④ はがしては

✎ 자르다：ⓐものを切断する、切る、 ⓑ끊다：糸・ひもなどを切る、関係・習慣などを切る ⓒ손톱을 깎다/수염을 깎다：爪を切る／ひげを剃る、ⓓ칼에 손을 베다：ナイフで手を切る

✎ 깎다：ⓐ연필을 깎다：鉛筆を削る、ⓑ풀・머리를 깎다：草・髪を刈る、ⓒ값을 깎다：値切る、ⓓ과일을 깎다：果物（の皮）をむく

90) A：今日の参加予定者はみんな集まりましたか。

B：先ほど出席を（　　）みましたが、一人を除いて全員集まりました。

❶ 取って　② 押して　③ 叫んで　④ 拾って

91) A：もう暗くなりましたね。

B：そうですね。最近日が（　　）のが早くなりました。

① 満ちる　❷ 暮れる　③ 昇る　④ 届く

✎ 日が暮れる・日が沈む：해가 지다、日が昇る：해가 뜨다

92) A：ミンスさんはまだ到着していませんか。

B：（　　）長くして待っていますが、何の連絡もないですね。

① あごが　② 耳が　③ 鼻が　❹ 首が（首を）

2 語句の置き換え問題

➡ 問題は72ページへ

※ 文の意味を変えずに、下線部の言葉と置き換えが可能なものを①～④の中から１つ選びなさい。

1) 出発がもとの予定より一日遅くなった。
① 決定　**❷ 計画**　③ 予約　④ 通勤

2) 5年に一度の大統領を選ぶ選挙が実施される。
① 眺める　② 輸入する　**❸ 選択する**　④ 実践する

3) 彼は娘が無事に到着したという話を聞いて顔色が明るくなった。
① 日光　② 喜び　③ 気持ち･気分　**❹ 表情**

4) 私が言ったことを理解したのか分からない。
① 調べたのか　**❷ 理解したのか**　③ 翻訳したのか　④ 受け入れたのか

5) その日はなんとかして時間を作って行けるようにします。
① うわさを立てて　② 音を出して　**❸ 時間を作って**　④ 事故を起こして

6) もう 5対0だからうちのチームが勝ったも同然だ。
① 重苦しい　**❷ 同然だ**　③ 気になる　④ 変わりない

✎ 마찬가지다：同様だ、同じだ、다름없다：違いがない、同じだ、변함없다：変化がない、変わりない

7) この仕事がうまく解決できれば温泉にでも行って少し休みたいです。
① 合わせれば　② 広がれば　**❸ 解決できれば**　④ 耐えれば

8) 毎月の経費を除いて、利益が1千万ウォンぐらい残る。
① 洗濯して　② 抜いて　③ はまって　**❹ 除いて**

✎ ⓐ洗濯物を「洗う」には빨다、ⓑ皿や器など硬いものの汚れをこすって落とす場合の「洗う」は닦다、ⓒ頭髪を「洗う」は감다、ⓓ一般的に水を使って「洗う、きれいにする」場合には씻다が広く用いられる。

9) 最近経済状況がよくなるにつれて就業率が徐々に高くなっている。
❶ だんだん･徐々に　② 若干　③ ちょうど　④ ずっと･はるかに

10) 状態がよくないから今すぐ入院したほうがいいと思います。
① たとえ　② 前もって　③ ついに　**❹ すぐ**

11) おなかがすいたことも忘れて一日中絵を描いた。

① のどが渇いた ② 耳が遠い ❸ おなかがすいた ④ 夜を明かした・徹夜した

12) 彼は自分が言った通りにすれば必ず成功すると言った。

❶ 間違いなく ② 変わりなく ③ 空気が読めずに ④ いつも・昼夜を問わず

✎ 눈치가 없다：直訳すると「勘やセンスがない」という意味で、察しが悪い、気が利かない、空気が読めないという意味である。つまり、その場の雰囲気が把握できない、状況を察することができないことを言う。反対語としては、目ざとくその場の雰囲気が把握できる、機転がきくという意味の「눈치가 빠르다」が用いられる。

13) 今まで成功しようと努力して来たのに、ここで諦めるわけにはいかない。

① 勧めて ② 満たして ❸ 努めて ④ 合わせて

14) 彼女の表情を見ると何かよくないことがあるのは確かだ。

① 違いがない ❷ 明らかだ ③ すごい ④ 不安だ

✎ ⓐ틀림없다：間違いない、確かだ、ⓑ다름없다：違いがない、同じだ、ⓒ변함없다：変わりない、変化がない、いつもと同じだ

15) A：どうしてこんなに遅くなったの？

B：久しぶりに会った友達とそのまま別れるのが名残惜しくて食事をして来ました。

① 恐ろしくて ② 珍しくて ③ 可哀想で ❹ 名残惜しくて

16) A：私がどんな化粧品を使っているか知りたいですか。

B：ええ、肌がすごくきれいなので。

① 分かりませんか ❷ 知りたいですか ③ 伺いますか ④ 明かしますか

✎ ⓐ궁금하다：知りたくて気になる、気がかりだ、知りたい、気になる

ⓑ여쭈다/여쭙다：申し上げる、伺う

17) A：最近も会社の人たちと酒をたくさん飲んでいるの？

B：いや、いまはそういう雰囲気はほとんどなくなったよ。

① やめたよ ② 去って行ったよ ❸ なくなったよ ④ 過ぎ去ったよ

18) A：この前の音楽会はどうだった？

B：子供たちがみんな立派な演奏をして楽しかったよ。

① 絵のように ❷ 一様に ③ 大小の ④ この上なく

19) A：金先生が亡くなったという話を聞いたよ。

B：突然何があったんだろう。先週にお会いして話したばかりなのに。

① 目を開けられた ❷ 亡くなった ③ 手を引かれた ④ 命をかけられた

20) A：昔と変わらずよく冗談を言うね。

B：お前も変わったところが一つもないな。

① 人になったな ② 元気だね ③ 意外だね ❹ 相変わらずだね

21) A：その映画は人気があるからチケットを前もって買っておいたほうがいいよ。
B：そうなんだ。今すぐやっておこう。
① 手に入れた ② 急いだ ❸ 予め買っておいた ④ 並んだ

22) A：この前に転んでできた傷は大丈夫ですか。
B：はい。薬を塗ったらきれいさっぱり治りました。
❶ きれいに ② 柔らかく ③ 適切に ④ すごく

23) 自分の考えをよく整理して話す習慣をつけたほうがよい。
① 一般 ② 疑問 ❸ 意見 ④ 意識

24) A：仕事がうまく終わって本当にうれしいです。
B：ご苦労様でした。今日は私が全部おごりますから何でも注文してください。
① 勝手に ❷ 注文して ③ 安心して ④ 口裏を合わせて

25) A：夕方に何をするつもりですか。
B：図書館に行って、今日学んだことをまた勉強しようと思っています。
① 練習しようと ② 予習しようと ❸ 復習しようと ④ 自習しようと

26) A：最近ものがあまりにも売れなくて悩んでいる。
B：商売がうまく行かないのはうちの店も同じだよ。
❶ 同じだよ ② 対策がないよ ③ 変化がないよ ④ 間違いないよ

27) A：退勤しないのですか。
B：明日から出張なので必要なものを準備しています。
① 研究して ❷ 準備して ③ 指示して ④ 実施して

3 共通語句補充問題

➡ 問題は76ページへ

※ 2つの（　　）に入れることができるものを①～④の中から1つ選びなさい。

1)　・交通事故を（起こして）大けがをしました。
・時間を（作って）一度行ってみようと思います。
① 遭って　❷ 起こして・作って　③ 逃して　④ 広げて
✎ 교통사고를 내다：交通事故を起こす、틈을 내다：時間を作る、都合をつける

2)　・来月職場を（変える）ことにしました。
・この文章は英語で（訳す）のが難しいですね。
❶ 変える・訳す　② 抜く　③ 変わる　④ 空ける
✎ 자리를 옮기다：席を移動する、짐을 옮기다：荷物を運ぶ、직장을 옮기다：職場を変える、영어로 옮기다：英語で訳す

3)　・そこで（過ごした）時間は私の人生で最も大切な時間だった。
・その方は去年まで代表チームの監督を（務めた）方だ。
① 見守った　② 付き合った　❸ 過ごした・務めた　④ 育てた
✎ 지내다：（時を）過ごす、（ある職責を）務める、暮らす、（仲良く）つきあう

4)　・彼は政治から完全に（手）を引いたようだ。
・彼は（顔）が広くて知り合いがとても多い。
① 顔　❷ 足　③ あご　④ 手
✎ 발을 빼다：手を引く、足を洗う、발이 넓다：顔が広い

5)　・ジュースを瓶に（入れて）かばんに入れた。
・真心を（込めて）感謝の手紙を書いて送った。
① 混ぜて　② こぼして　③ 満たして　❹ 入れて・込めて

6)　・天気がいいので洗濯物がよく（乾いて）いいです。
・最近体が（痩せて）体重がだいぶ減りました。
❶ 乾いて・痩せて　② 太って　③ 溺れて・陥って　④ 変わって
✎ 마르다：（ものが）乾く、（のどが）渇く、（草木・川が）枯れる、（体が）やせるなどの意がある。
✎ 빠지다：（穴に）落ちる、（計略・誘惑に）陥る・負ける、（あることにのめり込んで）はまる、（汚れ・色が）落ちる・抜ける、（歯が）抜ける・抜け落ちる、（水に）溺れる、（集団から）抜ける・抜け出す、（肉が）落ちる・減る

7) ・変なうわさが（立って）みんな気にしていた。
・手に傷が（できて）薬を塗った。
① 聞こえて　② 生じて　❸ 立って、できて　④ 広がって
✎ 소문이 나다：うわさが立つ、상처가 나다：傷ができる

8) ・家で猫2匹を（飼って）いる。
・学校を卒業したら髪を長く（伸ばし）たい。
① 連れて　❷ 飼って・伸ばして　③ 切って　④ 育てて

9) ・私は酒は（口）もつけられません。
・非常に驚いて（口）をぽかんと開けた。
① 唇　② あご　③ 腕　❹ 口
✎ 입을 딱 벌리다：（呆れたり驚いたりして）口をあんぐり開ける、口をぽかんと開ける

10) ・私が尊敬していた課長が会社を（やめた）。
・彼女がある日黙って私のところから（去って行った）。
① やめた　② 避けた　❸ やめた・去った　④ 別れた

11) ・もう花が（散って）葉が出始めた。
・日が（沈んで）周りがだんだん暗くなり始めた。
① 車庫　❷ 散って・沈んで　③ 減って　④ 握って
✎ 지다：ⓐ（花・葉などが）散る、ⓑ（太陽・月が）沈む・暮れる、ⓒ（垢・しみなどが）落ちる、ⓓ負ける、ⓔ背負う・担ぐ、ⓕ（責任などを）負う

12) ・歯を（抜いて）来たので今日は酒が飲めない。
・私を（除いて）はこのことをやれる人がいない。
① 選んで　② 磨いて　❸ 抜いて・除いて　④ 抜いて・選んで
✎ 빼다：ⓐ取り出す、引き抜く、ⓑ（釘などを）抜く、ⓒ（垢・しみなどを）取り除く、ⓓ（一部を）除外する・外す
✎ 뽑다：ⓐ（刀・雑草・白髪・釘などを）抜く、引き抜く、取り除く、ⓑ選ぶ、選抜する

13) ・この前の試験で全科目満点を（もらった）。
・先週ソウルから送った荷物を今日（受け取った）。
❶ もらった・受け取った　② 取った　③ 当たった　④ 得た
✎ 잡다：ⓐつかむ、握る、取る、捕まえる、手に入れる、ⓑ（計画などを）立てる、ⓒ（心を）落ち着かせる。택시를 잡다：タクシーを拾う・つかまえる、마음을 잡다：（心を）落ち着ける
✎ 맞다：ⓐ合う、正しい、ⓑ迎える、ⓒ当たる、ⓓ受ける

14) ・明け方に外があまりにもうるさくて目が（覚めた）。
・食器を洗っている途中、床に落として（割った）。
① 晴れた　② 浮かんだ　③ こぼした　❹ 覚めた・割った

15) ・お金をたくさん稼ぎたいという夢を（抱いて）ソウルに行った。
・子供が人形をぎゅっと（抱いて）寝入った。
① 見て ❷ 抱いて・抱いて ③ 握って ④（夢を）見て

16) ・私は足でサッカーボールを思いきり（蹴った）。
・これ以上入れるところがないほど冷蔵庫がいっぱいに（なった）。
① 負けた ② 打った ❸ 蹴った・満ちた ④ 包んだ
✎ 차다：ⓐ冷たい、ⓑ蹴る、ⓒいっぱいになる・満ちる、ⓓ（身に）つける、さげる、はめる
손목 시계를 차다：腕時計をはめる

17) ・職場が私の住んでいるところと遠く（離れていて）不便だ。
・プリンターの紙が（なくなって）急いで買って来た。
① 去っていって ② 逃れて ③ 裂けて ❹ 離れて・なくなって
✎ 떨어지다：ⓐ落ちる、ⓑ離れる、ⓒ使い果たしてなくなる

18) ・姉が（たった今）空港に到着した。
・そんなにお金を（むやみやたらに）使ってはいけない。
① たった今 ② ぴったり ③ むやみに ❹ たった今・やたらに

19) ・肌を過度に（焼く）のはよくない。
・そのように（おだてる）のをみると他の魂胆があるようだ。
❶ 焼く・おだてる ② 乗る・燃える ③ 積む・載せる ④ 浮かぶ
✎ 비행기를 태우다：おだてる、持ち上げる、お世辞を言う、よいしょする、おべっかを使う

20) ・不安で仕事が（手）につかない。
・今度の選挙で落ちたら政治から（手）を引くつもりだ。
① 足 ❷ 手 ③ 目 ④ あご
✎ 손에 잡히지 않는다：手につかない、（心・ものごとなどが）落ち着かない、安定しない
✎ 손을 떼다：ⓐ手を引く、足を洗う、身を退く、ⓑ手を放す

21) ・人々がみんな（仮面）をかぶっていて誰が誰だかわからない。
・彼女が（仮面）を脱いで、化粧も落とした顔で現われた。
① 寝巻き ② 秘密 ③ 手袋 ❹ 仮面

22) ・ネクタイが（ほどけて）また結び直した。
・何度も靴ひもが（ほどけて）他の靴に履き替えた。
① 咬んで ② 減って ❸ 解けて ④ 沸いて

23) ・彼女は急に（気）を失って倒れた。
・海に（気）を取られ、運転をしているうちに事故を起こした。
①意識 ❷ 気・精神 ③ 緊張 ④ 感情
✎ 정신을 잃다：気を失う、失神する、정신을 팔다：他のことに気を取られる、我を忘れる

第3章　文法問題

➡ 解説で取り上げている文法事項は次のページの文法リストを参照
・助詞：87ページ　・連結語尾：91ページ　・終結語尾：95ページ
・連結形慣用表現：98ページ　・終結形慣用表現：107ページ
➡ 問題は114ページへ

※（　　）の中に入れるのに適切なものを①～④の中から一つ選びなさい。

1) 皆が全部集まれる日は明後日（以外は）ない。
① ほどは　② であってこそ　③ だけ　❹ 以外は、ほかは
➡ 以下、問題15番までは助詞の問題。選択肢の訳だけでは理解できない助詞の機能の詳細は87ページの「3級出題の助詞リスト」を参照してください。

2) この料理は母と姉と私と三（人で）作ったものです。
① でも　❷ ～人で　③ こそ　④ として

3) 愛（とは）互いに理解して大切にしようとする気持ちだ。
❶ とは　② でも、や　③ であると同時に　④ と

4) 世の中のことがすべて自分の思う（とおり）になるわけではない。
① ごとに　② でのように　❸ とおり　④ に

5) 人口問題（こそまさに）韓国の最大の課題である。
① と　❷ こそまさに　③ でも　④ であってはじめて

6) 私は夫（として）足りない点が多い。
❶ として　② とは　③ ほど・くらい　④ 以外にも・のほかにも

7) 写真を見ると息子（と）パパが本当に似ているね。
① で、でもって　② とは　❸ と　④ だと
✎ (으) 로서：身分・資格を表わす。내가 대표로서 발표한다. 私が代表として発表する。
✎ (으) 로써：道具・手段・材料などを表わす。
이것을 말로써 표현하기는 어렵다. これを言葉で表現するのは難しい。

8) うちの会社で私（ほど）外国で長く勤めた人はいない。
① しか　❷ ほど　③ 以外にも　④ こそまさに

9) 公園に花が咲く（たびに）写真を撮りに行く。
① ほど　② と　③ だけ　❹ ごとに・たびに

10) おなかがとてもすいていたのでご飯を3杯 (も) 食べた。

① でも　② こそまさ　❸ も (強調)　④ に

✎ (이) 나: 数量を表わす名詞に付くと一定の程度を超す意を表わす。
맥주를 열 잔이나 마셨다. ビールを10杯も飲んだ。

11) 僕もきみ (くらい) 英語ができればいいなと思う。

❶ ほど・くらい　② のとおり　③ こそまさに　④ ごとに

12) それ (こそまさに) 私が探していたものだ。

① として　❷ こそまさに　③ と　④ でも

13) 彼は社長 (として) 3つの会社を経営している。

① のとおりに　② とは　③ でも　❹ として

14) 私は最初 (で) 最後に彼に頼むことにした。

① でも、や　② なら　❸ であると同時に　④ こそ

15) その人 (以外には) その仕事を任せられる人がいない。

① ほどは　❷ 以外には　③ としては　④ こそまさに

16) 携帯電話を (見ながら) 運転してはいけません。

① 見たり　② 見れば　③ 見ている途中　❹ 見ながら

17) 今 (出発しなければ) 今日中に到着できない。

❶ 出発しなければ　② 出発するが　③ 出発しながら　④ 出発しながら

✎ V+아야/어야: (後件に対する強い条件を表わす) ~してこそ、~してはじめて、
~なければ~ない　・먹어야 산다. 食べてこそ生きられる。

18) 姉が夏休みに一緒に旅行に (行こうと) 言ったけど、断った。

① 行くと　❷ 行こうと　③ 行くのかと　④ 行こうとするなら

19) もう4点も (入れたから) 我々が勝ったのも同然だ。

① 入れてこそ　② 入れようとするなら　③ 入れるとしたら　❹ 入れたから

20) どんなことを (しようが) 一生懸命するのが大事です。

① しようとするなら　② するやいなや　❸ しようが　④ するが

21) とても疲れていたのでベッドに (横になるやいなや) 寝てしまった。

① 横になろうと　❷ 横になるやいなや　③ 横になる途中　④ 横になれば

22) 直接やって (みると) あまり難しくなかったです。

① みて　② みてこそ　❸ みると　④ みるとしたら

23) 私も若い時に (死ぬほど) 愛した人がいた。

❶ 死ぬほど　② 死のうが　③ 死のうと　④ 死んだり

24) 何の意味かもう一度（詳しく）説明してください。

① 詳しいか　❷ 詳しく　③ 詳しいけど　④ 詳しいかと

25) 頭が（痛いなら）無理しないで早く帰ってください。

① 痛いか　② 痛いと　③ 痛いほど　❹ 痛いなら

26) 窓を（開けたが）風が吹いたのでまた閉めた。

① 開けたり　② 開けたら　❸ 開けたが　④ 開けるなら

27) そんなに毎晩遅くまで酒を（飲んでいては）病気になるでしょう。

❶ 飲んでいては　② 飲むと同時に　③ 飲むように　④ 飲むのに

28) 明日雨が（降るなら）家で映画でも見ます。

① 降るのかと　❷ 降るなら　③ 降って　④ 降るやいなや

29) 部屋が（暗いのに）どうして電気をつけないのですか。

❶ 暗いのに　② 暗いか　③ 暗いから　④ 暗いかというと

30) 朝寝坊をしたので（起きるやいなや）急いで家を出て行った。

① 起きる途中で　② 起きようと　③ 起きようとすれば　❹ 起きるやいなや

31) 明日は7時にソウル駅で（集まることに）しましょう。

① 集まろうが　② 集まるやいなや　❸ 集まるように　④ 集まってこそ

32) そのドラマは女性たちだけでなく男性たちにも人気が（あるという）。

① なければならない　❷ あるという　③ あるかと思う　④ あり得ない

33) まだ退勤をしないのをみると仕事がたくさん（残っているようです）。

① 残りそうです　② 残るかと思います

❸ 残っているようです　④ 残りそうです

34) 多分いま頃空港に（到着したと思います）。

① 到着したからです　② 到着したいです

③ 到着しなければなりません　❹ 到着したと思います

35) 忙しすぎて休むひまもほとんど（ないようです）。

① ないだけです　❷ ないようです

③ ないわけがありません　④ ないのと同じです

36) すべての学生に本を配って感想文を（書かせた）。

① 書いたりする　② 書いたようだ　❸ 書かせた　④ 書いているようだ

37) 健康のためにタバコを（やめることにした）。

① やめるひまもない　② やめるだけだ

❸ やめることにした　④ やめるのが難しい

38) 他には得意なことがないが、絵だけは上手に（描くほうだ）。

① 描くつもりだ　❷ 描くほうだ

③ 描いたからだ　④ 描くところだった

39) A：カメラがとてもいいもののようですね。使ってみてどうですか。

B：いいのはいいけど、重くて持ち（歩くのに）ちょっと不便です。

❶ 歩くのに　② 歩くほど

③ 歩くだけなので　④ 歩こうがなかろうが

40) A：どうしてここでばかり買い物をするのですか。

B：ここは他の店（に比べて）値段がずっと安いからです。

① を通じて　② をはじめとして　③ によって　❹ に比べて

41) A：スミンさん、今日何時にソウルに来ますか。

B：3時にソウル駅に到着します。（到着したらすぐ）電話します。

① 到着してみたら　❷ 到着したらすぐ

③ 到着してみてはじめて　④ 到着する場合に

42) A：大学を卒業した後、何をするつもりですか。

B：生活が苦しい人たち（のために）活動をしようと思います。

① を通じて　② をはじめとして　❸ のために　④ を持って

43) A：最近の若い人は都会でばかり暮らそうとしているようです。

B：それは（人によって）違います。私は田舎のほうがもっと好きなんですよ。

① 人に比べて　❷ 人によって　③ 人に対して　④ 人について

44) A：最近出てきた携帯電話は機能が多くて使いにくいですね。

B：そうなんです。説明書を（読んだにもかかわらず）使い方がよく分かりません。

① 読んでいるうちに　❷ 読んだにもかかわらず

③ 読んだおかげで　④ 読んだのをみると

45) A：一人でやるのが難しかったら誰かと一緒にやったらどう？

B：いや、みんな忙しいので（頼んでみたところで）手伝ってくれる余裕はないと思うよ。

① 頼む一方　② 頼もうが頼むまいが

③ 頼んでいるうちに　❹ 頼んでみたところで

46) A：連休なので行く先々が人で混み合っているね。

B：そうだね。前もって分かったらそのまま家に（いただろうに）。

① いるところだったな　❷ いただろうに

③ いるだけなのに　④ いるかも知れない

47) A：ジヌが（忙しいようだね）。最近授業が終わったらすぐ帰っちゃうね。

B：お母さんが入院したので家事をしないといけないんだって。

❶ 忙しいようだね　　② 忙しいほうだよ
③ 忙しいだろう　　④ 忙しいからだよ

48) A：最近子供を産まない夫婦が（多いそうですね）。
B：ええ、だから人口が減っているんです。
① 多いからです　　② 多いのは避けられませんね
③ 多いかも知れないです　　❹ 多いそうですね

49) A：何時にどこで（会うことにしましたか）。
B：まだ分かりません。今日中に電話するそうです。
① 会うのは会いますか　　❷ 会うことにしましたか
③ 会ったりもしましたか　　④ 会ってほしいですか

50) A：昨日久し振りに友達に会いました。
B：そうですか。さぞ（うれしかったでしょう）。
❶ うれしかったでしょう　　② うれしいようです
③ うれしいだけです　　④ うれしいわけがありません

51) A：明日一緒にテニスしに行きましょう。
B：ごめんなさい。明日は親戚が来るので空港に（行かなければなりません）。
① 行くそうです　　② 行くかもしれません
❸ 行かなければなりません　　④ 行くしかありません

52) A：風邪を引いて頭も痛いし、鼻水も出ます。
B：それでは早く家へ行って薬を飲んで（休んだほうがいいです）。
① 休もうかと思います　　❷ 休んだほうがいいです
③ 休むことにしました　　④ 休むしかありません

53) A：昨日道路の渋滞がひどくて夜12時過ぎに到着しました。
B：そうなんですか。本当に（大変だったでしょうね）。
① 大変だったようです　　② 大変なことはありません
❸ 大変だったでしょうね　　④ 大変なのはもちろんです

54) A：スジンさんはまだ来ていないのですか。
B：さっき来ましたけど、ちょっと外に（出たようです）。
① 出ようかどうしようか迷っています。　　❷ 出たようです
③ 出たことがあります　　④ 出ようかと思います

55) A：ヨンホさんは何をしていますか。
B：あそこで誰かに（会っているようです）。
① 会うところでした　　② 会いそうです
③ 会うかもしれません　　❹ 会っているようです

第4章 漢字問題

➡ 問題は132ページへ、「3級出題範囲の漢字語リスト」は126ページへ

※ 下線部の漢字と同じハングルで表記されるものを①～④の中から１つ選びなさい。

1) 交通 교통
① 広告 광고　❷ 教育 교육　③ 講師 강사　④ 工事 공사

2) 戦争 전쟁
① 満点 만점　② 店員 점원　③ 政府 정부　❹ 運転 운전

3) 副詞 부사
① 舞台 무대　② 複雑 복잡　❸ 否定 부정　④ 幸福 행복

4) 余裕 여유
❶ 維持 유지　② 勇気 용기　③ 郵便 우편　④ 違反 위반

5) 宗教 종교
① 収入 수입　② 大衆 대중　③ 周辺 주변　❹ 最終 최종

6) 勇気 용기
① 要求 요구　❷ 舞踊 무용　③ 自由 자유　④ 流行 유행

7) 太陽 태양
① 美容室 미용실　② 必要 필요　❸ 東洋 동양　④ 幼稚園 유치원

8) 専攻 전공
① 実践 실천　② 選択 선택　③ 先輩 선배　❹ 伝統 전통

9) 収入 수입
❶ 輸出 수출　② 習慣 습관　③ 種類 종류　④ 少年 소년

10) 経験 경험
① 結論 결론　② 強調 강조　❸ 競争 경쟁　④ 計算 계산

11) 三角形 삼각형
① 比較 비교　❷ 各自 각자　③ 確実 확실　④ 価格 가격

12) 職場 직장
① 集中 집중　② 食事 식사　③ 植物 식물　❹ 直接 직접

13) 講座 강좌
① 工事 공사　② 成功 성공　❸ 強調 강조　④ 公演 공연

14) 全国 전국

❶ 戦争 전쟁　② 政府 정부　③ 宣伝 선전　④ 進行 진행

15) 整理 정리

① 成績 성적　❷ 停留場 정류장　③ 性格 성격　④ 製品 제품

16) 警察 경찰

① 計算 계산　② 共同 공동　❸ 傾向 경향　④ 強調 강조

17) 受験 수험

① 趣味 취미　② 注文 주문　③ 就職 취직　❹ 数学 수학

18) 歓迎 환영

① 感情 감정　❷ 環境 환경　③ 看板 간판　④ 完全 완전

19) 強調 강조

① 効果 효과　② 共通 공통　❸ 講義 강의　④ 提供 제공

20) 研修 연수

① 原因 원인　② 条件 조건　③ 検査 검사　❹ 演奏 연주

21) 招待 초대

① 場所 장소　❷ 初期 초기　③ 読書 독서　④ 商品 상품

22) 後半 후반

❶ 違反 위반　② 販売 판매　③ 範囲 범위　④ 判断 판단

23) 講師 강사

① 交通 교통　② 工場 공장　③ 傾向 경향　❹ 強調 강조

24) 真実 진실

① 神経 신경　❷ 進行 진행　③ 中心 중심　④ 親戚 친척

25) 危険 위험

① 維持 유지　② 義務 의무　❸ 違反 위반　④ 機械 기계

26) 状況 상황

① 感情 감정　② 体操 체조　③ 演奏 연주　❹ 感想 감상

27) 最終 최종

① 周辺 주변　❷ 種類 종류　③ 中間 중간　④ 復習 복습

28) 経営 경영

① 故郷 고향　② 計画 계획　❸ 変更 변경　④ 空間 공간

29) 委員 위원
① 疑問 의문 ❷ 危険 위험 ③ 動機 동기 ④ 希望 희망

30) 信号 신호
① 進行 진행 ② 心理 심리 ❸ 精神 정신 ④ 寝台 침대

31) 製品 제품
① 正確 정확 ② 成長 성장 ③ 最低 최저 ❹ 提供 제공

32) 役割 역할
① 約束 약속 ❷ 翻訳 번역 ③ 若干 약간 ④ 薬局 약국

33) 疑問 의문
① 周囲 주위 ② 演技 연기 ③ 利益 이익 ❹ 意志 의지

34) 除外 제외
① 助詞 조사 ❷ 国際 국제 ③ 最初 최초 ④ 自体 자체

35) 被害 피해
① 開発 개발 ② 会員 회원 ❸ 解決 해결 ④ 外国 외국

36) 字幕 자막
① 指示 지시 ② 事実 사실 ❸ 資格 자격 ④ 差異 차이

37) 消息 소식
① 商品 상품 ② 最初 최초 ③ 調査 조사 ❹ 少女 소녀

38) 妨害 방해
❶ 理解 이해 ② 外科 외과 ③ 会長 회장 ④ 大概 대개

39) 一部 일부
① 舞踊 무용 ② 分野 분야 ❸ 豊富 풍부 ④ 不満 불만

40) 空間 공간
① 競争 경쟁 ❷ 共同 공동 ③ 苦痛 고통 ④ 広告 광고

41) 途中 도중
❶ 逃亡 도망 ② 当時 당시 ③ 討論 토론 ④ 豆腐 두부

42) 皮膚 피부
① 秘密 비밀 ② 批判 비판 ③ 学費 학비 ❹ 被害 피해

43) 苦痛 고통
① 衝撃 충격 ② 当時 당시 ❸ 統一 통일 ④ 登山 등산

44) 組織 조직
① 主張 주장 ② 基礎 기초 ③ 最初 최초 ❹ 調査 조사

45) 充電 충전
① 受験 수험 ❷ 衝撃 충격 ③ 輸入 수입 ④ 注射 주사

46) 研究 연구
① 学園 학원 ② 条件 조건 ❸ 演習 연습 ④ 検査 검사

47) 文字 문자
❶ 資料 자료 ② 治療 치료 ③ 財産 재산 ④ 中止 중지

48) 競争 경쟁
① 共通 공통 ② 帰国 귀국 ❸ 経験 경험 ④ 交流 교류

49) 新型 신형
① 深刻 심각 ② 中心 중심 ③ 真実 진실 ❹ 神経 신경

50) 勇気 용기
① 予約 예약 ② 自由 자유 ❸ 使用 사용 ④ 領域 영역

51) 否定 부정
① 皮膚 피부 ② 武器 무기 ③ 比較 비교 ❹ 負担 부담

52) 延期 연기
① 原因 원인 ❷ 研究 연구 ③ 条件 조건 ④ 発見 발견

53) 成功 성공
❶ 提供 제공 ② 候補 후보 ③ 健康 건강 ④ 傾向 경향

第5章 内容理解問題

1 対話文の空所補充問題

➡ 問題は148ページへ

※ 対話文を完成させるのに最も適切なものを①～④の中から１つ選びなさい。

1) A：何かありましたか。
B：(　　　　)
A：ものすごく疲れているように見えるからです。
① はい、無我夢中で忘れてしまいました。
② はい、いま病院に行って帰ってくるところです。
❸ 何もありませんが。どうしてですか。
④ いいえ、やろうとしていたことが急に取りやめになりました。

2) A：この韓日辞典、新しく出たものですか。
B：(　　　　)
A：じゃあ、私も早く１冊注文したいですね。
① こんなに便利なものを知らなかったのですか。
② いいえ、私が数か所を書き直したものです。
③ いま書店に行けば詳しく説明してくれると思います。
❹ はい、内容も新しく豊富です。

3) A：この話は秘密にしてもらえますか。
B：(　　　　)
A：では、スヨンさんを信じて全部話しますよ。
① 負担になってはいけないと思います。
❷ 勿論です。それは心配しないでください。
③ 悪いうわさが立たないように気を付けてください。
④ そういうことは関係なく話を始めてみてください。

4) A：これは少し味が薄くないですか。
B：(　　　　)
A：そうですか。私はちょっと醤油をつけて食べたいですね。
① あまり塩辛くして食べてはいけません。
② みそよりは醤油がいいです。
❸ 私はこのままの味でちょうどいいのですが。
④ 私が作ったものではないのでわかりません。

5) A：これは昨日買った服です。どうですか。
B：よく似合います。10歳は若く見えますね。
A：(　　　　)
❶ あまりおだてないでください。
② 私もそんなに若かったらいいですね。
③ うそのように聞こえますね。
④ 本当に服は若く着たほうがいいですね。

6) A：(　　　　)
B：はい、先月結婚をして夫の名字を使うようになりました。
A：そうなんですね。韓国は結婚しても名字が変わらないです。
① パスポートが必要ですか。
② 結婚はいつされましたか。
③ 遅くなりましたが、結婚おめでとうございます。
❹ 名字が変わりましたね。

7) A：おなかすいたでしょう。何を注文しましょうか。
B：(　　　　)
A：では、カルビスープを二つ注文します。
① 私は辛いものなら何でも好きです。
❷ 私は何でもいいです。
③ はい、もう一つ注文してください。
④ メニューを見たいですね。

8) A：昨日は風邪で会社を休みました。
B：(　　　　)
A：はい、薬を飲んで寝たら少しよくなったようです。
① ぐっすり寝たほうがいいです。
② 病院で何と言っていますか。
❸ 大丈夫ですか。今は？
④ では、会社の仕事はどうなりましたか。

9) A：あの人、留学に行って間もないですが、もう帰って来たそうです。
B：(　　　　)
A：わかりません。その話を聞いて私もびっくりしました。
❶ 本当ですか。何か事情でもあるんですか。
② では、就職が決まったようですね。
③ 急に入院でもしましたか。
④ そんなに早くお金を儲けたそうですか。

10) A：次の週末の集まりに参加できなくなってすみません。
B：(　　　　)
A：いいえ、その日友達の結婚式があるからです。
① 一人だけ来られないのですか。
❷ どこか旅行にでも行くのですか。
③ 前回来なかったでしょう。
④ 急に結婚でもするのですか。

11) A：この写真の中の男の方はどなたですか。
B：(　　　　)
A：あ、それでミンスさんととても似ているんですね。
① 私の友達のお兄さんです。
② 私の姉の夫です。
③ 私の妻の兄です。
❹ 私の従兄です。

12) A：背広のボタンが取れたのですが、つけていただけますか。
B：(　　　　)
A：はい、では明日までにお願いします。
① 2時間ほどお待ちになりますか。
② 新しく買ったほうがいいと思います。
❸ いま合うものがないので、明日でもいいですか。
④ ボタンをつけるのは難しいことではないです。

13) A：とても暑いですね。お昼はどうしましょう。
B：(　　　　)
A：そうですね。熱いものよりは冷たいものがいいです。
① あまりおなかがすきませんね。
❷ あちらの路地の中にある冷麺屋に行きましょうか。
③ 私は仕事があるからお先にどうぞ。
④ アイスクリームはどうですか。

14) A：どうですか。これは私に似合いますか。
B：(　　　　)
A：では、これをください。
① これは当たり前です。
② 味が本当にいいですね。
❸ ぴったり合いますね。素敵です。
④ はい、少しおまけしますよ。

15) A：私は、週末は家にいることが好きです。
B：私もそうなんです。家でネットショッピングをしたり映画を見たりします。
A：(　　　　)

① 映画はやはり映画館で見たほうがいいですね。
② 昼食も家で注文して食べたほうがもっと美味しいです。
③ ショッピングはやはり触ってみて買ったほうがいいです。
❹ 家でやるのが何でも楽な気がします。

16) A：今日の試合結果はどうなりましたか。
B：(　　　　　)
A：本当ですか。相手はそんなに強いチームでしたか。
① 大勝したから心配しないでください。
❷ うちのチームが4対0で負けてしまいました。
③ 次の試合では勝ちそうです。
④ 弱いチームなので相手になりません。

17) A：留学はいつ行きますか。
B：(　　　　　)
A：だったらいろいろ準備すべきものが多いでしょうね。
① 来年に行こうかと思っています。
② 1か月ぐらいかかると思います。
③ まだはっきりと決まったことはありません。
❹ 一週間しか残っていません。

18) A：テレビの音がうるさいから少し小さくしてください。
B：(　　　　　)
A：いいえ。もう少し小さくしてください。
❶ これくらいなら大丈夫ですか。
② 気を使わないでください。
③ どうしてですか。耳が痛いですか。
④ もっと小さくすると音が聞こえません。

19) A：どうしたんですか。鍵がないですか。
B：(　　　　　)
A：大変ですね。よく思い出してみてください。
① 先ほど家に置いて来ました。
② 非常に探しにくいですね。
❸ どこに置いたのか思い出せません。
④ いいえ、これがその鍵なのかどうかわかりません。

20) A：これはものすごく辛そうだね。
B：(　　　　　)
A：ほら見ろ。辛そうだと言っただろう。
① 辛いのが好きでしょう。たくさん食べて。
❷ それは食べてみないとわからない。あぁ、本当に辛いな。
③ キムチはこれぐらい辛くないと美味しくないよ。
④ 辛いのは辛いけど、味はいいよ。

2 文章の内容理解問題

➡ 問題は154ページへ

1 文章を読んで【問 1】～【問 2】に答えなさい。

私はラジオを聞くことが好きです。特に夜10時の音楽放送（番組）がいちばん面白いです。いい歌もたくさん流れて面白い話も聞くことができるからです。そして聞きたい歌を直接リクエストすることもできます。私も次回好きな歌をリクエストするつもりです。私は毎晩その放送を聞いて寝ます。寝坊をして会社に（　　）。しかし、これからもこの放送を毎日聞きたいです。

【問 1】　（　　）に入れるのに最も適切なものを①～④の中から１つ選びなさい。
① 隠れたこともあります
② 居眠りしたこともあります
❸ 遅刻したことも多いです
④ 倒れたことも多いです

【問 2】　本文の内容と一致するものを①～④の中から１つ選びなさい。
❶ ラジオの音楽放送（番組）にはまっている。
② 音楽放送では歌を直接歌ってくれる。
③ いつも歌を申し込んで聞いている。
④ 昼夜を問わず音楽放送を聞いている。

2 文章を読んで【問 1】～【問 2】に答えなさい。

海外旅行に行こうとすると何を準備すればいいでしょうか。まず旅行の（　　）。それから飛行機のチケットを予約します。飛行機のチケットの予約が終わるとホテルを予約します。インターネットを利用すれば飛行機のチケットやホテルが安く予約できます。しかし、あまり安いものばかり探すのはよくないです。特にホテルは駅から遠くないところを探すのが重要です。最後に持って行くものを準備します。荷物は絶対に必要なものだけを持っていくようにしたほうがいいです。

【問 1】　（　　）に入れるのに最も適切なものを①～④の中から１つ選びなさい。
① 期間と費用を計算します
❷ 日にちと目的地を決めます
③ 対策と目標を立てます
④ 費用とパスポートを準備します

【問 2】　本文の内容と一致するものを①～④の中から１つ選びなさい。
① 旅行を準備する時まず両替をしてホテルを予約する。
② 旅行には余裕をもってものを持って行ったほうがよい。
③ 便利だからといってインターネットばかり利用するのはよくない。
❹ 宿は交通の便利なところにしたほうがよい。

3 文章を読んで【問 1】～【問 2】に答えなさい。

韓国語を勉強してから6ヶ月が過ぎた。私は早く韓国語の勉強を終わらせて韓国の会社に就職をしたい。(　　) 韓国語もよくできて、コンピューターもよくできなければならない。しかし、私の韓国語の実力は中級レベルだ。だから今学期は韓国語の実力を伸ばすために一生懸命努力するつもりだ。新聞記事といい文章をたくさん読めば役に立つだろう。週末は (パソコン) 教室に行ってパソコンも習うつもりだ。私はこの計画を成し遂げるためにどんなに辛くても諦めないで努力するつもりだ。

【問 1】　(　　) に入れるのに最も適切なものを①～④の中から1つ選びなさい。

① 韓国社会で成功するには
② 就職 (先) を調べるためには
❸ 韓国の会社で働くには
④ だから卒業を迎えるまでに

【問 2】　本文の内容と一致するものを①～④の中から1つ選びなさい。

① 何事も途中であきらめてはいけない。
❷ たくさんの文章を読んで韓国語の実力を伸ばしたい。
③ 上級クラスに上がるために昼夜を問わず努力するつもりだ。
④ 韓国へ来てから 6ヶ月で中級クラスに上がった。

4 文章を読んで【問 1】～【問 2】に答えなさい。

美術村は絵に関心がある絵の好きな人たちの集まりです。絵を通じて心の中のささやかなゆとりを求めようとする人たちが集まって作った家族のような雰囲気の同好会です。美術村へ来ると有名な画家たちの絵を見て習うことができます。(　　) ゆっくり習うことができるので心配する必要はありません。集まりは毎週木曜日の午後7時から9時までです。また毎月1回は会員たちが一緒に美術館を訪ねて行ったりします。美術の世界に一度はまってみてください。

【問 1】　(　　) に入れるのに最も適切なものを①～④の中から1つ選びなさい。

① ダンスもして歌も歌いながら
② 文も書いて討論もしながら
③ 作品に色を塗るのが下手な方々も
❹ 絵を一度も習ったことがない方々も

【問 2】　本文の内容と一致するものを①～④の中から1つ選びなさい。

❶ この集まりでは1週間に1回集まって絵を習う。
② この村では家族たちが夕方に集まって絵を習う。
③ 1か月に1回有名な画家の絵を見に美術館に行く。
④ 絵を通じて収入も増えて心の余裕も生まれた人が多い。

5 文章を読んで【問 1】～【問 2】に答えなさい。

店に行って商品をきちんと最後まで見る前に付きまといながら商品を勧める販売人に会ったらどうだろう。これは注文した料理をまだ食べてもいないのに料理の味を聞いてくる食堂の従業員に出会った時のように理解ができないだろう。だから最近は直接売場に行かないでインターネットやテレビショッピングを利用する人たちが増えた。販売人に（　　）十分に考える時間を持った後、商品を買うことができるからだ。また直接商品を家に送ってくれるので便利だ。

【問 1】　（　　）に入れるのに最も適切なものを①～④の中から 1 つ選びなさい。

① 責任をもって選んだものを
② 使い方に対する演技をみて
❸ 邪魔されないで
④ インターネットの説明を聞いて

【問 2】　本文の内容と一致するものを①～④の中から 1 つ選びなさい。

① 商品を直接見ないで買うと失敗する可能性がある。
❷ インターネットを通じて買うと商品を自分が持って来なくてもよい。
③ 従業員はお客さんに料理に対する感想を確認する必要がある。
④ 立派な販売人はお客さんに商品を楽しく勧める。

6 文章を読んで【問 1】～【問 2】に答えなさい。

肌に対する高い関心は男性と女性で違いはありません。うちの病院にも治療のためではなく管理のために来る男性患者が多いですが、よい肌を持つために生活の中で簡単に実践できる方法をご紹介します。第一に、きれいに洗ってください。よく洗うことほど簡単ながらも（　　）。第二に、お酒とタバコを減らさなければなりません。お酒とタバコの悪い成分が肌を荒らすからです。第三に、お茶をよく飲むと肌に良いです。そしてストレスを受けないように心穏やかに暮らすこともよい肌を持つために絶対に必要です。

【問 1】　（　　）に入れるのに最も適切なものを①～④の中から 1 つ選びなさい。

❶ 肌によい方法はありません
② 守りにくい習慣はありません
③ 実践するのが難しくありません
④ 肌を保護する機能があります

【問 2】　本文の内容と一致するものを①～④の中から 1 つ選びなさい。

① 肌の治療をしに病院を訪れる男性が増えている。
② きれいによく洗うことが健康のためによい。
③ 肌を保護するにはお酒より水をよく飲んだほうがよい。
❹ いつも安らかな気持ちを保つようにすることが肌の健康によい。

7 文章を読んで【問1】～【問2】に答えなさい。

食べ物を食べる時、指と道具を使う。その時に使う道具としてはスプーンと箸、フォークとナイフがある。このように食べる方法が多様であるだけに世界には多くの食事マナーがある。スプーンは汁のある食べ物を多く食べる東洋で主に使いそうだが、西洋でもスープを食べる時や食べ物を分けて食べる時に多く使う。(　　)。韓国ではスプーンを使って汁物を食べるが、日本では食器に口をつけて汁物を食べるのが普通である。フォークとナイフを使う時はそれをもって人を指してはいけないし、指を使って食べ物を食べる国では左手の使用を避ける場合が多い。

【問1】　(　　) に入れるのに最も適切なものを①～④の中から1つ選びなさい。

① 同じ道具でも国によって使い方が異なる
② 汁の量によって食べ方も変わる
❸ 東洋でもスプーンの使い方は国によって異なる
④ 西洋で箸を使う場合はめったにない

【問2】　本文の内容と一致するものを①～④の中から1つ選びなさい。

① 東洋では汁のある食べ物を食べる時はスプーンを使う。
② 西洋では食事の時、主にフォークとナイフだけを使う。
③ 国によっては左手を使って食べ物を食べるところがある。
❹ どんな方法で食べるかによって食事マナーも違う場合が多い。

8 文章を読んで【問1】～【問2】に答えなさい。

今日家に帰って来る際にタクシーに乗っていたが、タクシーに携帯電話を置き忘れた。タクシーから降りてすぐ電話をしようと携帯電話を探したが、いくら探してもなかった。必要な連絡先は携帯電話の中に全部入れておいたので携帯電話を必ず取り戻さなければならなかった。ところがタクシーはもう去ってしまったし、どこに行ってどのように探せばいいか(　　)想像がつかなかった。どうすればいいかわからなくて立ち尽くしているときに遠くからタクシー一台が私の方に近づいてきた。よく見ると少し前に私が乗っていたそのタクシーだった。タクシーの運転手さんが携帯電話を見つけて有難いことに私が降りたその場所にまた戻って来たのだった。

【問1】　(　　) に入れるのに最も適切なものを①～④の中から1つ選びなさい。

① むしろ　　❷ とうてい　　③ いっそ　　④ 予想外に

【問2】　本文の内容と一致するものを①～④の中から1つ選びなさい。

① タクシー会社に連絡して置き忘れた携帯電話を取り戻した。
② タクシーで電話をしようとして携帯電話がないことがわかった。
❸ 携帯電話を置き忘れたが、すぐ取り戻すことができた。
④ 通りがかりのおじさんが、携帯電話を見つけて教えてくれた。

3 対話文の内容理解問題

➡ 問題は160ページへ

1 対話文を読んで【問 1】～【問 2】に答えなさい。

A：今日の新製品の報告会に行けないと思います。急に出張に行くことになりましたので。
B：そうですか。何かありましたか。
A：先ほど地方の工場に電話をしたところ、急用で会いたいと言われましたので。
B：早く出張の準備をしなければなりませんね。では新製品の報告会はどうしましょうか。
A：それなんですが、（　　　　）。
B：はい、そうします。
A：報告会のスケジュール表は持っていますよね。
B：はい、それは私も持っているので心配しないでください。
A：では、先に出かけます。お願いします。

【問 1】　（　　）に入れるのに最も適切なものを①～④の中から1つ選びなさい。
① どうすればいいのか何かいい考えはありませんか
❷ 私の代わりに報告会に出席してもらえますか
③ 報告会の準備を頼んでもいいですか
④ 私の代わりに出張を頼んでもいいですか

【問 2】　本文の内容と一致するものを①～④の中から1つ選びなさい。
① BはAの出張の準備を手伝うつもりだ。
② 報告会のスケジュール表はAだけが持っている。
❸ Aは急用で地方の工場へ出張に行かなければならない。
④ BはAの代わりに新製品について説明することにした。

2 対話文を読んで【問 1】～【問 2】に答えなさい。

A：今朝携帯電話と教科書をうっかり忘れて持って来なかったので、家にまた行って来ました。
B：時間が結構かかったでしょうね。
A：ええ、学校に来るバスに乗ろうとしたら列がとても長く並んでいたのでタクシーに乗りました。（　　　　）。
B：雨の日は道がとても混雑します。
A：それでとても時間がかかって、タクシーから降りるやいなや走って教室に行きました。
B：じゃあ、遅刻はしなかったんですね。
A：いいえ、教室まで走って行って出席カードをタッチしたら「遅刻です」と出てきたんですよ。
B：朝はバスが専用車線で走るからタクシーよりむしろ速い時もありますよ。

【問 1】　(　　) に入れるのに最も適切なものを①〜④の中から1つ選びなさい。
① それでタクシーで楽に座って来ようとしました
② それでいつバスが来るかわからないからです
③ ところがいくら待ってもタクシーも来ないんですよ
❹ ところが道がとても渋滞していたんです

【問 2】　本文の内容と一致するものを①〜④の中から1つ選びなさい。
❶ 道が混んで学校まで時間がたくさんかかった。
② バスは人があまりにも多くて乗れなかった。
③ タクシーは専用車線を利用して走る。
④ 一生懸命走って行ったおかげで遅刻をしなかった。

3 対話文を読んで【問 1】〜【問 2】に答えなさい。

A：どんな色が好きですか。
B：赤い色が好きです。
A：だから赤い色の服が多いんですね。
B：ちょっとそういう傾向があるといえます。
A：ミヨンさんの性格にぴったり合う色が好きなんですね。
B：(　　　　)。
A：赤い色が好きな人は競争心も強くて自信がある人だそうですよ。
B：私がそうなんですか。
A：そうですよ。いつも積極的で活動的で勇気がありますから。
B：その話を信じてもいいですか。
A：もちろんです。信じてください。私がいいことを教えたからコーヒーをおごってください。
B：結局その話をしようと持ち出したわけですか。

【問 1】　(　　) に入れるのに最も適切なものを①〜④の中から1つ選びなさい。
① そんなことを言って恥ずかしくないですか
❷ それはどういう意味ですか
③ 私は色についてはあまり気にしません
④ そんな冗談言わないでください

【問 2】　本文の内容と一致するものを①〜④の中から1つ選びなさい。
① いいことを言ってあげると誰でもありがたく思う。
② Aは積極的で自信のある人が好きだ。
❸ Bは赤い色の服をよく着る。
④ 服の着こなし方を見ると性格を判断することができる。

4 対話文を読んで【問1】～【問2】に答えなさい。

A：先ほど出かけたんじゃなかったですか。
B：忘れものがあって取りに戻ってきました。
A：置いたところがなかなか思い出せないのですが、ここにあった薬を見ていませんか。
B：知りません。どんな薬ですか。
A：頭が痛いときに飲むものです。最近気を使うことが多いせいか頭が痛いです。
B：この前に開発した新製品は会社から何と言われましたか。
A：（　　　　）。
B：とても衝撃を受けられたんでしょうね。
A：だから頭が重いです。

【問1】　（　　）に入れるのに最も適切なものを①～④の中から1つ選びなさい。
① 開発を急ぐようにと言われました
② 安くよく作ったと言われました
③ 早くたくさん作るようにと言われました
❹ 最初からやり直すようにと言われました

【問2】　本文の内容と一致するものを①～④の中から1つ選びなさい。
① 薬のあるところが見つからなくて衝撃を受けた。
❷ 開発した商品の結果が良くない。
③ いったん出かけたが、新製品を取りに戻って来た。
④ 薬を飲んで新製品の開発をまた始めようとする。

第6章 訳文問題

1 韓日部分訳問題

➡ 問題で取り上げている慣用句、慣用表現は次のページを参照

・慣用句リスト：55ページ　・連結語尾：91ページ　・終結語尾：95ページ

・連結形慣用表現：98ページ・終結形慣用表現：107ページ

➡ 問題は169ページへ

※ 下線部の日本語訳として適切なものを①～④の中から１つ選びなさい。

1) その試合は我々が負けたも同然です。

正解 ❸

✎ －(이) 나 다름없다/같다/마찬가지다：～も同然だ、～も同様だ、～と同じだ

2) 忙しすぎて息つく暇もない。

正解 ❷

✎ 忙しいのを形容する表現としては「숨 쉴 새도 없다」のほかに「눈코 뜰 새 없다：目が回るほど忙しい、てんてこまいする」がよく使われる。

3) 私もやれるだけやったから後悔はしない。

正解 ❹

✎ －(으) ㄹ 만큼：同じ用言を繰り返して、「～するだけ～する、～十分に～する」意を表わす。

・참을 만큼 참았다：我慢するだけ我慢した　・자랄 만큼 자랐다：十分育った

4) 日が暮れようが暮れまいが私はいま出発する。

正解 ❶

✎ －건 말건＝ －거나 말거나：～しようと～しまいと。無関係を表わす。

・오거나 말거나 맘대로 해라. 来ようが来まいが勝手にしろ。

✎ 해가 지다：日が暮れる、日が沈む、日が落ちる　⇔　해가 뜨다：日が昇る

5) 世界でも珍しい景色です。

正解 ❷

✎ 보기 드물다：珍しい、めったにない、まれだ、まれに見る

6) 彼はまるで気が抜けた人のような表情をしていた。

正解 ❸

✎ 정신이 나가다：気が抜ける、正気を失う、ぼうっとする、呆然とする

7) そのうわさは何の根拠もなく広がったようだ。

正解 ❹

✎ 소문이 퍼지다：うわさが広まる、소문이 나다：うわさが立つ、
소문을 내다：うわさを立てる、소문이 사납다：評判が非常に悪い

8) いくら懇願したところで聞いてくれないだろう。

正解 ❷

✎ ～아/어 봐야：～してみたところで、～してみてはじめて
・말해 봐야 소용이 없어. 話してみたところで無駄だ。
・고생을 해 봐야 부모 마음을 안다. 苦労をしてはじめて親心が分かる。

9) 初めて作ったものなのになかなかだね。

正解 ❶

10) 朝からばたばたしていてご飯も食べることができなかった。

正解 ❷

✎ 정신이 없다：気が気でない、無我夢中だ、我を忘れる、気がせく、目が回るほど忙しい

11) ふと彼女の顔が頭の中をよぎった。

正解 ❹

12) 私たちは互いに表情だけでも分かり合える間柄です。

正解 ❸

✎ 눈치：勘、表情、顔色、눈치를 보다：顔色をうかがう、人目を気にする、機嫌をうかがう、눈치가 빠르다：勘がいい、機転が利く、察しがいい、눈치가 없다：気が利かない、感が鈍い、察しが悪い、눈치가 보이다：人目が気になる、눈치를 채다：気づく、感づく

13) 何回もメールを送ったのに何も反応がありません。

正解 ❷

✎ 문자를 보내다：携帯電話のメールを送る

14) 英語は言うまでもなく他の外国語もよくできる。

正解 ❶

15) 下手すると事故に遭うところだった。

正解 ❹

✎ －(으) ㄹ 뻔했다：ひょっとしたらそうなるところだったが結局はそうならなかったことを表わす。～するところだった。・컵을 떨어뜨릴 뻔했다. コップをおとすところだった。

16) 末っ子も連れて行こうかどうしようか考え中だ。

正解 ❸

✎ 막내：末っ子、막내딸：末娘、막내아들：末息子
맏이：長子、맏아들：長男、맏딸：長女、맏며느리：長男の嫁、맏사위：長女の婿

17) たった今塗ったものなので臭いがひどい。

正解 ❷

✎ 칠하다：(ペイント、絵の具などの塗料を主に筆・はけを用いて) 塗る
바르다：(化粧品、薬、糊、液体、バターなどを平らに) 塗る

18) その人はいつも大口をたたくから話が信用できない。

正解 ❹

✎ 큰소리를 치다：ⓐ大きなことを言う、大口をたたく、広言を吐く、代言壮語する、見えを切る、ⓑ大声で怒鳴る

19) さつま芋が十分煮えていないからもう少し煮ましょう。

正解 ❸

20) どうなったのか首を長くして待ったものの何の連絡もなかった。

正解 ❷

✎ 「눈이 빠지도록：首を長くして」は、「눈이 빠지게/ 목이 빠지도록/ 목이 빠지게」とも言う。

21) 子犬は10秒もじっとしていないで走り回った。

正解 ❶

✎ 가만히：(動かず) じっと、(何も言わず) 黙って、(何の対策も努力もなしに) 手をこまねいて、静かに、こっそり

・가만히 누워 있다. じっと横になっている。　・가만히 기다린다. じっと待つ。
・가만히 생각해 보니 じっくり考えてみると　・가만히 나왔다. 静かに出てきた。

22) 人が何と言おうが始めることにした。

正解 ❹

23) でたらめな話は私の前で言うな。

正解 ❷

24) 思い切って5千万ウォンの車を1台買った。

正解 ❸

✎ 눈을 감다：ⓐ (過失などを) 黙って見逃す、目をつぶる、大目に見る、ⓑ死ぬ、永眠する
눈 딱 감고：思い切って〜する、思い切って大きな決断を下すこと

25) おばあさんが食事を始めるまで待たなければならない。

正解 ❹

2 日韓部分訳問題

➡ 問題で取り上げている慣用句、慣用表現は次のページを参照
・慣用句リスト：55ページ　・連結語尾：91ページ　・終結語尾：95ページ
・連結形慣用表現：98ページ　・終結形慣用表現：107ページ
➡ 問題は174ページへ

※下線部の訳として適切なものを①～④の中から１つ選びなさい。

1) 밤에 비가 올 테니까 우산을 가져가는 게 좋아.
① 雨が降っているから
② 雨が降ると言うから
③ 雨が降りそうだから
❹ 雨が降るだろうから

2) 그런 말도 안 되는 소리 하지 마.
① 話せば長い
❷ とんでもない
③ 言うまでもない
④ 話が通じない

3) 눈치가 없는 편이라서 직장에서 좀 고생할 것 같다.
① 人の顔色をうかがわない
② なす術がない
❸ 気が利かない
④ 気が気でない

4) 김선생님은 작년 10월에 세상을 떠나셨다.
❶ 亡くなった　② 後ろを振り向かれた
③ 幕を閉じられた　④ 人目を引かれた

5) 영어로 기분을 적절히 전할 수가 없어서 몹시 답답하다.
① ものすごく気になる　❷ 大変もどかしい
③ 非常に恥ずかしい　④ とても名残惜しい

✎ 섭섭하다：ⓐ名残惜しい、ⓑ惜しい、残念だ、ⓒ寂しい、残念だ

✎ 韓国語には程度を強調する「とても」に当たる表現がとても多い。「아주」が最も一般的な表現で、ほかに書き言葉で多く使われる「매우,몹시,대단히」、話し言葉で多く使われる「참,너무,엄청,굉장히,무척,되게」などがある。몹시と심히は否定的な状態を強調する意味で使われる。몹시 피곤하다：とても疲れる、심히 유감스럽다：とても残念だ

6) 나는 막내아들로 태어나서 위로 누나와 형이 네 명 있다.

① 最後の息子として世に出て　② 最後の息子として産んで

❸ 末の息子として生まれて　④ 長男として生まれて

✎ 끝아들, 마지막아들という言い方はない。長男は맏아들・큰아들、長女は맏딸・큰딸、末息子は막내아들、末娘は막내딸という。

7) 다른 게 아니라 유학에 대해서 의논하고 싶은 게 있어서 왔어요.

① 確かに留学に比べて　② そうでなくても留学に対して

③ 後になってみたら留学について　❹ 実は留学に対して

✎ 아닌 게 아니라：本当に、確かに、やっぱり、なるほど、まさしく

8) 회의는 오후에 하기로 했잖아요?

① やめることにしたわけじゃないでしょう

② 始まってないじゃないですか

❸ やることにしたじゃないですか

④ やることにしたわけじゃないでしょう

9) 둘이 사귀든지 말든지 간에 난 관심없어요.

① 付き合うか付き合わないか

❷ 付き合おうが付き合うまいが

③ 付き合おうが別れようが

④ 付き合ったり付き合わなかったり

10) 아이가 문을 잠가 버려서 열 수 없다.

① ドアに鍵をかけておいて

② ドアを閉めてしまって

❸ ドアに鍵をかけてしまって

④ ドアに鍵を結んでおいて

11) 해가 질 무렵의 경치는 말도 못할 정도로 아름답다.

❶ 言い表せない

② 話にならない

③ 言葉をさえぎる

④ 言葉が通じない

12) 아버지의 둘도 없는 친구가 어제 돌아가셨다.

① 面識がある

② 言うまでもない

③ 他でもない

❹ かけがえのない

13) 약을 발라도 다친 데가 안 낫는다.

① 傷がもっとひどくなった

② 痛いところが治らない

❸ 傷が治らない

④ 傷が変わらない

14) 그는 눈치가 빠르고 일도 잘한다.

① 人目が気になって　❷ 気が利くし

③ 機嫌を伺うが　④ 気が利かなくて

15) 떼를 쓸 때마다 들어주면 버릇이 없는 아이가 되기 쉽다.

① 頭を悩ます　② 責任のない

❸ 行儀の悪い　④ 重さのない

✎ 버릇 : ⓐ癖、ⓑ行儀、しつけ、버릇을 고치다 : 癖を直す、버릇이 되다 : 癖になる、習慣がつく、버릇이 없다 : 行儀が悪い、ぶしつけだ

16) 시키는 대로 했는데 야단을 맞았다.

❶ 言われたとおりにやったのに

② 言ったかのように話したのに

③ 聞いたとおり言ったのに

④ 聞いたように話したのに

✎ 시키다 : ⓐさせる、やらせる、ⓑ命じる、ⓒ注文する

17) 김 과장은 속이 좁아서 아무 것도 아닌 일에도 화를 잘 낸다.

① 気になって心にもない

② 心が狭くて普通でない

③ 器が小さくて普通のことではない

❹ 度量が狭くて何でもない

18) 그가 그런 것을 감출 리가 없다.

① 直すつもりがない

❷ 隠すわけがない

③ 選ぶ暇もない

④ 耐えるかも知れない

19) 휴대전화에 정신이 팔려서 사고를 내고 말았다.

① 気を失って

② 力を注いで

❸ 気を取られて

④ 気持ちが焦って

20) 이것은 없었던 일로 합시다.

① ないことを考えましょう

② 無くすことにしましょう

③ 幕を下ろすことにしましょう

❹ なかったことにしましょう

21) 주위 사람들이 어떤 화장품을 쓰고 있는지 궁금해요.

❶ 使っているのか気になります

② 使っているのか気にかかります

③ 塗っているのか知りたいです

④ 塗っているのか疑問です

✎ 칠하다: (ペイント、絵の具などの塗料を主に、筆・はけを用いて) 塗る

바르다: (化粧品、薬、糊、液体、バターなどを平らに) 塗る

22) 회의실 안은 숨 막힐 것 같은 분위기였다.

① ため息もつけなさそうな

② ため息が出そうな

❸ 息が詰まりそうな

④ 息つく暇もなさそうな

23) 짐을 맡길 데가 없는지 찾아 보세요.

① 迎えるところがどこなのか

② 受け入れるところがどこなのか

❸ 預けるところがないか

④ 止まるところがないか

24) 회사에 들어온 지가 엊그제 같은데 벌써 10년이 지났다.

① 昼夜の区別がないのに

❷ つい最近のような気がするのに

③ 変化が著しいのに

④ 日常茶飯事なのに

✎ 하루가 다르다:変化が著しい、日増しに変化する。하루가 새롭다とも言う。

하루 같이:長い年月変わりなく、하루 건너/하루 걸러:一日おきに、하루 바삐:一日でも早く

25) 아침부터 정신이 없어서 지금까지 아무 것도 안 먹었다.

❶ 慌ただしくて　② 胸が震えて

③ 頭が混乱して　④ 胸が苦しくて・胸がつかえて

✎ 정신이 없다:気が気でない、無我夢中だ、我を忘れる、気がせく、気が抜ける

26) 이건 전혀 웃을 일이 아니다.

① 笑っている時ではない

② 笑ってごまかすことができない

❸ 笑いごとではない

④ 中途半端だ、どっちつかずだ

27) 내 수입의 3개월분의 가격이었지만 눈 딱 감고 사기로 했다.

① 安心して

② 結論を出して

③ 何も考えずに

❹ 思い切って（〜する）

28) 그 결과를 듣고 한숨을 쉬었다.

① 口をぽかんと開けた

❷ ため息をついた

③ 息が詰まった

④ 息を殺した・かたずを飲んだ

29) 술은 서른 살 때까지 입에도 못 댔다.

① 口に出すことができなかった

② 口裏を合わせることができなかった

③ 口止めができなかった

❹ 口もつけられなかった

30) 왜 그렇게 열을 내?

❶ 興奮しているの

② でたらめなことを言うな

③ 泣き言を言うの

④ 怒っているの

✎ 열을 내다：興奮する、腹を立てる、かっとする、열을 올리다とも言う。

聞き取り問題解説

第7章 聞き取り問題

1 イラスト問題

➡ 問題は196ページ、台本は264ページへ

※ 選択肢を２回ずつ読みます。表や絵の内容に合うものを①～④の中から１つ選んでください。

1) ① 連休の時に比べて平日の交通事故が半分も減った。
② 平日より連休には交通事故が少なく発生する。
❸ 連休の時が平日に比べて交通事故が多く発生する。
④ 平日に比べて連休には交通事故が減る。

2) ① 年を取るほどネットショッピングをたくさん利用している。
❷ ネットショッピングは50代よりも20代の利用は多くない。
③ 40代のネットショッピングの利用が大幅に減っている。
④ 年齢が低いほどネットショッピングの利用が増えている。

3) ❶ 歴史より科学分野の本をたくさん読む。
② 文学分野の本を最も少なく読む。
③ 経済分野は読むのに時間が最も多くかかる。
④ 科学に興味を覚える学生が増えている。

4) ① 男性の職業について気にする人はない。
② 愛を結婚の優先条件として考える。
❸ 他の条件より男性の経済力に関心が高い。
④ 男性の性格を経済力ほど重要視している。

5) ① 女性はすべての年齢で男性よりニュースを少なく見る。
② 男女すべて50代が40代よりニュースを見る時間がより長い。
③ 女性は年を取るほどニュースよりはドラマをたくさん見る。
❹ 男性は30代以降から女性に比べてニュースを多く見る。

6) ① 店員がスイカを見せている。
② 知り合いの人と挨拶をしている。
❸ 自動車にガソリンを入れている。
④ タクシーを呼んで荷物を積んでいる。

7) ① 右手を挙げて車を止めようとする。
❷ 手袋を脱いで左手に持っている。
③ 右手で左のほうの肩を触っている。
④ メガネを拭こうとしてハンカチを取り出す。

8) ① ボールが動かないように足で押さえている。
② ボールを足で蹴ろうと準備をしている。
③ 運動がしたくなくて怒っている。
❹ 足を広げてボールを打とうとしている。

9) ❶ 女性がはさみで男性の髪を切っている。
② 男性が美容室で髪を洗っている。
③ 女性が男性のひげを剃っている。
④ 男性が椅子に座って鏡を見ている。

10) ① 海に浮かんでいる船を眺めている。
② 山の前を流れる川を眺めている。
③ プールで水泳を楽しんでいる。
❹ 風が吹いて波が荒い。

11) ① 夫婦が手を握って病院から出ている。
② 二人とも眼鏡をかけて赤ちゃんの手を触っている。
❸ 夫の隣に赤ちゃんを抱いた妻が立っている。
④ 帽子をかぶった夫が子供を妻に連れて行く。

2 単語説明問題

➡ 問題は204ページ、台本は266ページへ

※ 短い文と選択肢を２回ずつ読みます。文の内容に合うものを①～④の中から１つ選んでください。

1) お母さんの妹を何と言いますか。
① 叔父　② 甥・姪　③ いとこ　❹ 母方のおば

2) 他人の娘を高めて言う言葉です。
① 少年　② 少女　❸ お嬢様・娘さん　④ 息子さん

3) 木を燃やすとこれが出ます。
① 血　❷ 煙　③ ほこり　④ 汗

4) 妹の子供をこのように言います。
① 少女　② 子供　③ 孫娘　❹ 甥・姪

5) あごに生える毛をこのように言います。
① 心臓　② 姿　❸ ひげ　④ 毛糸

6) 学ぶところをあらかじめ勉強することを言います。
① 予約　❷ 予習　③ 予報　④ 前売り

7) ものを買ってお金を出すとこれをもらいます。
① 両替　② 鍵　❸ 領収証　④ レジカウンター

8) 他人に自分の妻をこのように言うこともあります。
❶ 家内　② 目上の人・上司　③ 母方のおばの夫　④ 目下の人

9) あいさつする時に手を握ってすることを言います。
① 拍手　② 注射　③ 手袋　❹ 握手

10) 9名と9名がする競技です。
① バスケットボール　② 卓球　❸ 野球　④ サッカー

11) 父の女きょうだいをこのように言います。
① お兄さん　❷ 父方のおば　③ 母方のおば　④ 目上の人・上司

12) 子供たちが中学校に入る前に通うところです。
① 遊園地　② 高校　③ 幼稚園　❹ 小学校

13) 紙を切る時に使います。
❶ はさみ　② 鍵　③ 楽器　④ 粉

14) 姉の娘を何と言いますか。
① いとこ　② 孫娘　❸ 姪　④ お嬢さん・娘さん

15) サッカーをするためには何が必要ですか。
❶ ボール　② 卵　③ 筒　④ 瓶

16) 演劇を見るためにここへ行きます。
① 免税店　② 教会　❸ 劇場　④ 遊園地

17) 洗濯をしてくれる機械です。
① 清掃機　❷ 洗濯機　③ 炊飯器　④ 冷蔵庫

18) 他人の妻をこのように言います。
① 家内　② 母方のおば　③ 夫婦　❹ 奥さん

19) とても忙しい時これがないと言います。

① 頭　② 体　❸ 精神　④ 心

✎ 정신이 없다: (精神がない) : 無我夢中だ、我を忘れる、気が気でない、てんてんこまいする

20) 名前と職業、連絡先などを知らせる小さな紙です。

① 紙くず　❷ 名刺　③ 値札　④ ノートパソコン

21) いとこや母方のおば、父方のおばなどを指す言葉です。

① 目上の人・上司　② 監督　③ 目下の人　❹ 親戚

22) 一緒に働く職場の人をこのように言います。

① あなた　② 床　❸ 同僚　④ 同窓

23) 手紙はここに入れて送ります。

❶ 郵便ポスト　② ゴミ箱　③ 三角形　④ 貯金箱

24) 論文を書く時はまずこれを集めます。

① 税金　❷ 資料　③ 字幕　④ 日記

25) ドアを閉めたり開けたりするときに必要です。

① 手の甲　② 消しゴム　③ 武器　❹ 鍵

26) 日が沈んで暗くなった時をこのように言います。

① 畑　② 昼　❸ 夜　④ 明け方

27) 料理する時に使うが、とても酸っぱいです。

❶ 食酢　② 砂糖　③ 醤油　④ 胡椒

28) 家でする掃除や料理、洗濯のようなことをこのように言います。

① 用事　② 生活　❸ 家事　④ 日用品

29) 兄や姉の息子をこのように呼びます。

① いとこ　② 末っ子　③ 少年　❹ 甥

30) 外国から商品を買って来ることを言います。

❶ 輸入　② 手術　③ 輸出　④ 手段

31) 母の姉の夫をこのように呼びます。

① お兄さん　❷ 母方のおばの夫　③ 叔父　④ 父方のおばの夫

3 応答文選択問題

➡ 問題は208ページ、台本は269ページへ

※ 短い文を２回読みます。引き続き４つの選択肢も２回ずつ読みます。
応答文として適切なものを①～④の中から１つ選んでください。

1) 住所と電話番号を教えてあげましたか。
① いいえ、忙しくて聞いていません。
② はい、分けてあげました。
③ いいえ、小さくて差し上げられなかったです。
❹ はい、書いて差し上げました。

✎ 나누어 주다=나눠 주다：分けて与える、配る、分配する

2) これが良いと思います。
① ではこちらにどうぞ。
② 本当に気持ちがいいですね。
❸ ではそれにしましょう。
④ いやなことはやめましょう。

3) 今日も遅刻したんですか。
① はい、遅刻はしていません。
② いいえ、午後は約束もあります。
❸ はい、遅く起きました。
④ いいえ、今日は欠席をしていません。

4) 日曜日にこの花の種を一緒に蒔きましょう。
❶ その日は他の約束があります。
② 花が本当に美しいですね。
③ いいですよ。私が蒔いてきます。
④ その花の種はどこで売っていますか。

5) どうしてまだ出かけていないんですか。
❶ 友だちの電話を受けてから行こうと思いまして。
② 履き物が気に入りましたので。
③ 出かける準備をすべてしたんですよ。
④ ものを下ろしたんですよ。

6) ミンスさんは最近悩み事が多いようですね。
❶ 就職のせいです。
② 本をたくさん読んだからです。
③ 心配がないです。
④ 苦労をしたからです。

7) たくさん差し上げましょうか。

① いいえ、多くないです。　② はい、たくさんしてください。

❸ いいえ、少しだけください。　④ はい、たくさん差し上げます。

8) 私は卓球が趣味ですが、趣味は何ですか。

① 私もサッカーが好きです。　❷ 私は花を育てることです。

③ 私も卓球の練習をします。　④ 毎日寝ます。

9) インターネットで注文することができますか。

① ゲームをよくします。　② メールもよく見ました。

③ ニュースも読んでみました。　❹ 1回もしたことがないです。

10) それはいつも持ち歩いていますか。

① それよりこれが重くないです。　② いつも持てます。

❸ これがないと仕事ができません。　④ 最近通い始めました。

11) これをどうやって知りましたか。

① 隣に住んでいました。　② 3月から知っていました。

③ 海で撮りました。　❹ 広告で知りました。

12) 遊びに来てもいいですか。

❶ いつでも来てください。　② 何でも持って来てください。

③ どこでもいいです。　④ 誰でもいいです。

13) 今日は外に出かけないのですか。

① 外の天気を教えてください。　② 外の工事が終わりました。

❸ すごく疲れているので。　④ ずいぶん休みました。

14) 全員は座れませんか。

① はい、座る人が少ないです。

② はい、座っている人もいます。

③ はい、広いので全員は座れません。

❹ はい、狭いので全員は座れません。

15) 今回の記事について何と言っていますか。

① 文章が長くて覚えられないそうです。

❷ 事実を伝えてくれてありがたいと言っています。

③ 色がとてもよかったです。

④ 課題が非常に多かったです。

4 内容一致選択問題（1）

➡ 問題は212ページ、台本は272ページへ

※ 問題文を２回読みます。文の内容と一致するものを①～④の中から１つ選んでください。

1) 私の妹はKポップがとても好きです。Kポップを聞くことだけでなく歌を歌ったり踊ったりすることも好きです。いつも小さな声で歌を歌いながら鏡の前で自分の姿を見ます。私はそんな妹がとても可愛いです。

正答 ❷ 歌と踊りが好きな妹を可愛く思う。

2) 街に出かける途中に大学時代の友だちに会いました。約束の時間まで1時間も残っていたので、彼とお茶を飲みながら卒業後にお互いどのように過ごしたのかを話しました。卒業後に会っていない他の友だちの話も聞くことができて本当にうれしかったです。

正答 ❸ 友人とは大学を卒業してから初めて会った。

3) 韓国は地域によって冬は気温の差が大きいです。そのため、キムチの味が少しずつ違います。寒い北の地方はキムチの汁が多くて味が薄いです。しかし、南の地方のキムチは唐辛子粉と塩を多めに入れて辛くてしょっぱいです。

正答 ❶ キムチは地域によって味が異なる。

4) 私は最初韓国に来た当時は短い髪でした。しかし韓国で留学している1年半の間に髪を切らなかったので長い髪になりました。もう少しで暑い夏になります。だから最初に戻りたいと思います。

正答 ❸ 髪を短くしようとしている。

5) 昨日から熱が出て鼻水も出ます。風邪をひいたようで午前中に病院へ行きました。病院で注射を打ってもらって薬を買いに薬局へ行きました。病院の近くには薬局が多いので薬を買いに行きやすいです。

正答 ❹ 今日病院で注射を打ってもらった。

6) 健康に生きたければ水をたくさん飲んでください。「朝飲む水１杯は薬と同じです」という言葉があります。この言葉のように水は健康に非常に重要です。体の中の悪いものが外に出るからです。朝、起きて水を1杯ゆっくり飲んでみてください。

正答 ❷ 水を多く飲むのは健康によい。

7) 男：引っ越す家は見つかりましたか。
女：いいえ、まだ見つかっていません。私は交通の便もよく、近くに公園があって散歩もできるところに住みたいです。ところがそういう家を探すのがちょっと大変です。
男：じゃあ、私の友だちが住んでいるマンションに一度行ってみませんか。
地下鉄の駅のすぐ隣ですが…。明日はどうですか。
女：明日は約束があってだめですが……。明後日は大丈夫です。

正答 ❷ 女性は公園が近いところに住みたがっている。

8) 男：旅行の準備はすべて終わりましたか。明日家から何時頃出発しますか。
女：12時の飛行機だから朝8時頃出るつもりです。
男：荷物が多いのに一人で行けますか。空港まで送ってあげましょうか。
女：そうしてもらってもいいですか。では8時までに私の家に来てください。

正答 ❹ 二人は明日一緒に空港に行くつもりだ。

9) 男：昨日寝られなかったのでちょっと疲れますね。
女：ではこのキャンディーを食べてみますか。
私は疲れた時はこれを食べると少し元気が出る感じがします。
男：ありがとうございます。しかし私は甘いものはあまり好きではありません。健康にもよくないじゃないですか。
女：しょっちゅう食べるのではなくて疲れた時だけ食べるのだから大丈夫です。

正答 ❷ 女性は男性にキャンディーを勧めている。

10) 男：来年で卒業ですが、卒業後に何をするつもりですか。
女：大学院に進もうと思います。
男：そうですか。韓国の歴史に関心が高いと言っていましたけど、そっちの方面の勉強をするつもりですか。
女：そっちのほうに関心が高いのは高いですが、やはり大学院に行っても私の専門である韓国文化を続けて勉強するつもりです。特に韓国の食文化について深く勉強してみたいです。

正答 ❶ 女性はいま韓国文化を専門に学んでいる。

11) 女：昨日どんな公演を見ましたか。
男：韓国に住んでいる外国人たちがやる演劇でした。みんな俳優のように演技がうまかったです。
女：そうですか。面白かったでしょうね。
男：はい、韓国の昔話を演劇として作ったものでしたが、本当にたくさん笑いました。

正答 ❸ この演劇は韓国の昔話を素材としたものだ。

5 内容一致選択問題（2）

➡ 問題は216ページ、台本は275ページへ

※ 問題文を２回読みます。文の内容と一致するものを①～④の中から１つ選んでください。

1) 交通情報を申し上げます。土曜日の今日はいい天気なので外出する方が多いようです。朝からソウルはどこも車で混雑しています。市庁駅の前は交通事故のため道が渋滞しています。そちらの方面へ行かれる方は他の道へ迂回してください。

① 他の道に迂回すると時間がたくさんかかる。
② 道が渋滞すると交通事故が多く起きる。
③ 出かけて来た人たちで市庁の周辺が混雑している。
❹ いま市庁駅の前の道路は避けたほうがよい。

2) 7月20日に前期の授業が終わります。休みに入ったら8月1日から9月15日まで英語を学びにイギリスに行くつもりです。語学勉強のために外国に行くのは今回が初めてではないので、外国の生活についてはあまり心細くありません。

① 休みになると毎年外国へ研修に行く。
❷ 以前にも外国に勉強に行ったことがある。
③ １か月間語学研修に行くつもりだ。
④ 外国の生活が経験できるようになって嬉しい。

3) インターネットでノートパソコンを買おうと思います。値段も安く、私が使うのに適切な機能が揃っているものがありました。価格は65万ウォンで、店で買うと70万ウォンと書かれていました。商品は郵便で3日以内に送ってくれると言います。郵便料金は3千ウォンですが、買う人が負担します。

❶ インターネットで注文すれば3日以内に到着する。
② 店よりインターネットで買うのが高い。
③ 安くて気に入ったノートパソコンを一つ買った。
④ 郵便料金は販売者が負担する。

4) 私どもの美容室をお訪ねくださる時は二日前までにご予約をお願いします。インターネットや電話でのご予約をお受けします。昼12時前までにいらっしゃれば料金を10パーセントお安くいたします。毎月第3週の月曜日はお休みします。

① この美容室は当日に電話すれば利用することができる。
② この美容室は1か月に3回休む。
❸ 昼の12時以降は料金が若干高くなる。
④ この美容室は12時に仕事を始める。

5) 暑い時は明るい色の服を着たほうがいいです。暗い色の服を着ると天気よりさらに暑く感じられるからです。例えば、黒色の服を着ると、白色の服に比べて体の温度がより上がると言います。その理由は黒色が日光を吸収するからです。

① 服の色と体の温度は関係がない。
② 暑い時は明るい色の服は避けたほうがよい。
③ 白い色の服は汚れやすい。
❹ 黒い色の服は熱を吸収しやすい。

6) 明日空港に行く用事ができました。家から空港まで行く方法は二つあります。一つは100番のバスに乗って、途中で地下鉄に乗り換えることです。二つ目は家からソウル銀行まで歩いて行って、銀行の前で空港バスに乗ることです。しかし、乗り換えて行くより時間がもっと長くかかります。

① 空港までは地下鉄よりバスに乗るのが早い。
❷ 空港バスに乗ると乗り換えないで空港まで行くことができる。
③ 空港まで行くには2回地下鉄に乗り換えなければならない。
④ 空港までは空港バスで行くのが最も早い。

7) 男：あっ、事務室に携帯電話を置いて来たようです。
女：そうですか。まだ事務室に人がいるでしょうから私の電話で一度確認してみてください。
男：いいえ、直接行って探してみます。お先にどうぞ。
女：分かりました。じゃあ、また明日。

① 男性はしばしばものをなくしてしまう。
❷ 女性は電話で確認してみるようにと勧めた。
③ 男性は事務室に電話してみた。
④ 女性は電話機を探しに先に行った。

8) 女：旅行はどうでしたか。
男：天気の心配をかなりしましたが、雨も降らず暑くもなかったので旅行するのにとてもよかったです。
女：写真はたくさん撮りましたか。旅行写真があればちょっと見せてください。
男：今回は全部カメラで撮ったので今はないです。来週持って来てお見せします。

① 男性は旅行の際に天気のせいで苦労した。
② 女性は旅行写真を見るのが趣味だ。
❸ 男性は来週写真を持って来るつもりだ。
④ 女性は男性にカメラを貸してあげた。

9) 男：10時に空港へ来たんですって？飛行機の時間が1時なのに本当に早く来ましたね。
女：ところが天気のせいで出発時間が遅れるようです。
男：そうですか。では、あそこのコーヒーショップに行って待ちましょうか。
女：では、もう一度出発時間を確認してみてから行きましょう。

① 男性は空港に早く来てコーヒーを飲んでいる。
② 二人はコーヒーショップで話している。
③ 男性は変更された飛行機の時間を知っている。
❹ 飛行機は予定通り出発することができなさそうだ。

10) 女：携帯電話を見に来ました。おばあさんが使うものです。
男：これはいかがですか。数字も大きいし、音も大きいので最近お年を召された方々にとても喜ばれます。
女：いいですね。ところでこれ以外に他の色はありませんか。
男：違うものもございます。少々お待ちください。

❶ この携帯電話は数字がよく見える。
② この携帯電話はお年寄りに人気がない。
③ この携帯電話は女性が使おうとする。
④ この携帯電話は一つの色しかない。

11) 女：これらのものは捨てるのですか。
男：はい、外国に引っ越すことになりましたので。
女：まだ使えるものが多いですが、私が持って行ってもいいですか。
男：はい、必要なものがあれば持って行ってください。

① 男性は外国に送るものが多い。
❷ 女性は男性が捨てるものの中に必要なものがある。
③ 女性は男性の引っ越しの荷造りを手伝っている。
④ 男性は外国に持って行くものを選んでいる。

第8章 模擬試験

第1回 模試試験 聞き取り問題

➡ 問題は224ページ、台本は279ページへ

1 選択肢を2回ずつ読みます。表や絵の内容に合うものを①～④の中から1つ選んでください。

1) ① 私は野球よりサッカーがうまいほうだ。
❷ 私は他のスポーツに比べてバレーボールはあまり見ないほうだ。
③ 私が最もよく見るスポーツは野球だ。
④ 私はバスケットボールに比べて野球はあまり見ないほうだ。

2) ① 二人が腕相撲をしている。
❷ 看護師が男性に注射を打っている。
③ 看護師が男性の体重をはかっている。
④ 男性が治療を受けるために横になっている。

2 短い文と選択肢を2回ずつ読みます。文の内容に合うものを①～④の中から1つ選んでください。

1) 外国語を日本語に訳すことをこのように言います。
❶ 翻訳　② 輸出　③ 統一　④ 判断

2) 兄弟の中で最後に生まれた人をこのように言います。
① いとこ　② 長子　③ 少女　❹ 末っ子

3) 性質や状態を表わす言葉です。
① 動詞　② 名詞　❸ 形容詞　④ 副詞

4) これがないと外国に行くことができません。
① 名刺　❷ パスポート　③ 鍵　④ 領収証

5) 急に具合が悪くなるとこれを呼びます。
① 目上の人　② 作家　③ 警察　❹ 救急車

6) 飛行機に乗りにここへ行きます。
① 劇場　② 市場　❸ 空港　④ 博物館

3 短い文を２回読みます。引き続き４つの選択肢も２回ずつ読みます。応答文として適切なものを①～④の中から１つ選んでください。

1) チョルスさんはまだ結婚していないんですか。

① いいえ、結婚式には必ず行きます。 ② いいえ、とても格好いいんですよ。
③ はい、結婚式に行けなかったです。 ❹ はい、まだしていません。

2) お皿一つでいくらですか。

① 値段がとても安いです。 ② 緑色がいいです。
❸ 大きさによって値段が違います。 ④ 色が違います。

3) ここではタバコを吸ってもいいですか。

❶ いいえ、だめです。 ② はい、吸いません。
③ いいえ、煙が出ます。 ④ はい、汗が出ます。

4) この時計はどうして故障したのですか。

❶ 机の上から落ちたからです。 ② 机の下で動かないので直しました。
③ 椅子の前で音がしました。 ④ 椅子下で音が聞こえました。

4 問題文を２回読みます。文の内容と一致するものを①～④の中から１つ選んでください。

1) 以前は毎朝紙でできた新聞を通じてのみニュースの記事を読むことができましたが、最近はインターネットを通じて国内外のニュースをいつでも読むことができます。

正答 ❸ いまはネットで常時ニュース記事が読める。

2) 祖父が去年亡くなりました。それで一人になった祖母の家に時間が空いたらよく遊びに行きます。祖母に職場であった面白い話をすると笑いながらとても喜んでくれます。

正答 ❶ 祖母は去年から一人で暮らしている。

3) 男：この背広とコート、洗濯できますか。
女：はい、できます。いつまでにご希望ですか。
男：木曜日の夕方までにできますか。金曜日に背広を着なければならない用事があるのですが。
女：コートは木曜日までにできますが、背広のほうは時間がもう少しかかります。金曜の朝取りに来てください。

正答 ❹ 男性は金曜日に背広を着るつもりでいる。

4) 女：こんにちは。働く人をお探しですよね。
男：はい。当店では午前中に働いてくれる人を探していますが、午前中に働けますか。
女：はい、ところでこのような飲食店で仕事をしたことがないんですが、大丈夫でしょうか。
男：それは大丈夫です。それじゃ、明日から来てください。

正答 ❶ この店では明日から働くことができる。

5 問題文を２回読みます。文の内容と一致するものを①～④の中から１つ選んでください。

1） 今日はソウルをはじめとして全国的に雨が降ります。そして気温も昨日より3度程度下がります。朝、お出かけの時は傘をご用意ください。

① 昨日より今日が寒くない。
❷ 傘を持って出勤したほうがよい。
③ 今日はソウルだけ雨が降る。
④ いま全国的に雨が降っている。

2） 当図書館は来週から建物を修理するため1か月間休館します。工事の後は3階にコンピューター室が新たにオープンします。インターネットを使うことができて、資料も探すことができます。4階の休憩室では毎週土曜日に映画を紹介する予定です。

❶ 資料を探す時にコンピューターを利用できるようになる。
② いま建物を修理する工事をしている。
③ 毎月休憩室で映画を見せてくれる。
④ 来週までは図書館を利用することができない。

3） 男：明日が祖母の誕生日ですが、どんなプレゼントを買ったらいいですかね。
女：健康のためにスニーカーを買ってあげたらどうですか。
男：スニーカーは去年買ってあげました。他のものはないですかね。
女：それでは、もっとおきれいになるように化粧品はどうですか。

① 男性は女性の誕生日のプレゼントを選んでいる。
② 女性は祖母に化粧品をプレゼントしようとしている。
❸ 男性は祖母にスニーカーをプレゼントしたことがある。
④ 明日は女性の祖母の誕生日だ。

4） 男：お客さま、お薬をどうぞ。風邪薬、三日分です。
女：1日に3回飲めばいいんですか。
男：いいえ、朝晩で1日2回食後にお飲みください。ここに書いてあります。
女：はい、分かりました。あそこにあるビタミンCも1つください。

❶ 薬は3日間飲まなければならない。
② 薬はビタミンと一緒に飲むとよく効く。
③ 薬は食後に飲まなければ効果がない。
④ 薬は1日に3回飲めばいい。

第1回 模試試験 筆記問題

➡ 問題は232ページへ

1 下線部を発音どおり表記したものを①～④の中から1つ選びなさい。

➡ 発音規則の詳細は18～25ページの合格資料を参照
・激音化：18ページ ・鼻音化：18ページ ・濃音化：20ページ ・口蓋音化：22ページ
・流音化：23ページ ・絶音化：23ページ ・終声規則：24ページ・連音化：24ページ

1) 誰が誰だか見分けがつかない。

正答 ❸ 못 알아보겠다 [모다라보겓따]：못の絶音化と알아の連音化と겠다の濃音化で、못+알+아보겠+다→ 몯+아라보겓+다 → [모+다라보겓+따]と音変化。

2) 先月に比べて出席率がよくない。

正答 ❶ 출석률이[출썽뉴리]：漢字語におけるㄹ終声直後の平音の濃音化で[출썩]、「ㄱ+ㄹ→ㄱ+ㄴ→ㅇ+ㄴ」の鼻音化で「출썩+률+이」→ 출썽뉼+이[출썽뉴리]と音変化。

3) 姉は心理学が専攻だ。

正答 ❸ 심리학이[심니하기]：「ㅁ+ㄹ→ㅁ+ㄴ」の鼻音化で심리[심니], 학이→[하기]と連音化して[심니하기]と音変化。

2 (　　) の中に入れるのに適切なものを①～④の中から1つ選びなさい。

➡ 解説で取り上げている語彙、慣用句は次のページの語彙リストを参照
・名詞：41ページ ・動詞：49ページ ・形容詞：52ページ・副詞：53ページ
・慣用句：55ページ

1) 話ばかりしないで (　　) 可能な計画を立てなければならない。

① 実験　② 発見　❸ 実践　④ 目標

2) のどがあまりにも (　　) 水をコップ2杯も飲んだ。

① 勧めて　② 扱って　③ 詰まって　❹ 渇いて

3) 月を眺めながら故郷のことを思うと (　　) 涙が出る。

① 別に　② もっぱら・ひたすら　❸ なぜだか　④ もともと

4) A：監督がやめるそうです。
B：多分チームの (　　) がよくないのが原因でしょう。

① 性質　② 性格　③ 成功　❹ 成績

5) A：市場に (　　) 果物でも買って行こうか。
B：いいよ。どんな果物が食べたいの？

① 育てて　❷ 寄って　③ 選んで　④ 塗って

6) A：会議はもう始まりました。静かに入ってください。
B：すみません。道路が（　　）遅れました。
❶ 渋滞して　② 変わって　③ 減って　④ 任せて

[3]（　　）の中に入れるのに最も適切なものを①～④の中から1つ選びなさい。

➡ 解説で取り上げている文法事項は次のページの文法リストを参照
・助詞：87ページ　・連結語尾：91ページ　・終結語尾：95ページ
・連結形慣用表現：98ページ　・終結形慣用表現：107ページ

1) うちの会社で私（　　）出張によく行く人はいないと思うよ。
① として　② こそまさに　③（の）とおり　❹ くらい・ほど

2) 汗をたくさんかいて家に（　　）風呂に入った。
① 帰ったなら　② 行ったが　❸ 帰るやいなや　④ 行ったら

3) のどが渇いて（　　）。早く飲み物をちょうだい。
① 死んだほうだよ　② 死ぬ暇もないよ
③ 死のうかと思う　❹ 死にそうだよ

4) A：値段がちょっと高いようだけど、他のところにもちょっと寄ってみようか。
B：さあ、他のところに（　　）値段はみんな似ているんじゃないかな。
① 行ってみると言って　② 行ってみる代わりに
❸ 行ってみたって　④ 行ってみる反面

5) A：ここで写真を撮ってもいいですか。
B：申し訳ないですが、美術館では（　　）。
① 撮るものがないです　② 撮り方がわかりません
③ 撮るはずがないです　❹ 撮ることができません

[4] 次の文の意味を変えずに、下線部の言葉と置き換えが可能なものを①～④の中から1つ選びなさい。

➡ 問題で取り上げている語彙、慣用句は次のページの語彙リストを参照
・名詞：41ページ　・動詞：49ページ　・形容詞：52ページ　・副詞：53ページ
・慣用句：55ページ

1) 実は急に引っ越すことになって挨拶に伺いました。
① 後でわかったのだが　② そうでなくても　③ 気は利かなくて　❹ 実は・ほかでもなく
✎ 다른 게 아니라/ 다름이 아니라/ 실은：他でもなく・実は
눈치가 없다：勘が鈍い、気が利かない、察しが悪い

2) その子は試験に出そうな問題だけを選んで勉強した。
❶ 選んで・選択して　② 宣伝して　③ 植えて　④ 取り出して

3) A：こちらに来てから2年が過ぎたから英語は問題ないですよね。
B：いいえ、まだうまくできません。
① もどかしいです ② 不便です ③ 心細いです ❹ 下手です

4) A：あの二人はいつも一緒だったのに、最近はどうして別々なんでしょう。
B：先月から会うのをやめることにしたようです。
① 気を付ける ② 見守る ③ やめる ❹ 別れる
✎ 그만：それくらいで（～やめる）、それくらいに（～する）
・그만 먹자. 食べるのはこれくらいでやめよう。
・오늘은 그만 하자. 今日はこれくらいにしよう。
✎ 그만두다：ⓐやめる、中止する、ⓑ（職、地位など）辞める
・이야기를 도중에 그만두었다. 話を途中でやめた。・회사를 그만두었다. 会社を辞めた。

5 2つの（　）の中に入れることができるものを①～④の中から1つ選びなさい。

1) ・結果を確認するまでは（安心）することができない。
・（気持ち）が焦ってたくさんミスをした。
① 緊張 ❷ 心・気・気持ち ③ 意識 ④ 心臓
✎ 마음을 놓다：ⓐ安心する、ⓑ気を緩める、油断する
마음이 급하다：気が急く、気持ちが焦る

2) ・重要なところは赤ペンで下線を（引いた）。
・彼女の歌が終わるとみんな大きく拍手を（した）。
❶ 引いた・した ② 殴った ③ 避けた ④ 支払った
✎ 치다：ⓐ打つ、殴る、叩く、ⓑ（楽器などを）打つ、弾く、鳴らす、ⓒ（球などを）打つ、つく、ⓓ（線を）引く、描く、ⓔ（醤油・塩・油などを）かける、ふりかける、さす、ⓕ（試験を）受ける、ⓖ（大声を）上げる

3) ・種を植えようと地面を（掘った）。
・朝から一日中、木に家族の名前を（彫った）。
① 結んだ ② 書いた ❸ 掘った・彫った ④ 抜いた
✎ 파다：ⓐ掘る、ⓑ彫る、刻む、ⓒ掘り下げる、ⓓえぐる

6 対話文を完成させるのに最も適切なものを①～④の中から1つ選びなさい。

1) A：韓国に住んで長いですか。
B：（　　　　）。
A：なのにそんなに韓国語がお上手なんですか。
① いいえ、学び始めてそんなに経っていません
② はい、留学に来たことがあるんですよ
❸ いいえ、1年しか経っていません
④ はい、とても長いです

2) A：どうして こんなに人がたくさん集まっているんですか。
B：(　　　　　)。
A：じゃあ、何なのかちょっと見てみましょうか。
❶ 何かイベントがあるようです　② 事故で道が渋滞しているようです
③ 並ばなければいけなさそうです　④ だいぶ待ちそうですね

3) A：検査の結果はどうでしたか。
B：(　　　　　)。
A：よかったですね。ではこれからは一杯飲んでもいいですね。
① もう数日待たなければならないそうです
② 手術はしなくてもいいそうです
③ 入院はしなくてもいいそうです
❹ 何も異常がないそうです

4) A：入社したばかりだから大変でしょう。
B：(　　　　　)。
A：数か月経てば慣れてくると思います。
① はい、今すぐやめようと思います
② いいえ、確かに大変ですけど、面白いです
❸ はい、まだ仕事がよく分からないので
④ いいえ、最初から期待をしていなかったんですよ

7 下線部の漢字と同じハングルで表記されるものを①～④の中から１つ選びなさい。

1) 内容 내용
❶ 勇気 용기　② 要求 요구　③ 余裕 여유　④ 自由 자유

2) 救急車 구급차
① 休暇 휴가　② 規模 규모　❸ 研究 연구　④ 空気 공기

3) 比較 비교
① 三角 삼각　❷ 交通 교통　③ 確認 확인　④ 興味 흥미

8 文章を読んで【問１】～【問２】に答えなさい。

誰でも失敗をすると誰にも知られないように秘密にしておきたがる。しかし、そのようにすると失敗をさらに大きくするだけである。どんなに立派な人でも失敗はする。あなたが新しいことを学ぼうとするなら失敗は(　　)いい機会になる可能性もある。失敗を通じて間違ったところを学び、二度と同じ失敗をしないように努力することができるからだ。他の人に自分が失敗をしたと率直に話すのは容易ではない。だから自分の失敗を隠さないでありのまま受け入れる行動が失敗によって生じた問題を解決できる最もよい方法だといえる。

【問 1】　(　　) に入れるのに最も適切なものを①～④の中から１つ選びなさい。

① 無条件　② ついに　❸ むしろ　④ 相変わらず

✎ 드디어 : ついに、とうとう、いよいよ、しまいに、結局は

【問 2】　本文の内容と一致するものを①～④の中から１つ選びなさい。

① 失敗を何度もすると自信を失うようになる。

❷ 失敗を隠さないことが問題解決の鍵になる。

③ 失敗をまったくしない人こそ立派な人だ。

④ 新しいことを学ぼうとするならわざと失敗をしてみたほうがよい。

9 対話文を読んで【問１】～【問２】に答えなさい。

A : 最近薬を使わずに野菜を育てて、家庭まで配達してくれるところがあるというので来てみました。注文はたくさん来ますか。

B : はい、今年の春から注文が急に増えたので、注文を全部は受けることができないでいます。だから来年はもう少し多く育てようと思っています。

A : 注文をしなくても買えますか。

B : 直接販売はしないので電話やネットで注文しないと買えないんです。

A : (　　　　)。

B : 平均３日くらいでお届けできます。

【問 1】　(　　　　) に入れるのに最も適切なものを①～④の中から１つ選びなさい。

① 注文は何個までできますか

② 野菜を育てるのにどのくらいかかりますか

③ 今日買ったらいつ届きますか

❹ 注文するとどのくらいかかりますか

【問 2】　本文の内容と一致しないものを①～④の中から１つ選びなさい。

① 薬を使わないで育てた野菜の注文が増えている。

② ここでは野菜を直接売っていない。

❸ 最近薬を使わないで野菜を育てるところはない。

④ 今年は注文をすべて受けるだけの野菜がない。

10 文章を読んで【問１】～【問２】に答えなさい。

人々は初めて恋に落ちた時の気持ちを忘れることができない。愛する人を思うだけでも震えるし、ちょっとの間でも離れていると会いたくなるし、その人なしには生きて行けないような気持ちのことである。しかし (　　)。だとしたら胸がどきどきする恋の感情はどうして消えていくのだろう。恋は過程だからだ。恋は「恋に落ちる」段階を経て「恋にとどまる」段階に向かう旅行と同じだ。したがって恋の熱い感情が冷めたからといって恋が終わったわけではない。相手の愛に対して不安に思う時期が過ぎると互いの愛を信じて安らかになる時が来る。

【問 1】　（　　）に入れるのに最も適切なものを①〜④の中から１つ選びなさい。

❶ 時間が経つにつれてこのような気持ちは次第に消えていく
② 人間とはいつも不安におびえながら生活することはできない
③ だんだんその人なしでも生きられるという自信がつくようになる
④ 愛する人がいなければ生きられないという話はうそだ

【問 2】　本文の内容と一致するものを①〜④の中から１つ選びなさい。

① 一つの愛が終わるとまた新しい出会いが始まる。
② 人々は常に不安なので熱い恋を求めるようになる。
❸ 相手の愛を信じるようになれば不安は消えて安らかになる。
④ どんなに熱い恋でもいつかは終わることになる。

11 下線部の日本語訳として適切なものを①〜④の中から１つ選びなさい。

1）私は度胸がないのでそんなことは死んでも言えない。

正答 ❹

2）ここではとても有名な人だというのに知らないと言う。

正答 ❷

3）彼の何なのかはっきりしない態度に腹が立つ。

正答 ❶

✎ 이것도 저것도 아니다：何なのかはっきりしない、中途半端だ、どっちつかずの状態だ

✎ 화가 나다：腹が立つ、頭にくる、むかつく

12 下線部の訳として適切なものを①〜④の中から１つ選びなさい。

1）지금 말씀하신 것의 의미를 여쭤 봐도 돼요?

① 調べてもいいでしょうか　　② 叫んでもいいですか
❸ 伺ってもいいですか　　④ 教えていただけますか

2）거기에 가면 없는 게 없으니까 사고 싶은 게 있으면 사 와.

① 何が何だか　　② どうのこうの言う必要ないから
③ 言うまでもないから　　❹ 何でもあるから

✎ 여러 말 할 것 없다：くどくど言うことはない、ああだこうだ言う必要はない、どうのこうの言う必要はない、つべこべ言わなくてもよい

3）초기의 컴퓨터와 지금의 컴퓨터의 성능은 하늘과 땅 차이이다.

① 太陽と月ほど違う　　② 雲と大雨のように差がある
③ 比較するのも恥ずかしい　　❹ 雲泥の差だ

第2回 模試試験 聞き取り問題

➡ 問題は242ページ、台本は283ページへ

1 選択肢を２回ずつ読みます。表や絵の内容に合うものを①～④の中から１つ選んでください。

1) ① 性格より経済的な問題でケンカする人がもより多い。
② 経済的な理由で別れる人が少なくない。
③ 仕事が忙しいと関心がなくなって別れる原因になる。
❹ 相手に関心がなくなって別れる人が最も多い。

2) ❶ 子供たちを前後に乗せて走っている。
② ママが自転車に荷物を積んで走っている。
③ ママが子供二人の手を握って走っている。
④ 子供二人が自転車に乗って走っている。

2 短い文と選択肢を２回ずつ読みます。文の内容に合うものを①～④の中から１つ選んでください。

1) 口が軽い人はこれを守ることができません。
❶ 秘密　② 法律　③ 対策　④ 秩序

2) 具合が悪くて治療を受けている人です。
① 後輩　② 委員　③ 院長　❹ 患者

3) いろんな国の人が集まって会議をする時にこういう人が必要です。
① 店員　② 青年　❸ 通訳　④ 候補

4) 父の妹をこのように呼びます。
① 美人　❷ 父方のおば　③ 叔父　④ 母方のおば
✎ 父の女のきょうだいを고모、母の姉妹を이모と言う。親族関係はないが、店で年配の女性従業員をこのように呼ぶこともある。

5) 最初に生まれた子供をこのように呼びます。
① 末っ子　② 甥・姪　③ 孫　❹ 長子

6) 女の人たちが驚いた時にこういうことを言います。
① そうだ　❷ あらまあ　③ いえいえ　④ さあ・そうですね
✎ 어머나：（女性が驚いたときに思わず出す声）ああ、あら、あらまあ、まあ、あれ
✎ 뭘요/ 무슨 말씀을요：とんでもないです。いえいえ。

3 短い文を２回読みます。 引き続き４つの選択肢も２回ずつ読みます。応答文として適切なものを①～④の中から１つ選んでください。

1) おばが今度の休みの時は海に行ってみたいと言っています。

① よかったです。私も今度の休みには行けません。

② ありがとうございます。私もおばに会いたいです。

③ いいですよ。私も海には行きません。

❹ そうですか。じゃあ、一緒に行きましょう。

2) いま3年生ですよね。

❶ いいえ、まだ2年生です。

② はい、もう会社員です。

③ いいえ、まだ4年生です。

④ はい、もう就職しました。

3) あの二人は本当によく似ていますね。

① 全然似ていません。

② 互いに知り合いだからです。

❸ 兄弟だから当たり前です。

④ 二人は同窓生だからです。

4) その人に会ってみたらどうでしたか。

❶ とても優しそうに見えました。

② 会社の仕事が忙しいそうです。

③ あいさつだけして来ました。

④ 性格がいいそうです。

✎ 착하다：善良だ、正しくてよい、やさしい、おとなしい

4 問題文を２回読みます。文の内容と一致するものを①～④の中から１つ選んでください。

1) 母は私が中学校に入学した年から外で仕事を始めました。以前は退勤後に何もしなかった父が家事を手伝い始めました。私もその時から自分の部屋は自分で片付けるようになりました。

正答 ❷ 私が中学生の頃から親は共働きを始めた。

2) 来週試験があります。だから私は音楽を聞きながら試験勉強をしています。静かだと勉強の内容が頭にうまく入らないし、集中ができません。こんな私を親は理解できないと言います。

正答 ❹ 私は音楽を聴きながら勉強すると集中できる。

3) 男：今日の8時の公演のものを2枚ください。二人とも学生なんですが。

女：では、学生証を見せてください。学生料金にいたします。

男：でも私しか学生証がありませんが。

女：申し訳ないですが、学生証のある方のみ学生料金にすることができます。

正答 ❹ 男性は学生料金を適用してもらえる。

4) 男：あの食堂は食べ物が美味しいらしいですね。
女：あ、あそこですか。あそこは冷麺だけ売る食堂なのにいつも人が多いです。
男：会社の近くにあんな食堂があったんですね。今度一度食べに行きたいですね。
女：あそこはその日用意したものが売り切れたら店を閉めるんです。だから遅く行ったら食べられないかも知れません。

正答 ❸ この食堂では冷麺以外のものは売らない。

5 問題文を２回読みます。文の内容と一致するものを①～④の中から１つ選んでください。

1) マンションの住民の皆様にお知らせいたします。機械故障で1時間前から水が出なくなっています。ご不便をおかけしますが、もうしばらくお待ちください。午後4時からは水が出る予定です。急にご不便をおかけして申し訳ありません。

① 予定より故障の修理に時間がかかった。
❷ 水が出なくなってから1時間が経った。
③ 4時から機械を修理する予定だ。
④ 急に電気がつかなくなって不便だ。

2) 今日の天気です。今日は午前中は曇って風が吹きます。午後からは雨が多く降ります。外出する方は傘を必ず用意してください。しかし週末の明日は午前中から晴れます。そして昼は少し暑くなるでしょう。

① 明日は傘を持ち歩いたほうがよい。
② 週末は曇って風が強く吹くだろう。
❸ 土曜日はきれいに晴れた天気になるだろう。
④ 今日は昼から少し暑くなるだろう。

3) 女：お客様、この黒色のズボンはいかがですか。
男：他の色はないですか。僕は明るい色が好きなんですが。
女：それでは、こちらの黄色や白のズボンはいかがですか。
男：それはいいですね。はいてみてもいいですか。

① 最近明るい色の服を求める男性が増えている。
② 女性は彼氏のズボンを選んでいる。
③ 男性の気に入る色のズボンがない。
❹ 男性はズボンをはいてみるつもりだ。

4) 女：キョンミンさん、今どこですか。
男：いま市庁駅に着きました。ヒヨンさんの会社はここからどう行けばいいですか。
女：そこから3番出口へ出て200メートルほど来ると白い建物が現われます。そのすぐ隣の建物です。
男：はい、分かりました。会社に着いたらまた電話します。

① 女性は駅の出口がどこなのか聞いている。
② 男性は会社の位置を説明している。
❸ 男性は女性の会社に来たことがない。
④ 男性は出張で市庁駅の近くに来ている。

第2回 模試試験 筆記問題

➡ 問題は250ページへ

1 下線部を発音どおり表記したものを①～④の中から1つ選びなさい。

➡ 発音規則の詳細は18～25ページの合格資料を参照
・激音化：18ページ ・鼻音化：18ページ ・濃音化：20ページ ・口蓋音化：22ページ
・流音化：23ページ ・絶音化：23ページ ・終声：24ページ ・連音化：24ページ

1) 月明りの下で本を読んだ。

正答 ❷ 달빛 아래서[달삐다래서]：合成語の濃音化で、달+빛→달+삗、絶音化で달삗+아래서[달삐+다래서]と音変化。

2) 11月にアメリカの大統領選挙がある。

正答 ❶ 대통령[대통녕]：「ㅇ+ㄹ→ㅇ+ㄴ」と鼻音化して대통+령[대통+녕]。

3) 土ぼこりがひどくて窓が開けられない。

正答 ❹ 흙먼지[흥먼지]：「ㄱ+ㅁ→ㅇ+ㅁ」の鼻音化で「흙+먼지→흑+먼지」→[흥+먼지]と音変化。

2 (　　) の中に入れるのに適切なものを①～④の中から1つ選びなさい。

➡ 解説で取り上げている語彙、慣用句は次のページの語彙リストを参照
・名詞：41ページ ・動詞：49ページ ・形容詞：52ページ ・副詞：53ページ
・慣用句：55ページ

1) 私の友だちは緊張をすると足を揺する (　　) がある。
① 用事　② 発達　❸ くせ　④ 名刺

2) 雪だるまが (　　) なくなってしまった。
① 開けて　❷ 溶けて　③ 積もって　④ 沸かして

3) 何事もなかったのに (　　) 気持ちがよかった。
① いつの間にか　② もともと　③ だんだん　❹ なぜだか

4) A：うちの姉が先週子供を産んだよ。
B：おめでとう。あなたももう (　　) になったね。
① 孫　② (父方の) おばさん　❸ (母方の) おばさん　④ 甥・姪

5) A：どうしてそんなに元気がないんですか。
B：夜を (　　) 舞台の準備をしたんですよ。それで寝ていないんです。
① 乗せて　② 空けて　③ 消して　❹ 明かして

✎ 태우다：ⓐ乗せる、ⓑ燃やす、焼く、ⓒ(日光で肌を) 焼く、ⓓ焦がす

6) A：卒業してから留学しようか就職しようか悩んでる。
B：留学も就職も時期を（　　）いけないと思うよ。よく考えて決めて。
① 成すと　❷ 逃すと　③ 望むと　④ 満たすと

3 （　　）の中に入れるのに最も適切なものを①～④の中から1つ選びなさい。

➡ 解説で取り上げている文法事項は次のページの文法リストを参照
・助詞：87ページ　・連結語尾：91ページ　・終結語尾：95ページ
・連結形慣用表現：98ページ　・終結形慣用表現：107ページ

1) 発表を準備する時間が2時間（　　　）なかった。
① (の) とおり　❷ しか　③ こそまさに　④ に

2) 寒い冬に山の中で道に迷って（　　　）苦労をした。
① 死ぬのかと　② 死ねと　③ 死のうが　❹ 死ぬほど

3) 私たちは来年の春ごろに結婚（　　　）。
① しそうです　❷ しようかと思っています
③ するようです　④ しそうです

4) A：今度の集まりに何人くらい参加できるか聞いてみてください。
B：（　　　）みんな参加すると言うでしょう。
① 聞いてみようかどうしようか　② 聞いたらすぐに
❸ 聞いてみるまでもなく　④ 聞くのを途中でやめて
✎ －는 대로：ⓐ～するとおり、～するままに、ⓑ～し次第、～したらすぐに、～したらことごとく
✎ －다가 말다：～していて途中で止める、～しかけて止める、していたが止める

5) A：いま道が渋滞しているでしょうか。
B：はい、帰宅時間なので車が（　　　）。
① 多そうに見えます　② 多いのは多いです
❸ 多いと思います　④ 多いからです

4 次の文の意味を変えずに、下線部の言葉と置き換えが可能なものを①～④の中から1つ選びなさい。

➡ 問題で取り上げている語彙、慣用句は次のページの語彙リストを参照
・名詞：41ページ　・動詞：49ページ　・形容詞：52ページ　・副詞：53ページ
・慣用句：55ページ

1) 並んでいる人が多いのを見ると料理が美味しいのは<u>間違いない</u>。
❶ 確かだ　② 当然だ　③ 正確だ　④ 特別だ

2) <u>急いで</u>準備したが、約束の時間に遅れた。
① 新しく　❷ 急いで　③ 恐ろしく　④ うらやましく

3) A：着てみていかがですか。
B：サイズはよく合いますが、色が私に似合うか分かりません。
① かなり太いが　❷ ちょうどいいが　③ ぎゅっと握るが　④ ぐっすり寝ているが

4) A：来週の土曜日の夕方に時間があるのか聞いてみましたか。
B：はい、大丈夫だとおっしゃっています。
① 減らして　② 立ち寄って　❸ 伺って　④ 勧めて

5 2つの（　　）の中に入れることができるものを①〜④の中から1つ選びなさい。

1) ・祖母は（耳）が遠くて大きな声で話さなければならない。
・これが部長の（耳）に入ったら大変なことになる。
① 街・距離　❷ 耳　③ 額　④ しっぽ

2) ・そんな頼み事は（きっぱりと）断ったほうがよい。
・このズボンが（ぴったり）合うから気に入った。
① ぐっすり　② まるで　❸ きっぱり・ぴったり　④ なかなか
✎ 딱：ⓐきっぱりと、ぱったりと、ぴたっと、ⓑぴったり、ちょうど、ⓒぽっかり、ぱっくり
・딱 잘라 말하다. きっぱりと言い切る、断言する。・술을 딱 끊다. 酒をぴたっとやめる。
・소식이 딱 끊어지다. 消息がぱったりと途切れる。・입을 딱 벌리다. 口をあんぐりと開ける。
・사이즈가 딱 맞는다. サイズがぴったり合う。

3) ・結婚式の日取りが（決まった）。
・事故を起こして逃げた人が（捕まった）。
① 任せた　② 閉めた　③ 取った　❹ 決まった・捕まった。
✎ 잡다：ⓐつかむ、握る、取る、ⓑ得る、ⓒ（計画などを）決める、定める、ⓓつかまえる、捕らえる
・손을 잡다. 手を取る。　・기회를 잡다. 機会を得る。　・날짜를 잡다. 日取りを決める。
・경찰이 범인을 잡다. 警察が犯人を捕らえる。
잡히다：ⓐ握られる、ⓑ（計画などが）決まる、ⓒ捕まる、捕れる、ⓓ落ち着く
・손을 잡히다. 手を握られる。　・날짜가 잡혔다. 日にちが決まった。
・범인이 잡혔다. 犯人が捕まった。　・마음이 잡히다. 心が落ち着く。

6 対話文を完成させるのに最も適切なものを①〜④の中から1つ選びなさい。

1) A：コンサートに行くと聞きましたが、チケットは予約しましたか。
B：（　　　　）。
A：そんなに人気があるんですか。
① 勿論です。私が行かないと開けられませんから
② 当然当日に予約をしてから行くべきです
③ はい、あまりにも嬉しくて気を失うところでした
❹ いいえ、予約を取り始めてから30分で売り切れたそうです

2) A：車が全然動かないですね。
B：そうですね。何か事故でも起きたようです。
A：（　　　　）。
B：そうしましょう。約束の時間までに行こうとすると急がなければなりません。
① はい、事故が起きたのは間違いないようです
❷ 降りて地下鉄に乗って行ったほうがよさそうです
③ では降りて確認してみましょうか
④ ここでタクシーに乗ったほうがよくないですか

3) A：ここから空港までどのように行きますか。
B：（　　　　）。
A：そうですか。電車の駅はどこにありますか。
① 空港バスに乗って行けばいいです　② こんなに早い時間に行くものはないです
❸ 荷物が多いですね。電車で行ったほうが楽です　④ 座る席がなくても大丈夫ですか

4) A：もしもし。金部長にちょっと替わっていただけませんか。
B：（　　　　）。
A：それでは今日はお帰りにならないんですか。
① わかりました。ところでどなたですか　❷ いま出張に行っていますが
③ はい、時間がかかっても大丈夫でしょうか　④ 部長はいま会議中ですが

7 下線部の漢字と同じハングルで表記されるものを①～④の中から１つ選びなさい。

1) 前期 전기
① 実践 실천　② 選択 선택　❸ 伝統 전통　④ 自然 자연

2) 順位 순위
① 充電 충전　② 中央 중앙　③ 準備 준비　❹ 瞬間 순간

3) 場所 장소
① 戦争 전쟁　❷ 故障 고장　③ 消息 소식　④ 整理 정리

8 文章を読んで【問１】～【問２】に答えなさい。

人々は他の人の話をするのが好きなようだ。だから小さなことが大事のようにうわさが立ったりする。数日前、私は友達に会いに行く途中、ちょっとした接触事故で集まりに行けなかったことがある。大きい事故ではなかったが、事故処理をしなければならなかったので集まりに行くことができなかった。そこである友達に事故が起きて（　　）。ところがその日夕方、友達からメールと電話がしきりに届いた。集まりで会うことにした友達は怪我の程度はどのくらいかと聞いて、どこの病院に入院しているか教えてほしいと言った。そして他の友達も話を聞いたと電話をしてきた。ただの小さな接触事故が起きて集まりに行けなかったのにどうしてそのようなうわさが立ったのかまったく理解できなかった。今回のことを通して私も他の人の話を伝える時はいいかげんに話してはいけないと思った。

✎ 문자 메시지：携帯電話のショートメッセージ（SMS）のことを言うが、携帯で送るメール一般を言う場合もある。普通は、메시지は省いて、문자를 보내다のように用いる。

【問 1】　（　　）に入れるのに最も適切なものを①～④の中から１つ選びなさい。
① 警察を呼んだと伝えた　② 少し怪我をしたが、大丈夫だと電話をした
③ 病院に入院していると伝えた　❹ 集まりに行けないと連絡をした

【問 2】　本文の内容と一致するものを①～④の中から１つ選びなさい。
① 軽い交通事故で怪我をしたが、入院はしなかった。
❷ 事実とは異なってうわさが立つのを見て、気をつけたいと感じた。
③ 接触事故が起きると事故処理のために警察を呼ばなければならない。
④ 急に事故に遭って、友達に会うことができなくて残念だった。

9 対話文を読んで【問１】～【問２】に答えなさい。

A：この前、袖の丈詰めに預けた服を取りに来ました。
B：はい、どうぞ。一度着てみてください。
A：しかし、（　　　　）。
B：そうですか。冬服なので袖があまり短いと見た目がよくないと思って。
　ご希望でしたらもう少し詰めますが。
A：はい。私は服をぴったりで着るほうなんですよ。
　お金は後で取りに来た時に払ってもいいですか。
B：そうしてください。できたらご連絡します。
A：ではよろしくお願いします。

【問 1】　（　　）に入れるのに最も適切なものを①～④の中から１つ選びなさい。
① 袖の長さがちょうどいいですね　❷ まだ少し長いような気がしますが
③ 一つも直していないようですね　④ 着てみるとかなり短く見えますね

【問 2】　本文の内容と一致するものを①～④の中から１つ選びなさい。
① 直す費用を先に支払った。　② 直し終わったら家に送ってもらうことにした。
③ 服がぴったり合うと着るのに不便だ。　❹ 袖をもっと詰めるようにまた頼んだ。

10 文章を読んで【問１】～【問２】に答えなさい。

今日お昼を食べに食堂へ行った時のことだ。私たちの隣の席に小学生ぐらいの子供二人が親と一緒に来て座った。この子たちは食堂に入って来る時から、食堂を自分の家だと思っているようだった。大きな声でしゃべり、あれこれと食堂のものを触るなど、わがままにふるまって、隣で食事をしている私たちまで気になるほどだった。その子たちの親は子供には関心もなく自分たちのことだけをしていた。（　　）、後にはそんな気持ちが全部なくなってしまった。誰からも好かれる子供に育てたければ公共の場でのマナーから教えなければならない。

【問 1】　(　　) に入れるのに最も適切なものを①〜④の中から1つ選びなさい。

❶ 最初は子供たちを見て可愛いと思ったが
② 親の態度を見て頭に来て殴ってやろうかと思ったが
③ 子供たちを完全に無視することに決めたが
④ 親が周りの人たちに興味がないということを知って

【問 2】　本文の内容と一致するものを①〜④の中から1つ選びなさい。

① 大きい声でしゃべる子供に親が注意をした。
② 最近は公共の場でのマナーを教えない親が多い。
❸ うるさい子供たちのせいで昼食をゆっくり食べられなかった。
④ 子供たちはどこでも自由にふるまうように育てたほうがよい。

11 下線部の日本語訳として適切なものを①〜④の中から1つ選びなさい。

1) 明日から寒さが緩むと言うからちょっと畑仕事をしたい。

正答 ❹

2) 人の顔色をうかがわないで自分の考え通りにやってみて。

正答 ❷

3) 異なる環境で生きてきた二人が歩調を合わせることは簡単なことではない。

正答 ❸

12 下線部の訳として適切なものを①〜④の中から1つ選びなさい。

1) 혀가 안 돌아갈 정도로 술을 많이 마신 것 같다.

① まともに歩けないほど　② 足が震えるほど
❸ ろれつが回らないほど　④ 何が何だかわからないほど

2) 다음 모임에는 틈을 내서 출석하도록 하겠습니다.

① 時間を作って出席したように　❷ 都合をつけて出席するように
③ 時間が空いて出席したように　④ 時間が空いて出席ができるように

3) 간호사가 부족하다는 얘기는 어제 오늘의 일이 아니다.

① くどくど言う必要はない　② 一年中言っていることだ
❸ いまに始まったことではない・前からずっとそうだった
④ ああだこうだ言う必要はない

✎ 긴 말이 필요 없다=긴 말 할 것 없다/여러 말 할 것 없다=여러 말이 필요 없다: くどくど言うことはない、ああだこうだ言う必要はない、どうのこうの言う必要はない、つべこべ言わなくてもいい、あれこれと言わなくてよい

「ハングル」能力検定試験

個人情報欄 ※必ずご記入ください

受験級
2 級…⬭
準2級…⬭
3 級…⬭
4 級…⬭
5 級…⬭

受験地コード			
⓪	⓪	⓪	⓪
①	①	①	①
②	②	②	②
③	③	③	③
④	④	④	④
⑤	⑤	⑤	⑤
⑥	⑥	⑥	⑥
⑦	⑦	⑦	⑦
⑧	⑧	⑧	⑧
⑨	⑨	⑨	⑨

受験番号			
⓪	⓪	⓪	⓪
①	①	①	①
②	②	②	②
③	③	③	③
④	④	④	④
⑤	⑤	⑤	⑤
⑥	⑥	⑥	⑥
⑦	⑦	⑦	⑦
⑧	⑧	⑧	⑧
⑨	⑨	⑨	⑨

生まれ月日			
	月		日
⓪	⓪	⓪	⓪
①	①	①	①
	②	②	②
	③	③	③
	④		④
	⑤		⑤
	⑥		⑥
	⑦		⑦
	⑧		⑧
	⑨		⑨

氏名	
受験地	

(記入心得)

1. ＨＢ以上の黒鉛筆またはシャープペンシルを使用してください。(ボールペン・マジックは使用不可)
2. 訂正するときは、消しゴムで完全に消してください。
3. 枠からはみ出さないように、ていねいに塗りつぶしてください。

(記入例)解答が「1」の場合

良い例	⬬	②	③	④	
悪い例	レ点	線	バッテン	点	うすい

聞きとり

1	①	②	③	④
2	①	②	③	④
3	①	②	③	④
4	①	②	③	④
5	①	②	③	④
6	①	②	③	④
7	①	②	③	④
8	①	②	③	④
9	①	②	③	④
10	①	②	③	④
11	①	②	③	④
12	①	②	③	④
13	①	②	③	④
14	①	②	③	④
15	①	②	③	④
16	①	②	③	④
17	①	②	③	④
18	①	②	③	④
19	①	②	③	④
20	①	②	③	④

筆　記

1	①	②	③	④
2	①	②	③	④
3	①	②	③	④
4	①	②	③	④
5	①	②	③	④
6	①	②	③	④
7	①	②	③	④
8	①	②	③	④
9	①	②	③	④
10	①	②	③	④
11	①	②	③	④
12	①	②	③	④
13	①	②	③	④
14	①	②	③	④
15	①	②	③	④
16	①	②	③	④
17	①	②	③	④
18	①	②	③	④
19	①	②	③	④
20	①	②	③	④
21	①	②	③	④
22	①	②	③	④
23	①	②	③	④
24	①	②	③	④
25	①	②	③	④
26	①	②	③	④
27	①	②	③	④
28	①	②	③	④
29	①	②	③	④
30	①	②	③	④
31	①	②	③	④
32	①	②	③	④
33	①	②	③	④
34	①	②	③	④
35	①	②	③	④
36	①	②	③	④
37	①	②	③	④
38	①	②	③	④
39	①	②	③	④
40	①	②	③	④

41問～50問は2級のみ解答

41	①	②	③	④
42	①	②	③	④
43	①	②	③	④
44	①	②	③	④
45	①	②	③	④
46	①	②	③	④
47	①	②	③	④
48	①	②	③	④
49	①	②	③	④
50	①	②	③	④

K12516T 110kg

ハングル能力検定協会

答案用紙サンプル

「ハングル」能力検定試験

個人情報欄 ※必ずご記入ください

受験級
2 級 … ○
準2級 … ○
3 級 … ○
4 級 … ○
5 級 … ○

受験地コード			
0	0	0	0
1	1	1	1
2	2	2	2
3	3	3	3
4	4	4	4
5	5	5	5
6	6	6	6
7	7	7	7
8	8	8	8
9	9	9	9

受験番号			
0	0	0	0
1	1	1	1
2	2	2	2
3	3	3	3
4	4	4	4
5	5	5	5
6	6	6	6
7	7	7	7
8	8	8	8
9	9	9	9

生まれ月日			
	月		日
0	0	0	0
1	1	1	1
	2	2	2
	3	3	3
	4		4
	5		5
	6		6
	7		7
	8		8
	9		9

氏名	
受験地	

(記入心得)

1. ＨＢ以上の黒鉛筆またはシャープペンシルを使用してください。(ボールペン・マジックは使用不可)
2. 訂正するときは、消しゴムで完全に消してください。
3. 枠からはみ出さないように、ていねいに塗りつぶしてください。

(記入例)解答が「1」の場合

良い例 ● ② ③ ④

悪い例 レ点 線 バッテン 点 うすい

聞きとり

1	①	②	③	④
2	①	②	③	④
3	①	②	③	④
4	①	②	③	④
5	①	②	③	④
6	①	②	③	④
7	①	②	③	④
8	①	②	③	④
9	①	②	③	④
10	①	②	③	④
11	①	②	③	④
12	①	②	③	④
13	①	②	③	④
14	①	②	③	④
15	①	②	③	④
16	①	②	③	④
17	①	②	③	④
18	①	②	③	④
19	①	②	③	④
20	①	②	③	④

筆 記

1	①	②	③	④
2	①	②	③	④
3	①	②	③	④
4	①	②	③	④
5	①	②	③	④
6	①	②	③	④
7	①	②	③	④
8	①	②	③	④
9	①	②	③	④
10	①	②	③	④
11	①	②	③	④
12	①	②	③	④
13	①	②	③	④
14	①	②	③	④
15	①	②	③	④
16	①	②	③	④
17	①	②	③	④
18	①	②	③	④
19	①	②	③	④
20	①	②	③	④
21	①	②	③	④
22	①	②	③	④
23	①	②	③	④
24	①	②	③	④
25	①	②	③	④
26	①	②	③	④
27	①	②	③	④
28	①	②	③	④
29	①	②	③	④
30	①	②	③	④
31	①	②	③	④
32	①	②	③	④
33	①	②	③	④
34	①	②	③	④
35	①	②	③	④
36	①	②	③	④
37	①	②	③	④
38	①	②	③	④
39	①	②	③	④
40	①	②	③	④

41問～50問は2級のみ解答

41	①	②	③	④
42	①	②	③	④
43	①	②	③	④
44	①	②	③	④
45	①	②	③	④
46	①	②	③	④
47	①	②	③	④
48	①	②	③	④
49	①	②	③	④
50	①	②	③	④

K12516T 110kg

ハングル能力検定協会

《著者紹介》

李昌圭
武蔵野大学教養教育部会教授

▶ 巿販中の著書はネット書店で著者名から検索できます。

吹き込み　李忠均、崔英姫、宗像奈緒
装　　丁　申智英
イラスト　夫珉哲
編　　集　小髙理子

改訂新版 ハングル能力検定試験３級
実戦問題集

© 2021年3月10日　初版発行

著者　李昌圭

発行者　原雅久
発行所　株式会社　朝日出版社
101-0065　東京都千代田区西神田 3-3-5
電話　03-3263-3321
振替口座　00140-2-46008
http://www.asahipress.com/
組版／㈱剛一　印刷／図書印刷

乱丁、落丁本はお取り替えいたします。
ISBN978-4-255-01222-3 C0087